U0906433

泛在信息社会与图书馆服务转型

主　编　朱　强　别立谦
副主编　朱本军　裴微微
　　　　姚晓霞　刘兹恒

人民出版社

责任编辑：王志茹
装帧设计：朱晓东

图书在版编目(CIP)数据

泛在信息社会与图书馆服务转型/朱强，别立谦主编. —北京：人民出版社，2018.3
ISBN 978-7-01-019350-2

Ⅰ.①泛… Ⅱ.①朱… ②别… Ⅲ.①图书馆服务—研究 Ⅳ.①G252

中国版本图书馆CIP数据核字(2018)第096099号

泛在信息社会与图书馆服务转型

FANZAI XINXI SHEHUI YU TUSHUGUAN FUWU ZHUANXING

朱　强　别立谦　主编
朱本军　裴微微　姚晓霞　刘兹恒　副主编

人民出版社 出版发行
（100706　北京市东城区隆福寺街99号）

北京中兴印刷有限公司印刷　新华书店经销

2018年3月第1版　2018年3月北京第1次印刷
开本：710毫米×1000毫米 1/16　印张：29
字数：412千字

ISBN 978-7-01-019350-2　定价：88.00元

邮购地址：100706　北京市东城区隆福寺街99号
人民东方图书销售中心　电话：(010)65250042　65289539

前言

互联网的飞速发展促进了信息社会的不断进步，也催生了“泛在信息社会”的概念。随着各国对泛在概念的研究和相关泛在战略的实施，云计算、物联网、大数据、人工智能等技术开始应用于不同领域，移动互联网、智能终端等也逐渐普及，互联网经济使信息技术、资源配置、网络空间实现了泛在化，形成了具有颠覆性、智慧性、开放性、平等性等特征的互联网文化，为人们开辟了一个无处不在和随手可得的信息空间，社会生活的方方面面变得日益便捷。作为全球经济技术大国，如何基于我国基本国情走出一条有中国特色的泛在信息化道路，成为未来发展的巨大挑战。

图书馆作为重要的信息服务机构，肩负传播知识、传承文明、支持创新、促进发展的重大使命，但在即将到来的泛在信息社会环境下也面临“边缘化”的风险。在新的形势下，图书馆要更好地发挥作用，发展泛在图书馆服务为当务之急。本书基于国家社科基金重点课题“面向泛在信息社会的国家战略及图书馆对策研究”，在充分理解泛在信息社会内涵的基础上，借鉴国外已有泛在信息社会国家战略的理论成果和实践经验，结合我国的实际情况、已有基础和可操作性，提出我国泛在信息社会的信息管理与服务国家战略初步构想，包括其基本框架、基本特征、技术支撑、管理模式及发展战略建议等。同时，鉴于图书馆处于泛在信息管理与服务的风口浪尖，深入思考图书馆在泛在信息社会这样一个新环境中的定位和作用，提出泛在信息管理与服务国家战略下泛在图书馆的转型对策，推动图书馆在泛在信息环境中的变革，拓展新的服务模式，展望泛在图书馆的发展远景，为我国泛在信息化建设战略的正式出台和泛在图书馆的战略转型提供参考。

本书编委会成员有朱强、别立谦、姚晓霞、刘兹恒、朱本军、韦成府、裴微微、刘娟娟、张美萍、刘姝、刘彦丽、吕淑贤、茆意宏等。本书通过面向“泛在中国”信息社会的泛在信息管理与服务国家战略的构建，希冀为我国泛在信息社会国家战略的推进提供理论依据和实践参考；以泛在图书馆研究为牵引，阐述泛在信息社会环境下图书馆的发展变革，为图书馆界与信息领域的专家、学者及相关研究人员提供理论依据；推动图书馆在泛在环境下实施泛在信息管理与服务战略，从资源、管理、服务、技术等方面实现转型，使泛在图书馆从概念走向现实、从探索走向成熟。本书主要包括以下五章：

第一章课题概述，主要介绍了课题研究的背景和目标、主题、思路、方法和意义，以及课题的创新之处和研究的重点及难点等。本章主要由姚晓霞、别立谦撰写。

第二章泛在信息社会与泛在图书馆认知调查，主要介绍了对中国高等教育文献资源保障系统（CALIS）的全国、地区和省中心34所高校的学生、教师及图书馆员开展的关于泛在信息社会的发展认知情况和对泛在图书馆相关服务与用户需求的问卷调查，对问卷中调查的问题进行了详细的分析和探讨。本章主要由姚晓霞、刘娟娟、别立谦、刘姝、刘彦丽撰写。

第三章泛在信息社会研究综述，主要从文献计量学的视角分析了国内外泛在信息社会的总体研究成果，总结了泛在信息社会的特征和战略规划的发展现状等。国外对泛在信息社会的研究起步较早，国内外学者对泛在图书馆的研究也逐步升温，研究成果不断丰富，一个无所不在的网络信息社会正在推动整个社会的深刻转变。本章主要由刘兹恒、刘雅琼撰写。

第四章面向泛在信息社会的泛在信息管理与服务国家战略，主要梳理我国信息社会发展的现状，分析了我国信息社会发展的问题，提出“泛在中国”的概念，认为我国应以泛在技术为战略支撑，以泛在大数据为战略基础，以泛在信息服务为社会服务转型的重点，以“泛在人”为教育的终极目标，尽早将面向“泛在中国”信息社会的“泛在信息管理与服务”明确作为国家战略，这也是整个研究的创新亮点和难点之一。本章主要由朱本军、刘兹恒、韦成府撰写。

第五章面向泛在信息管理与服务国家战略的图书馆转型对策，概述泛在信息环境下的图书馆信息管理与服务，分析图书馆在泛在信息环境中具有得天独厚的优势，在信息服务链中能够发挥更大的作用。同时，也面临互联网资源服务商的巨大挑战。信息环境与用户需求促使图书馆的泛在化转型，从技术、资源、服务、管理等方面提出具体的转型策略。这是对所提出的面向"泛在中国"信息社会的"泛在信息管理与服务"战略的延伸和实践，也是图书馆在新环境下的未来发展之路。本章主要由别立谦、韦成府、裴微微、张美萍、刘姝、刘彦丽、吕淑贤撰写。

结语部分归纳了泛在信息社会和泛在图书馆服务的用户调查结果，梳理了国外泛在信息社会的发展现状和特点，为我国泛在信息社会建设及面向泛在信息社会的"泛在信息管理与服务"战略的实施提出参考建议，并总结了面向泛在信息管理与服务战略模型的泛在图书馆转型对策，主要由姚晓霞、别立谦、刘娟娟撰写。

本书主要对国内外泛在信息社会国家战略及泛在环境下图书馆转型策略进行研究，在此基础上建议将面向"泛在中国"信息社会的"泛在信息管理与服务"确定为国家战略，而信息社会本身涉及的其他方面的内容则难以穷尽。关于泛在信息社会与泛在图书馆认知的调查研究局限于CALIS成员馆所在高校师生，从样本分析来看，教师与学生样本比例不平衡，年龄分布不均匀，用户调查的社会覆盖面不够。问卷分析时根据题目意图与所得数据虽然尽量选取合理角度，但是结论的准确性还有提升空间。在对图书馆的转型策略及案例的研究中，大多是针对高校图书馆的研究，对公共图书馆涉及较少。不足之处，欢迎广大读者和专家批评指正，以促进学界对泛在信息社会与泛在图书馆相关主题的广泛关注和更多探讨。

朱　强

2018年1月

目 录

第一章 泛在信息社会与图书馆服务转型研究概述

第一节 研究的背景和目标

一、背景

人类已站在一个充满巨大潜力的新信息时代——泛在信息时代的入口。泛在，即无所不在。泛在信息社会中信息资源将无所不在，并通过网络实现无缝互联，成为网络、装备、应用平台、内容和解决方案的融合体。在这种信息和网络无所不在的环境下，任何人都将可以在任何时间、任何地点通过网络设施和终端装置获取个性化的信息和服务。这是信息社会的更高阶段。在这个新兴时代，我们的生活将进一步发生根本性的变化，正如水、电、通信一样，信息成为社会生活的必需品而非点缀。信息技术也将走向另一场前所未有的大变革，物联网（Internet of Things）、移动互联网（Mobile Internet，简称 MI）、移动通信、大数据、云计算、3D 打印、智能制造、智慧城市等众多新技术与应用，层出不穷而又相辅相成地协调着人类社会新的生产力结构和生活方式，一个以人为本、开放智能、移动互联、可持续发展的“泛在信息社会”正逐步显现。

目前，全球各国还处于泛在信息社会初级阶段的起跑线上，美国、日本、韩国等国家虽然已对泛在信息社会的建设发展进行了一些有效实践，但在这场泛在化的竞争中，各国都在积极抢占经济科技的制高点。

美国是最早研究“泛在”概念的国家之一。早在 1991 年，美国施乐公司的 Mark Weiser 和日本东京大学的坂村健教授就提出了“泛在”一词。Mark Weiser 在其发表的 The Computers for the 21st Century 中提出“泛在计算”（Ubiquitous Computing）的概念，并将其解释为让用户无感知地使用网络强大的计算、传感和通信等能力。[①] 2008 年，美国 IBM 提出“智慧地球”的概念，利用传感技术与云计算形成泛在化的物联网，构建数字化、网络化和智能化的新型社会。该理论得到美国总统奥巴马的肯定。2009 年，“智慧地球”计划拉开序幕。而后，美国联邦通信委员会（Federal Communications Commission，简称 FCC）于 2010 年 3 月向国会提交了《连接美国：国家宽带计划》[②]，力争加强宽带普及建设，希望达成“让每一个美国民众皆能通过宽带连接上网”的愿景。

日本对泛在信息社会的研究较早较多，并积极加以实施。2000 年，日本首相森喜朗在国会报告中正式提出“E-Japan”构想，以增强日本经济的竞争力。自 2001 年实施以来，日本在宽带与信息基础设施普及建设方面做出了巨大的努力，迅速推动了社会信息化建设。2004 年总务省召开“实现泛在网络社会政策座谈会”后不久，正式提出“U-Japan”战略，以发展泛在社会为主要目标，超前提出 IT 5 年发展任务。到 2005 年，日本已跻身全球最先进的 IT 国家之列。2006 年 10 月，在上海召开的以“消除数字鸿沟：创新、和谐、发展”为主题的亚太地区城市信息化论坛第六届年会上，日立信息通信集团总裁筱本学先生，提出了“泛在信息社会”的新理念[③]，阐述了随着宽带与通信技术的进步，网络服务设备不断完善，人们“无论在何时何地都能够安全、安心地使用信息”。

韩国为了使技术更好地引领经济进步和社会发展，于 2002 年提出“E-Korea”战略，加快 IT 基础设施建设，推动电子韩国的发展，希望信息为人们的日常生活带来革命性的改变，使人们在任何时间、任何地点都

① Mark Weiser，“The Computer for 21st Century”，*Scientific American*，1991 (9)，pp. 94—104.

② 《连接美国：国家宽带计划（目录）》，2010 年 6 月 30 日，见 http：//www. knowfar. org. cn/report/201006/30/1179. htm。

③ 佚名：《日立信息通信集团总裁发表演讲提出新理念》，2006 年 10 月 23 日，见 http：//tech. sina. com. cn/roll/2006-10-23/1653133947. shtml。

能方便地获取信息技术服务。2006 年韩国开始实行“U-Korea”政策，2010 年之前为发展期，重点进行基础环境建设，建立 U 社会制度，探索技术应用；2011—2015 年规划为成熟期，重点对 U 化的服务及应用进行推广。同时，韩国还启动了相应的“U-City”“U-IT”“U-Home”等计划，配合“U-Korea”政策的实施。

欧盟的 ISTAG（Information Society Technology Advisory Group）组织于 1999 年提出了“泛在智能”（Ambient Intelligence）的概念[①]，后来作为欧盟第六框架计划项目之一开展了为期 5 年（2002—2006 年）的研究[②]。ISTAG 将“泛在智能”定义为一种由嵌入式系统、网络、计算及界面等组成的环境，使得用户能跨越不同的环境（如家庭、办公场所等），以简单、自然的对话方式处理各种信息，享受各种服务。后来，AIR&D（Ambient Intelligence R&D Consortium）研究协会[③]对泛在智能做了进一步阐释，指出泛在智能是一种嵌入了多种感知和计算设备，并能根据情境来识别人的姿态语音等，进而判断人的意图，并做出相应反应的具有适应性的数字环境。

在 2005 年日内瓦举办的信息社会世界峰会（World Summit on the Information Society，简称 WSIS）上，国际电信联盟（The International Telecommunication Union，简称 ITU）成立了“泛在网络社会（Ubiquitous Network Society）国际专家工作组”，并将其作为在国际上讨论物联网的常设咨询机构。[④] 至此，泛在信息社会的研究在国际上已是一个很受关注的课题。信息时代正在酝酿着一个“无所不在”的新型信息社会。人们身在其中，可以随时随地地与任何事物实现交互。2009 年，欧洲出现了泛在化研究的热潮。2 月，德国政府公布《联邦政府宽带策略》，重视并加强国家宽带建设；6 月，英国在公布的《数位英国白皮书》中表明希望领

---

① IST Advisory Group，February 3，2013，http：//www. cordis. lu/ist/istag. htm.

② 6th Framework Programe of EU，February 3，2013，http：//www. cordis. lu.

③ 张婕、张晓林：《泛在智能 AmI 综述》，《图书情报工作动态》2007 年第 1 期。

④ 中国物联网：《欧美、日韩及我国的物联网发展战略》，2010 年 11 月 8 日，见 http：//tech. rfidworld. com. cn/2010 _ 11/6d6cf8f520e8f34a. html。

先于全球数字知识经济，并于8月公布了“数字英国执行计划（Implementation Plan）”；11月，瑞典以市场导向为原则，提出“瑞典宽带策略（Broadband Strategy for Sweden）”。2010年，欧盟正式提出《Europe 2020策略》[①]，旨在建设智慧、包容、可持续发展的经济社会。

近年来，我国对泛在化信息社会的研究也逐渐增多。中国台湾地区重视科学技术的发展，泛在计划启动较早。通信基础设施建立后，陆续开展“数字台湾（E-Taiwan）”“移动台湾（M-Taiwan）”“发展优质网络社会（U-Taiwan）”“爱台十二建设（I-Taiwan）”等计划，开展泛在化网络社会建设。2008年进一步开展“智慧台湾（Intelligent Taiwan）”计划，提升科技服务水平。2009年，温家宝在视察中科院无锡微纳传感网工程技术研发中心时提出要在无锡建立中国的“感知中国”中心；2010年，中国通信标准化协会（CCSA）在北京成立了泛在网技术委员会，关注和强调泛在网的现状和发展趋势，继续推动信息社会泛在化发展[②]；2013年5月，以“信息通信技术与改善道路安全”为主题的世界电信和信息社会日大会在北京召开[③]。随着云计算、物联网、大数据等技术环境的进一步完善和移动互联网、智能终端等的普及应用，信息通信技术在众多领域发挥重大作用。我国对泛在信息社会的研究逐渐走向深入。

作为全球经济技术大国，如何基于我国基本国情走出一条有中国特色的泛在信息化道路，成为未来发展的巨大挑战。互联网经济使技术、资源配置、网络空间与时间实现了泛在化，形成了具有颠覆性、智慧性、开放性、平等性等特征的互联网文化，为人们开辟了一个更加移动和更加智能的信息社会空间。我国面临信息化建设的战略转型。感知中国、智慧城市等建设，使得强大的泛在化信息技术网络已经成为联系用户群体与网络世界的大动脉，网络与信息互为表里向政治、经济、文化等领域悄然渗透。

---

① 陆军：《欧洲2020战略：解读与启示》，《欧洲研究》2011年第1期。

② 潘峰：《泛在网是“感知中国”的基础设施》，2010年2月4日，见http://www.360doc.com/content/10/0708/14/2087619_37641725.shtml。

③ 《2013年世界电信和信息社会日大会在京召开》，2013年5月17日，见http://www.srrc.org.cn/NewsShow7430.aspx。

泛在信息化建设也将成为国家建设的重点内容，然而目前我国并未形成针对泛在信息社会建设的指导战略。图书馆作为重要的信息服务机构，肩负传播知识、辅助教育的重大使命。在泛在信息社会环境下，如何在泛在信息化的困境中化解“边缘化”的尴尬，更好地发挥功能，是泛在化图书馆转型发展的当务之急。基于此社会现实背景，本书提出面向未来我国泛在信息社会的国家战略，并在泛在信息管理与服务国家战略下提出泛在图书馆的转型对策，为我国泛在信息化建设战略的正式出台和泛在图书馆的战略转型提供参考。

二、目标

泛在信息社会，人与人、人与物、物与物无时无刻不处于连通的状态。泛在网络把虚拟世界中的物体和活动对象映射到现实世界中，让技术与网络悄无声息地融入人们的生活。首先，泛在信息社会在观念上潜移默化地改变着人们的生活。一些新生社会概念也由此悄然出现，智慧城市、智慧地球、U-Home泛在家电、U-Care泛在医护，以及智慧养老等理念的提出和实践，表明世界各国正努力向着泛在化前进，“泛在”深入到人类生活的方方面面。其次，人类的生活方式与生活质量得到极大的改变。随着智能手机、可穿戴设备等移动终端设施的多元化、泛在化和不断更新换代，在人类的活动中，泛在网络尽其所能地发挥着良好的感知能力。人们无论在会议室、咖啡厅、火车站、机场、商场，都可以身处一个可控制又相对稳定的网络环境，享受着无处不在、无时不在的信息服务。[①] 再次，先进技术的使用给社会带来了全方位的变革和冲击。射频识别标签(Radio Frequency IDentification，简称 RFID)、无线传感器网络（Wireless Sensor Network，简称 WSN)、移动互联网、人工智能系统等应用到社会的各个方面，推动了产业的发展进步。目前，已经可以看到在教育、医疗

① Giovanni Cagalaban，Seoksoo Kim，“Towards a Service-Oriented Architecture for Interactive Ubiquitous Entertainment Systems”，*Entertainment Computing-ICEC*，2010，pp. 419－421.

领域的实践。

各行各业在泛在化的道路上蓬勃发展，信息深入社会的方方面面，但其管理和服务还是零散分割的，尚无整体的国家战略。在充分理解泛在信息社会内涵的基础上，利用新时期的各类信息技术，借鉴国外已有泛在信息社会国家战略的理论成果和实践经验，结合我国的实际情况、已有基础和可操作性，本书提出我国泛在信息社会的信息管理与服务国家战略初步构想，包括基本框架、必备条件、基本特征、技术支撑及发展战略建议等。

与此同时，伴随着网络的快速发展和移动终端的不断增多，如何在大数据中挖掘用户的信息需求变得至关重要；数字安全、网络秩序、个人信息保护以及信息资产和版权的保护需要引起足够的重视；如何在泛在信息社会中拓展新的服务模式，开展智慧化服务、移动化服务，值得深入讨论。这些问题和挑战都是泛在信息社会的建设进程中应该努力解决的。鉴于图书馆处于泛在信息管理与服务的风口浪尖，思考图书馆在新的泛在信息社会环境中的定位和作用，推动图书馆在泛在信息环境中的变革，预测泛在图书馆的发展远景是图书馆义不容辞的责任和义务。

第二节 研究的主题和方法

一、研究主题

在对国内外泛在信息社会发展的相关文献的研究结果基础上，本书总结分析国内外泛在信息社会的发展现状与特点，找出我国泛在信息社会发展中存在的问题，把泛在信息社会的信息管理与服务作为国家战略开展系统研究，探讨构建泛在信息管理与服务的国家战略的基本框架，并以泛在图书馆的应用研究为牵引，全面研究泛在信息社会环境下图书馆的发展变革，通过信息化浪潮将信息服务延伸到有用户的任何地方，改变人类知识和信息的组织和利用方式；同时为我国泛在信息管理与服务的国家战略的推进提供参考和借鉴，推动经济发展和社会生活变革，实现跨越式发展；在此基础上，让图书馆作为知识和信息社会的动力引擎助力中国在继计算机、互联网后的第三次信息浪潮中拔得头筹。本书的研究思路与主要内容如下：

（一）调研人们对泛在信息社会及图书馆的认知

本书从对中国高等教育文献保障系统（China Academic Library and Information System，简称 CALIS）成员馆所在高校师生对泛在信息社会与泛在图书馆认知的调查出发，了解人们所理解的泛在信息社会，发现人们对未来信息化社会建设的期望与潜在需求，预测未来泛在信息化建设的发展方向与前景。同时，从文献计量学的角度，收集国内外泛在信息社会相关的文献资源，对发文数量、国家分布、年代分布等进行统计分析，并通过对文献关键词频的统计，对所收集相关文献的研究主题进行了归纳整理，由此总结各国对泛在信息社会的研究趋势。

在对相关文献资源内容仔细研究后，对泛在信息社会有了全面的认识和理解，并提出了泛在信息社会的基本概念、主要特征和基本要素。在各国对泛在信息社会探索前进的过程中，美国“智慧地球”计划、日本“U-Japan”计划、韩国“U-Korea”计划、欧洲“数字社会”计划等的有效实践经验，为我国泛在信息化建设提供了良好的借鉴。

（二）提出泛在信息管理与服务的国家战略

我国关于泛在信息社会的建设与研究并非赤手空拳。在目前的信息化社会建设中，我国已经形成了清晰的信息产业及信息社会发展脉络，经济、社会、政务等被列为信息化建设的重点领域，并有明确的政策支撑，制定了诸如《2006—2020 年国家信息化发展战略》等针对国家信息化发展的战略文件。基于现有的信息社会实践和基础，根据各国的优良经验和我国国情，本书构建了我国面向泛在信息社会的三层概念模型，即感知互联层、识别控制层、认知建构层。同时，也探讨了该概念模型下泛在信息社会的必备条件，提出我国泛在信息管理与服务的国家战略的发展建议：将泛在信息管理与服务明确作为国家战略，建设“国家基础传感数据网络”，在技术支撑、信息管理、服务转型、信息素养等方面加强建设力度。

（三）探讨面向泛在信息环境的图书馆转型对策

泛在信息社会的来临是社会形态的变革，对各行各业的影响必然是深刻而全面的。面对互联网的不断壮大，信息行业的蒸蒸日上，泛在信息化的发展浪潮，信息行业的转型不可避免。在构建泛在信息管理与服务国家战略框架下，本书从技术、资源、需求、服务等角度，使用 SWOT 矩阵分析了图书馆在泛在信息环境中的优势与不足、面对的机遇与挑战，对泛在信息环境下的图书馆信息管理与服务进行重新定位，提出图书馆未来发展的技术转型、资源转型、服务转型、管理转型策略，为未来泛在图书馆建设与信息服务创新提供可行性参考和建议。

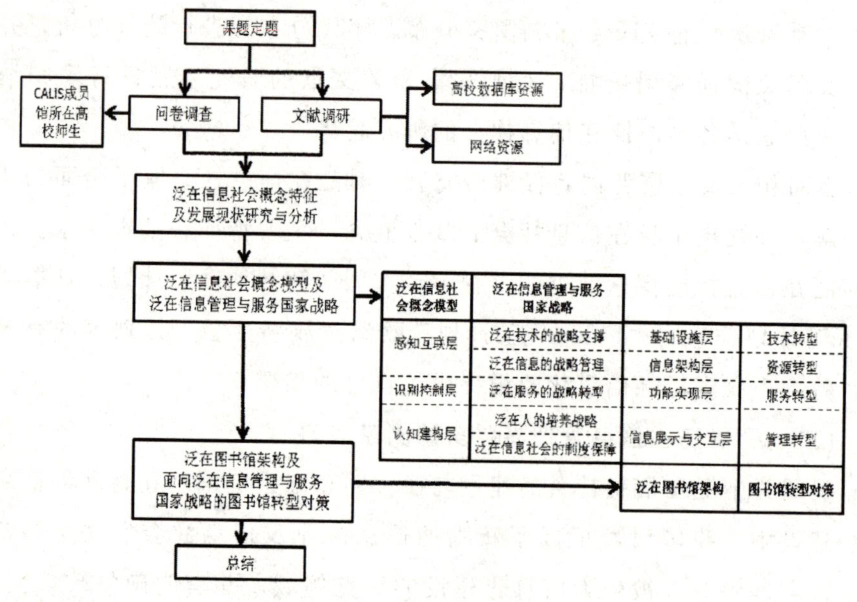

图 1—1 研究内容框架

二、研究方法

良好的方法能使我们更好地运用天赋的才能，而拙劣的方法则可能阻碍才能的发挥。

——贝尔纳

研究方法，即人们为了达到某个研究目标，发现事物内在规律而采用的手段、工具和方式。选择合理的研究方法和途径，对发现事物中所存在的问题症结和发展契机具有重要的作用，为我们洞悉问题的全局性、把握问题的关键性、探索战略的创新性提供必要的指导。为了能够更加清晰明确地发现和认识泛在信息社会发展的特点和存在的问题，从而提出相应的国家战略和图书馆对策，本书将定量与定性分析方法结合展开研究。

（一）文献调研

利用文献调研方法，收集并统计国内外关于泛在信息社会在中国知网期刊全文数据库、万方数据资源系统、维普中文科技期刊全文数据库、Web of Knowledge、EBSCO等数据库平台的发文状况，通过对发文数量、年代分布、关键词词频等的定量统计分析，归纳目前国内外对泛在信息社会研究的主题范围；同时根据相关文献，总结归纳国内外信息社会的发展现状，力求找出我国当前社会背景下存在的优势与不足，提出泛在信息社会发展的国家战略及图书馆转型对策。

（二）小组讨论

本书采取成员分工合作的方法展开研究和调查，按照研究分成不同的小组，各小组在组长的带领下根据各自的具体情况制订研究计划和工作方案。各小组在研究过程中，不定期进行小组讨论，对个人的工作进展和发现的问题进行分享和讨论。各小组之间也定期举行研究讨论会，提出需要与其他小组协调的问题，一起探求解决办法。小组讨论法是一个非常有必要的环节，也是一个十分有效的发现问题、解决问题的途径。

（三）专家会议

邀请相关领域的权威专家提出问题和意见，是重要的研究手段。以研讨会的形式，发挥专家集体的智能效应，请到场专家交流探讨，提出专业化的指导意见，整理归纳相关的提问、解答、建议等，改进后再次综合和反馈，为提出面向泛在信息社会的国家战略和图书馆转型策略提供逻辑指导，力求使研究更加科学和严谨。

（四）对比分析

收集并阅读大量国内外关于泛在信息社会与泛在图书馆的文献与资料，在此基础上从定性的角度出发，对国内外泛在信息社会发展等相关情况进行比较和归纳，对国外泛在信息社会与泛在图书馆研究的各种思想观点与实践进行总结，为提出我国泛在信息管理与服务的发展战略与图书馆转型对策提供参考。

（五）案例研究

目前，国内外存在一些较为典型的探索泛在信息社会的实践，如美国"智慧地球"、日本"U-Japan"、韩国"U-Korea"、欧洲"数字社会"、中国台湾地区"U-Taiwan"等计划。通过对这些案例的分析与研究，总结出各国泛在信息社会发展的特点，为我国泛在信息社会的发展提供借鉴，探索适合我国国情的泛在信息社会发展战略和图书馆转型对策，提高理论研究的合理性和可行性。

（六）问卷调查

本书针对CALIS成员馆所在高校的师生进行了对泛在信息社会和泛在图书馆认知的在线问卷调查，得到有效问卷4647份，为研究提供定量分析的数据。较大的样本量使数据分析和数据挖掘更加可靠，了解师生心中的泛在信息社会和泛在图书馆，对用户的信息需求和服务需求进行深入挖掘，为提出泛在信息服务和管理的国家战略提供依据，同时为图书馆在泛在服务与管理战略下的转型对策奠定用户基础。

（七）SWOT分析

本书利用企业提高竞争力常用的SWOT分析法，全面理解图书馆在泛在信息环境下的自身优势、竞争劣势、机会和威胁，力求将图书馆的战略与图书馆的内部资源、外部环境有机地结合起来，提出面向泛在信息管理与服务国家战略的图书馆转型对策。

第三节 研究的创新之处和重、难点

一、创新之处

本书首次提出泛在信息社会的三层概念模型，并探讨其发展的必备条件，在对国内外泛在信息社会发展现状与实践经验展开全面研究的基础上，根据我国现状，构建符合国情的面向泛在信息社会的信息管理与服务的国家战略。该国家战略初步构想和发展远景为我国泛在信息社会的建设提供了战略性的思路和参考，也具有填补空白和开拓新的研究领域的作用。

在构建的泛在信息管理与服务国家战略模型下，本书首次提出图书馆面向泛在信息环境的技术、资源、服务、管理的策略，也将为我国图书馆的未来发展与变革起到方向性的指导作用。

二、研究的重、难点

（一）创新思维

本书重点是对面向泛在信息社会的国家战略及图书馆对策的研究。目前国内并无相关研究范例，创新思维成为贯穿始终的重点和难点，因此需要花费大量精力收集相关素材，并进行归纳分析，需要吃透资料及其内涵，大胆提出自己的观点和思想，不能不切实际，人云亦云。

本书在研究过程中大胆创新，但创新不是不着边际地凭空臆想，要保证研究过程中创新的系统性。泛在信息社会是一个基础设施、大众群体、政策法规等息息相关的社会有机体，各社会要素相互独立又相互协调，一张泛在化信息网络使各要素之间产生千丝万缕的关联，因此创新不应只局限于各个要素，还要关注其系统性的协调与影响；模型的构建应该建立在客观的理论依据之上，而不能与实际相悖或脱离逻辑，要能从现实的环境或背景出发，找到可行的落脚点并付诸实践，保证研究创新的科学性；创新是为了克服当前所面临的困境与挑战，为了使社会发展有突破性的进展，泛在信息社会是当前信息社会的更高发展层面。本书正是探求泛在信息管理和服务更优的发展之路，推动信息社会更好地向前发展，保证创新的趋前性；社会不断向前发展，创新也要持续下去，大胆创新可以对社会发展起到推动作用，但创新思维不是静止和绝对的，可持续的创新思维才能与可持续发展的社会相适应。

（二）探索合理的泛在信息管理与服务国家战略

探索面向泛在信息管理与服务的国家战略是本书研究的一项重点内容，同时也是一大难点。我国目前仍处于社会主义初级阶段，各地区之间经济发展与基础设施分布不平衡，能源与信息资源利用不对称，要提出适合我国国情的泛在信息管理与服务的国家战略存在较大难度。

我国建设泛在信息社会的战略较少，没有系统性的规划与框架，单纯依靠其他国家的实践经验无法满足我国发展现状的需求，通过深入了解我国社会发展的真正需求和正确解读我国信息行业发展的规划方向，在发现了我国当前信息产业基础与泛在信息社会的差距后，本书大胆提出了我国泛在信息社会的概念模型。本书将此概念模型分为三层，即感知互联层、识别控制层、认知建构层。其中，感知互联层是由一系列传感器，射频标签，机器终端（如手机、个人电脑、PDA、家电、监控摄像头等），相关信息识别器及有线和无线网络所形成的感知网络。在感知网络中，传感器或信息识别器摄取相关信息生成原生数据，原生数据存储在本地或通过有线或无线网络存储在互联网的数据仓储中。感知互联层在泛在信息社会概念模型中是一个原生数据感知和数据互联的层次。概念模型中的识别控制层通过对感知网络节点生成的原生数据进行高度智能化处理，使得原生数据变成有一定意义的信息，信息与信息通过复杂的计算进行交互和控制，形成具有一定“智慧”的有机整体。高度智能化的识别控制层不是泛在信息社会的终点，而是起点。在泛在信息社会中，人不是被泛在信息社会中高度智能化的信息淹没、异化，而是在此基础上更加自由、自觉、自在地去认知和建构更为丰富的社会生产活动。认知建构层是各领域的人在感知互联层和识别控制层的基础上认知和构建新的社会生产活动。在这个模型的支撑下，泛在信息包罗万象、无所不有，并且深入到各行各业，延伸到世界的每一个地方，融入人们的生活，并且以全新的、统一的、智能的形象服务于“事事皆信息、物物全对象、时时都连通”的泛在信息社会。

该战略模型虽面向泛在信息管理与服务，但它并非孤立独行，而是需要面对社会多元化的考验。该战略模型要与我国各项法规制度相互配合，与我国现已开展的“感知中国”“无线城市”“宽带中国”“智慧城市”等相关的行动计划和战略相辅相成，与各领域的战略方向协同发展。

（三）探索合理的面向泛在信息管理与服务的图书馆转型策略

在互联网发展如日中天的信息时代，信息资源铺天盖地地充斥着人们的生活，移动网络与服务日益普及，各种新型技术与终端设备改变着人们的生活行为与习惯，网络信息逐渐在图书馆信息面前喧宾夺主，甚至成为人们获取信息资源的首要途径。面对如此形势，图书馆当一日三省，改弦易辙。

首先，要解决泛在信息环境所带来的图书馆生存与发展的挑战。技术进步导致人们生产和搜集信息的能力已经超过了组织、管理和有效利用信息的能力。如何有效地组织和揭示信息，使用户能够集中有限的精力理解和利用信息、创造知识，是图书馆需要解决的一个难题。信息泛在化、系统智能化的发展，进一步突破了以往获取信息的时空障碍，用户需求将发生更为重大的变化。无所不在的网络环境为人们提供了方便迅速的信息搜索工具和服务，且该环境中的每个用户既是信息使用者，又是潜在的信息生产者，知识发布和交流系统呈现出前所未有的低技术门槛现象。图书馆在社会知识交流中的中介作用被严重削弱，面临着巨大的竞争压力。

其次，图书馆要重新思考自身存在的价值和意义，让用户在任何时间、任何地点，通过互联网、物联网，甚至更为先进的技术，快捷、方便、自由地从图书馆获取信息或者通过图书馆获取信息服务。因此，图书馆转型是信息时代图书馆的重大任务。本书的重中之重就是对图书馆转型对策的研究。该研究需要与泛在信息管理与服务战略表里相依，紧密配合。依据概念模型的三个层次，与图书馆发展的特点相结合，对泛在图书馆进行定位与探索，提出对应各个层次的转型对策，包括技术转型策略、资源转型策略、服务转型策略、管理转型策略等。另外，我国各地区发展不平衡，导致图书馆的发展水平各异，要提出适合所有图书馆发展的转型对策难度较大。

第四节 研究的意义与不足之处

一、研究意义

时代的发展与技术的进步使移动互联网、智慧化、智能化等概念进入人们的现实生活中。信息社会已处于快速发展时期，并面临向泛在信息社会形态的转折。泛在化带来的将会是无所不在、更加智能的社会应用与服务，并会从局部的泛在化逐渐走向全面的泛在化。因此，对泛在信息社会的研究有必要从国家战略层面进行探讨，将零散的、局部的措施归整到系统的、规范的宏观战略框架中；而图书馆是信息领域的重要组成部分，正确把握国家战略并进行有效的转型策略实践，是图书馆在泛在信息社会环境下的必经之路。所以，研究面向泛在信息管理与服务的国家战略具有一定的理论意义与实践意义。

从理论上讲，虽然国内外对泛在信息社会已有一些探索和研究，但是我国并未形成针对泛在信息社会建设国家战略的基本框架。本书针对泛在信息管理与服务国家战略的基本框架的构建，为我国泛在信息社会国家战略的推进提供参考和借鉴；以泛在图书馆研究为牵引，全面研究泛在信息社会环境下图书馆的发展变革；通过泛在图书馆建设改变知识和信息的组织和利用方式，将信息服务延伸到有用户的任何地方，使图书馆实现新的飞跃。

从实践上讲，任何理论都需要具有实践的可行性，目前各国对泛在化的探索，如美国“数字地球”计划、韩国“U-Korea”计划、欧洲“数字社会”等取得了良好的效果。我国信息产业也形成了一定的社会基础，具有实践泛在信息管理与服务战略构想的必备条件。泛在环境下，图书馆的信息基础设施、服务理念与方式、技术平台等都得到了快速提升，将逐步实现信息化与智能化的转变。依照泛在信息管理与服务战略，力求从资源、管理、服务、技术等方面实现转型，使泛在图书馆从概念走向现实，将是图书馆未来发展过程中的首要任务。

二、不足之处

本书是对泛在信息社会国家战略及图书馆对策的研究，在对国内外研究结果进行分析归纳后，将泛在信息社会国家战略落脚于泛在信息管理与服务战略，而信息社会本身涉及的其他方面的内容则难以穷尽。

本书关于泛在信息社会与泛在图书馆认知的调查研究局限于 CALIS 成员馆所在高校师生。从样本分析来看，教师与学生样本的比例不平衡，年龄分布不均匀，且无社会公众人士的参与。对问卷分析时，根据题目意图与所得数据尽量选取合理角度，以提高结论的准确性。

在对图书馆的转型策略及案例的研究中，大多是针对高校图书馆的研究，而对公共图书馆涉及较少。探索图书馆转型策略时，尽量综合各种类型的图书馆，以使转型策略在更多的图书馆中具有可行性。

第二章 泛在信息社会与泛在图书馆的认知调查

第一节 调研目的

从1946年第一台电子计算机ENIAC在美国宾夕法尼亚大学诞生，经历电子管、晶体管、大规模集成电路的主机时代，到超大规模集成电路的发展催生个人电脑时代的出现，计算机等数据生产与处理设备就蕴藏了巨大的能量；20世纪70年代以太网、电缆等的出现及应用，实现了不同设备之间的通信互联与信息传送，使电子邮件成为协助人们办公的重要工具；90年代FTP资源共享和各种浏览器、搜索引擎的出现，开启了互联网时代的大门，在我国百度搜索因快捷、全面等优势受到广大用户的青睐，网络搜索被迅速广泛接受并使用，电子产品开始进入商业市场，社会发展的信息化已萌芽待发；随着Web2.0技术突破门户网站的单向信息流通，以人为本的思想和个性化交互融入互联网信息发展体系，信息化建设受到重视，各种网络应用，如社交网络、地图导航等进入人们的生活，各行各业的信息化服务不断涌现，手机使用得到普及。2006年联合国将每年的5月17日确定为“世界信息社会日”，一个基于互联网的信息化社会已经到来。短短数十年间，信息化已经遍及社会发展的各个领域，对经济增长、文化繁荣、政治发展、社会进步等产生了革命性的影响。信息化建设已成为国家建设的重要组成部分。近年来物联网与云计算技术的出现，不仅使信息存储更加方便可靠，还有效推动了信息交流与信息共享。无线网技术与移动互联网的广泛应用，以智能手机为典型代表的各种移动终端不断升级，各种智能自助终端与移动应用，如自助终端机、智能机器人、手机支付、在线预约、移动图书馆等，不仅使人们体验到信息化生活的便利，也使人们可以随时随地获得网络服务，真正拉开了信息、网络、服务的泛在化序幕。泛在化信息社会正含苞待放。

同时，图书馆在面对信息化社会的发展历程中，也在不断探求自身信息化发展的变革之路，信息化系统建设与升级改造，馆藏资源存储与共享，包括开展移动图书馆与微信平台等智能服务建设的创新，展现了泛在图书馆的蓝图。

本次调查正是基于以上泛在化信息环境展开，旨在通过调查问卷深入了解用户对泛在信息社会与泛在图书馆的理解和认识，发现用户对信息服务的需求，以便在泛在环境中做好相应的资源建设与读者服务工作。

第二节 调研设计

一、调查内容

根据调查目的，本次调查分为两部分，即用户关于泛在信息社会和泛在图书馆的认知。问卷题目设计了单选、多选和开放性问答 3 种题型，总共 28 个题目，包括用户自身的信息化行为、用户对泛在信息社会及泛在图书馆的认知三个方面。

1. 用户自身的信息化行为

用户对自身在信息社会中的身份认知、获取信息和服务的载体、每天使用移动互联网上网的时间和主要用途、对现有信息服务的认可程度、接触智能手机的时间、选择使用可穿戴设备的意愿、利用 MOOC 等大型开放式网络课程进行学习的意愿、使用图书馆服务的主要地点、获取资源的主要来源、对目前移动终端学习的满意度等。

2. 用户对信息社会的认知

泛在信息社会最核心的概念、选择信息化服务需要考虑的要素、城市信息化建设中的主要问题、泛在信息社会主要的信息技术、用户心目中的泛在信息社会、泛在信息社会给人类带来的主要变革、人类进入泛在信息社会最大的挑战、人类进入泛在信息社会的时间、促进泛在信息社会发展的主要因素等。

3. 用户对泛在图书馆的认知

对泛在图书馆服务场所和空间的期待、泛在图书馆应提供的服务、泛在图书馆提供服务的主要方式、泛在图书馆的功能需求、泛在图书馆的设想等。

二、调查方法

本次调查由 CALIS 管理中心负责开展，使用 CALIS 问卷调研系统，采用在线问卷调查的方式进行。

三、调查对象

本次调查起初计划面向 CALIS 全国、地区和省中心所在的 34 所高校的学生、教师及图书馆员展开。问卷在平台上发布后，各地非省中心学校也表现出极大的兴趣和积极性，遂将调查对象更定为 CALIS 所有成员馆所在高校的学生、教师及图书馆员。

四、调查过程

本在线调查问卷自 2014 年 10 月 8 日上线开放，截至 2014 年 10 月 20 日，共回收来自 CALIS 成员馆所在的 125 个学校的有效问卷 4647 份，有效率为 100%。

第三节 调查分析

本次调查问卷的内容分为“泛在信息社会”和“泛在图书馆”两个部分，分别对人们关于泛在信息社会的发展认知情况和对泛在图书馆的相关服务与用户需求进行了调查。

通过汇总和分析调查结果，本书总结了人们对泛在信息社会与泛在图书馆的理解与认知情况。

一、泛在信息社会部分

（一）泛在信息社会最核心的概念

智能化、移动化和互联已成为目前信息社会中的热门词汇，而究竟哪个会成为泛在信息社会的最核心概念，人们却各持己见。根据问卷统计结果得出：①超过半数（53.73％）的人认为“互联”是泛在化的最核心特征。互联，即终端设备之间、设备与人之间、人与人之间在不同物理网络连接基础上，按照通信协议进行数据交换与通信交互。当前的信息社会中，网络已经渗透到人们的日常生活，并影响着人们的生活习惯。人们在每天的办公、休闲时间，都在使用网络服务，甚至是出行途中也要掏出手机浏览新闻、更新朋友圈、查看出行路线等。高比例地选择互联，一方面体现了人们对网络的依赖性，一旦网络中断，他们将会觉得无法正常生活；另一方面揭示了当前信息社会中网络互联状态还不理想，不能很好地满足人们对网络的需求，提高网络互联的质量和范围是社会发展建设中的重要任务。②近三分之一（31.12％）的人认为泛在信息社会的最主要特征是“智能”。在当前的信息社会中，各种新技术为人们带来了极大的便利。各种自动化自助终端与应用，提高了信息的可靠性，简化了复杂的业务流程，给人们带来便捷的同时，也提高了效率。近年来，智能家居、智能交通等不断出现与应用，尤其是智能手机的普及，使信息社会已走向智能化时代。新的信息社会，人们需要一个更加智能的空间环境，能够随时进行智能化交互与交流，拥有更多智能化设施帮助人们完成各种工作任务或生活劳动、成为人们身边“聪明”的小秘书。人们将能尽情享受智慧生活。③13.86％的人们认为“移动”是泛在信息社会的最核心概念。无线网技术的诞生消除了网络布线的烦恼，使数据交换与通信不再受到时间和空间的限制。移动互联网的发展，结合了移动、开放、共享等优点，为人们提供更加便捷的网络服务环境。如今，手机成为人们的生活必需品，智能手机也迅速得到普及，人们通过智能手机可以随时随地进行各种网络活动，真正实现了网络、服务随人而动。虽然调查问卷反馈中，人们选择"移动"选项的比例不到六分之一，较低的比例恰恰反映了"移动"相对于"互联""智能"是较易实现的一个概念要素，各种移动应用嵌入到各种移动终端，得到了广泛应用。最近几年，智能手机、IPAD等各种移动设备出现并迅速得到推广，性能不断升级，价格不断平民化。人们生活水平的提高，完全有能力承担移动设备的投入。一个相对成熟的移动空间环境已经形成，并成为人们社会生活中息息相关的一部分。

表 2—1 泛在信息社会的最核心概念认知

选项	计数	百分比
A. 智能	1446	31.12%
B. 移动	644	13.86%
C. 互联	2497	53.73%
D. 其他	60	1.29%

同时，从学生和教员分组数据来看，两类对象人群的认知基本一致："互联"依旧居于首位，"智能"紧居其后，"移动"次之。学生们正处于较小的年龄，对智能化新生产品的接受度较高，有了较好的移动环境基础，因而学生对"互联"的要求明显比教员更高。

另外，还有小部分人认为泛在信息社会的最核心概念另有其他，如数据、共享、以人为本等。大数据越来越火热，人们对数据的关注已越来越多，数据信息无处不在，对数据信息和知识内容的存储、处理与加工也是未来社会面临的艰巨任务之一，如何将这些数据信息组织整合成有用的内容或知识，信息共享与有效利用也是信息服务领域的重要课题。而无论数据处理还是信息服务，都是以人们的需求为核心，各种网络基础设施、智能化技术、移动化产品，也都以服务人类为目标，人仍将是泛在信息社会中最为重要的角色之一。

调查中，尽管人们对互联、智能、移动三大概念的认知支持率各不相

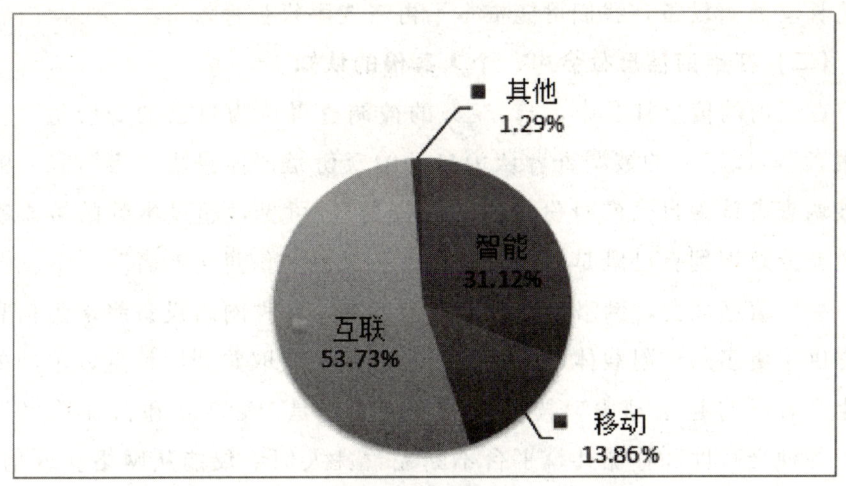

图 2－1 泛在信息社会的最核心概念认知

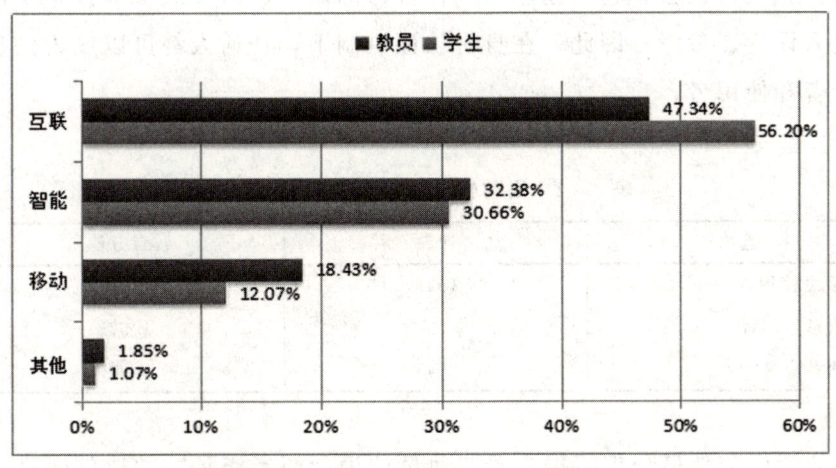

图 2－2 泛在信息社会的最核心概念认知（学生 VS 教员）

同，但是在泛在信息社会中三者相辅相成、缺一不可。在泛在化网络互联的基础上，目前各种移动化的智能终端越来越多，如智能手表、智能眼镜等，已将三者充分结合在一起。可以想象，不久的将来，智能服装也会逐渐进入大众的日常生活，我们甚至可以大胆地假设：拥有了这些随身的智能化移动通信设备，我们可能根本不再需要手机！

（二）在当前信息社会中，个人身份的认知

在当前的信息社会中，41.51％的被调查者认为自己的身份是“信息使用者”，1.57％的被调查者认为自己的身份是“信息生产者”，56.92％的被调查者认为自己的身份是“两者皆是”。可见，超过半数的被调查者已经充分意识到自己既是“信息使用者”又是“信息生产者”。

身处信息社会，网络基础建设较为发达，各种网络设备终端为信息数据提供了更多的依附载体，每个人都可以从中获取并利用信息，单纯的信息生产者必将越来越少。技术的进步，尤其是Web2.0和云计算发展以来，各种交互性和存储共享平台不断完善，人们不仅能从网络获取信息，还可以将自己的信息和数据上传共享，人们在信息世界里的身份角色多元化；另一方面，网络盛行的时代，社会更加透明和民主，人们有了更多的话语权和发言机会，越来越多的人将自己的观点、研究成果等公布于网络供他人评论、参考。因此，在身份认证机制下，任何人都可以成为信息的生产者和使用者。

表2—2 当前信息社会个人身份的认知

选项	计数	百分比
A. 信息使用者	1929	41.51％
B. 信息生产者	73	1.57％
C. 两者皆是	2645	56.92％

从学生和教员分组数据来看，教员认为“两者皆是”的比例明显比学生更高，达到64.23％，超过学生10％。这个差别主要是个人的阅历造成的。在信息社会里，教员具有很高的信息素养，具体表现在信息选择、信息收集、信息判断、信息传播、信息处理和信息生成能力等方面。而学生虽然可以像教员一样自由地获取信息，但是他们在信息素养方面的感觉和思维、对信息的敏感程度、对信息技术的运用、对信息的主动捕捉等方面，和教员都无法相比。所以，根据调查结果，超过44.19％的学生仅认

为自己只是“信息的使用者”。

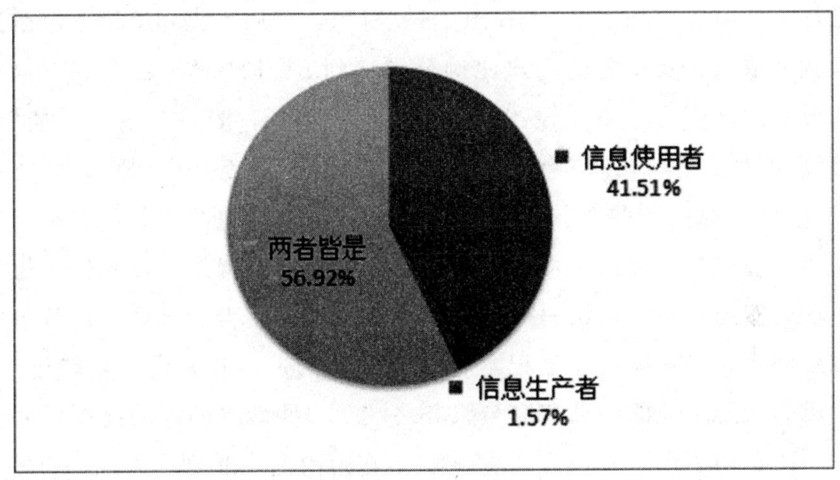

图 2—3 当前信息社会个人身份的认知

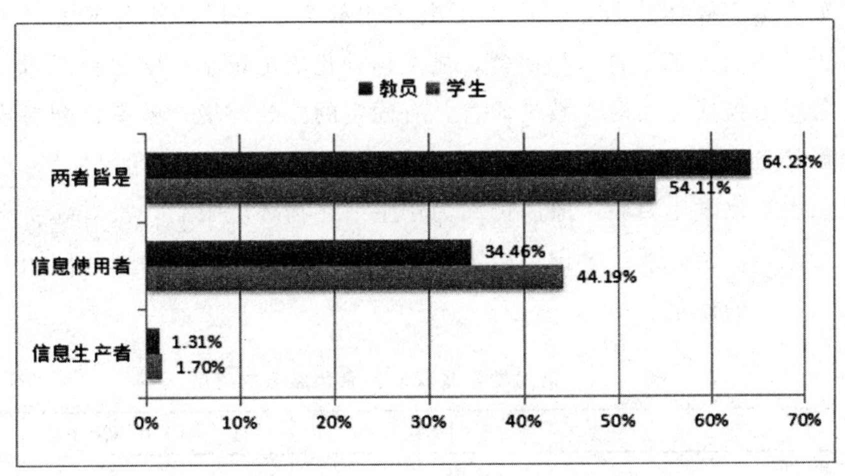

图 2—4 当前信息社会个人身份的认知（学生 VS 教员）

(三）常使用何种载体检索或获取信息和服务

自从电脑与手机进入人们的日常生活以后，信息获取与传播载体也已经呈现多元化发展趋势。从各种终端的类型来看，大部分属于移动设备，尤其在智能手机和各种移动设备开始普及以来，绝大多数人已经开始改变自己的上网习惯，如表2—3和图2—5所示，使用手机和笔记本电脑进行检索或获取信息及服务的用户比例分别达到84.12%和72.63%。这两类移动设备因体积小、质量轻，便于携带，价格低，容易普及，功能完备，能够满足人们基本的信息服务需求，以绝对优势远远超过了台式机(36.60%)、电视新闻媒体（30.02%）等传统的信息获取方式。手机的操作系统与文件处理虽比不上笔记本电脑强大，但智能化技术使手机具备了更多的实用性功能，运用操作十分灵活，从一定程度上可以代替电脑与电视新闻媒体的功能，比笔记本电脑更便于携带，并集通信功能于一身，从而成为最受欢迎的信息获取与服务终端。一些新兴的移动终端设备，如PAD、PSP、电纸书（23.59%）等，也在短时间内受到了人们的喜爱。

从学生和教员的角度来看，更多的学生习惯选择“手机”和“笔记本”，而更多的教员则喜欢用“手机”和“台式机”来检索获取信息和服务。如今的多媒体式教学，增添了电子化教与学手段，使电脑走进了课堂。大学生们奔走于教室与宿舍，显然移动化的笔记本电脑比台式机更适合这种学习模式。而对于教员而言，有固定的办公环境，教室也配备电脑与投影等教学设施，对移动化的需求相对较低。对于“新闻媒体”，教员的使用率也比学生要高，原因可归为学生因住宿环境限制，没有配备电视媒体设施，而学生通过笔记本电脑与手机的新闻搜索与音乐视频应用基本满足了自身的需求。

表2—3　常用检索或获取信息和服务的终端

选项	计数	百分比（降序）
C. 手机	3909	84.12%
B. 笔记本电脑	3375	72.63%
A. 台式机	1701	36.60%
E. 新闻媒体	1395	30.02%
D. PAD、PSP、电纸书等其他移动终端	1096	23.59%
F. 其他	58	1.25%

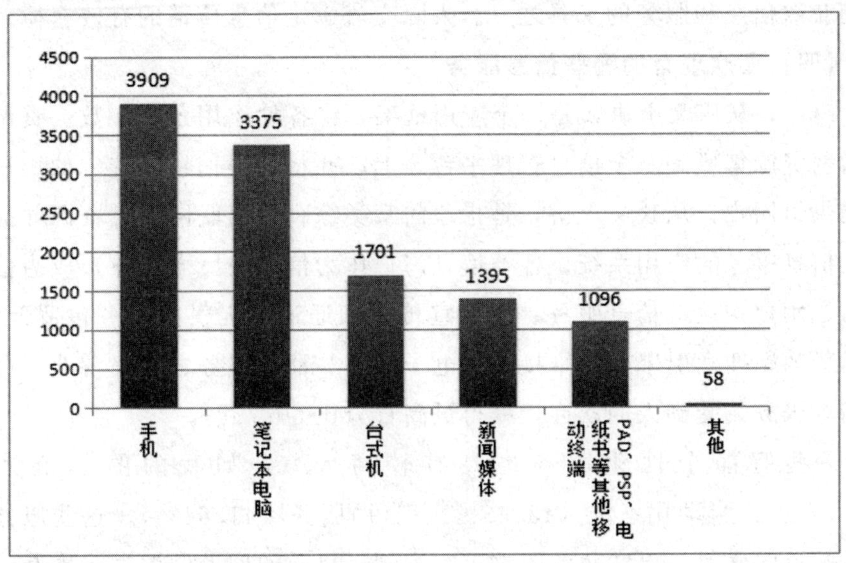

图 2—5 常用检索或获取信息和服务的终端

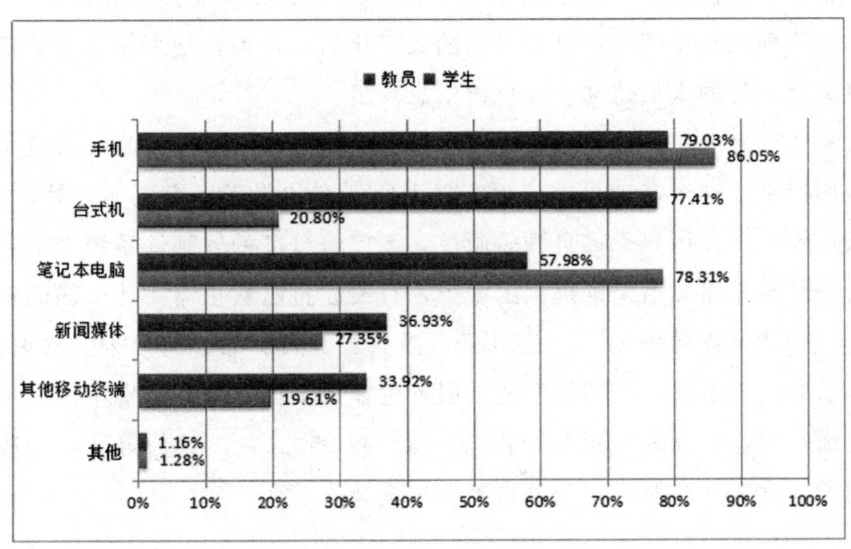

图 2—6 常用检索或获取信息和服务的终端（学生 VS 教员）

另外，部分调查者认为图书期刊、报纸杂志等传统的纸本载体依然是人们获取信息和服务的工具之一。人际交流也是信息传播的有效途径。

（四）喜欢现有的哪些信息服务

门户，从广义上讲，是一个应用框架，将各种应用系统、数据资源和互联网资源集成到一个信息管理平台之上，并将各类信息以统一的用户界面提供给用户；从狭义上讲，是指通向某类综合性互联网信息资源并提供有关信息服务的应用系统。各类信息门户作为信息的巨大载体，成为信息发布、用户沟通、信息服务、产品宣传等的通道，提供的业务包罗万象，包括新闻、搜索引擎、网络接入、电子商务、社区服务、网络游戏、存储空间等服务，受到人们欢迎，赢得最高百分比60.75％。

一些智能个性化服务也具有较高人气，如我的图书馆服务（48.87％）、自动化系统（43.43％）、自助服务（41.64％）。这些服务有很多独特的优势，以“我的图书馆”为例，目前的网上资源过于庞杂，内容质量参差不齐，用户使用时常感力不从心，不得要领，而“我的图书馆”就像信息社会里个人的电子化书房，让人们可以简便、轻松、高效、科学地管理和利用网上信息和自创的数字化信息资源，使之成为有组织的信息集合，帮助人们建立个性化的信息环境。

云计算为泛在信息社会发展提供了一个非常好的基础设施。云技术广泛应用以来，这个基础设施使得实现无所不在的服务变得更加容易，“有了云计算，广大用户无需自购软硬件，无需将自己的软硬件系统交给它人托管，甚至无需知道是谁提供的服务，只关注自己真正需要什么样的资源或者得到什么样的服务”①。IBM云、微软云、百度云、腾讯云、阿里云、小米云等层出不穷，不同类型的云服务也在众多信息服务类别中占得了一席之地，云存储和云笔记分别占38.43％和23.31％。其他方面，一些搜索引擎、社交网络及推送服务也被多次提及。

① 李德毅：《云计算实践分析》，2012年9月23日，见http：//www.136z.com/show/201105/7598.html。

表 2－4 人们喜欢的信息服务

选项	计数	百分比（降序）
A. 信息门户	2823	60.75%
D. 我的图书馆	2271	48.87%
B. 自动化系统	2018	43.43%
E. 自助服务	1935	41.64%
F. 云存储	1786	38.43%
C. 云笔记	1083	23.31%
G. 其他	31	0.67%

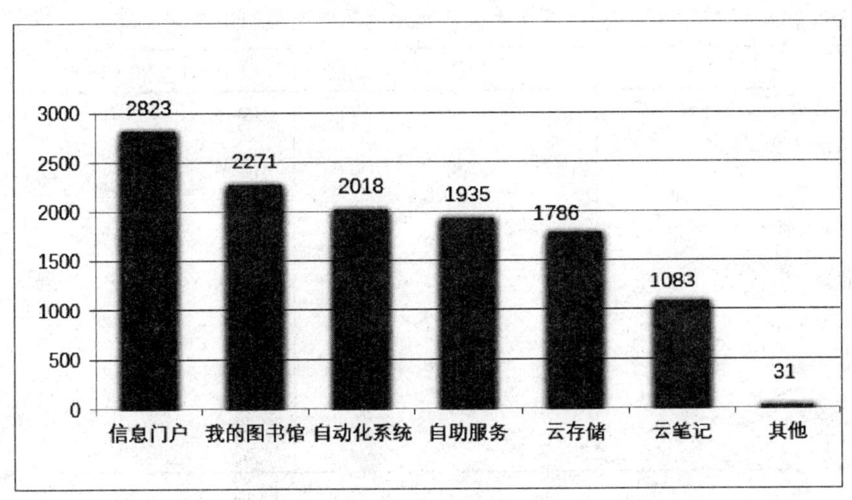

图 2－7 人们喜欢的信息服务

（五）选择某项信息化服务时考虑的因素

人们在选择某项信息化服务时，其需求度和易用性是最普遍受到关注的两个影响因素，比例分别为 82.10%和 74.28%，这正体现了要以人为本的服务理念，信息化服务就是要以满足人们的需求为先，以方便人们的使用为重；在此基础上，60%以上的人们希望保证信息服务的质量，提高服务效率（67.25%），维护信息安全（66.24%）；40%以上的人会考虑到价格和服务态度，三分之一左右的人会关注该服务的技术实力和品牌。

信息化服务需要不断改善和转型，需要深入挖掘用户的信息需求，需要先进的技术作为支撑，才能提高服务性能，才能使用户获得较好的服务体验；价格合理，具有良好的服务态度，才能留住用户，创立起真正靠得住的品牌。

另外，信息的全面性与准确性也是影响服务选择的因素之一。不同的因素会因用户自身的差异而被分配不同的权重，但是要做好一项信息服务，就要兼顾各种因素之间的关联，要不断修复服务中存在的漏洞，不能顾此失彼。

表 2－5　选择某项信息化服务时考虑的因素

选项	计数	百分比（降序）
A. 是否满足需要（需求度）	3815	82.10%
B. 易用性	3452	74.28%
C. 服务效率	3125	67.25%
D. 安全性	3078	66.24%
E. 价格	2156	46.40%
F. 服务态度	1931	41.55%
G. 技术实力	1758	37.83%
H. 品牌	1157	24.90%
I. 其他	28	0.60%

（六）对“移动改变生活”的认同

移动互联网和信息技术的发展，以及各种移动终端和移动服务相继问世并应用到人们的社会生活中，对人们产生了广泛的影响。调查结果显示，有26.17%的人认为移动服务使他们的生活变得更加便捷和精彩，62.19%的人愿意接受并去适应这种移动化趋势，约10%的人勉强接受这种移动化趋势，只有不到2%的人认为移动服务不靠谱，没有安全感。

对于“移动改变生活”，从数据统计看，88%以上的人对这一观点表示赞同，98%以上的人能够接受这个观点，因此，“移动”确实从某种程度上改变了生活。这可以从两个角度体现：

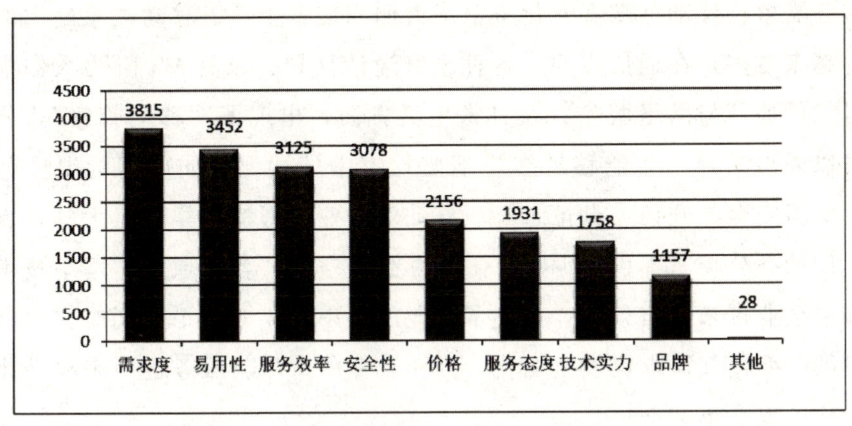

图 2—8 选择某项信息化服务时考虑的因素

其一，“移动”的过去、现在和未来给生活带来的改变。人们最早对“移动”一词的认识起源于通信领域，移动电话的出现结束了烽火传情、鱼雁传书的时代，使任何人在任何时间、任何地点都可以安全快捷地自由通信，极大地提高了通信效率，同时也改变着人们的生活观念；而现在信息化建设使移动的发展已经延伸到各个领域，移动网络覆盖范围不断扩大，各种移动服务嵌入不同的移动客户端，使人们在任何时间、任何场所都可享受各种服务。如今人们已经可以在大街上掏出手机，随时搜索附近的美食、住宿、娱乐、团购和交通信息，享受移动的发展所带来的看得见、摸得着的方便和实惠；未来必将是一个移动泛在的时代，移动通信、移动终端和移动服务都将无所不在，技术则将使移动更加智能，移动服务不再限于网络消费和预约等，智能化的移动终端，如智能手表、服装等，可自动监测外界环境或进行业务提示，方便人们及时对生活和工作事务进行规划和实施。

其二，“移动”给个人、家庭和企业带来的改变。问卷第 3 题中已经提到人们最常用的获取信息与服务的终端载体是手机，人们对手机的依赖远远超过台式机。无论在通信、信息服务方面都已趋于移动化，人们不必再专门跑去实体营业厅或到处寻找联网设施，随时随地就可以轻松搞定各种服务需求，移动终端多元化丰富了人们的信息生活。移动在家庭中的应用也越来越多，在通信方面，各种家庭通话计划、家庭 Wi-Fi 为人们提供了可靠的通信与网络服务；在日常生活方面，出现了"移动管家"，使人们可以外出时利用智能移动客户端监控家中的情况，如房间的温度与湿度、厨房安全、到访人员记录等。移动对企业的影响同样是巨大的，首先是人们的办公场所不再拘泥于有限的办公室空间，各种通信与网络技术和设施给企业带来了信息化，提高了企业的效率与业务水平。同时，移动对人们的改变使其需求也发生变化，因而企业的产品与服务也迎来移动化与智能化的大变革。

表 2—6　对"移动改变生活"的认同度

选项	计数	百分比（降序）
B. 赞同，愿意接受并去适应这种移动化趋势	2890	62.19%
A. 双手赞同，移动服务让生活更加便捷和精彩	1216	26.17%
C. 勉强接受，但不排斥使用它	466	10.03%
D. 不赞同，移动服务让人没有安全感，不靠谱	75	1.61%

（七）平均每天使用移动互联网的时间

数据显示，43.32%的人平均每天使用移动互联网上网 4 小时以上，42.72%的人平均每天使用移动互联网 2—4 小时，13.97%的人少于 2 小时。从学生和教员的角度来看，超过半数的教员每天使用移动互联网的时间在 4 小时以上，另外 30%左右的教员使用移动互联网的时间在 2—4 小时之间，而学生使用移动互联网在 2—4 小时之间的比例要大于 4 小时以上的比例。智能手机的使用，催生了用户对 Wi-Fi 网络的需求，为各种随身 Wi-Fi 带来新的发展机遇。从中国移动互联网用户行为的调查报告中得出，人们利用手机和平板上网的时间，已远远超过 PC 互联网和电视，人

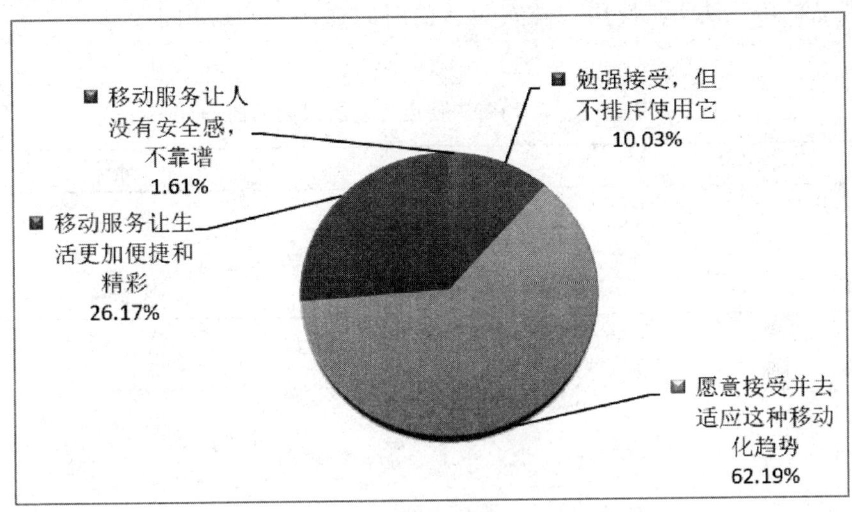

图 2—9 对“移动改变生活”的认同度

们对移动互联网的依赖越来越深，移动互联已是大势所趋。[①]

移动互联网使用方便，人们通过各种便携式移动设备可以随时随地连接到网络，移动视频、移动阅读、移动游戏、即时通信、移动商务等创新业务，不仅为人们的业务、沟通等带来了方便，也使排队、出行坐车等碎片时间得到了充分利用。这种数字化与智能化的互联网体验，已经不再只是年轻人的乐事，它几乎已融入所有人的日常生活，人们不论职业、不论民族，更没有年龄区分，任何人都将可以使用移动互联网。移动互联网使用时间的增加，也为企业提供了更多的商机。泛在信息环境下，移动互联网还会面临巨大的挑战。对企业产品与服务而言，建立用户时间份额跟踪体系，对用户规模、在网时长、点击量、活跃度、使用场景、用户反馈的建议和意见等进行分析，根据用户使用时间份额，挖掘用户的兴趣需求和潜在用户，同时多维度洞察用户的现实需求，不断提升用户体验，努力提

① 《2014 中国移动互联网用户行为分析报告》，2014 年 1 月 30 日，见 http：//www.sfw.cn/xinwen/438626.html。

高产品的吸引力[①]，使用户花费更多的时间在产品和应用上。

表 2—7 平均每天使用移动互联网的时间

选项	计数	百分比
A. 2 小时以下	649	13.97%
B. 2—4 小时	1985	42.72%
C. 4 小时以上	2013	43.32%

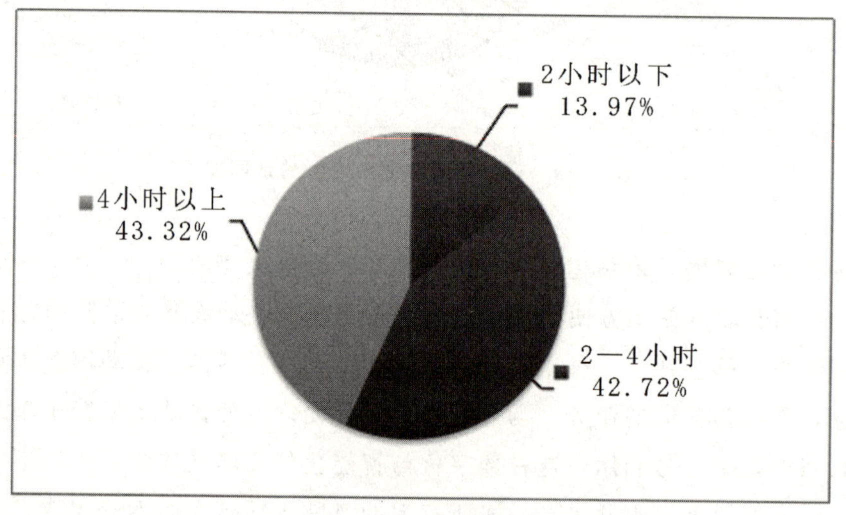

图 2—10 平均每天使用移动互联网的时间

（八）使用移动设备上网的主要用途

79.79%的人会使用移动设备上网浏览并获取信息，75.21%的人进行网络聊天或通信活动；使用移动设备网上学习与阅读、网上购物或金融活动两项功能平分秋色，比例均约 60%（分别为 61.93%和 60.38%）；使用移动设备光顾论坛、微博等社交网站也超过半数，占 54.38%；使用地图导航和游戏影音类功能也不在少数，分别为 40.61%和 34.32%。从学

① 胡世良：《移动互联网：抢占用户时间份额更重要》，2014 年 1 月 16 日，见 http://www.cnii.com.cn/mobileinternet/2014-01/16/content_1290300.htm。

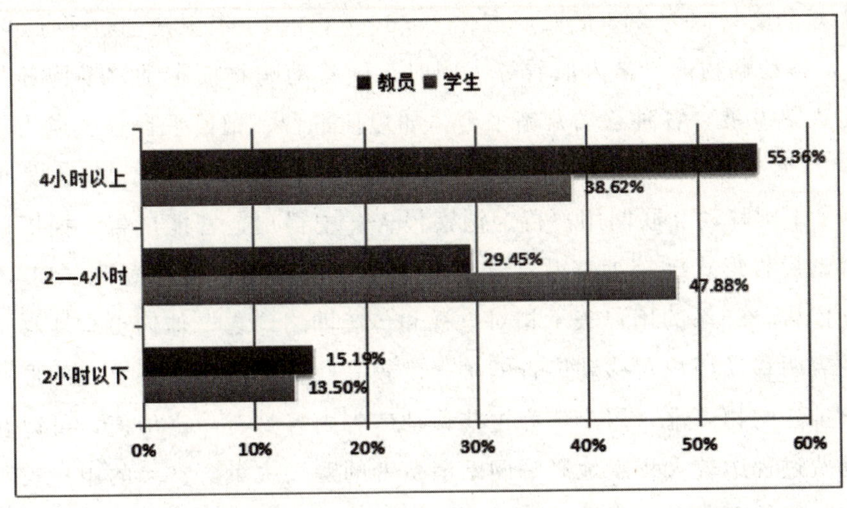

图 2－11 平均每天使用移动互联网的时间（学生 VS 教员）

生和教员分组数据来看，移动设备上网的主要用途排在前列的都是“信息获取及浏览”和“网络聊天或通信”，但是更多的学生用于“在线阅读或网上教育”和“社交网络”，而且教员更喜欢用于“网络购物或金融”和“地图导航或定位”，还有部分人将移动设备用于办公。由此可以看出，信息类、工具类、游戏娱乐类等是用户经常使用的应用，移动设备已经成为人们日常生活中的实用工具，而非仅是消遣娱乐的奢侈品。科技生活时代已经来临。

移动互联网已在信息获取、沟通、金融和娱乐应用领域以相当大的优势超越了 PC 互联网，移动金融、手机购物等已成为未来发展的热点。尤其是自网购风靡以来，2009 年淘宝“双 11”销售交易额为 5200 万元，五年来交易额持续快速增长，到 2014 年“双 11”交易额突破 571 亿元，而其中移动交易额为243亿元，占比42.6%[①]，2016年更是超过了1200亿元[②]，移动购物前景被人们看好。同时，因移动购物而带动移动服务与应用也火热发展，各种移动营销平台，如短信平台、微信平台等已成为企业营销的重要途径。移动广告也体现了巨大的优势。从In Mobi发布的《2014中国移动互联网用户行为洞察报告》中得出，智能广告、插屏广告等移动广告形式已较为普及，45%的移动互联网用户会注意到APP内的移动广告，55%的用户表示相对电视和传统网络广告，他们更欢迎移动广告，表明移动用户对移动广告的接受度较高。移动广告以更直观的形式为用户推送购物需求，用户认为这些移动广告内容具有一定价值，可以在移动消费过程中较大程度地影响网站消费者的购买决策，79%的用户表示移动广告能够吸引其成为潜在消费者，63%的用户会通过移动广告深入了解信息，60%左右的用户会进一步决定购买或者调整购买计划[③]。移动互联网广告未来具有较大发展空间。

移动交易虽然已占据移动应用的重要地位，但是移动服务与应用还是需要重新重视基本的生活服务，如信息获取与交流、生活娱乐与地图导航。最初，人们利用移动电话实现远程交流，现在各种通信与社交网络迭出，使人们不仅可以语音、视频交流，还可以分享观点和实时状态，增强了沟通与互动。而在生活服务方面，人们利用移动设备获取信息，或进行影视娱乐，还可以利用地图进行出行导航。移动服务的多元化和智能化已成为大势所趋。

---

① 财经网:《阿里"双11"销售额超570亿元》，2014年11月12日，见http://news.163.com/14/1112/08/AARAOQ330001124J.html。

② 南方财富网：《2016年"双11"淘宝销售额1207.49亿 2016年天猫"双11"销售额排行榜前》，2016年11月12日，见http://www.southmoney.com/redianxinwen/201611/863302.html。

③ 四川在线：In Mobi发布《2014中国移动互联网用户行为洞察报告》，2014年1月10日，见http://cd.qq.com/a/20140110/009373.htm。

表 2—8 移动设备上网的主要用途

选项	计数	百分比（降序）
E. 信息获取及浏览	3708	79.79%
B. 网络聊天或通信	3495	75.21%
F. 在线阅读或网上教育	2878	61.93%
D. 网上购物或金融	2806	60.38%
A. 微博、论坛、朋友圈等社交网络	2527	54.38%
G. 地图导航或定位	1887	40.61%
C. 网游或影音娱乐	1595	34.32%
H. 其他	72	1.55%

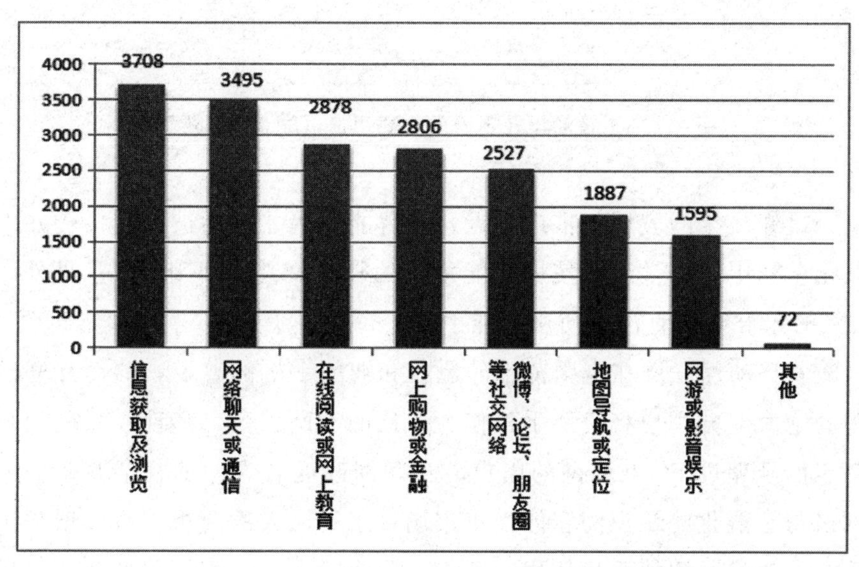

图 2—12 移动设备上网的主要用途

（九）开始使用智能手机的阶段

一半以上调查对象在大学阶段开始使用智能手机，其中以学生为主，接近五分之一的用户在高中时代就开启了智能体验，而约四分之一的调查对象工作以后才开始使用，这部分人群主要为教员。这主要归因于社会信息化的发展和新技术的应用，从 20 世纪 90 年代第一部智能手机诞生至

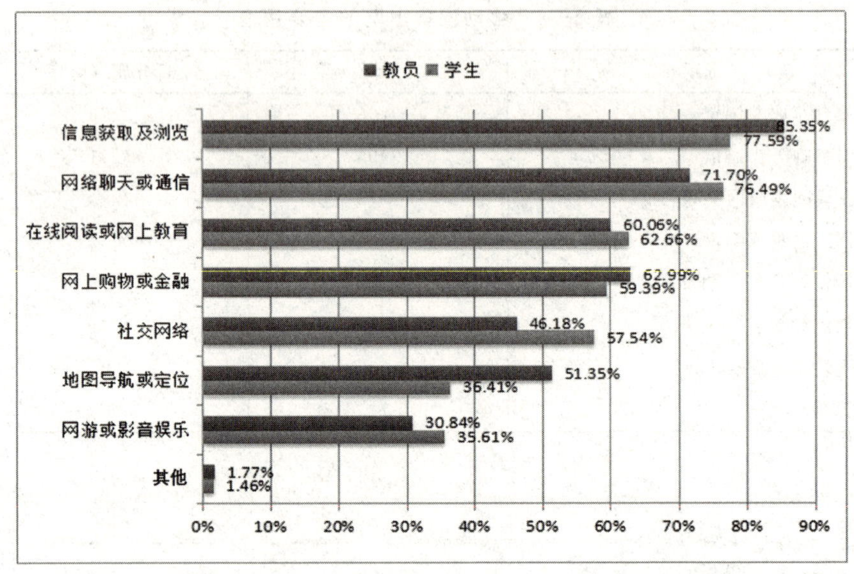

图 2—13 移动设备上网的主要用途（学生 VS 教员）

今，经过十多年的应用与推广，近几年智能手机才逐渐被人们接受并走向平民化。初中和小学阶段使用智能手机的较少，总共不到3%；另外，大概1%的人群则一直没有使用智能手机。

随着移动互联网在全国范围的覆盖和智能手机的普及，移动互联网用户中的绝大部分用户将智能手机作为首选的上网工具，移动互联网用户数量甚至已经超过PC互联网的用户。互联网改变着人们的社会观念，人们对网络与智能化的认识为智能手机市场带来了巨大的商机，直接增长了智能手机的销量。智能手机使用，开启了网络泛在化、服务移动化、应用智能化的大门。

百度移动互联网发展报告显示，Android用户平均有46%的时间是通过Wi-Fi进行联网，其中44%的用户对Wi-Fi网络产生依赖，他们有七成以上的上网时间都是在Wi-Fi环境下。① 这种Wi-Fi网络的巨大需求，促

① 《百度移动互联网发展报告》，2013年11月27日，见http：//www.pingwest.com/baidu-mobile-internet-analytic/。

进了无线网络的进一步升级和泛在化覆盖，越来越多的场所可以实现无缝的移动无线网络连接。同时，企业认清网络的发展趋势，将各自的服务直接嵌入手机客户端，将移动服务带到了网络覆盖的各个角落，使服务的移动化与泛在化也不断深入。智能手机用户对 Wi-Fi 网络环境的需求，为各种随身 Wi-Fi 和智能化移动产品的出现带来了新的机遇，智能手机的各种辅助产品和替代产品将不断增加，因而如何在泛在化与智能化的环境中挖掘用户需求，守住当前竞争市场的大好江山，是智能手机行业面临的巨大危机和挑战。

表 2—9 开始使用智能手机的阶段

选项	计数	百分比
A. 小学	17	0.37%
B. 初中	116	2.50%
C. 高中	862	18.55%
D. 大学	2507	53.95%
E. 工作后	1095	23.56%
F. 一直没有使用	50	1.08%

（十）对选择使用可穿戴设备（如智能手表）的意愿

根据本次调查，90%左右的人支持使用可穿戴设备。体验后认为可穿戴设备给自己带来方便的有 16.79%，而另 73.64%的人愿意去尝试这种智能化的新潮流。可穿戴设备作为一种新兴的技术产品，符合未来社会发展的智能、移动的特征需求，短时间内获得较多支持体现了其创新性和活跃的生命力。不支持可穿戴设备的人群中，5.81%的人认为这类产品没有发展前景，对自己没有吸引力，3.77%的人则因为体验不佳而对其给出差评。

可穿戴设备集科技、时尚、健康、休闲于一身，因其智能移动具有灵活性，且专属性较强，相对于其他智能设备具有极大的优势来提供个性化服务。可穿戴设备不仅仅是一件科技产品，服务才是可穿戴设备的核心，

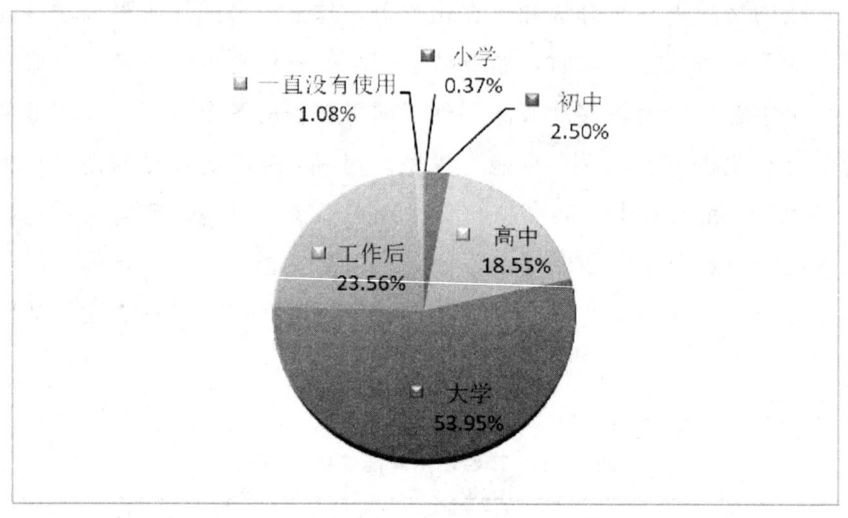

图 2—14　开始使用智能手机的阶段

而绝非局限于可穿戴领域。目前，可穿戴企业已分布在全球各国，各互联网巨头纷纷将目光投向可穿戴设备，市场中一些中上层消费团体开始争相体验可穿戴设备。可穿戴设备以可穿戴的形式，涉足众多的领域，拥有巨大的市场前景。在运动管理和智能健康管理领域，进行数据采集，建立起人体健康模型，进行健康数据分析，提供健康服务。① 生活水平与质量的提高使人们更加关注健康生活，除了加强身心锻炼，各种健康辅助产品相继出现，通过监测人们机体或日常行为的各种指标，形成个人健康预警机制，帮助人们了解自己的健康状况，逐渐养成良好的生活习惯，享受更高品质的生活。

但是，由于可穿戴设备出现时间较短，在市场与生活中还未得到大范围推广与普及，价格上也不是十分接地气，人们似乎还不太明白它的出现到底会发挥什么功能，能够为我们带来哪些改变；其产品设计与功能上还存在一些缺陷和不足，如一些设备功能不全且不完善，有的甚至不能独立

① 郭静：《可穿戴设备不是玩具》，2014 年 10 月 8 日，见 http://www.sootoo.com/content/518963.shtml。

使用并需要依靠相应型号的手机支持，电池使用时间过短等；其毕竟是新兴事物，还需要做出相当多的改进和完善才能获得用户的广泛认同。由此可见，可穿戴设备的发展还处在初期阶段，在各个领域与方向上都拥有非常多的机会和切入点，其潜力还有待深入发掘。

表 2—10 选择使用可穿戴设备的意愿

选项	计数	百分比
A. 没前景，没兴趣	270	5.81%
B. 体验不佳，想放弃	175	3.77%
C. 智能化新潮流，愿意尝试	3422	73.64%
D. 给我提供很多方便，很喜欢	780	16.79%

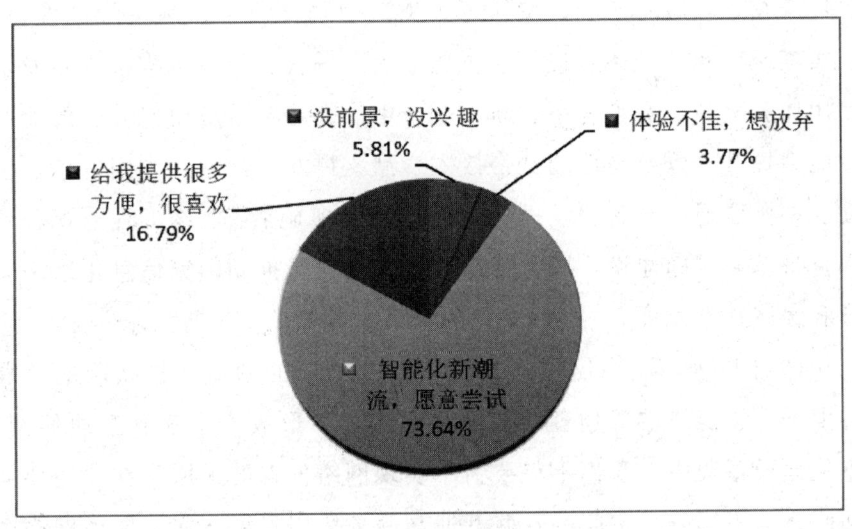

图 2—15 选择使用可穿戴设备的意愿

（十一）对“目前城市信息化建设中最主要的问题”的认知

较多的人认为城市信息化建设中最突出的问题是网络覆盖不够理想，占 52.72%，且教员与学生的观点基本一致，均有超过半数的调查者认为“网络覆盖不理想”是城市信息化建设中最主要的问题。另外，28.77%的人认为社会服务不够智能是城市信息化建设中最主要的问题，16.83%的人则认为是技术创新程度不够。

我国信息化建设起步较晚，网络信号与基础设施分布覆盖还不十分理想，而近年来我国重视信息化建设，2008 年国家根据十一届人大政府机构改革方案，在原信息产业部、国防科工委的基础上组建了工业和信息化部，并将拟订实施行业规划、产业政策和标准，监测工业行业日常运行，推动重大技术装备发展和自主创新，管理通信业，指导推进信息化建设，协调维护国家信息安全等职责划入工业和信息化部。我国信息化建设已取得不小进展。2005 年，全国 95%以上地区构建了电话网，信息基础设施建设力度加大。2012 年 3 月，工业和信息化部在宽带普及提速工程动员部署大会上宣布正式启动实施“宽带普及提速工程”，以“建光网、提速度、促普及、扩应用、降资费、惠民生”为总体目标，制定阶段性目标，组织实施城市光纤到楼入户、农村宽带入乡进村、公益机构接入普及、宽带使用体验提升、宽带应用创新示范、中小企业宽带应用提升、产业基地宽带能力提升，以及高性能宽带接入产品支撑八项计划。中国电信、中国移动、中国联通是宽带普及提速工程的主要实施者①，该工程重视公众参与和宽带基础设施建设，以宽带基础设施的发展推动国家信息化水平全面提升和经济社会发展。

2013 年以来，我国信息化建设拓展到不同的领域，物联网的发展将各种电子、智能终端等物理对象连接在一起，形成一个互联互通的网络。信息化建设过程中，我们不仅要力争实现网络覆盖的无所不在，还要兼顾不同网络与不同领域之间的互联互通与服务协同发展，实现便民网络全覆盖，服务社会民生需求。社会服务要不断全面、不断深入，还要不断智能化。网络的不断泛在化与系统的不断集成，信息对象的智能化控制越来越容易，智能家居、智能医疗等智能化服务不断走进社会生活，并成为社会

① 齐鸣：《工信部：“宽带普及提速工程”5 个目标和 8 个任务》，2012 年 3 月 21 日，http://www.c114.net/news/550/a680378.html。

服务发展的大趋势。智能化使生活更加便捷，新一代互联网建设中应更加注重网络基础设施与云资源的智能协同。

同时，技术创新是社会发展中永恒的主题。科学发展的速度令人惊叹，为技术创新带来不小的压力。利用网络、计算机等技术手段，以资源开发利用为基础，挖掘知识内容服务的积极作用，不断促进社会服务水平的提升，成为新的发展方向。

习近平在2014年2月召开的中央网络安全和信息化领导小组第一次会议上强调，网络安全和信息化是事关国家安全和国家发展、事关广大人民群众工作生活的重大战略问题，要从国际国内大势出发，总体布局，统筹各方，创新发展，努力把我国建设成为网络强国。国家信息化发展政治纲领不断明确，我国智慧城市建设蓝图得到完善，以高速、智能、融合为特征的新型信息化城市在经济、服务、文化方面开始了创新与转型。

但城市信息化存在的问题不仅有上述三种，网络信息时代的信息系统与网络资源依然面临各种威胁，信息安全形势更加严峻，未来发展中还需要依靠先进的技术解决网络系统漏洞，对公民加强信息安全教育，并将信息安全管理体制与相关法律法规进一步完善和落实。在一个讲究效益的时代，信息成本也该成为城市信息化建设中值得关注的要素，打造合理的信息产业链和信息服务增值平台，使人们享受高性价比的社会信息服务。

表2—11 目前城市信息化建设中最主要的问题

选项	计数	百分比
A. 网络覆盖不够理想	2450	52.72%
B. 社会服务不够智能	1337	28.77%
C. 技术创新程度不够	782	16.83%
D. 其他	78	1.68%

（十二）对“能够随时随地利用学习终端进行学习”的认知

是否能够随时随地利用学习终端，如智能手机、PDA、IPAD、PC、平板电脑、学习机等进行学习。

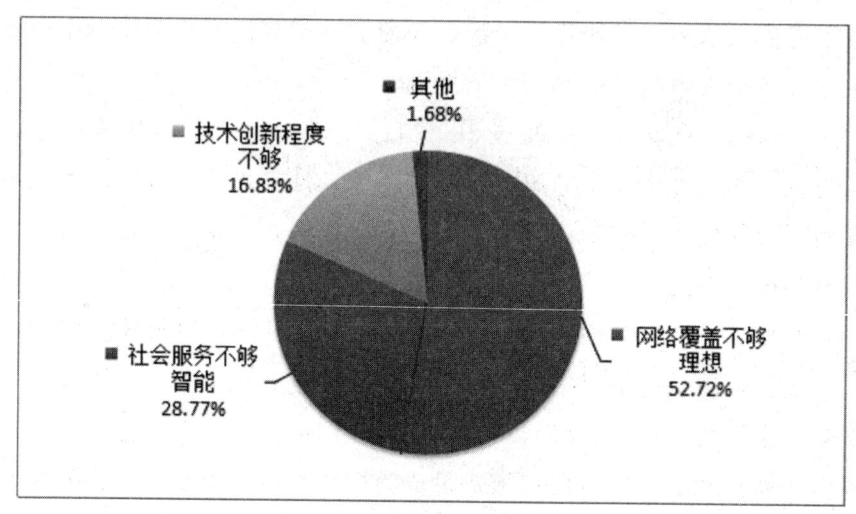

图 2—16 目前城市信息化建设中最主要的问题

人们的智能化学习行为，反映出我国信息化建设对人们的影响程度及信息化与智能化水平。数据显示，98%左右的人可以不同程度地随意使用各种智能终端进行学习，其中大部分时间可以的占 51.17%，学生比例高于教员；完全可以随时随地使用学习终端的有 17.97%，教员比例高于学生比例。人们从传统的纸本学习，到现在绝大部分人能够自由利用智能终端进行学习活动，信息化建设的成果对人们的社会生活及教育产生的影响是巨大的。信息化影响教育的现代化，教学环境转向由数字网络、开放平台和智能设备架构而成，多媒体教学普及，教学方式趋向多元和个性化，教育资源得到有效整合。如今的教育与学习，需要具备信息化理念与素养，并掌握基于信息技术的智能化技术工具。

我们的调查对象来源于高校群体，该群体具有较好的学习能力，然而还是有 1.23%的人完全不能随时随地利用学习终端进行这样的学习活动，29.63%的人只有少部分时间开展这样的学习。这些结果显示了我们的信息化程度还远远不够，智能化服务与社会生活还存在一定的隔阂。社会的信息化建设日趋完善并向智能化方向转变，智能化服务需要注重个性化，智能化设施需要兼顾易用性，更加符合人们的习惯，以被人们普遍接受。

表 2—12 能否随时随地利用学习终端进行学习

选项	计数	百分比
A. 完全可以	835	17.97%
B. 大部分时间可以	2378	51.17%
C. 少部分时间可以	1377	29.63%
D. 完全不可以	57	1.23%

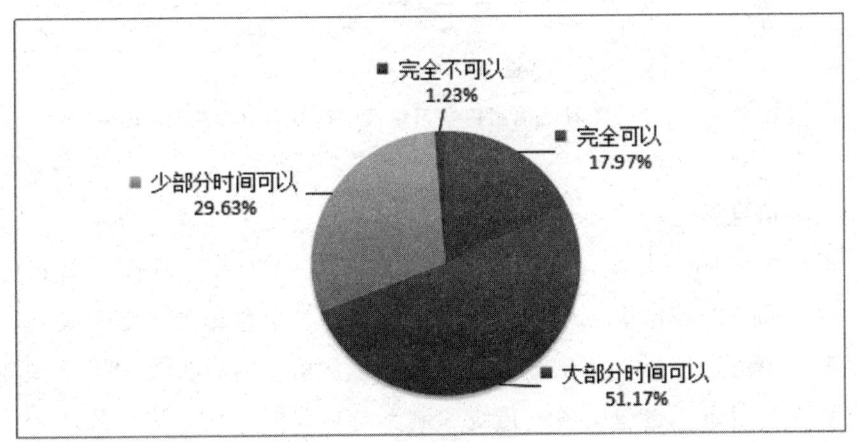

图 2—17 能否随时随地利用学习终端进行学习

(十三) 对“目前所获取的信息资源”的满意度

大部分用户（84.74%）对所获取的信息资源的各方面表示满意，在表示不满意的少部分人中，只有 0.75%的人对所获取的信息资源非常不满意。

大数据时代，各种各样的信息泛滥于网络，众说纷纭，真假难辨，严重干扰了人们信息获取、分析服务与学术研究等活动。

从信息行业者的角度，信息化建设日益完善，人们的信息需求日益复杂，给信息服务带来巨大的挑战，对网络信息的时效性、可信度、连续性、学术性等都需要进行甄别和评价。建立合理的信息评价机制，维护网络安全，有效整合和组织信息资源，提高信息资源的质量，满足用户需

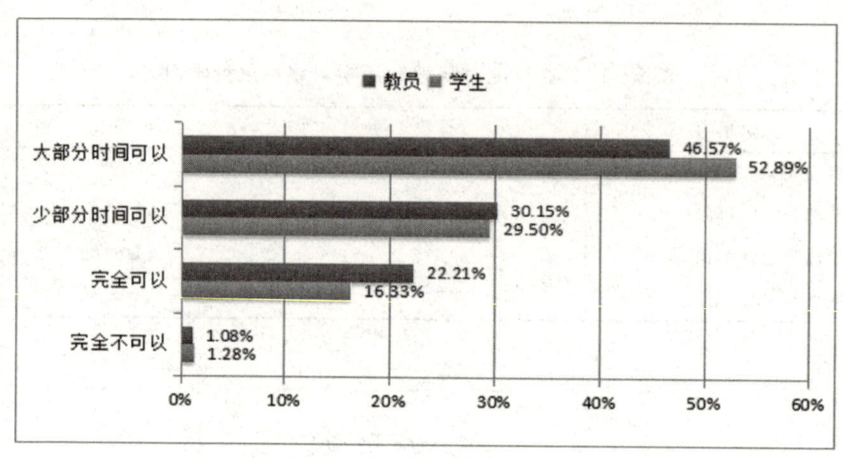

图 2—18 能否随时随地利用学习终端进行学习（学生 VS 教员）

求，成为信息服务的必要任务。

提高用户对所获取信息资源的满意度，首先要保证所提供信息的质量。信息质量的控制则可以从信息流中信息源、信息传递、信息处理、信息反馈环节进行把握。信息源是人们获取丰富信息的源头，它不单是各种信息数据与记录，也包括各种传统印制型与现代电子化的信息载体和信息生产与存储传递机构。从源头上对信息进行严格把关，尽量识别并剔除虚假信息和修正错误信息、异常信息，形成一定的信息组织规范，对真实有效的信息进行有序组织和整合，保持资源的新颖以保证信息的时效性和动态性，并使用户在获取信息资源时可以明确信息来源。在信息发布与传递过程中，加强传递效率与网络安全管理，保证信息安全，完善维护网络秩序的规范与法规。在信息处理与服务方面，仍需坚持以人为本，使信息容易被用户发现和获取，充分识别和挖掘用户的信息需求，将信息资源转化为对用户有用的知识或情报内容，帮助用户进行信息获取和行为决策。无论数据还是服务，都需要建立一定的反馈机制，通过数据系统与用户的反馈，来评估改进信息和知识的管理与服务。

提高用户对信息资源的满意度，还要注重信息的管理。信息的最终目的是服务用户。网络信息虽经过一定的信息组织与分类整合，但毕竟信息量浩如烟海且动态性强，在时效性的催促下难免存在信息分布散乱、有陈旧和重复性信息等问题，所以对信息进行管理和控制具有重要意义。尤其对学术研究活动来说，对信息资源的要求较高，在保证资源的可靠性与时效性的同时，还需要资源具有一定的结构性、汇总性和可比性。这对各种信息服务机构来说，将在资源管理与服务方面的转型上面临很大的挑战。

从信息用户的角度，要具有一定的信息素养和信息能力，在参差不齐的信息网络中去芜存菁，获取自己真正需要的信息内容。一般认为，来源于权威机构的信息可靠性相对较高。而从网站的后缀来看，“. edu”“. org”等网络发布的信息的准确性和权威性要高于“. net”“. com”等网站。此外，特色性也应是网站不可缺少的部分，任何网站，不管你的对象群体如何，提供的服务应该符合自身的目的，符合对象群体和行业特点。[①] 目前，大多数高校已将信息检索与信息素养相关课程设为必修课，学生在入学伊始就学习掌握信息资源检索与利用技巧，通过课程理论与实战演练，培养学生的信息能力，提高学生的信息素养，为日后信息获取与分析、学术研究等打下坚实基础。

表 2－13 对所获取信息资源的满意度

选项	计数	百分比
A. 非常满意	249	5.36%
B. 比较满意	3689	79.38%
C. 比较不满意	674	14.50%
D. 非常不满意	35	0.75%

（十四）对选择“MOOC 平台学习”的意愿

大型开放式网络课程（Massive Open Online Courses，简称 MOOC，又称 MOOCs），是近年来出现的一种新型在线教育形式，任何人都可以

① WIKI：《信息质量》，2014 年 11 月 19 日，见 http：//wiki. mbalib. com/wiki/%E4%BF%A1%E6%81%AF%E8%B4%A8%E9%87%8F。

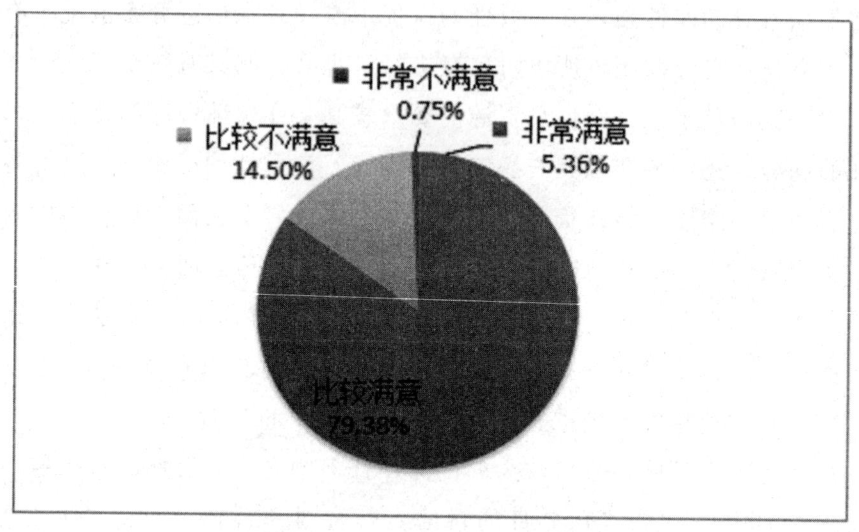

图 2—19　对所获取信息资源的满意度

免费注册，2012 年开始在我国受到关注，并被称为“慕课”。慕课拥有与实体高校课程类似的教学流程，即课程讲解、作业评估、课程考核。作业评估良好和考试合格的学习者可以获得导师签署的课程证书。世界各国相继建立慕课平台，如 2012 年美国麻省理工大学和哈佛大学合作共同创建的基于在线网络教学计划的非赢利性的 edX 共享平台，为全球学生免费提供世界优秀的网络在线课程，同时强调学生对课程效果的评价，促进现代技术与现代化网络教学，提高学校教学质量，也为全球所有渴望学习的人们提供了更多的学习途径和机会。美国斯坦福大学的 Coursera 拥有来自 190 多个国家的 100 多万注册用户，与各国多所大学合作，可向用户提供 350 多门在线课程。随着我国日益对慕课的关注，对 Coursera 平台内容的访问量大大增加，平台中中文字幕的课程陆续上线[①]，为 Coursera 平台在中国的本地化打下了基础。目前，已有不少中国用户选择了慕课平台进行网络课程的学习并获得课程证书。随着信息资源共建共享观念的盛行与开

① 网易公开课：《知识全球化的 MOOC 运动》，2005 年 8 月 3 日，见 http://v.163.com/special/openclass/mooc.html。

放获取的发展，慕课在全球的影响力引起了国内越来越多高校的重视，多所高校牵头开展慕课建设。

2013 年，华东师大慕课中心成立 C20 慕课高中联盟和初中联盟，“C”代表 China，“20”则代表国内二十余所著名初中和高中学校，使基础教育与慕课接轨。慕课高中联盟旨在推动中国高中开发大规模在线公开微视频课程，促进“翻转课堂”的实施，改善人才培养模式。[①] 2013 年 3 月北京大学启动“北大网络开放课程”项目，开设了多门网络在线精品课程，并于 9 月正式在 edX 和 Coursera 平台上线开课，后与网易公开课正式达成合作，获得更强大的技术支持，提高了网络速度。同时，网易公开课还邀请北大教师入驻网易 MOOC 学习专区，与同学就课程内容进行讨论。[②] 在线网络课程具有开放性，任何对课程感兴趣的学生都可以注册学习，网络教育让教育资源更均衡，校外学生也可以获得北大慕课证书。北京大学原校长周其凤谈及他的“中国梦”时说：“北大是全国人民的北大。我也有一个梦想，让凡是想做北大学生的人，都能成为北大的学生。”[③] 随着高校慕课计划的实施，这个梦想也许不久便能实现。

在各网络平台和学校慕课建设的推动下，慕课就这样渐渐走进人们的视野。作为一种个性化的新型在线学习方式，因其资源知识获取方便、时间和空间灵活、互动性较强等优点，赢得了大多数人的支持和喜爱。数据显示，35.49％的人认为慕课是一种个性化的学习方式，很愿意尝试这种新型的学习服务；58.15％的人表示以学校课程为主，慕课为辅进行课程学习；慕课并没有迅速取得人们的普遍信任，独立使用慕课方式进行学习的情况并未出现，接受和喜欢慕课的人们也是大多将其作为一种辅助学习的方法，更有 6.37％的人对其持怀疑态度，担心课程质量，不愿意使用

① 《中小学慕课密集亮相 国内顶尖大学加盟国际平台》，2014 年 1 月 8 日，见 http：//news. bjedu. gov. cn/publish/portal0/tab209/info13233. htm。

② 网易公开课：《知识全球化的 MOOC 运动》，2005 年 8 月 3 日，见 http：//v. 163. com/special/openclass/mooc. html。

③ 北京大学：《北大网络开放课程项目》，2014 年 11 月 19 日，见 http：//mooc. pku. edu. cn/intro/01. html。

慕课平台进行学习。

然而随着学术资源开放获取的呼声越来越强烈，这种开放式的网络教育形式也必然会得到普遍发展，并对传统教育方式产生巨大影响。我国的教育体制一直以来饱受争议，在线网络教育若能在学校教学与课程安排中得到充分利用，将会掀起我国教育的个性化课程改革和人才培养的大浪潮。学校教学将为学生提供一个更加开放自由的学科环境，在专业课程安排上为学生提供选课指导，在网络开放模式下学生按照自己的专业和兴趣选择需要学习的必修或选修课程，自主构建个人知识体系。

表 2—14 选择“MOOC 平台学习”的意愿

选项	计数	百分比
A. 担心课程质量，不愿意	296	6.37%
B. 以学校课程为主，MOOC 为辅	2702	58.15%
C. 个性化的学习方式，很愿意	1649	35.49%

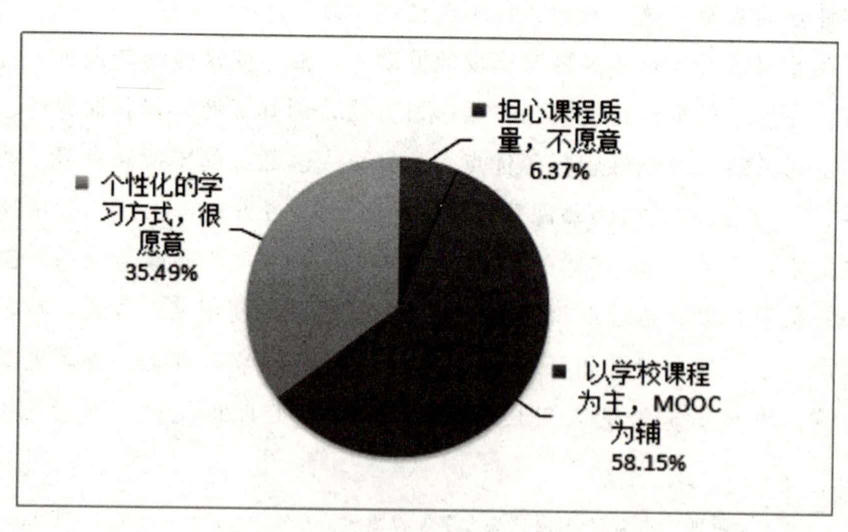

图 2—20 选择“MOOC 平台学习”的意愿

从学生和教员分组数据来看，更多学生更愿意“以学校课程为主，

MOOC为辅”，而教员更愿意使用这种“个性化的学习方式”。目前在我国的教育环境下，学生具有固定的课程安排和制度模式，对于学校的课程学生要遵守规定和安排，大部分的课程要在学校指定的时间和地点学习，课余灵活的学习时间相对不多，因而学生对慕课的态度大多是以慕课来辅助学校课程进行学习。而对于教员来说，大多数人已经没有学生那种教室课堂的学习形式，学习全凭业余时间自主自觉。慕课学习不受时间和空间的限制，且可以按照个人意愿选择课程，恰好满足了教员的需求。这种个性化学习受到教员群体的青睐。

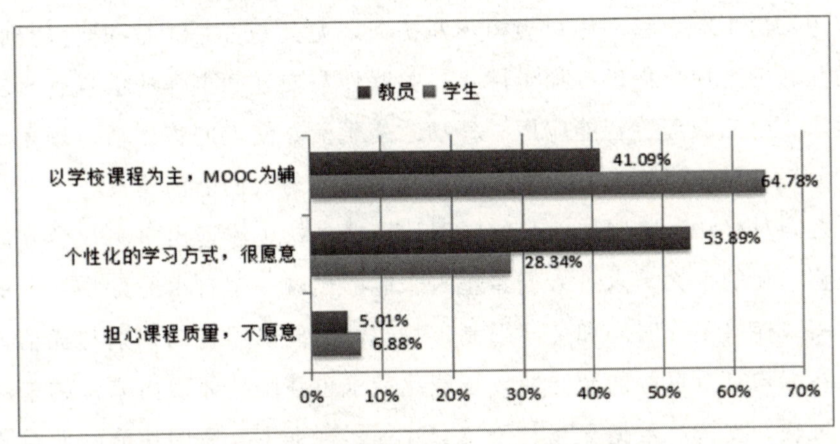

图2—21 选择“MOOC平台学习”的意愿（学生VS教员）

（十五）认为可支持泛在信息社会发展的网络技术

信息的泛在化，激发了更多的用户需求和个性化服务，信息资源与网络设备呈现泛在化发展，越来越多的网络与信息技术也迅速发展并为信息社会泛在化提供技术支持与保障。信息社会发展到今天，形成了强大的技术支撑体系，各种网络信息技术如同一颗颗螺丝，各司其职又相辅相成，共同支撑着信息社会这辆大车一直前行。

互联网作为信息社会的网络基础，为各种网络利用终端趋于泛在化创造了良好的基础条件，并成为信息化时代的研究热点。三网融合与网络信息技术促使信息利用的泛在化，提高了信息利用效率。电视、手机、

IPAD、个人数字助理（PDA）等日益智能化，体现了网络终端设备的多样性和个性化。移动网络、物联网、云计算等技术的发展与利用，使电子商务、远程教育、电子媒体、在线娱乐、智能家居等悄无声息地接近并深入人们日常生活的各个领域，发挥了极大的作用。

随着互联网与信息技术在生活中各领域的应用，人们形成了一定的技术认知。调查结果显示，80%以上的人认为物联网、移动互联网可支持泛在信息社会的发展。移动互联网的发展已呈现欣欣向荣之势，移动技术与网络覆盖范围逐渐泛在化。近几年来，各种阅读、视频、购物、出行等热门应用层出不穷，移动用户规模不断扩大，尤其是3G和4G时代的到来，移动互联网为用户提供更加个性化、关联性与交互性更强的信息管理、学习娱乐、生活服务等智能应用。移动改变生活，使人们将生活、娱乐、工作事务轻松掌控于指尖，影响着购物时尚模式与人们的消费方式。

人们对移动互联网技术与物联网的高度支持，体现出未来社会互联互通与移动化的巨大需求。人们希望未来能够出现一个自由的万物互联的环境，网络连接不受时间和空间限制，物与物之间可以自动识别与通信，系统与终端均具备良好的交互性，智能化需求也清晰地体现出来，越来越多地通过软件支持、数据交互、云端交互等实现强大互联网功能的便携式可穿戴设备相继出现。超过60%的被调查人员认为人工智能技术可以帮助泛在信息社会的发展，使自动化水平越来越高，智能化产品越来越智慧化，不仅具备更好的执行能力，还将拥有一定的智商，代替人们完成复杂的劳动并帮助人们进行一些事务的规划和决策。

60%多的被调查者认为云计算技术也是泛在信息社会发展的支撑，且教员比例高于学生。云计算作为技术大军的后起之秀，自应用以来在信息存储与共享服务方面发挥了巨大作用，实现了各领域内不同地域的数据连接与同步。在学术研究资源与服务方面，为图书馆联盟的进一步发展创造了新契机。

根据调查结果，对传感器网络技术、二维码技术的认可率也均超过40%，接近35%的人认为RFID也是泛在信息社会发展的重要技术支持。

对以上相关技术前景的认可，教员比例普遍高于学生。信息资源与网络应用不断泛在化，人们获取和利用信息的能力得到提升，同时也在不断调整、转换和升级产业结构，促进人类生活方式、社会体系和社会文化发生深刻变革。传感器实现对区域内的事物数据进行感知、计算处理并传输，为物联网实现物物相联及移动互联网实现移动化服务提供了有力的支持，移动图书馆和二维码技术为知识信息的获取提供了方便快捷的途径。另外，少数人（0.45%）认为泛在信息社会的发展离不开虚拟技术、大数据技术等的支持。

技术的发展是社会变革的推动力。在现有的先进技术支撑下，泛在信息社会将迅速发展。当然，还需要不断研究新技术和新规范，泛在信息社会才能获得更加先进、更加健康的可持续发展。

表 2—15 可支持泛在信息社会发展的网络技术

选项	计数	百分比（降序）
C. 物联网、移动互联网	3719	80.03%
F. 人工智能技术	2966	63.83%
E. 云计算技术	2856	61.46%
A. 传感器网络技术	2248	48.38%
D. 二维码技术	2081	44.78%
B. 射频识别技术	1624	34.95%
G. 其他	21	0.45%

（十六）您心中的泛在信息社会

调查结果显示，认为泛在信息社会中“资源、网络、服务无所不在”的人占76.14%，认为“泛在信息社会可以随时随地获取信息”的人占70.91%，58.58%的人认为“泛在信息社会中人与人、人与物、物与物之间可以进行充分交互”。对泛在信息社会的畅想因人而异，却也存在共同之处。教员对泛在信息社会的认知比学生更全面、明确一些。

“泛在”的意思，即是无所不在，因而泛在信息社会必将是一个协调

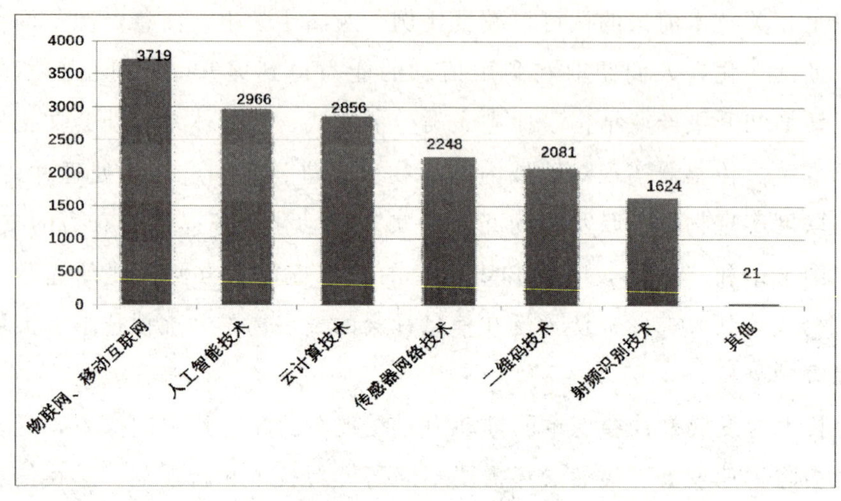

图 2—22　可支持泛在信息社会发展的网络技术

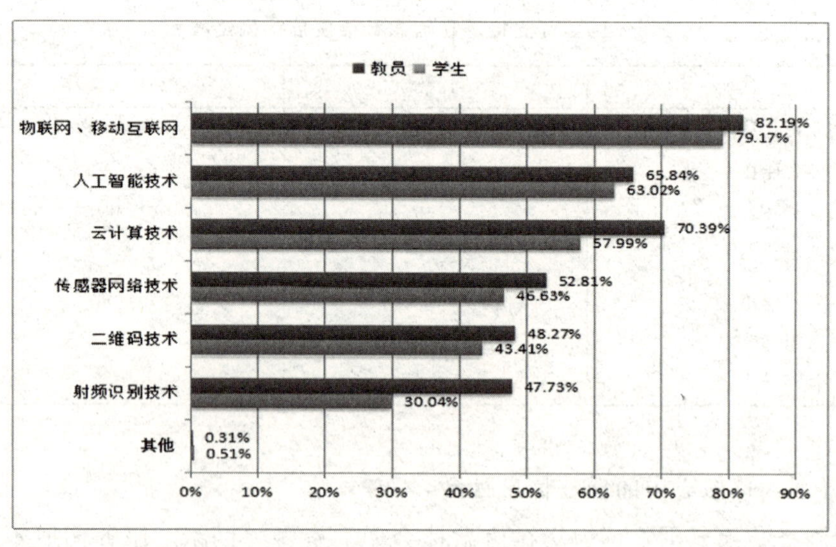

图 2—23　可支持泛在信息社会发展的网络技术（学生 VS 教员）

而全面的社会。资源、网络、人、服务构成一个完整的社会，各要素之间相互影响、紧密相连。资源越密集，网络分布越广泛，不同对象之间的交互就越充分，信息获取与利用的相关服务也就越细致。各调查选项的反馈比例越高，反映人们对其在泛在信息社会中的期待越高、需求越大。在其他选项中，人人平等、数据信息及时更新、信息系统快速响应、信息安全有效保障、服务智能个性化等也被人们提及。综合上述，一个平等、全面、高效、智慧的泛在化信息社会框架逐渐清晰。

平等，即人人都有获取信息与服务的权利与机会。泛在信息社会是一个以人为本的信息社会，各种资源、网络以服务用户为目标。泛在信息社会中资源与网络无处不在，各种服务随处可得。人们不分肤色、民族、性别，不论职位、学历，都可以自由获取有效信息和服务。开放获取的发展将使信息资源的获取更加容易。

全面，即丰富协调，无所不在。一方面，泛在信息社会中网络基础设施不断完善，网络设施与网络覆盖无所不在，以网络为载体的各种资源也无处不在，服务也随处可得，也就是说，哪里有需求，哪里就有资源和服务。另一方面，无所不在并非只是简单的存在，而是协调可持续的有机发展。网络无所不在并非无数个孤立的局域网，而是不同网络之间的互联互通，在不同地区、不同领域、不同平台能够实现数据资源共享与兼容，可以随时、随地实现任何设备的接入，将服务引入各自的平台，同时也可以将自己的资源与服务推送到其他用户身边，越来越多的泛在联盟使各种服务互相配合，跨界协调可持续发展。

高效，即面对需求能够快速响应。这包括三个方面。其一，数据信息能够及时更新。未来的信息社会，信息增长更快、信息内容更丰富，数据系统需要对最新的数据信息进行及时更新，以保证信息的动态性与时效性，这对市场竞争与科学研究尤为重要。其二，需求处理迅速。对于用户发来的信息申请，能够在最短时间内得到响应处理，并最大限度地满足用户的需求。其三，快速服务创新。信息服务不仅要满足用户当前的信息需求，也要挖掘用户潜在的需求，针对需要进行新型服务创新与开发，一旦用户提出新需求，能够快速地予以满足。

智慧，即让社会服务更聪明。借助各种智能化工具，提供更加全面、更加准确、更加高效的互动服务。各种技术的发展与创新，使各种智能化的设备终端相继出现，较强的交互性与智能化为人们的社会生活带来更多的便利与实惠。

表 2－16　人们心中的泛在信息社会

选项	计数	百分比（降序）
A. 资源、网络、服务无所不在	3538	76.14%
B. 可随时随地获取信息	3295	70.91%
C. 人与人、人与物、物与物可充分交互	2722	58.58%
D. 其他	42	0.90%

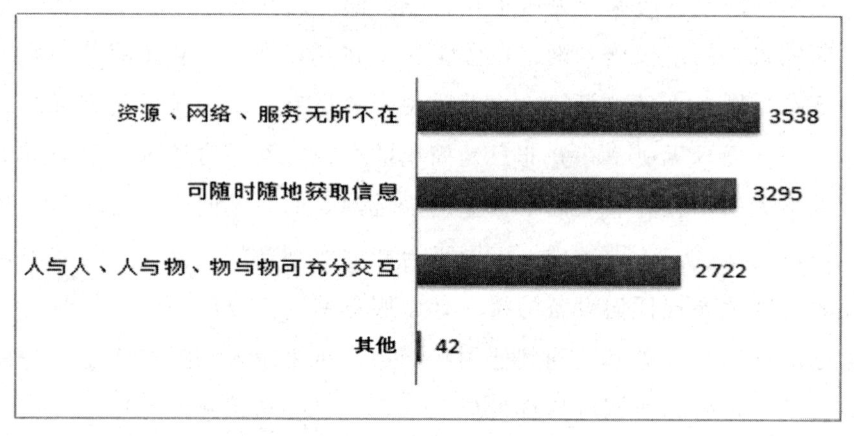

图 2－24　人们心中的泛在信息社会

（十七）对“泛在信息社会可能带来的改变”的认知

泛在信息社会可能给人们的生活、工作带来众多变化。84.33%的被调查人员认为泛在信息社会会给人们带来个性化学习，78.93%的人认为泛在信息社会将实现自动化办公，73.94%的人为智慧交通投出一票，智能家居与远程医疗的比例分别为65.14%和53.39%。另外，少数人认为泛在信息社会还将为人们带来智慧旅游、私人定制、智能物流等其他智能服务。

互联网的发展推动了经济社会的变革，使多年前人们对科技的幻想变

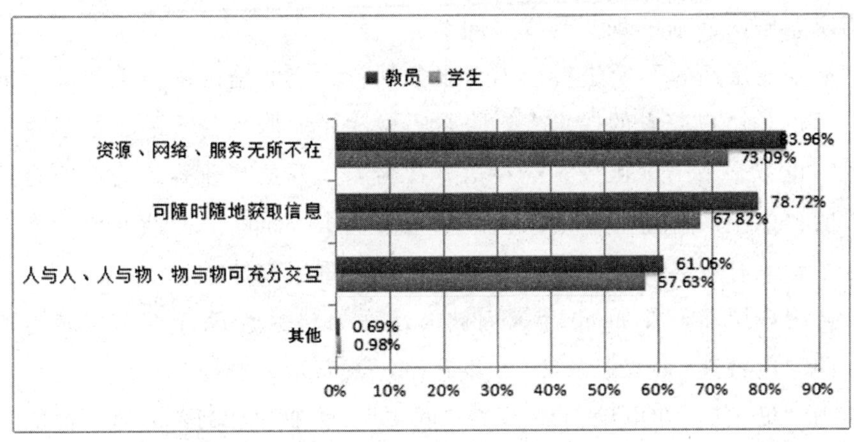

图 2—25 人们心中的泛在信息社会（学生 VS 教员）

成现实，并渗透到各行各业，为人们的社会生活带来了巨大的改变。

在国家层面，我国对社会信息化建设投入高度重视，制定了一系列信息化发展战略，如《2006—2020 年国家信息化发展战略》提出我国信息化发展的指导思想与战略目标，在国民经济信息化、推行电子政务、建设先进网络文化、推进社会信息化、完善综合信息基础设施、加强信息资源的开发利用、提高信息产业竞争力、建设国家信息安全保障体系、提高国民信息技术应用能力、造就信息化人才队伍等方面进行了规划和发展。[①]目前，我国已构建了智慧城市建设蓝图，发展智慧旅游、智慧交通、智慧医疗、智慧养老等项目，使人们开始享受科技生活，从国家战略上逐渐向泛在信息社会迈进，人们社会生活的智能化不断提高。在 2014 年 11 月召开的首届世界互联网大会上，工信部提出未来互联网产业的发展方向：建设宽带发展的新平台，开辟融合新领域，形成协同创新新模式，打造安全可信的新空间，构建合作共赢的新空间[②]，坚持从基本国情出发，结合群

① 《2006—2020 年国家信息化发展战略》，2006 年 5 月 8 日，见 http：//www. miit. gov. cn/n11293472/n11295327/n11297172/11645862. html。

② 证券时报网：《工信部：未来将从五方面支持互联网产业发展》，2014 年 11 月 21 日，见 http：//finance. qq. com/a/20141121/104989. htm。

众需求，解决当前的现实与发展问题。

从企业层面，不断进行技术与服务创新。企业是国家政策与战略的实施者，也是用户需求的探索者。大量需求为企业服务与产品创造了巨大的市场，也带来了不少挑战。泛在信息社会趋于开放与兼容，为用户提供了更大的自由空间，企业则需调整经营理念与服务策略，打造开放的个性化服务平台，开发各种便民应用与客户端，注重用户体验。

从用户层面，在2000年人们被《还珠格格》和琼瑶吸引，成为不折不扣的“电视迷”；大概从2008年开始，人们每天刷新开心网，将百度亲切称为“度娘”，在电脑前做起了“网虫”；大概从2012年起，智能手机出现，人们将热情逐渐转向各种移动客户端，被专家诊断为“手机依赖症”。这便是信息时代给人们生活带来的典型变化。人们从“电视迷”离不开电视机，到“网虫”离不开电脑，再到“手机依赖症”离不开手机，反映了人们对信息的依赖。互联网与信息化的发展与变革，也证明了信息化社会对人们生活的改变。泛在信息社会是一个技术基础更强大的社会，更强调智能化与个性化。越来越多的个性化学习方式使人们的学习不再局限于课堂，私人定制服务使人们的需求得到更高程度的满足，智慧交通方便了出行，智能家居便利了生活，泛在信息社会对用户个人的影响不再局限于信息与网络，而是延伸到学习办公与生活服务的各个角落。

表2—17 泛在信息社会可能带来的改变

选项	计数	百分比（降序）
E. 个性化学习	3919	84.33%
A. 自动化办公	3668	78.93%
C. 智慧交通	3436	73.94%
D. 智能家居	3027	65.14%
B. 远程医疗	2481	53.39%
F. 其他	39	0.84%

（十八）对“人类进入泛在信息社会最大的挑战”的认知

各选项比例均没有特别突出，相对最高的是信息的可靠性与真实性，

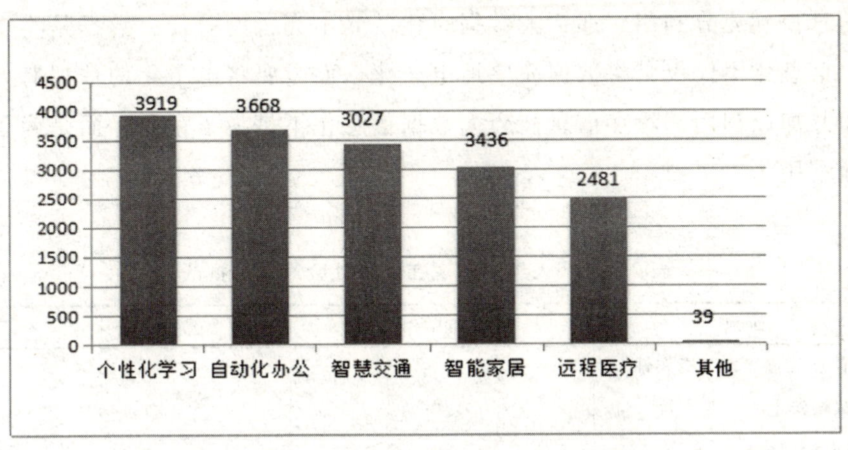

图 2－26 泛在信息社会可能带来的改变

占 44.11%，其次为数据安全，占 37.77%。目前，信息垃圾、电信诈骗、恶意软件及链接等现象层出不穷。在信息复杂混乱的世界里，人们希望所得的信息真实可靠，并且信息数据得到安全保障。泛在信息社会面临十分艰巨的挑战。信息首先要保证真实性，才能有效服务于人，错误的、虚假的信息和数据不仅无法使人们认识事实，更会误导信息分析与预测服务，影响人们做出正确的决策。只有保证信息的真实可靠，才能使其被充分利用。虚假信息给人们带来误解，甚至造成损失，与恶意欺骗的后果同样严重。为此，在现代的信息社会中需要进一步维持网络秩序，提高国民网络素质，清理信息垃圾、污秽及欺诈信息，整顿网络环境，还互联网一个干净真实的空间。

另外，知识产权也被提及，但比例不高，仅有 6.35%。相比而言，教员对知识产权的关注比学生多。近年来，随着人们维权意识的逐渐提高，知识产权也逐渐受到重视，知识成为看得见、摸得着的财富。而在开放获取与信息共享的浪潮下，如何在知识共享与知识产权保护之间达到平衡将成为未来信息社会发展的重要课题。

在大数据环境下，信息泛滥于网络，除信息的真实可靠与安全外，还需要提高数据处理能力。如果没有较强的计算能力与信息处理能力，使数据信息得到充分利用，那么大数据时代就是不完善的时代。数据是为了用的，信息化不仅仅是将数据简单地电子化，而是要将电子化的数据有效地组织并加以利用。泛在信息社会大数据信息化不是为了存储，而是为了更好地利用。

表 2—18　人类进入泛在信息社会最大的挑战

选项	计数	百分比
A. 信息的可靠性与真实性	2050	44.11%
B. 数据安全	1755	37.77%
D. 网络秩序	530	11.41%
C. 知识产权	295	6.35%
E. 其他	17	0.37%

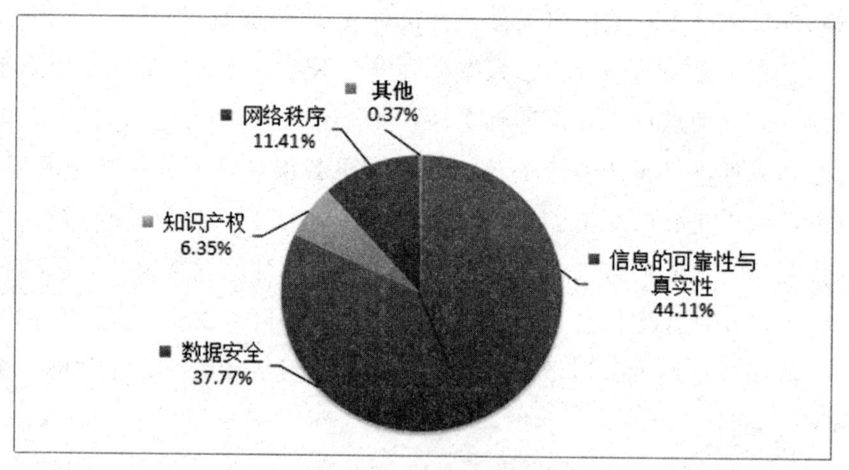

图 2—27　人类进入泛在信息社会最大的挑战

（十九）对人类进入泛在信息社会时间的预测

44.82%的人预测人类将于 2030 年以后正式进入泛在信息社会，38.30%的人认为泛在信息社会的来临不会遥远，2020 年以后便会迎来泛在信息社会的春天，然而还有少部分人认为现在离泛在信息社会的标准还

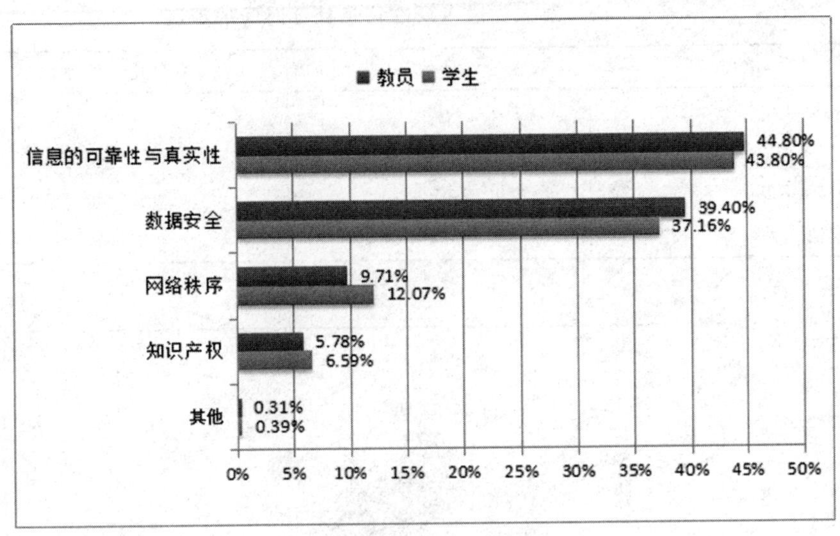

图 2—28 人类进入泛在信息社会最大的挑战（学生 VS 教员）

存在一定差距，16.14%的人则预测 2050 年以后人类才能真正进入泛在信息社会，也有人认为需要更长时间，大约还要一百年。

从学生和教员分组数据来看，大部分学生认为人类进入泛在信息社会的时间在 2020 年以后，而较多的教员则认为在 2030 年以后。信息技术更新迅速，几年时间便会引起一场社会大变革，可以看出，人们对泛在信息社会的来临充满信心，因而大部分人预测未来只需五到十年时间人类便可真正进入泛在信息社会，学生对泛在信息社会的期待更为明显；更有少数乐观者认为五年之内就可实现，甚至有人觉得现在已经置身于泛在信息社会。信息社会是从传统社会中成长起来的年轻的社会，在各种技术与服务创新变革下，网络实现互联互通，移动服务无所不在，智能水平越来越高，泛在信息社会正在酝酿。泛在信息社会如同梁启超口中的少年之人，如朝阳，如乳虎，如春前之草，如长江之初发源，蕴含了巨大的能量和活力。

表 2—19 对人类进入泛在信息社会时间的预测

选项	计数	百分比（降序）
B. 2030 年以后	2083	44.82%
A. 2020 年以后	1780	38.30%
C. 2050 年以后	750	16.14%
D. 其他	34	0.73%

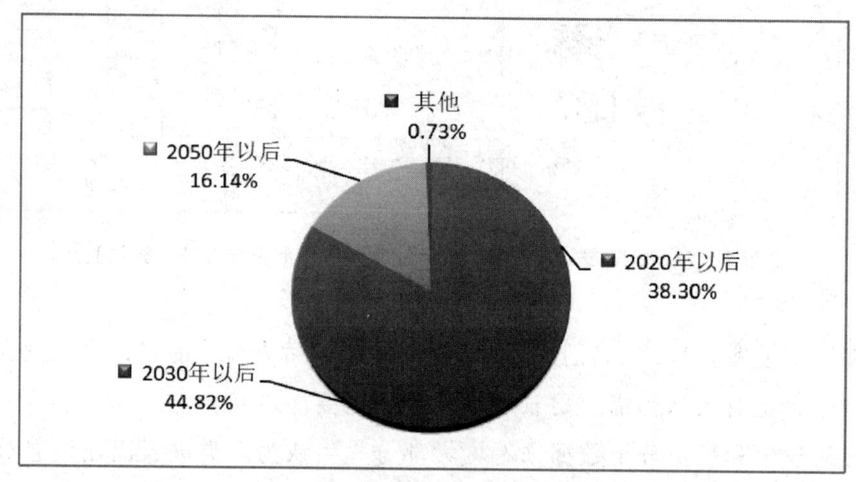

图 2—29 对人类进入泛在信息社会时间的预测

（二十）促使泛在化信息社会发展的原因

泛在信息社会是集信息、网络、技术、服务等于一体的社会形态。任何人与物在任何时间、任何地点都可以通过各种网络通信终端进行互联识别，实现信息自由获取、人际畅通交流、服务随时可得的泛在化服务环境。

根据问卷中所涉及的发展因素，进行整理分析后发现，促进泛在化信息社会发展的因素多种多样，主要可以归纳为信息因素、网络因素、人的因素及社会因素四大类。

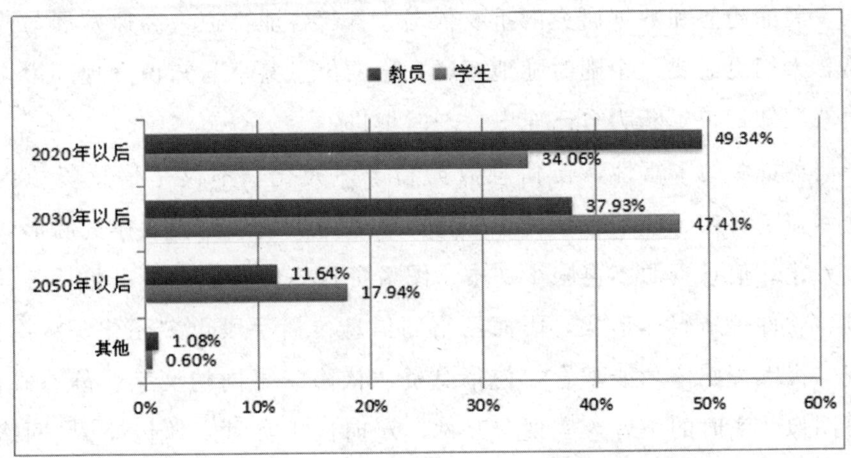

图 2—30 对人类进入泛在信息社会时间的预测（学生 VS 教员）

表 2—20 发展因素分类

信息因素	网络与技术因素	人的因素	社会因素
信息多元化、更新快、大数据发展	智能化、自动化及其终端	人才	教育
信息安全	互联网与信息技术及产品	随时随地、高效便捷及时的需求	经济、社会进步及需要
信息交流共享	硬件基础设施	人们的观念、学习与信息意识	国家政策法规、制度
信息服务与质量	移动互联网与移动设备发展	个性化需求	市场竞争与市场需求
信息挑战	科技创新	电子商务	网络覆盖、网速、无线网

根据统计结果可以看出，科技创新、互联网与信息技术的发展、人们的信息需求、国家政策与制度、智能化发展以及信息数据的快速增长与多元化等因素，是影响泛在化信息社会发展的主要动力。

1. 信息资源丰富与信息技术挑战

信息时代下科技快速发展，尤其是互联网的广泛应用，信息化建设取得良好成果，网络环境越来越完善，信息存储与传播能力不断提高，信息量爆炸式激增。泛在信息环境下，技术不断成熟与发展，网络信息资源和开放存取资源越来越丰富，信息资源趋于泛在化，大数据越来越成为信息社会发展的趋势和数据研究的重要依据，各行各业都迈入高速发展与改革之路，人们更需要一个随时随地互联互通的信息共享与知识发现环境，以及时获取知识，不断为自己充电，与时俱进。

信息资源的丰富性，使信息数据趋于多元化，不仅是信息资源内容上，涵盖了科技、政治、经济、文化、军事等领域，也表现在资源形式上的多元化。信息资源不再限于文本、图像资料等传统媒介，也包括各种视音频、软件等新媒体形式，因而网络的信息传播手段也多元化，将广播、电视、报纸等媒体功能融合，使信息资源依附于不同的文字、静态画面、动态图像、实时的声音等实现交互性、双向性、实时高效传播。[①] 网络空间和平台的开放性使信息交流摆脱了时空限制，任何人都有机会和权利通过网络进行信息共享，对感兴趣的主题表达自己的观点，信息资源的读取变得更加容易和自由。

自由的信息环境激发了更多的个性化需求，尤其是移动互联网、物联网的发展，各种智能化移动终端也相继出现，网络信息服务平台进一步拓展，云计算和物联网技术提高了网站信息服务的质量与水平，用户可以按照自己的兴趣规划个性化的服务内容体系。

然而网络信息的激增也使信息具有较强的分散性，大量不同主题与来源的信息分布于整个网络，给信息组织、加工与信息检索结果的筛选带来了很大的困难。一方面，我们要尽最大努力对杂乱无章的信息进行汇集组织、分类处理，使之变得有序化，使用户更容易获得，同时要建立较为准确的信息标引机制，使系统尽量能够对所检索的信息进行更好的相关性筛选，提高查准率，使用户获得更能满足需求的信息资源；另一方面，信息资源的不断累积与复杂使大数据的收集与研究变得更为迫切。对大数据进行统计与分析，可以得出出人意料的规律与结论，对大数据进行更好的组织与分析，为用户提供基于大数据统计支持的信息咨询服务，将成为未来

---

① 王林林：《国际互联网对社会发展的影响》，2011 年 4 月 17 日，见 http://www.docin.com/p-184807694.html。

信息服务的一项挑战。另外，信息资源的大量增加与复杂化，使人们十分关注网络信息资源的安全性与可靠性，信息安全不仅涉及对信息内容本身的保护，还有对用户信息的安全保护，因此，规范网络秩序和知识产权保护制度，完善与推广身份识别系统，建立更加完善的信息安全机制和保障，成为未来信息服务发展的重要任务。

2. 网络建设与技术创新

胡锦涛同志在党的十八大报告中指出，加强系统化网络化信息化建设是进行基层社会管理创新的重要载体，要将信息化推行到各个地区和各个领域。信息化建设是衡量国家科技发展水平的重要指标，而网络基础是信息化建设的基石，做好基层网络建设不仅促进信息管理与服务规范化发展，也使信息服务水平得到极大提高。网络建设由城市深入乡村，实现有线或无线网络信号的全范围覆盖，网络基础设施的建设已经走向泛在化。随着科学技术的不断创新，网络基础的性能逐渐得到提升，智能化水平也越来越高。电子科技飞速发展，出现了各种新型的网络智能设备，丰富了信息社会发展建设内容，也推动了信息化的推广和普及。同时，经济的不断进步使人们的生活水平不断提高，越来越多的人有能力购买各种高端智能化设施来享受信息化社会带来的便捷服务。

智能化是未来技术创新的一大方向。在强大的互联网支撑平台上，信息资源内容与形式泛在化，网络服务也跟随各种移动智能设备走出了固定的服务大厅而随处可得。智能终端的快速发展，使智能化逐渐成为各行业升级发展的科技支柱。随着智慧化城市建设进程的加快和互联网与信息技术的进步，加快了各行业智能化的进程，并将智能化延伸到人们的日常生活，基于云计算的智能社区建设越来越火热。越来越多的基于传感器和分布式智能化的建筑也进入人们的视线，智能社区内互联网接入，已成为像水、电一样的生活必需品，尤其是云计算和物联网技术的联合运用，为满足社区远程控制和信息处理需求提供保障，提高智能社区的功能和信息覆盖，营造安全、实用、经济、可持续的智能化生活，实现家庭网络系统的智能化。

虽然社会智能化服务已有一定的实践，市场中也出现了不少智能化产品，但是我国目前智能化水平还处于较为初级的阶段，各种社会智能化应用与产品还大多偏向于单体的实践与创新，未形成网络状态下整体社会功能的系统性框架。随着我国智慧城市的进一步普及建设，我国的智慧化将最终覆盖各个地区，社会智能化也将实现由点及面的提高。

3. 社会发展与人才转型

泛在信息环境的形成，离不开社会与经济因素的推动。改革开放实施后，我国经济水平实现巨大飞跃，城市建设迅速现代化也为科技的进步搭建了自由开放的大舞台，为信息技术与互联网的快速发展创造了条件。经济发展、技术水平以及网络能力的提高，信息资源日益增多，人们对生活、学习、工作上的需求越来越多元化，引发了更加激烈的市场需求竞争。企业为满足用户多元化需求，争相进行服务创新与技术研究，开发了各种新型智能化产品，为社会生活带来智能化改变。同时，信息知识的丰富与快速传播共享，潜移默化地改变着人们的价值观、世界观，开拓人们的思想和眼界，打破了时空的界限，超越了国界与种族的束缚，改变着社会生产、贸易和人类生活、学习及娱乐方式，也影响着国家的社会文化和国民教育。网络化与信息化使更多的人可以利用网络资源学习知识，了解世界现状，开阔民众视野，提高国民素质和文化水平。信息泛在化对人们的影响已明显显现。

人是社会发展的主体因素，以人为本始终是信息社会发展不可动摇的主题。任何时候，社会功能都以满足人们的需求为起点，为人们提供智能、便捷的服务。而人才正是推动信息社会发展的关键因素。英国著名经济学家哈比森在《作为国民财富的人力资源》一书中指出："人力资源是国民财富的最终基础，一个国家如果不能发展人民的知识和技能，就不能发展别的任何东西。"信息社会的发展、技术服务的创新全都离不开人类的智慧，正是人们的不断探索，推动着社会的不断进步。而在进步的社会形态中，需要继续培养与时俱进的人才，来适应变化的社会并为社会未来发展做出前瞻性的规划和实践。

二、泛在图书馆部分

(一)对“用户在哪里，图书馆的服务就在哪里”的认知

泛在图书馆的服务场所与空间将无限扩大，“用户在哪里，图书馆的服务就在哪里”。您希望得到这样的服务吗?

作为图书馆的创新服务，93.5%的人欢迎这样的服务，无论教员还是学生，绝大多数人支持图书馆的服务创新；4.67%的人则认为现有的服务已经足够；另外1.83%的人则对图书馆服务如何变化觉得无所谓。

泛在信息环境中，信息无所不在，网络设施更加智能，教育水平也更上一个台阶，未来社会需要营造一个交互性的泛在学习环境，“全民学习”不再是一个口号。图书馆也要在泛在学习环境中做出相应改变，为全民泛在学习提供泛在化的服务。图书馆一直以来是知识的殿堂，是学习者的聚集地。未来的图书馆将化有形为无形，悄然走进人们的社会生活与学习活动中，构建泛在化的学习平台。

目前，各种先进的技术促进了图书馆数字化与信息化的迅速发展，推动了图书馆服务理念的创新。

首先，图书馆的服务方式需要创新。近年来，图书馆技术创新的浪潮高过服务方式的创新，使图书馆处于一个较高的技术平台，而图书馆服务与用户依赖性并没有较明显地收到良效。努力提高服务质量是图书馆发展的重要任务。随着资源共建共享理念的兴起，图书馆联盟建设如火如荼地开展起来。联盟成员之间进行资源与服务共享，图书馆服务不再封闭，也向其他高校师生开放，提高了图书馆的服务能力。图书馆应改变被动服务模式，以用户为中心，深入挖掘用户需求，为用户生活、学习等提供主动服务和个性化服务。用户需求日益复杂，图书馆丰富的资源和强大的服务能力应该给社会带来更大的影响。

同时，图书馆要拓展服务的时间和空间范围。传统图书馆是一个普通的服务机构，在规定的有限的工作时间内为来到图书馆的读者提供信息资源和服务，如果读者因某些事情错过图书馆的开放时间，就无法获取信息

和服务。有些高校图书馆的开放时间甚至和学生上、下课时间一致，课程安排紧张的学生因为上课而无法获得图书馆服务。这种时间和空间的限制使图书馆的功能不能得到很好的发挥，图书馆资源无法得到充分利用。移动图书馆的发展打破了图书馆服务时空的束缚，读者不必来到图书馆，就可以全天候无时间缝隙地在任何网络场所使用移动服务办理图书馆业务。移动服务实现了用户在哪里、图书馆服务就在哪里，为泛在化服务做好了准备。二维码的应用因方便准确成为移动服务与泛在化服务的生力军。图书馆可以在各种网络页面中出现的知识点加入知识链接，或者在实体事物中嵌入二维码，任何发现该知识点的用户都可以通过链接或扫描二维码方便地获得图书馆提供的知识专题服务，使图书馆资源与服务融入人们的生活，真正实现图书馆服务的泛在化。

表 2—21　对“用户在哪里，图书馆的服务就在哪里”的认知

选项	计数	百分比
我喜欢创新和挑战，欢迎这样的服务	4345	93.50%
无法想象，现在的够用了	217	4.67%
无所谓	85	1.83%

（二）目前使用图书馆服务的主要地点

图书馆是信息的巨大承载地，为读者提供各种信息和信息服务。89.78%的人愿意选择亲身走进图书馆，享受图书馆的各项服务；而随着信息化技术与网络的发展，62.36%的人选择追求更加便捷的生活方式，足不出户，在宿舍或家中即可享受图书馆服务；另外，还有38.09%的人选择在实验室或办公室使用图书馆服务，23.69%的人则选择在学校机房使用图书馆服务。从学生和教员分组数据来看，两类群体上网的主要地点都是“图书馆”和“宿舍或家中”，但是教员在“实验室或办公室”上网比重比学生高，而学生在“学校机房”上网的比重高于教师。其他选项中，也有被调查者指出在教室、会场，甚至外出途中以及任何所到场合，只要连接网络登录到图书馆服务系统，就可以进行预约、续借、咨询等。

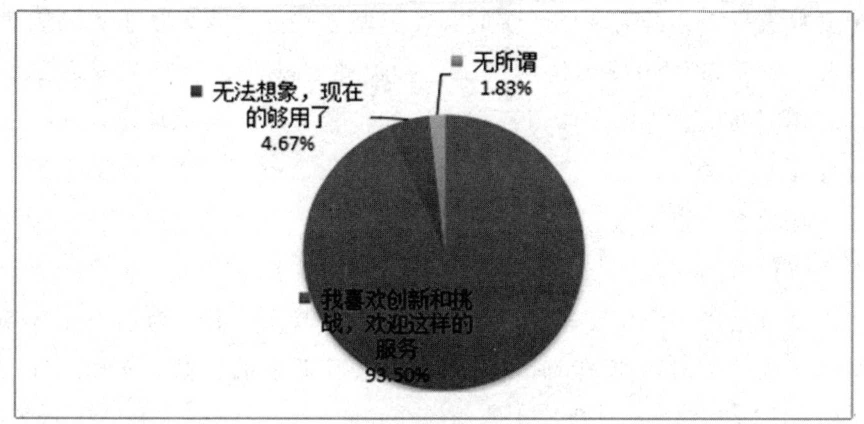

图 2—31 对“用户在哪里，图书馆的服务就在哪里”的认知

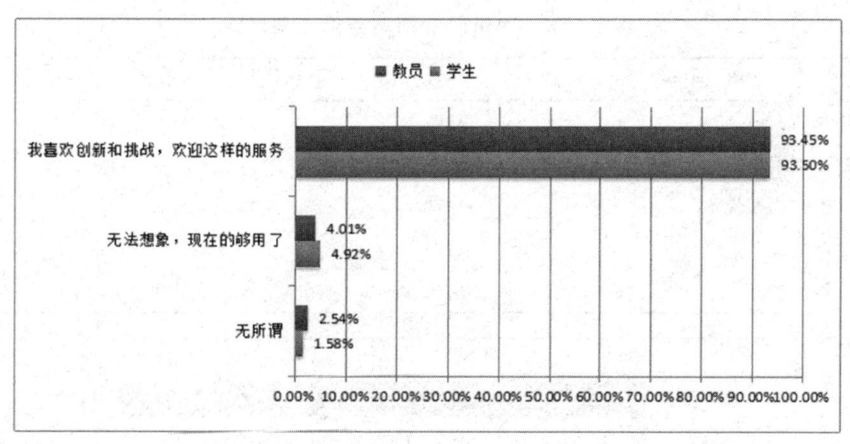

图 2—32 对“用户在哪里，图书馆的服务就在哪里”的认知（学生 VS 教员）

移动图书馆的发展，已经使图书馆服务随着各种移动终端走出了图书馆，获取图书馆服务的地点已摆脱传统服务的时间、空间限制。

可以看出，图书馆依然是为广大师生提供信息服务的重地，在信息获取与使用过程中具有重要的地位，但这并不表示图书馆的服务与发展便可高枕无忧。从不同的选项可看到，在人们选择获取图书馆服务的地点中，学校机房比重相对较低，实验室和办公室虽超过三分之一，但大部分原因在于多数教员因办公需要，较多时间需要坚守在办公室，学生也是因为学习需要去实验室使用图书馆网络服务。除此之外，有超过三分之二的需求，是在图书馆之外的非学习环境中，如宿舍或家，其他环境，如外出途中、校外公共场所等。大需求必然引发大变化，馆外服务，如图书馆在线服务、移动图书馆服务、校友馆外服务等都需要不断开拓和完善。当然，我们也应该看到，在网络和移动服务逐渐成为主流的今天，更多的人们还是选择亲身走进图书馆，享受图书馆的服务。其中，除了对图书馆环境和氛围的要求外，对图书馆的馆内服务提出了更多的挑战，如3D打印服务、3D影音播放服务、设备外借、创新空间、体验中心、多媒体服务等，将成为图书馆吸引读者的重要因素。

表2—22　使用图书馆服务的主要地点

选项	计数	百分比（降序）
A. 图书馆	4172	89.78%
D. 宿舍或家中	2898	62.36%
C. 实验室或办公室	1770	38.09%
B. 学校机房	1101	23.69%
E. 其他	46	0.99%

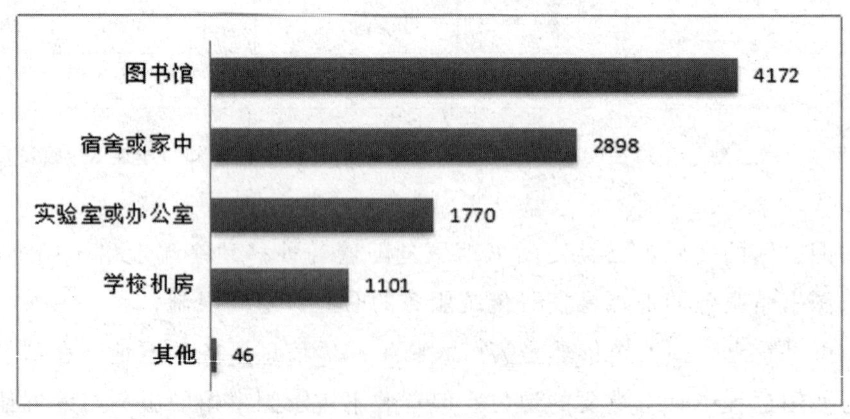

图2—33　使用图书馆服务的主要地点

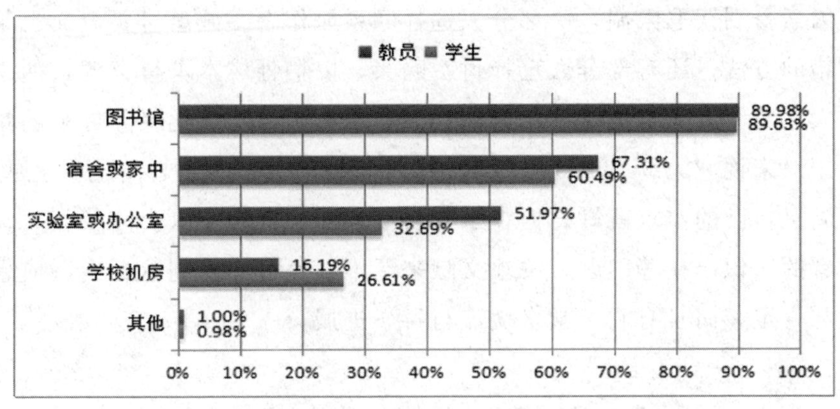

图 2—34 使用图书馆服务的主要地点（学生 VS 教员）

（三）目前获取电子期刊全文的主要来源

被调查者认为，学校图书馆订购的网络资源为用户获取电子期刊全文的最主要来源，所占比例高达 84.70%，图书馆资源是师生获取文献资源的重要依靠。教员群体中，使用“学校图书馆订购的网络资源”比重达到 95.07%，其中图书馆员对文献来源比较敏感；其次是网上开放获取的学术资源，随着开放获取的呼声渐高，人们的注意力开始转向网络中的开放资源，在线课堂形式与科目越来越多，60.81%的调查者利用其获取电子期刊全文。另外，Google 等搜索引擎也占很大比重，调查者利用其获取文献的比例是 49.67%。其他选项中，较多人表示选择图书馆文献传递服务获取资源。

自各类图书馆联盟开始建设以来，以共建共享为目标，已经构建起较为完善的图书馆联盟共享与服务平台，使联盟成员可以在该平台上开展各种资源共享与服务等活动。首先，数字资源集团采购和成员馆之间馆际互借与文献传递等服务为读者获取更多资源创造了条件；其次，部分人通过果壳、小木虫等公共学科论坛、权威专家及专业网友分享来满足文献需求；再次，有人选择开放期刊，通过专家评审的期刊也具有较高的质量，期刊的开放出版将是未来的热点课题；此外，还有人使用百度等搜索、向作者索要、自费购买等。对于一些与自己需求十分相关的资源，而又因版权等因素受到获取限制，一部分人选择联系原作者并诚恳讨要全文也是一种不错的方法；还有部分人选择付费购买，以牺牲成本求得资源，如果资源量大，对个人而言可能费用偏高。互联网技术与泛在化服务寻求的是一种对用户来说“无缝、透明”的服务，即用户无需关注技术与服务原理，只要满足自己的需求就好。但在学术研究方面，资源获取会涉及相关资源创造者的知识产权等问题，关注文献来源不仅是对知识创造者创造成果的尊重与肯定，而且有利于学术交流与科研进展。

表 2－23　获取电子期刊全文的主要来源

选项	计数	百分比（降序）
A. 学校图书馆订购的网络资源	3936	84.70%
B. 网上开放获取的学术资源	2826	60.81%
C. Google 等搜索引擎	2308	49.67%
D. 其他	39	0.84%

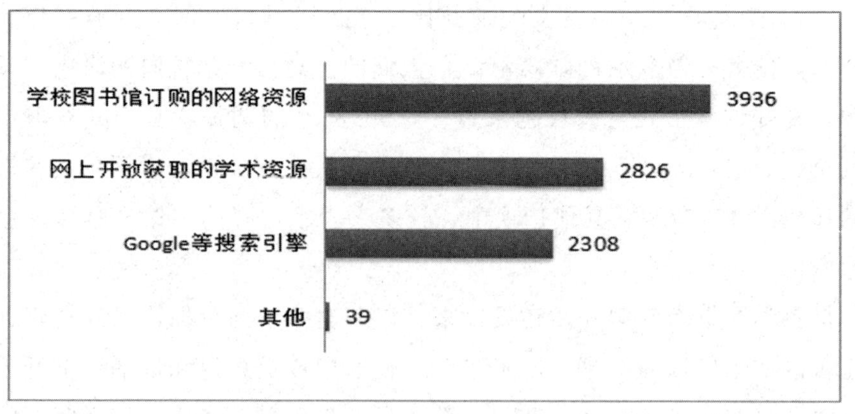

图 2－35　获取电子期刊全文的主要来源

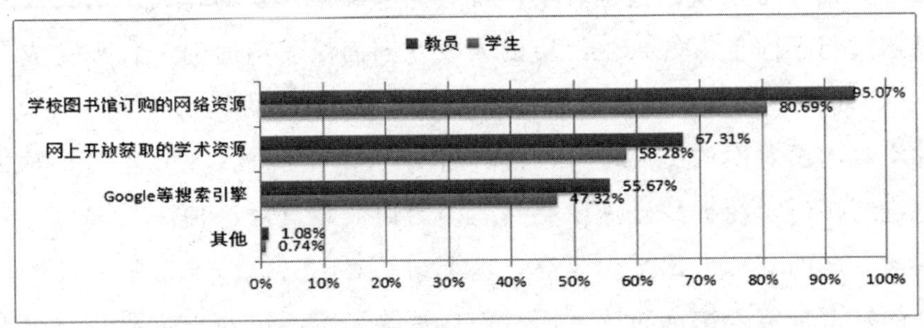

图 2—36 获取电子期刊全文的主要来源（学生 VS 教员）

（四）泛在信息环境下，读者需要图书馆提供服务的主要方式

泛在图书馆环境下，图书馆员提供的服务地点将不再局限于图书馆，读者需要图书馆提供的服务方式发生变化。

网络的普及为人们提供了极大的便利，79.04％的用户愿意通过网络渠道享受图书馆员提供的服务，同时 66.28％的用户希望图书馆员嵌入用户的虚拟社区提供服务；仍然有 41.94％的用户会选择亲自到图书馆获得服务；另外，有 28.41％的用户则希望图书馆员到自己身边提供面对面的服务。

从数据统计来看，与网络相关的服务方式（如用户通过网络享受服务、图书馆员嵌入虚拟社区）更受到大家欢迎，图书馆数字化建设已较为完善，各种网络在线服务也不断开展，读者通过不同的网络服务终端登录图书馆服务系统，就可以进行图书在线预约、续借、文献查询与获取等。这些网络服务方式更加自由灵活且方便快捷，用户不必受时间和空间的限制，随时随地从网络中获取各种资源和服务。而对于图书馆原有的传统实体服务，并没有被读者遗弃，依然有超过三分之一的用户会选择到图书馆获取资源服务，图书馆服务保持了原有的优势与基础条件，而图书馆如何在强大的网络服务冲击下继续维持并提升实体图书馆服务是未来发展过程中的一大挑战。

接近三分之一的人希望能够与图书馆员进行面对面的交流和沟通，这种服务方式较为新颖，但也有实例可寻。起源于丹麦的真人图书馆，就是一种通过与不同丰富的人生经历的人或专家面对面沟通的形式来完成“图书”的阅读方式。[①] 一粒砂里有一个世界，每个人的经历都是一本好书。这种实时的面对面的交流，可以使读者与“书本”进行充分互动，对相关问题进行探讨，在智慧碰撞中受到更多启迪。教员对这种深入用户的面对面服务方式的支持率比学生要高，这个结果对图书馆的未来服务设计具有很好的参考价值。馆员与读者面对面，消除了图书馆的生疏感和与读者的距离感，读者可以随时对交流中出现的疑问进行提问，馆员能及时发现并挖掘读者的信息需求，为读者提供更好的服务。

其他选项中，有提到图书馆应为读者提供更多个性化服务和推送服务、用户通过电子邮件主动订阅等。这些个性化需求都将是泛在图书馆发展的重点内容。

表 2—24 泛在信息环境下读者需要图书馆提供服务的主要方式

选项	计数	百分比（降序）
D. 用户通过网络渠道享受图书馆员提供的服务	3673	79.04%
C. 图书馆员嵌入用户的虚拟社区提供服务	3080	66.28%
A. 用户到图书馆寻求服务	1949	41.94%
B. 图书馆员到用户身边提供面对面的服务	1320	28.41%
E. 其他	13	0.28%

（五）在泛在信息环境下，读者希望图书馆提供的服务

泛在信息环境下图书馆服务内容和功能将不断增加，您希望得到哪些方面的服务？

读者对查询获取类服务的需求较高，对“随时随地无障碍地访问及获取图书馆乃至全球的资源”和“随时随地查询个人借阅信息，获取图书馆提醒并可进行应急处理（到期、续借、预约、催还等）操作”两项服务呼

① 《真人图书馆》，2014 年 12 月 1 日，见 http://baike.so.com/doc/5387087.html。

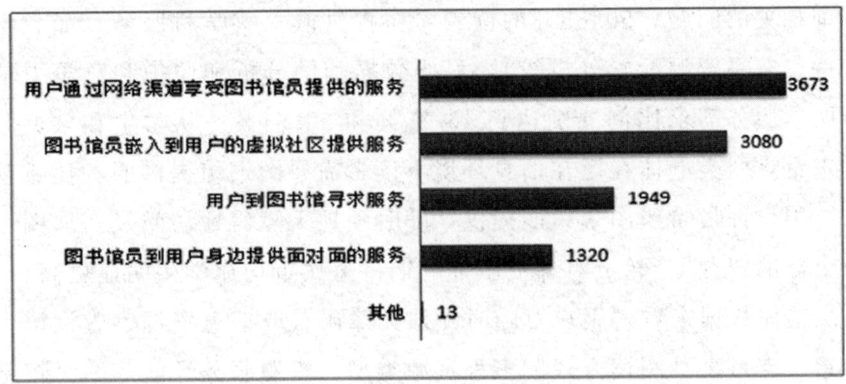

图 2—37　泛在信息环境下读者需要图书馆提供服务的主要方式

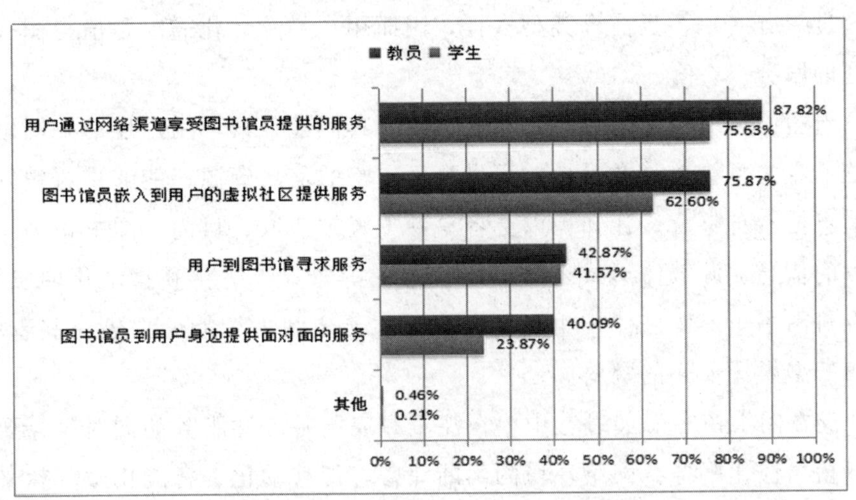

图 2—38　泛在信息环境下读者需要图书馆提供服务的主要方式（学生 VS 教员）

声最高，分别为 83.24％和 73.62％；学习类需求紧随其后，支持在线学习，如 MOOC（慕课），占 70.30％，提供多种阅读方式，如支持移动阅读占 69.44％；另外，读者对资源的要求相对较高，58.68％的读者希望提供多种格式的资源，48.85％的读者希望图书馆提供个性化信息服务网络（如二维码使用、定制短信推送服务、书目推荐等）；同时，学科咨询类服务也具有较高支持率，50.87％的读者希望提供移动咨询，实时向馆员咨询相关的问题，50.83%的读者希望提供嵌入式学科服务（如教学科研支持、院系资源配置分析等），科研数据辅助分析和监护和竞争力情报分析两项服务需求比例分别达到46.89%和38.61%。从学生和教员分组数据来看，两类群体在泛在信息环境下读者需要图书馆提供服务比重基本一致，用户都最希望图书馆能提供"随时随地无障碍地访问及获取图书馆乃至全球的资源"，教员对各类服务的期待值比重均比学生明显更高。

从整体数据来看，用户对随时随地无障碍获取信息资源、查询个人借阅信息、支持多种阅读方式和多种资源类型、资源服务导航等图书馆基本服务的需求仍然保持较高比重。在线学习、信息素养教育、移动咨询、学科服务、数据分析等个性化服务的需求比重稍低，但这些个性化需求比值均超过三分之一，且需求类型多样，因而用户的个性化需求是值得图书馆研究的服务。

当然，用户希望的服务并不限于此。其他选项中，用户还需要图书馆保证信息的可靠性与及时性，提供全面丰富的信息资源，能够进行精细化的信息搜索与整合，让知识以更容易的方式被获取。目前，图书馆为用户提供的信息资源载体形式还是以文本为主，随着数字化和移动化的发展，读者对图书馆资源载体产生新的需求，并希望图书馆能够提供一些音频、视频等多媒体形式的资料。

泛在图书馆在发展过程中，在注重和完善基础性服务的同时，还要不断开拓个性化服务。网络环境的不断完善，使移动化、智能化服务越来越火热。图书馆可以利用网络与移动智能技术，构建与读者之间无处不在的可随时联通的互动平台，同时向读者提供咨询与引导服务，推送学科前沿信息、优秀书目，进行课题跟踪，帮助读者进行专题研究或使用资源，争取为读者提供更加个性化的服务。

表 2—25 泛在信息环境下读者希望图书馆提供的服务

选项	计数	百分比（降序）
随时随地无障碍地访问及获取图书馆乃至全球的资源	3868	83.24%
随时随地查询个人借阅信息，获取图书馆提醒并可进行应急处理操作	3421	73.62%
支持在线学习	3267	70.30%
提供多种阅读方式	3227	69.44%
提供多种格式的资源	2727	58.68%
信息素养教育，提高获取与把握信息的能力	2576	55.43%
移动咨询，实时向馆员咨询相关的问题	2364	50.87%
嵌入式学科服务	2362	50.83%
信息服务网络	2270	48.85%
科研数据辅助分析和监护	2179	46.89%
图书馆虚拟展示及空间导航	1946	41.88%
竞争力情报分析	1794	38.61%
其他	19	0.41%

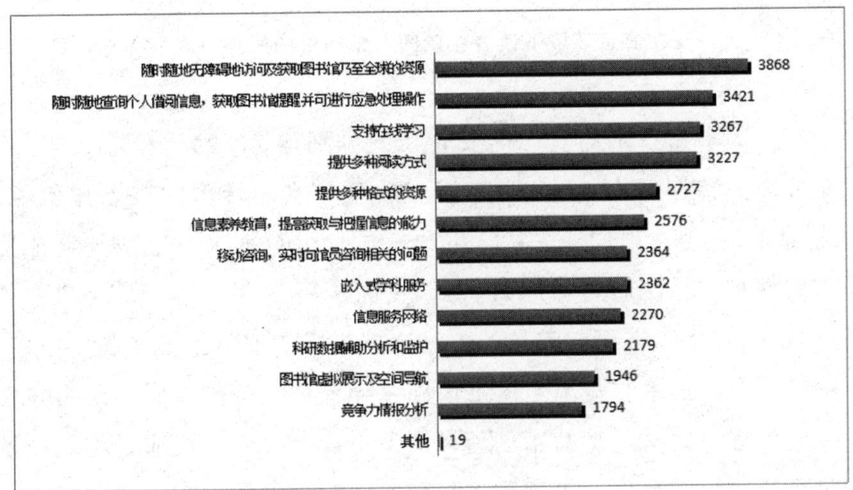

图 2—39 泛在信息环境下读者希望图书馆提供的服务

（六）实现泛在图书馆的功能，图书馆需要转型的方面

要实现泛在图书馆的功能，图书馆必须转型。被调查者认为需要转型

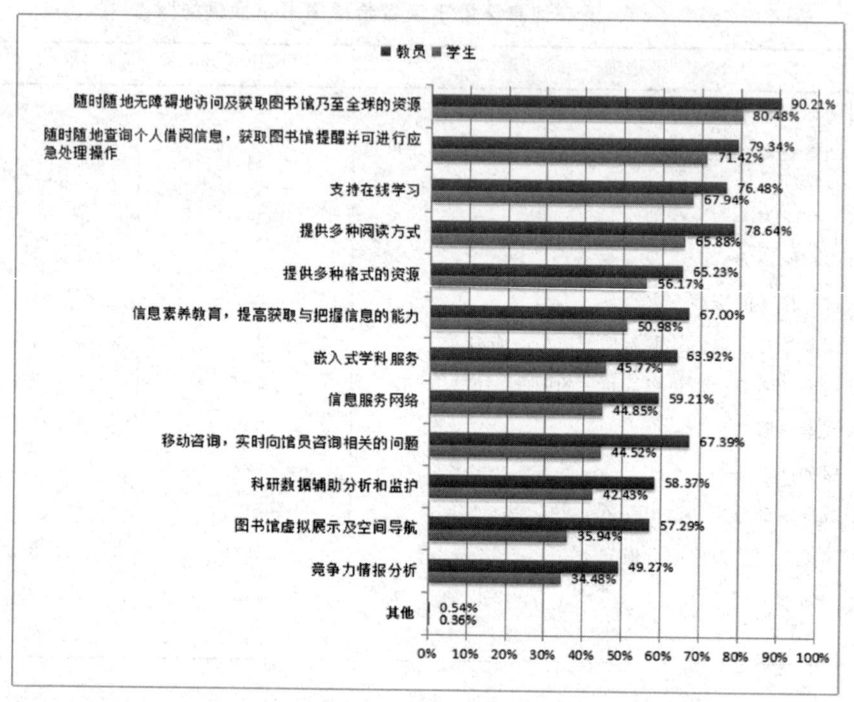

图 2—40　泛在信息环境下读者希望图书馆提供的服务（学生 VS 教员）

的方面有：图书馆技术与资源需要转型的分别达 77.25%和 74.07%，图书馆服务需要转型的占 59.35%，管理转型与空间转型的观点比例相近，分别为 49.75%和 47.13%。从学生和教员分组数据来看，两类群体均认为最重要的是“技术转型”，其次是“资源转型”。在“服务转型”“管理转型”“空间转型”方面，教员的关注比重要比学生高出很多。

可以看出，技术与资源是图书馆服务读者最关键的要素。图书馆发展需要与时俱进，面对新型技术创新，图书馆需及时做出反应，将新技术应用到自己的系统平台中，提高服务平台的性能，为师生带来更新颖、更人性化的用户体验。而资源是图书馆的根本，一切服务都是以资源为基础。资源是否丰富、可靠，直接影响图书馆在用户心中的地位。泛在环境下，技术的创新与泛在化也在为资源泛在化及其服务铺平道路。

服务转型的选择比例接近 60%，位于技术与资源之后。图书馆目前正处于泛在化的过渡时期，用户对于图书馆技术与资源明显提出了新的需求，在技术与资源的泛在化转型浪潮中，如果图书馆服务原地踏步，不去主动发现用户的新需求或潜在需求，那么必将与技术、资源等脱节，图书馆将无法稳定可持续地发展。技术的发展将促进服务的发展，移动互联网、人工智能技术等将激发用户对移动化服务与智能化服务等更多个性化的需求，因此图书馆在泛在环境下的移动、智能、个性化服务转型需要落实。教员中76.18%的调查者认为服务转型，明显高于学生比例，体现出教员对泛在化服务的需求更加强烈。

在管理与空间方面，教员的关注度比学生要高。原因在于学生更关注图书馆的资源获取和设施使用，而教员对图书馆的发展管理思考较多。泛在环境下，读者不仅在意阅览和学习的良好环境，更关注图书馆的信息共享空间，关注图书馆的讨论和研究等空间。所以，图书馆在空间转型方面主要是压缩实体馆藏空间，为读者提供更多阅览、协同创新、培训、实践的空间。

泛在图书馆需要为读者提供泛在化的信息服务，为达到更好的服务水平，目前还需要进行技术、资源、服务、管理、空间等方面的创新转型。只有这些不同的方面齐头并进，才能使图书馆这辆大车拥有持久的动力，稳定地向前行驶。

表2—26 泛在图书馆转型

选项	计数	百分比（降序）
C. 图书馆技术转型（加强移动化服务，快速应用新技术，提高图书馆智能化水平）	3590	77.25%
A. 图书馆资源转型（订购更多的电子文献，支持用户参与选书）	3442	74.07%
B. 图书馆服务转型（压缩传统服务，努力开展深入用户需求的个性化服务）	2758	59.35%
E. 图书馆管理转型（从以部门为基础的机构设置转向以业务流为核心的机构设置）	2312	49.75%
D. 图书馆空间转型（压缩实体馆藏空间，为读者提供更多阅览和协同创新的空间）	2190	47.13%
F. 其他	30	0.65%

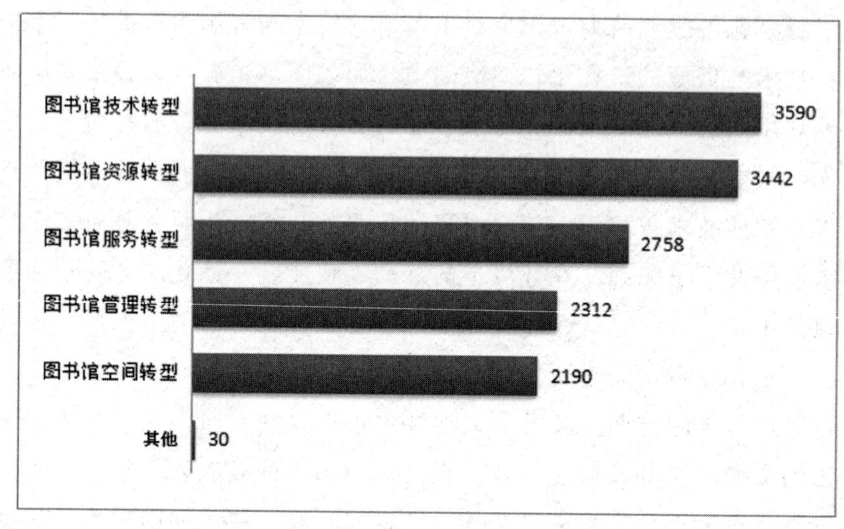

图 2—41 实现泛在图书馆的功能需要的转型

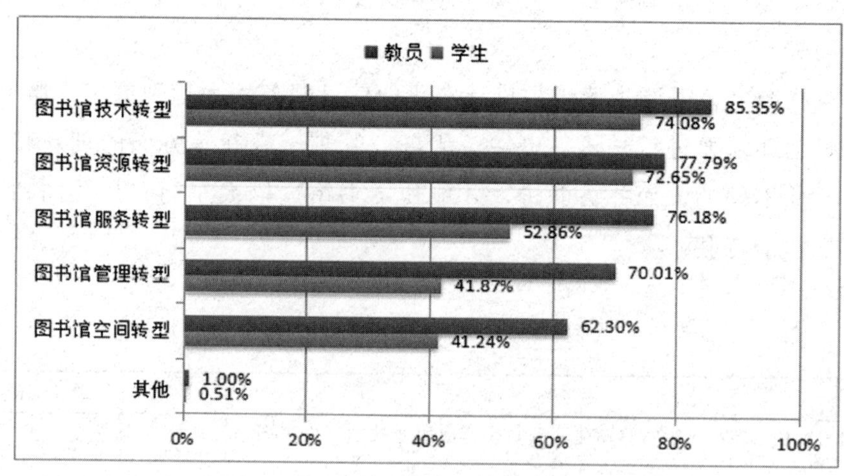

图 2—42 泛在图书馆转型（学生 VS 教员）

（七）对“政府对泛在信息社会建设的作用是否应该加强”的认知

89.41%的人认为政府应该加强对泛在信息社会建设的作用。从学生和教员分组数据来看，两类群体绝大多数被调查者的观点是一致的。

泛在信息社会建设是一个全面的、深入的社会大发展过程，政府应该对此给予大力支持。泛在信息化建设，不仅影响全民的社会生活，更会影响整个国家信息化发展质的飞跃。从国家层面上审视和把控泛在化建设，更有助于泛在化信息建设的全面迅速展开。

目前，政府在社会信息化建设中已发挥了重要作用。以互联网发展为主线，我国已经历了以太网、无线网、物联网的发展建设，实现了从网络连接到网络在线、再到网络互动的跨越。我国地域辽阔，人口众多，虽然信息化建设取得较好成效，但信息社会的泛在化具有一定的难度。

在现有的信息化网络设施基础上，政府要加大支持力度，建设泛在化网络。2005 年我国完成电话线路“村村通”项目，如今大多数地区已实现了较好的网络覆盖，并打通了国际网络连接。泛在环境下，要实现网络无处不在，我国还需要投入更多精力，从国家层面采取措施，在经济相对落后及偏远地区，修补网络覆盖漏洞，构建无缝互联网络，保证网络在哪都能连接。同时，不能只求互联的泛在化，还要注重网络质量的泛在化，较快地全面提升网络性能，让有网络的地方都是好网络，力求网络在哪都不掉线。

网络发展不断完善，网络信息增长迅速并混乱，而信息的基本作用就是消除人们对事物了解的不确定性。网络中混乱的信息显然不能满足人们的信息需求，甚至各种虚假、错误信息难以分辨，给网络黑客、网络侵权、网络欺诈等网络违法行为以可乘之机。面对复杂的网络环境，政府要出台相关法律法规，维护网络秩序，确保网络安全。刘云山在 2014 年 11 月召开的首届国家网络安全宣传周上指出，依法维护网络安全，是全面推进依法治国的重要内容。国家要维护人民群众网络信息合法权益，进一步完善互联网建设管理的法律法规，健全国家网络安全保障体系，促进解决网络安全面临的突出问题，构建和平、安全、开放、合作的网络空间①，还互联网晴朗天空。

---

① 公安部：《首届国家网络安全宣传周》，2014 年 12 月 2 日，见 http://news.163.com/14/1202/02/ACE789LO00014JB5.html。

政府需要制定泛在信息社会发展战略，营造泛在信息化建设大环境，把泛在信息社会的发展提到国家战略的高度，构建泛在信息社会发展模型，从泛在基础设施建设拓展到泛在社会服务与泛在国民教育等领域，以国家战略为基点，全民参与到泛在信息化中，将更有利于社会泛在化的发展。

表 2—27　政府对泛在信息社会建设的作用是否应该加强

选项	计数	百分比
A. 应该加强	4155	89.41%
B. 不应该加强	188	4.05%
D. 不清楚	162	3.49%
C. 无所谓	142	3.06%

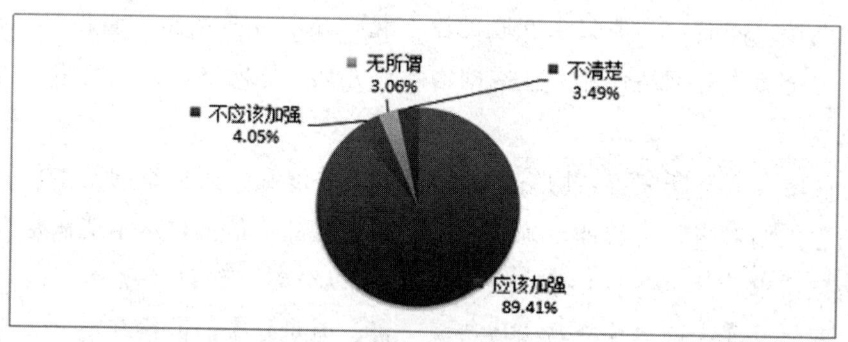

图 2—43　政府对泛在信息社会建设的作用是否应该加强

（八）对泛在图书馆的服务的意见、建议

泛在图书馆是图书馆为适应未来泛在信息环境的需求，构建出泛在化技术、资源、服务、空间、管理等的发展模型。以用户为中心，努力使图书馆的技术、资源、服务等方面走向泛在化，打破图书馆服务的时空与身份限制，使任何人在任何时间、任何地点都可以通过网络互联的终端设备获取所需的图书馆资源和服务。

收回的调查问卷中，大家对泛在图书馆的发展给出了大量宝贵意见，

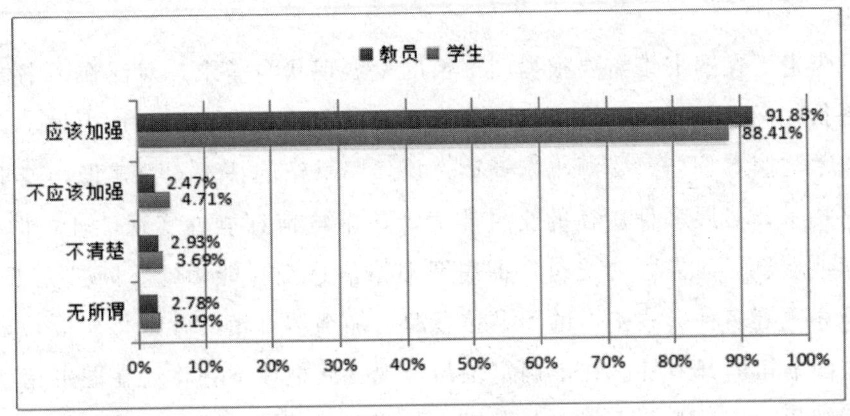

图 2－44 政府对泛在信息社会建设的作用是否应该加强（学生 VS 教员）

涉及理念、技术与基础设施建设，资源建设、知识产权、信息与网络安全、服务创新、人才培养、政府支持等诸多方面，汇总整理如下：

1. 理论与实践相结合

泛在图书馆的基本理念是图书馆的资源与服务在任何时刻、任何地点都是可被用户获取的，这将对人们学习知识、丰富生活起到积极的作用。

观念上的转变是发展转型的重要驱动力。作为未来图书馆的发展方向，首先我们要能够从宏观上清晰地把握和理解泛在图书馆的理念，准确定位图书馆功能，做好顶层设计，构建泛在图书馆的发展蓝图，并增加宣传和培训力度，从接触最前沿理念开始，由点到面地让这个观念深入人心，引导所有图书馆的服务人员自觉树立起泛在信息化的观念，并着力将这个观念推广至读者。

管理层领导要重视泛在图书馆理念。管理层是图书馆发展的领航者，重视泛在化建设，将有力推动泛在图书馆理念的普及和落实，引领图书馆转变管理和服务理念，使图书馆泛在化建设走上规范化道路。

泛在图书馆不能停留在理论层面，要在理论支持下将其付诸实践。泛在化转型发展是一次全面的自上而下的图书馆变革，要在稳中求进，循序渐进地落实开展。可先以部分地区为试点进行泛在化转型，以局部效应带动更多的地方自觉主动地提高图书馆泛在化建设的水平，在尝试中不断改进。

未来泛在图书馆需要根据图书馆的发展现状与需求，对泛在图书馆的发展目标、发展思路和应用模式做出明确的定位，一切以用户为先，着重于技术与服务创新、资源丰富开放。加强图书馆的技术支撑建设，着重于网络技术，拓展多种途径的交付能力，使馆藏信息能够实现“任何时间、任何地点、任何人”的交付，提高图书馆信息交付能力；不断扩充纸质、电子介质等多种形式丰富的图书馆资源；加强图书馆的社区化建设，增强泛在图书馆的开放性。在准确定位与宏观发展框架下，将泛在图书馆建设逐渐细化，信息服务不能单独发展，要及时进行技术跟进，采用先进技术不断提高系统性能，协同规划，分步实施。

泛在化建设需要针对用户需求来开展，调动广大用户的积极性，而不是图书馆一头热。一方面，要增强图书馆泛在信息化的社会宣传，使更多社会机构团体了解泛在图书馆的理念和优势，以便调动、统筹、协调社会各方力量，总体规划，科学实施。另一方面，图书馆要组织形式多样的活动，提高读者参与度，加深用户认知，同时邀请用户提出自己在参与期间的感想，针对用户需求进而做出调整和改进。

2. 技术创新与基础设施建设

技术是泛在信息化建设的发动机。积极采用适合于图书馆的最新成熟技术，可以促进泛在图书馆基础设施建设，助力于管理与服务的泛在化发展。泛在图书馆，首先要以完善的网络互联体系为基础。信息化建设的普及，使良好的网络通信设施成为图书馆进行各项工作的重要保障。技术的不断创新与成熟，尤其是无线网和移动互联网发展以来，网络互联范围得以迅速延展，网络速度也不断提高。3G、4G 技术在各种移动终端的运用，基本实现了随时随地的网络互通。

在人们对互联网极度依赖的时代，用户对网络基础设施的要求越来越高，加强网络覆盖力度、提高网络质量的呼声越来越多。

首先，要完善图书馆网络及设施。图书馆要实现全面的网络覆盖，完善移动网络，提高网络带宽，读者在图书馆内可以随时随地查阅图书的借阅情况，并能自由快速地获取所需的文献资源，提高图书馆管理与服务系统的运行速度和稳定性。继续优化资源，建立云数据中心，发展个性化云存储功能，方便用户对感兴趣的信息资源进行保存和阅读。

其次，还要完善校园网络，提高数据传输质量，同时构建网络在线校园，实现校园内网络连接无死角，改善目前校园网户外无信号的现状，使校园任何一个地方都有通畅的网络支持泛在图书馆服务。在校园内配置智能化自助终端或二维码接口，充分借助互联网的智能终端设备，把图书馆服务推送到校园的各个角落，使用户可以随时使用校园网络与服务。

然后，还要完善城市网络等基础设施建设。我国智慧城市建设以来，各种不同的网络社区陆续形成，不仅实现了宽带及 Wi-Fi 全方位互联，打造有线和无线的网络环境，为泛在信息服务提供更为广阔的发展平台，且网络速度不断提高，网络信号更加稳定，网络连接与信息系统平台与服务管理的智能化水平有了质的飞跃，用户获取信息的速度与能力都有了较大提高，社会服务也更加便利开放。然而，网络设施还需要由城市向偏远地区扩展，以推动社会网络泛在化建设，实现网络全覆盖无死角，使资源得到合理配置，从而形成一个全社会大范围的泛在信息与网络环境。

泛在信息环境是一个基于技术集成的泛在网络服务体系，实现以人为本的计算机处理，并进行人机交互完成各种知识获取及信息社会服务等。而泛在图书馆更是各种先进信息技术的高度融合，需要在技术推进的同时，时刻考虑用户的需求，以实现更加泛在化的个性化图书馆服务，如结合物联网技术，开发资源智能导航，实现对每一本书的位置追踪，避免读者找不到提示在架的馆藏状况。开发智能化移动服务平台，增加移动终端设备，可以更加便捷、随时查找资源并获取服务，提高技术兼容性，增加个性化的服务应用，并注重平台的用户界面友好，让用户喜欢泛在图书馆的服务。图书馆还需要增加各种服务设施，如增加触屏电子设备，进行网络查询与阅读；增加信息共享空间，方便读者交流和讨论；延长开馆时间，并创造更多可供休闲或阅读的实体空间；开展各类专题活动，帮助读者提高信息素养。

3. 资源建设与信息安全

资源是图书馆发展的根本。泛在环境下，图书馆应该不断加强数字资源建设，使纸质资源与电子资源更全面均衡且深度组织和揭示，以便为用户提供更加及时、有效的信息服务。

（1）资源扩充。资源内容上，要注重本馆特色，增加相应的特色资源，建立本机构的特色精品资源数据库，保证质量；根据用户需求增加订购学科专业数据库和全文电子图书期刊，促进相关学科的发展；注重开放获取资源的收集整合与获取，收集开放期刊与开放出版的资源，将相关网络资源进行整合，不局限于学校的学科教育的网络课程，适当采集一些技能培训等实用性资源；不局限于资源类型，加强对各类原生数字资源的收集，增加开放获取开源软件；加强图书馆之间、包括与港澳台地区图书馆的文献资源共享，并力争与国外著名大学图书馆资源进行对接，帮助用户获取国际先进的学术信息，并为全球用户提供开放共享的资源，实现资源服务范围的广泛覆盖。

在语言方面，收集多语种资源，并实现同一资源不同语种之间的相互关联，以方便泛在化信息环境中不同文化背景的用户获取使用。另外，支持多格式的文本下载和阅读，随时关注出版行业的变化，打破传统的资源格局，加强纸质资源的数字化转型，将资源微型化、主题化，资源格式多样化，包括文本、图像、幻灯片、音频、视频、实物标本以及各种应用软件，乃至专家、学者个人社交媒体发布的具有智慧和思想的资源，均可纳入资源建设范围。

（2）资源管理。图书馆资源越来越多，在加强信息资源建设的同时，对大量数据信息资源进行管理整合、智能筛选，对科研数据辅助分析和监护以及数据挖掘，进行系统的专业知识资源的归纳、建立分类导航和知识引导，并且运用适当的技术手段，引导用户发现资源需求，可在任何时间、任何地点轻松获得任何想要得到的资源。

面对信息资源的巨大需求，资源共享、公开与信息的大众化，成为资源管理的重要方向。用户希望能够花费更少的成本，获得更多的资源服务。在开放更多资源管理平台的同时，向用户提供增值服务，及时更新图书、期刊信息，支持用户选书，定期开展资源数据库培训，增加学术文献资源获取渠道。为保证资源质量，引入资源内容质量评价体系，对资源质量及用户使用情况进行评价，维持图书馆资源的权威性。

（3）知识产权保护与信息安全。泛在图书馆依托现代的网络设备和通信技术，为用户提供无时不在、无时不有的资源服务。近年来，国内知识产权保护的观念日益受到重视，图书馆在资源扩充与开放共享的同时，还要加强资源管理体系建设，寻求与信息安全及知识产权保护之间的平衡。既要保证资源的开放性，也要保护知识产权和用户信息不受侵害。

因此，首先应从国家层面对文献保障、版权保护进行相应的规范管理，建立合理的知识产权保护体系和信息安全监督体系，尊重知识产权，要求网络服务商提供更优质的服务，注重数据安全。图书馆要在保护知识产权的前提下，尽量提供更多的资料信息，鼓励用户成为信息资源使用者、创造者的双重角色，建立图书馆“个人贡献知识交流池”。其次，提高泛在化图书馆技术水平，提高数据的可信度，保证数据信息的安全和用户信息的安全。另外，也要注重网络安全与秩序，加强网络管理和实时监测，定期升级并清理病毒，加强 IP 控制与用户个人账号控制，杜绝传递虚假信息及其他不文明的网络行为。

4. 服务创新

随着信息环境的改变和图书馆事业的迅猛发展，泛在图书馆的理念与发展模型越来越清晰，图书馆服务转型越来越应该受到重视和实践。要使泛在图书馆得到顺利推广，要充分整合各种资源和技术，在服务理念、方式和手段上进行变革，扩展信息服务范围，将图书馆的服务与公共文化一起融入读者触手可及的载体与环境中，使图书馆发挥更大的社会职能。

（1）服务以人为本，更加人性化。图书馆是基于信息开展服务的机构，发展理念当以人为本。在泛在信息与知识环境下，以用户为中心，注重用户的个性化需求和用户体验，为用户提供无所不在的服务。图书馆是知识输出的源泉，每一位渴望知识的公民都应该被图书馆接纳并提供信息与知识服务。图书馆服务发展，应该以这些需要知识信息的读者用户为中心，广泛收集用户服务需求，以了解用户对图书馆发展的期待。图书馆为用户着想，就是要为用户提供更优质的资源和服务，同时也让用户在使用图书馆服务系统时能更加轻松简便。

图书馆要以用户需求为依据，扩充图书馆现有资源并增加新资源，为满足用户更多、更广泛的需求打下资源基础，力争资源随处可得。同时，提高系统反应速度，改进和完善服务流程，提高信息服务效率；人性化服务是图书馆未来发展中必须重视的服务方向。泛在信息环境下技术发展不断加快，自动化与智能化水平也越来越高，用户将会需要友好的智能图书馆，因而图书馆要打造友好的系统使用界面，提供更好的人机交互，让用户参与，提出改进建议，不断更新完善，力争让体验者获得较高的满意度和愉悦感。

泛在图书馆更加人性化，将为用户提供多种阅读方式，供用户按需选择，并将扩大服务范围，无论老少、身份、地区，都有权限获取图书馆服务；泛在图书馆还将关注社会发展特点，按不同专业、不同年龄、不同习惯的用户设置不同的个性化的体验服务，为不同用户提供更加自主和自由的服务空间。对学校图书馆而言，当以服务学生为第一要务，充分考虑学生课业重、时间紧、零散时间多、读书需求大、手机依赖性高等特点和矛盾，进行服务设计和创新。

（2）发展移动服务。移动互联网发展以来，各种移动互联客户端被开发应用并得到推广，图书馆移动服务紧跟时代发展步伐，不断创新，读者在移动网络上就可以阅读图书馆书籍，查阅各种需要的资源。

智能手机普及以来，用户对手机的依赖性大大增加。图书馆移动服务也应重视手机的应用，让手机用户的服务体验更加完美。目前，大多数学校移动图书馆已支持 Android、IOS 等手机操作系统平台，但对多元化手机平台的支持还不够，需要提供更多移动端平台的专业系统构建，不同设备的不同操作系统都能流畅地使用。在功能方面，图书馆要提供更智能化的服务，开发更好用的 APP，简化优化搜索，提高智能分类功能，提高书目查询检索的效率，推动移动便捷化的信息获取。图书馆在移动服务方面主要考虑支持以下功能：支持移动化阅读，与豆瓣、当当等站点互通，可以获取每本书的书评和简介，也可以将自己的评论在网络中分享；支持移动咨询，开发移动设备上的远程连接APP，用户可以随时随地在移动终端上处理所有图书馆事务；支持个性化定制，泛在图书馆服务可借助微信、微博等移动互联平台进行宣传与推广，用户可定制自己感兴趣的主题和服务。在网络方面，图书馆的移动服务要注意用户数据流量的使用，应将单一网络服务多元化，以宽带城域网、数字电视网、移动多媒体网为终端服务平台，将图书馆的服务延伸到各个角落。

（3）发展自动化、智能化服务。移动服务为用户带来了意想不到的便利，但移动并不是技术与服务发展的最终目标，人们希望这些移动终端和移动服务能够更智能、更聪明。自动化、智能化的服务与设施成为泛在信息环境中的一大需求，因而图书馆需要加大对网络智能服务的投入，使用户可以随时随地无障碍地访问及获取图书馆的资源，并实现即时、迅速、正确、智能化的信息互动，实现图书馆线上与线下无差别服务。

在检索方面，开发智能检索系统，扩充语言文字系统的匹配性，使图书馆检索系统不再局限于文字，还可以支持图片、声音等检索，不用再为记不住某个单词的拼写或某本书的名字而烦恼，只要将之前见过的图书用手机拍下来，传到图书馆检索系统，或利用语音检索说出该书名，系统进行内部转换识别后将资源搜索结果反馈给用户。对于走进图书馆的读者，可以提供一个移动导航服务，读者只要通过智能终端搜索到馆藏信息，利用射频识别码就可以对馆藏进行定位，引领读者找到其所在位置。在借还方面，支持24小时服务，升级自助借还机性能，提高自助借还效率，采用先进技术实现自动化管理，引入人工机器人和智能穿戴设备，建立一个更智能、更人性化的网上图书馆系统。加强图书馆的嵌入式服务，真正做到图书馆就在读者身边。

（4）发展个性化服务。个性化服务是泛在信息环境下越来越受欢迎的服务方式。对图书馆而言，个性化服务应该包含丰富图书馆的阅读形式、资源种类等，让图书馆服务更加方便快捷，也更加人性化；应该根据不同人群的兴趣爱好定制不同的阅读服务，让每一个读者获得所需要的资料，并自动附带相关信息；系统根据用户兴趣，完成个性化信息的自动推荐，并允许用户分享书评，后台可实现自动回复的功能，以方便用户随时查询了解一些使用信息，并可以统计每个读者的借阅资料，分析读者爱好，从而给出个人读书建议。高校图书馆不仅要面向本科学生提供普遍的全面的学习资源，还要面向科研人员提供严谨的专业化的信息。图书馆要为学习、研究提供帮助，如支持在线学习和问答，提供更多的免费资源；为用户智能推荐相关研究领域的知识和前沿信息；开辟虚拟空间促进读者之间、读者与图书馆员之间的交流等。

5. 人才培养

人才是开展泛在图书馆服务的关键。面对泛在信息环境，图书馆资源与服务的转型过程中，还必须引进具有先进的服务理念、适应新时代发展的高素质专业化人才。泛在信息环境下，信息服务人员要开阔自己的思想视野，不断学习并丰富自己的知识体系，要与时俱进、更新观念、提升技能，对泛在信息社会和泛在化信息服务等相关理念有清晰的认识，对泛在图书馆服务有深入的理解，为用户提供更细致、更友好的信息服务。

要使泛在图书馆建设良好发展，图书馆应注重对图书馆馆员的教育和培训，使图书馆员能更好地应对服务模式的转型，并成为泛在图书馆创新发展的支柱和动力。

数字新生代对数字设备、信息社会的适应性非常好，具有较强的信息能力基础，图书馆应给予图书馆员有效的技术培训与理念熏陶，鼓励图书馆员加强学习，探索先进的服务理念和服务方式，成为泛在信息社会的积极尝试者，为读者提供检索与工具培训，积极宣传推广图书馆的服务，帮助用户提高信息素养，提高获取信息的能力。

图书馆员应努力提高信息检索技能，成为知识和数据方面的服务专家，成为有心的“搜索引擎”。图书馆要建立馆员用户交流平台，使图书馆员能够随时保持与读者的友好互动交流，及时解答用户的网络提问，能够利用更多新媒体方式组织讲座与培训；同时，通过馆员空间开放读书推荐互动平台，创造良好的图书馆阅读氛围，调动用户阅读的积极性，让用户参与到图书馆文献资源的建设中，并加强用户教育。

图书馆还要培养专业的学科馆员，让学科馆员主动深入科研及教学环境中，帮助读者判断、区分、整理、归纳大量堆积的散乱的信息数据，为读者提供及时准确的个性化服务。同时，图书馆还要引进技术性人才，将技术与泛在服务相结合，创新技术服务。

无论是传统图书馆服务还是泛在图书馆服务，图书馆员都应该注重提高自己的信息素养，不断充实自己，使自己在快速变迁的时代潮流中保持活力不落后。同时，作为一名服务人员，还应该树立良好的主动服务的职业素养，有奉献精神，向用户提供友好的服务。

6. 政府支持

图书馆要实现真正的泛在化，需要政府的重视及在政策、技术与经费上的大力支持，以政府主导、骨干牵头、全民参与，有规划地一步步建设泛在图书馆。

政策上，政府应加大对泛在信息社会建设与服务的推进力度，推进公共设施建设，制定相关的制度，在政策方面积极引导，强化图书馆泛在化建设的重要性，加强管理，优化管理方式，建立服务保障和反馈机制；还要深入到用户中进行推广宣传，合理配置人力资源，加强信息化管理人员的培训，树立泛在化信息服务理念，提高从业人员的信息素养，与用户充分沟通与协调，提高全民泛在化认知和意识，将泛在图书馆向公众开放。

在技术上，政府要加强对泛在图书馆建设的扶持力度。泛在图书馆不是简单的移动图书馆，需要将大量的先进技术运用到服务平台中，研究学术终端定制机制，在功能上更加智能化，充分利用线上资源，同时开发多种阅读方式，使线下的纸本书报资料等资源与泛在图书馆的服务结合，使虚拟图书馆与实体图书馆共同发展。

在经费上，泛在图书馆建设需要政府增加资金的投入。国家向来重视教育的发展，图书馆是辅助教育事业发展的巨大推动力，而图书馆经费不足的现象普遍，我国的基本国情是政府的经费支持是图书馆经费的主要来源。泛在图书馆建设是一项不小的开支，政府可号召企业支持图书馆建设，图书馆也可主动寻求社会力量的帮助。

第四节 调查结论

本次调查围绕用户信息行为、对泛在信息社会和泛在图书馆的认知、对泛在信息社会和泛在图书馆服务的期待展开，反映了人们对泛在信息社会与泛在图书馆的不同理解以及信息社会泛在化发展的现状。

虽然人们对泛在信息社会真正来临时间的预测各不相同，但无论是十年还是二十年，泛在化已经成为当前信息社会发展的必然趋势。科技与互联网信息技术的不断创新、智能化的不断成熟、信息数据的快速增长与多元化、人们的复杂的信息需求、国家政策与制度的支持等，都是影响泛在化信息社会发展的主要因素，我们在迎接泛在化社会的同时，也还面临不少问题。

一、人们对泛在信息社会的概念、特征缺乏深刻的认识

“泛在信息社会”虽然对一些人来说还很陌生，也有一部分人还没有准确地理解它的含义，但近年来这个概念正逐渐被越来越多的人知悉和了解。泛在，不只是网络的无缝互联和移动化的普及，而是网络、基础设施、资源、服务都能无所不在，相互协调。从调查显示的数据看，人们对泛在信息社会的互联性、智能化、移动性均有较大需求，互联、智能、移动将是泛在信息社会最为明显的特征，在网络与各种智能终端的协助下，每个人，甚至每个物体，都是这个信息世界中可交互的一员，人们可以随时随地获取所需的信息及服务。

泛在化不仅是网络等硬件设施的广泛普及，还有资源、知识、服务等软实力的无缝对接，使一张科技服务网络全面融入人们的生活，形成一个“无时不在、无处不在而又透明”的泛在技术环境，能够无所不在地为用

户提供各种服务。在这样的环境中，服务不再局限于实体营业厅或者电子桌面，用户可以通过任何移动或非移动设备，在任何时间和场所无障碍地享受信息资源与信息服务。

泛在信息社会是一个以人为核心的社会，一切基础设施建设与服务都是以人为本，利用科技信息与服务改善人们的生活。例如，新加坡于2012年开启的“智慧国”计划，全力打造全球化智能城市，建设超高速、遍布式、智能化的通信基础设施，并顺应潮流趋势，大力推动4G网络服务，在通信立国等方面已经取得良好成绩，为支撑新加坡数字经济迅速发展铺平了道路[①]；除了经济竞争力的考量之外，还努力全面改善社会生活服务，使人们能够享受智慧生活，力争实现科技兴国和全民参与。例如，陆交局推出手机应用程序，让乘客可即时获取最新的公共交通信息；建屋局测试的老人智慧警报系统，可监测年长者的日常活动，并在意外发生时能即时通知看护者；社交媒体的使用，也可加强社区的联系。[②] 以人为本的社会，不只关注科技与基础设施的发展，还重视社会民生、政治法规、文化教育的影响，并将其融入科技发展与泛在信息社会建设中。政府政务与社会民生服务趋于智能化，使整个国家走在便民利民的前沿；教育与国际化接轨，跟上社会与科技发展的步伐，在思想观念上使幼者前卫、长者不落伍，每个人都是主角。

泛在信息社会不是政府或研究者的独角戏，全民参与其中，社会才能真正活跃与互动起来，也只有参与其中，人们才能对泛在信息社会有更清楚、更深刻的理解，才能形成泛在意识和社会主人翁的觉悟。

调查显示，当前的数字化信息时代，数字难民越来越少，绝大多数人都能充分认识到自身在信息化社会中的双重身份，既是信息使用者，又是信息生产者。而另一半人将自己定位于单一的角色，41.51%的人认为自

① 常言:《新加坡“智慧国2015”规划成就辉煌》，2012年6月7日，见http://info.chinabyte.com/227/12355227.shtml。

② 联合早报：《以人为本的智慧国》，2014年11月26日，见http://www.zaobao.com/forum/editorial/story20141126-417324。

己只是“信息使用者”，还有1.57%的人认为自己偏向于“信息生产者”。泛在信息社会的智能性与时效性越来越强，以及设施、服务多元化与网络资源的丰富多彩，使人们的信息身份具有了双重性，任何人都可以信息使用者的身份随时随地获取并使用信息资源；同时，信息社会日益趋于开放性和交互性，使用户可以随时随地分享资源、交换信息，成为一名信息生产者。正如新加坡总理李显龙所说，泛在信息社会，任何人都能获取信息，同时任何人也都能贡献新资料，如动物踪迹、交通状况、可能威胁骑士安危的路况风险，甚至是某区最美味的面薄（mee pok）或鸡饭。[①]

二、泛在信息社会的泛在化条件还不充分

目前，泛在信息社会还未真正走进人们的生活。人们对泛在信息社会还处于初步体验阶段，对于一些智能设备的尝试还停留在新鲜与好奇的心态，并没有认识到它将会给日后的生活带来的影响和在未来泛在社会中将起到的作用。它们会像移动互联网一样改变社会与生活。20世纪90年代，移动手机开始逐渐走进大众的日常生活，手机的功能限于打电话、发短信、闹钟日历、贪食蛇小游戏，有的甚至还没有音乐播放器，诺基亚占据了相当大的市场份额。到近五年左右，智能手机崛起，手机操作系统不断升级与改善，增加了许多原来手机不能实现的功能，如各种阅读应用、支付平台客户端、社交聊天工具、影音视频、地图导航等，苹果、华为等成为手机领域里的新宠，曾经风靡一时的诺基亚手机悄然退出历史舞台。二十年前，人们或许难以想象一部小小的手机竟会给社会带来如此大的改变，但这变化足以引发人们深思，计算机带来社会变革，互联网推动信息化，移动互联网促进智能化，或许二十年后当今盛行的智能手机也会被其他产品所替代。对社会与个人而言，必将进入一个新的发展时期，泛在信息社会中网络已经成为必不可少的基础设施；对于企业而言，更应该以互

① 物联中国：《新加坡成立智慧国办公室》，2014年11月26日，见http://www.50cnnet.com/show-169-80682-1.html。

联网的思维来看待信息化与智能化，对泛在信息社会的特征与趋势进行深刻理解与分析，随时应对未来二十年的变革与发展。

人们对泛在信息社会的认知程度，反映了泛在信息社会发展的程度与水平。从调查的整体结果来看，当前的信息社会环境虽已基本可以达到“所需即所得”，但网络覆盖还不完全，移动服务还不完善，智能化水平还有待提高，与实现“所见即所得、所想即所得”还有一定差距，要迎接泛在化信息社会的到来，人们还需要做出不小的努力。

1. 网络互联泛在化

调查数据显示，超过50%的人认为互联将是泛在信息社会最核心的概念，80%以上的人不同程度地使用移动互联网进行网络活动。如今人们对网络的依赖性远远超过手表与电视机等传统数字产品，无论走到哪里，如果没有网络，就会陷入焦虑和不安，不知道自己能做什么，缺乏安全感。网络互联已成为社会生活中必不可少的一部分。人们迫切需要一个“宽带高速、广泛普及、安全可靠、可信可管、绿色健康”的泛在化网络互联环境。

物联网技术发展以来，以用户体验为核心，通过互联网技术与传感技术等使不同的网络物理设施可以相互识别，实现更通畅、更高速、更可靠的人、物联通。泛在网络提供人与物、人与人之间全面的信息互联，泛在网络建设已成为全球信息化建设的重要内容。2004 年信息产业部启动了“村村通电话”工程，电话网络在各地农村实现广泛联通，跨越了农村信息化发展的数字鸿沟，推动了农村信息化产业与服务的发展，缩小了城乡信息化差距。[①] 2013 年温家宝在国务院常务会议中确定加快电信网、广播电视网、互联网“三网融合”建设，企业信息化、电子商务、电子政务等网络服务得到迅速发展。2013 年 9 月，国家发改委、工业和信息化部、科技部联合发布了《物联网发展专项行动计划》，涉及顶层设计、标准制

① 孙希光：《十年跨越信息鸿沟》，2014 年 10 月 28 日，见 http：//www.cnii.com.cn/hygl/2014-10/28/content_1468307.htm。

定、技术研发、应用推广、产业支撑、商业模式、安全保障、政府扶持措施、法律法规保障以及人才培养10个专项行动计划，并将在工业、农业、节能环保、商贸流通、城市管理等领域开展应用示范，部分领域进行规模化推广。[①] 如今社会进入了移动4G时代，各种可穿戴设备、智能手机等便捷式设备将使互联网接口更加丰富，互联网物理化趋势使移动互联网体现了极大的优势，用户可以利用随身的移动设备，实现随时随地的网络互联。

网络互联建设取得的成效有目共睹，而泛在信息社会的目标是网络的无缝连接。这不仅需要网络覆盖范围的全面连接，也需要不同网络设备之间网络的无缝衔接。也就是说，未来一方面仍需加强网络基础设施的建设，从城市到农村，从中心地区到偏远地区，使各地的任何一个角落，都可实现良好互联的网络覆盖；另一方面，网络互联不是简单的地域性网络信号与线路覆盖，还要实现不同终端与网络之间网络功能的无缝衔接。例如，腾讯公司旗下的互联网聊天工具QQ已基本实现良好互联，腾讯已经开发了较为完善的适应宽带网络与移动互联网的电脑版QQ与手机版QQ，以便用户在不同的地点转换或网络终端发生变化时仍可通过不同版本客户端登录使用QQ功能。

未来互联网终将走向物理化与无线化，良好的网络互联将是泛在信息社会服务活动的公共基础条件，泛在化网络互联环境为泛在信息社会打造出一个更多先进技术集合的平台，为更多基于网络的技术服务创造更大的空间。而网络泛在化是一项复杂艰巨的任务，互联网络在为人们提供更多便利的同时，也存在着网络本身隐含的风险。网络泛在化并不只是简单的网络间的互联，它带来的将是一场大数据和各种网络技术大融合的技术变革。同时，网络过于普遍，导致人们对网络的长期依赖，而一旦网络断联，就会严重影响人们的社会生活，因此网络互联建设过程中还要做好各

---

① 中国信息产业网：《解读＜物联网发展专项行动计划＞》，2013年9月23日，见http://www.asciot.com/new.aspx?id=2419。

种风险应急准备。

2. *移动服务泛在化*

调查数据显示，40%以上的人平均每天使用移动互联网的时间达到4小时以上，每天平均低于2小时的仅占14%左右，差不多99%的人都已经开始使用智能手机进行浏览、聊天、学习、购物等相关的移动网络服务。手机作为继报刊、广播、电视、互联网之后的第五大媒体，为人们提供信息交流与移动服务的平台，并通过各种移动服务切实改变着人们的生活。移动通信技术经历了从1G到4G时代的发展，网络性能和传输速度与质量都有了很大的改进，移动信息应用服务平台应运而生。在4G技术与无线网络技术的协调配合下，移动信息应用服务平台的性能与功能不断拓展，为广大用户提供更加快捷、优质的信息服务。

各种信息与通信技术的不断发展与融合，越来越多的智能化和移动化设备相继出现并将连接到泛在网络中，一个无所不在的移动信息服务平台呼之欲出，移动服务的泛在化成为社会发展的大趋势。

泛在化移动信息服务平台将使移动技术、移动设备与用户有机结合，使用户置身无缝、透明的泛在信息环境，随时随地获取所需的信息资源与服务。移动服务平台有无线技术、RFID、Web3.0等的有力支撑，具有较高的使用性能，云计算技术的运用，增强了其数据管理的功能；其融合多种媒体，为用户提供更直观、更丰富的用户体验；具有良好的开放性与互动性，方便用户信息共享与交流。① 移动服务的便利性与灵活性，打破了用户获取服务的时间与空间限制，为移动服务的泛在化创造了有利的条件。

移动化服务符合动态社会的发展特征和需求，人们在不断地移动与变换中，各种服务也随着不同的便携式设备运动起来，移动互联网改变着商家与用户的连接方式，将“用户与服务”直接连接在一起。② 以前人们给

---

① 杨衍：《泛在化移动信息服务平台的构建》，《图书馆学研究》2012年第13期。

② 徐茂栋：《移动互联网改变商家与用户的连接方式》，2014年11月27日，见http://finance.china.com/fin/kj/201411/27/0647143.html。

电话充值或缴纳水电费，需要专门跑到营业厅完成缴费业务，现在即使人在外地，也能通过手机的移动支付功能轻松搞定；移动服务同样方便人们出游，无论走到哪，只要使用手机搜索周边，就能发现附近的美食、交通、住宿情况，不用再毫无头绪地四处奔波寻找饭店、车站和酒店，为人们提供了极大的便利，节省了时间和成本，提高了效率。

虽然移动服务已具有良好的基础，但未来移动服务的泛在化道路并不轻松。从纵向角度，移动服务还需要在移动技术方面不断创新，目前的4G与无线网络虽然可以传输高质量图像视频数据，并具有相对较高的传递速度，基本满足用户需求，而对较大文件的传输还不如人意，较大文件对网络信道的争夺导致其他用户网络使用质量的下降，开发移动技术提高网络性能、保证网络使用效率与质量需要一直贯彻于移动服务泛在化的整个进程中，使各种移动服务能更好地深入泛在化的互联网络中，实现移动服务无所不在。同时，云计算在很大程度上缓解了数据处理与存储问题，但移动存储永久性与扩大化仍需要进一步提高。从横向角度，移动服务的多元化需要继续开拓。一方面，目前移动服务已涉及众多领域，在支付、交流、阅读等方面甚至有多款服务应用支持软件，同类并发的多元化导致激烈的服务市场竞争，移动服务个性化与服务质量应成为产品的核心竞争力。另一方面，移动服务要延伸到社会生活的更多方面，而非仅在热点领域展开竞争。这种不均衡不能有效推进泛在信息社会的到来，反而容易形成一些行业移动服务泡沫。服务应以用户为本，深入挖掘用户全面的信息需求，促进信息社会各领域的协调发展。

3. 智能服务泛在化

被调查人员中98%以上基本都可以独立使用智能终端进行学习和娱乐活动，多数人愿意接受新型的智能化移动设备和学习课程平台，人们的生活、学习习惯正受到新的时代潮流潜移默化的影响而悄然发生变化。在信息资源极其丰富与网络环境普及的社会环境下，科学技术不断发展，各种各样的互联网与信息技术应用于人们的生活，物联网、移动互联网、人工智能技术、云计算技术、传感器网络技术、二维码技术、RFID等，无一不起到重要的作用，对信息社会的发展产生巨大的影响，为人们带来了高效、便捷、优质的生活和信息服务。目前智慧化城市的建设，使人们可以享受智慧医疗、智慧旅游、自动化办公、个性化学习等一系列智能化服务。未来人们的服务需求，更多地需要将网络互联、移动服务与智能服务有机结合起来。在将来，将多种设备进一步移动化和智能化整合，人们只需要携带一种设备，就足以随时随地应对各种需求。

智能化是互联网与移动互联网发展过程中提出的新要求。面对泛在信息环境，社会发展需要营造一个泛在的智能化大环境，局部的智能必将走向全面。

目前各种新型智能化产品不断问世，如星星之火，虽有燎原之势，却又缺乏整体的行业主线。如果只为创新而创新，将需求置于次要地位，容易使用户对其产生迷惑或误解，智能产品只能被当成一种有新鲜感的消遣品，发挥不了潜在的社会功能。智能化理念终是以服务于人为本，企业应根据用户需求做好产品发展定位，采取"5W1H"逻辑思维进行智能化创新，有条不紊地将产品智能化性能提升或转型，并使其逐渐深入生活的各个领域。

表 2—28 企业产品与服务创新"5W1H"方法要点

What（任务）	用户的需求是什么，企业需要做什么
Why（目的）	为何产生此需求，企业为何要进行此创新
When（时间）	该创新适合在何时、何情况下使用
Where（场所）	该创新适合哪些场所使用
Who（用户）	该创新适合哪些对象群体使用
How（方法）	创新如何满足用户需求，用户如何使用

智能服务泛在化，要个人服务的个性化，也要社会、团体服务的智慧化。对于个人服务，目前多地景区推出"智能导游"服务，游客通过手机扫描智能导游二维码，就可以获取景区导览、文化介绍、服务指南、线路推荐等信息，从而根据自己的爱好为自己量身定制个性化之旅。对于团体

服务，智能化也开始陆续进入各大校园，学校在数字化浪潮中已构建起良好的网络基础设施平台和信息共享与服务平台，融合创新技术，为师生提供全面智能的网络感知环境，透明、高效地服务于师生的科研、校务、个性化生活等。社区服务也不落后，中科创金融控股集团则将关注点放在互联网地产，推出“e社区”智慧小区，“e社区”将对物业公司进行服务和信息化升级，以便达到“人在家中，家在小区中，小区在商圈中”的状态。[①] 智能化服务无论在技术上还是在服务范围上，都需要继续深入。

三、信息质量与服务质量有待提高

调查数据可以看出，用户对于目前所能获取的信息资源的各方面，如信息量、涉及学科范围、格式及学习终端等，满意度较高。然而依然有15％左右的人对所获信息资源表示不满，因此信息组织与整合处理工作还需进一步加强，信息资源的可靠性与可用性仍需进一步提高。提高信息资源质量是未来发展的根本。互联网环境中信息资源丰富，分布广泛，用户获取、筛选有用可靠的信息具有较大难度，因而对所得信息的全面性、准确性、有效性等要求较高，尤其是学术研究性资源，人们更是希望其更加新颖，以保证研究具有前沿性。如果信息资源的这些基本特征得不到保障，信息质量不高，信息资源与服务将无法获得用户的高满意度和信任度。同时，信息的可靠性与真实性、数据安全、网络秩序和知识产权等炙手可热的焦点问题也会随之而来，在技术与理念的不断进步与发展过程中，需要重点解决这些网络与信息之间存在的矛盾。如果这些问题不能很好地解决，未来的泛在信息社会必然是混乱而不可靠的。

然而未来社会并不能称为“互联网、移动互联网、智能化的天下”，尽管现在移动互联网与智能化发展火爆，赢得各界人心，但它并不能解决一切问题。不仅是信息资源领域，泛在信息环境下的各种资源与服务，都

① 证券日报：《互联网地产是下一个十年主攻方向》，2014年11月13日，见http://esf.nb.fang.com/newsecond/news/14153149.htm。

需要大力度地提高质量与服务水平。

网络与智能只能为服务而生，各种 APP 也只是服务的工具，服务与产品的质量才是重点。当前社会由于移动互联网的快速发展，使网络互联迅速拓展，手机网民接近全民二分之一，为互联网商业带来巨大商机，也将众多创业者带入误区。大批创业者争先恐后地加入互联网营销，移动互联网更是为企业提供方便，创业者极力进行移动平台网络宣传，推广微信公众号，吸引互联网投资，而忽视了商业最本质的东西，即产品与服务的质量。服务的根本是质量的保证，而不在于线下还是线上。企业过于注重营销手段与渠道的拓展，真正用心提高产品和服务质量的却少之又少，长期如此下去，浮躁的市场环境最终必然会形成移动互联网泡沫，互联网营销繁荣无法长久，市场终需要回归朴素之本，保证质量，线上与线下结合，寻求更佳发展。

电子商务经历了 B2B、B2C、C2C 的发展模式。当前互联网环境下，在线商务如日中天，为商业发展开拓了更广的市场空间，各商家紧紧抓住互联网这一强大的营销工具，积极推广网店、微信等网络平台，如今区别于先前商务模式的 O2O（Online to Offline，线上线下电子商务）模式正悄然展开。O2O 模式是一种线上与线下结合的商务模式，即商家要把线上的消费者带到现实的商店中去，用户在线支付线下（或预订）商品、服务，再到线下去享受服务。同时，商家将线下实体店的推销、服务等信息线上推送给互联网用户，线下服务实现线上揽客。[①]

商业服务中，产品质量是关键。互联网发展以来，很多企业过于关注开拓互联网销售渠道，产品与服务质量反而没有得到较大提升。而要真正吸引客户并留住客户，必须将产品质量做好，产品服务做强。

四、泛在环境中图书馆的地位有待提升

调查数据中，84.70%的读者会通过学校图书馆订购的网络资源获取

---

① 《O2O》，2014 年 11 月 28 日，见 http：//baike.so.com/doc/5144407.html。

电子期刊全文，89.78%的人愿意选择亲身走进图书馆享受各项服务，体现了图书馆在用户获取信息资源活动中具有重要的地位，仍然具有较强的竞争优势。泛在信息环境下，图书馆需要不断挖掘自己的潜力，弥补自身的不足，进行创新改革，重视用户对图书馆的功能和性能需求，不断适应新的社会发展趋势，提供更加智能化和个性化的信息化服务，谋求更大的发展，争取政府及各界对泛在图书馆建设的大力支持，使图书馆在教学和社会发展中发挥更大价值。

资源优势。图书馆拥有各种纸质资源、影像资源、电子资源等各种丰富的馆藏资源，是学校的学术信息中心。文献资源质量较高，专业性强，为读者进行专业性的深入学习创造有利条件，成为学生的第二课堂。随着现代化信息技术的应用，图书馆硬件基础设施不断升级，并构建起多元的人性化信息平台，信息管理和服务能力得到提升。云计算的应用与图书馆联盟的发展，使资源共建共享工作广泛开展，图书馆可获取资源又得到有效扩充。图书馆资源还将继续扩展，泛在环境下，图书馆资源将受到更大的网络资源的冲击。图书馆面临如此挑战，要继续保持馆藏资源的全面性和可靠性，同时不断进行资源优化，规范资源管理。图书馆拥有大数据资源，对这些大数据进行整理分析，使之有效服务于教学和科研需求，提高图书馆在教育领域的作用和地位。

空间优势。图书馆信息化建设，使图书馆硬件基础设施的性能得到全面升级，读者得以拥有更多的硬件使用空间，如视听体验区、移动图书馆、检索机、自助借书机、复印机、3D打印机等，为读者的学习、阅览、图书借还、随时获取馆藏资源等提供了便利的条件。同时，图书馆为读者提供自习室、阅览室、学术报告厅，营造浓厚的学习氛围。泛在环境下，图书馆要针对读者兴趣进行调查，根据读者需求对馆室空间利用进一步合理规划，为读者开辟更多的学习共享空间，使图书馆成为学校最具特色、最受欢迎的地方。

服务优势。图书馆作为信息服务机构，在信息服务方面具有较大的优势，在原文获取、代查代检、馆际互借与文献传递、科技查新、课题咨询、联机编目、信息推送等方面赢得了用户的信赖。图书馆服务的多样化，可以更好地满足用户的各种需求。资源的不断丰富和技术体系平台的不断升级，提高了图书馆的信息服务能力，使图书馆服务可以更广泛、更高效地开展。物联网和移动互联网的发展，使图书馆移动服务迈上一个新台阶，如何将移动服务智能化，是图书馆在泛在环境中需要探索的一大任务。结合新的智能化技术，实现馆藏资源的智能导航检索、智能获取和智慧化推送服务，使图书馆服务在馆内和馆外实现泛在化，为用户提供更多高效便捷的服务，提高在用户与社会中的地位。

五、图书馆实现泛在化需要创新与转型

外界的支持力量可以使泛在图书馆实现快速优质的发展，而面对全新的信息社会环境，图书馆必须迎接新的挑战，不断创新，实现自身质的突破，在技术、资源、服务、管理、空间及人才等方面实现突破与转型，才能使图书馆在网络与移动设备如此发达的信息社会更好地发挥功能，以读者和读者需求为中心，为读者提供更加优质的服务，使图书馆实现可持续发展，而不被边缘化，图书馆的资源和服务不被浪费。

1. 技术泛在化：多技术，多平台

技术是服务发展的驱动力，技术越先进，系统平台越完善，服务水平就越高。调查者中，70%以上的人都意识到了先进技术的重要性。信息化使图书馆离不开计算机，更脱离不了网络大环境。图书馆采用现代信息技术进行各项信息采集、组织、加工和管理，服务也大多基于网络模式，全媒体技术的发展为图书馆服务提供了更强大的技术支持。图书馆服务不再局限于电脑终端，手机、数字电视等各种新兴智能化移动设备，使用户可以随时随地方便地使用图书馆资源，实现读者服务的泛在化。

技术的泛在化，将有效促进在“三网融合”基础上实现新型技术大融合，各移动化、智能化技术的配合，将帮助人们构建一个更加智慧化的图书馆服务体系，打造一个“无处不在，触手可及”的泛在信息服务环境，读者用户可以借助有线电视机、电脑、手机等大众化、易获取的工具或终

端设备，获取所需要的信息和服务。[①]

技术的泛在化，有助于在泛在的信息环境下构建泛在化的信息服务平台，如宽带网络平台、移动终端平台、数字电视平台。用户可以通过不同的终端，在相应的平台上了解各项信息资源，使用图书馆的各项服务。目前，图书馆的网络服务已基本普及，用户使用任何一台计算机登录图书馆系统，都可以方便地获取图书馆网络平台的服务；伴随着移动互联网的出现，移动图书馆火热起来，实现了图书馆服务的移动化，使图书馆服务走出图书馆，走向读者所在的各种空间场所。智能化技术的发展与利用，出现了更多的移动化智能终端，使图书馆移动服务平台趋于智能化；利用电视网络，开发电视图书馆服务，用户可选择进入相应的图书馆，进行图书检索、预约、续借、阅读等活动，结合电视影像的优势，可以开展影视阅读、电视课堂等，用户还可发现图书馆的好书推荐、活动通知等，足不出户却如同置身馆中。在先进的信息平台上进行信息服务，并不断拓展图书馆服务平台的新功能，为图书馆员和读者节省了大量时间，提高了信息资源获取与服务的效率。技术的创新还要以用户为中心，密切关注用户体验和反馈，以使系统与服务平台得到不断改善。

2. 资源泛在化：包罗万象，遍地开花

图书馆是一个资源基地，其主要的功能就是向用户提供有用的知识和资源，以辅助广大师生进行学习和研究活动。随着科学的发展，各学科知识内容不断增加和更新，图书馆也需要丰富馆藏资源以保持先进性。资源的泛在化，首先要使图书馆馆藏资源更丰富、资源类型泛在化。

（1）订购更多优质电子文献。期刊文献是高校图书馆文献资源中最活跃的因素，图书馆的文献检索、参考咨询、定题服务以及科技查新等学科知识工作都是以期刊作为主要信息源和工作对象[②]，图书馆需要选择优秀的期刊及数据库平台，在对资源质量进行严格把关、保证图书馆资源的可

① 吴庆珍：《试论图书馆服务泛在化的实现路径》，《图书馆界》2011 年第 4 期。

② 蒋烨、宋海航：《现代信息技术与图书馆事业的发展》，《常州工学院学报》2006 年第 4 期。

靠性和权威性的同时，订购更多电子资源，尤其是国外资源，帮助国内学术研究与国际接轨，提高国际竞争力。高校图书馆数字资源采购联盟（Digital Resource Acquisition Alliance of Chinese Academic Libraries，简称DRAA）以联盟的形式，倡导各高校团结合作开展引进海外数字资源的采购工作，通过联盟的努力帮助联盟各成员馆谋求最优价格和最佳服务，以引进优质的学术资源。[①]

（2）扩展实体馆藏。近年来虽然图书馆受到网络资源发展的冲击，选择图书馆实体服务的人数越来越少，但这并不代表图书馆资源被利用的程度越来越低。许多图书馆因采购经费有限，不得不压缩实体馆藏增长量以求购得更多的电子资源，但是实体馆藏仍然是图书馆资源的重要组成部分，图书馆的多种服务还是会围绕实体馆藏展开，扩展实体馆藏，不仅有助于帮助图书馆吸引用户享受图书馆实体服务，还为资源的永久性保存提供复本。

（3）特色资源与开放获取。越来越多的图书馆和信息机构开始重视特色资源的建设，并开放其数据题录、文摘等信息，将机构成员的研究成果与机构特色数据共享给更多的用户。图书馆可以免费或以极低的成本对这些特色的、开放的资源进行选择收集、组织加工，一定程度地弥补了本馆资源不足的缺陷，为提出相关需求的用户提供指导和帮助。

（4）馆际互借与文献传递。图书馆联盟发展以来，馆际互借与文献传递服务受到普遍欢迎，各成员馆之间开展联盟合作，进行资源共建与共享。这不失为一种较好的拓展馆藏资源的方法，对于本馆不能满足的资源需求，用户可以通过提交馆际互借与文献传递服务，从联盟内其他拥有馆藏资源的图书馆获得，是信息化社会一种非常重要的共享资源。

资源的泛在化，还要使丰富的资源无处不在、随时可得。资源是以使用为目的。图书馆资源的价值不只是将其收藏起来，还要将其传播给广大

① 《高校图书馆数字资源采购联盟章程》，2014年12月1日，见http：//www.libconsortia.edu.cn/Spage/view.action？pagecode=glgf_1。

用户，使其得到充分利用。目前，各城市已配备了自助借还机。人们走在街头，就可以借阅自己喜爱的读物。移动图书馆的发展和智能终端的配合，使用户无论身处何地，都可以享受图书馆资源服务。未来泛在化的信息社会，人们甚至可以为每一物品配置一张“电子身份证”，记录物品名称、属性、相关研究的书籍或文章，当用户发现一件新事物，只要通过扫描身份证条码或二维码，就可看到物品介绍，自动进入图书馆应用，查看相关书籍或研究文章，从而实现图书馆资源的真正泛在化。

3. 时空泛在化：服务与用户如影随形

调查中，人们对能够随时随地享受图书馆服务有着很大的期待。目前，移动图书馆的发展已基本实现了图书馆全天候服务，用户可以通过网络在任何时间登录图书馆使用馆藏资源，实现了图书馆在线服务“不闭馆”。

在空间上，移动图书馆成功地将图书馆的图书查询、预约、续借、评价等服务拓展到图书馆之外，使服务随时都在用户身边可得。但是，移动图书馆并未很好地实现实体图书馆的全部功能，对一些数据库资源、软件资源等，由于受到版权或IP的限制，还不能进行较好的服务。虽然VPN服务在一定程度上为数据资源服务开辟了新空间，但是这并不能满足用户较高的需求。ID身份登录识别、Shibboleth用户身份联合认证等服务应该成为一种较为方便有效的随身服务通行证，从而帮助图书馆服务跟随用户走到更多的空间场所，实现图书馆服务与用户如影随形。

除了不同服务场所的拓展，图书馆还需要对馆内空间进行新的规划。图书馆馆藏越来越多，不少图书馆已经扩建馆舍，但在泛在环境下，图书馆服务功能也将发生变化，图书馆不再只是“书”的地盘，还要开辟更多的学习共享空间，为广大师生提供学习与交流的环境，营造更加自主、协作、个性化的学习氛围。

4. 服务泛在化：读者请进来，服务走出去

互联网兴起以来，网络信息增长迅速，用户需求多元化，图书馆用户需求外溢，致使读者主动寻求其他服务提供者，同时各种网络信息与电子

图书可轻松便捷地从网络中获取，给图书馆的服务带来冲击。创新是图书馆未来必须坚持的发展方向。移动互联网使移动服务蓬勃发展，人们不必前往图书馆也可以享受图书馆服务，越来越多的人成为图书馆的过客。图书馆被人们边缘化，“将读者请进来、让图书馆服务走出去”应该是泛在图书馆发展的目标。

将读者请进来，一方面要不断充实和丰富自己的馆藏资源，保证资源的多样性与可靠性，以保证图书馆向用户提供最基本的信息资源服务。对图书馆而言，文献馆藏资源是根本支柱，重视馆藏资源建设，保持资源不断更新和维护，并不断增加新资源，是维持图书馆发展的根本策略。同时，也要注重用户的需求，使引进的资源更加符合用户的“胃口”。另一方面，开展丰富的图书馆主题活动与服务，使图书馆馆藏资源得到充分利用。阮冈纳赞在图书馆五定律中提出：“书是为了用的。每个读者有其书。每本书有其读者。”图书馆服务的创新，要让图书馆的书都活起来、流动起来，同时为师生开辟更多的学习共享空间，让图书馆成为每位师生向往与留恋的地方。例如，图书馆可以采取相关措施激励师生借书阅读，组织“状元阅读”活动，读者可到图书馆借阅自己喜欢的图书，读后可以提交书评或读后感，每借一本图书加 1 分，每提交一份书评或感悟加 2 分，图书馆对每位到馆借阅者所得分数进行统计，并按分值将读者的角色分为秀才、举人、贡士、进士、探花、榜眼、状元，每学期进行评比奖励。这种台阶式积分评比，有助于调动师生利用馆藏的积极性，提高师生的阅读兴趣。

让图书馆服务走出去，深入挖掘用户需求，在强大的技术支撑下，开展主动服务。图书馆发展主动服务是图书馆服务泛在化的有效途径。图书馆不再被动等待用户提交需求申请，而是主动推送资源服务。图书馆的信息服务功能不仅是要满足用户当前的信息需求，还要发现用户潜在的信息需求并使之得到满足。这种主动服务的方式可以灵活存在于不同的服务平台和终端，根据对用户行为的数据进行分析，挖掘用户的需求倾向，及时为用户推送相关的最新资源和服务。图书馆也可以与购书网站合作，当读者在逛网上书城时，如果发现有价值的资源或感兴趣的读物，可以推送到图书馆，如有馆藏，读者可直接通过网络服务预约，并可为读者匹配与该资源内容密切相关的其他馆藏；或图书馆暂无此馆藏，读者则可提醒图书馆考虑购进此资源。这样，图书馆可以全天候地为读者服务，让图书馆服务无所不在。

5. 理念与人才：图书馆泛在化的生命力所在

泛在图书馆是一个与时俱进的新概念，是一个以技术为支撑，以服务为导向，以用户的需求为中心的泛在信息与学习服务环境。在这种服务环境中，信息无处不在，用户无处不在，服务无处不在，知识无所不在。读者用户可以不再受时间、地点的限制，通过不同的网络终端设备方便灵活地查询和获取图书馆资源与服务，与图书馆进行智能化交互，实现泛在服务。这是信息化高度发展酝酿出的新需求，也是图书馆在泛在信息环境中需要把握的新理念。

信息增长与变化之快让人难以捉摸，而图书馆作为信息资源的汇聚之地，承担辅助教育与科研的重任，更应该使信息管理与服务与时俱进，努力跟上信息变化的步伐，以保证学科发展处于前沿水平。

新理念的良好实现，需要图书馆领导者和图书情报界专家学者的共同推动，以集成的智慧为图书馆改革发展把控正确的前进方向，构建起泛在图书馆机构、资源与服务管理框架；需要政府，甚至社会各界的重视和支持，为泛在图书馆建设提供先进的技术支撑和财力保障；需要信息服务人员具有超前的思想和开阔的眼界，奋战在泛在化服务第一线，将泛在化理论与服务推广到广大读者的身边。

移动化和智能化发展越来越强的时代，许多工作和服务已经可以通过智能化设备来完成，图书馆员的任务职责必然将发生变化。培养具有较高信息素养的专业人才，是泛在图书馆得到顺利推广的关键任务之一。泛在信息环境下，用户的信息需求更加复杂，信息服务模式也不断创新，对图书馆员也提出了较高的新要求。新型图书馆员需要具有泛在化的观念和意识，快速适应服务模式的变化，有大胆尝试的勇气和信心，积极参加业务培训、学习较强的专业技术知识，关注国内、外图书馆研究的最新进展，不断地进行理论追踪与实践调研，在服务理念、资源保障和技术支持的探索实践中寻求突破，能够在自己的岗位上对泛在图书馆的服务起到一定的引导作用。

第三章 泛在信息社会研究综述

第一节 文献计量学的视角

随着互联网技术、无线宽带、RFID、信息传感等信息通信技术的发展以及信息基础设施的逐步完善，信息技术渗透到人们日常生活的方方面面，它已经不仅仅是一种工具，而是深刻改变人们工作、学习和生活方式的重要力量。互联网实现了人与人之间的虚拟连接，而未来信息技术的发展强调网络和应用的“泛在”，并且能够实现人与人、人与物、物与物之间的直接沟通。

泛在计算强调计算机的连接和更直接的嵌入式的人机交互；泛在智能则突出了一种无处不在的智能环境；泛在网络强调信息空间和物理空间的连接，并且提供无处不在的智能信息服务；泛在信息社会包含了上述概念的内容，并且将视野引向与之相关的隐私、安全、生活方式等社会问题。在欧洲，人们较多使用“泛在智能”的概念；在美国，人们通常使用“泛在计算”或“普适计算”的概念；在日本，人们基本使用“泛在网络”和“泛在信息社会”的概念。这些关于未来信息社会的概念在描述的侧重点上虽然不尽相同，但其核心思想却不谋而合，涉及的都是相似的技术和相似的问题。

一、研究文献统计

（一）有关泛在信息社会的研究文献统计

根据讨论后确定的数据库和检索词，查阅到国内、外关于泛在信息社会的研究文献共有168篇。其中，中文44篇，英文124篇。具体来说，中文文献的检索，利用中国知网期刊全文数据库、万方数据资源系统、维普中文科技期刊全文数据库三个平台，以“泛在信息社会”作为检索词，从题目、主题和关键词路径进行精确检索，经过去重，得到44篇相关中文文献，包括期刊论文34篇、会议论文3篇、学位论文3篇、报纸报道性文章4篇；而外文文献的检索，利用Web of Science、EBSCO、Google Scholar，以ubiquitous information society、UIS或者ubiquitous society为检索词，分别以主题和题名为检索路径进行精确检索，得到124篇相关文献，其中会议论文86篇。

1. 泛在信息社会研究文献的国家分布

除中国外，其他国家关于泛在信息社会研究成果数量的情况见表3－1（以发文量排名）。

表3－1 泛在信息社会研究论文国家分布情况

国家	日本	韩国	美国	德国	澳大利亚	意大利	瑞士	波兰	芬兰
论文数（篇）	60	33	4	3	1	1	1	1	1

从表中可以看出，日本在泛在信息社会方面的研究最多，其次是韩国、美国、德国，其他国家的相关研究相对较少。

2. 泛在信息社会研究文献的年份分布

（1）国内泛在信息社会研究论文发表年份分布，见表3－2。

表3－2 国内泛在信息社会研究论文发表年份分布

年份	2005	2006	2007	2008	2009	2010	2011	2012	2013	2014
论文数（篇）	1	1	5	2	1	3	4	5	8	4
百分比（%）	2.94	2.94	14.71	5.88	2.94	8.82	11.76	14.71	23.53	11.76

＊2014年为不完全统计。

从表3－2和图3－1中可以看出，国内关于泛在信息社会的研究从

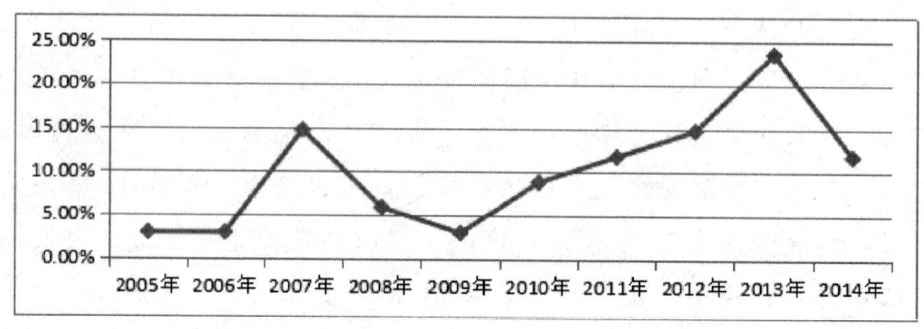

图 3—1　2005—2014 年国内泛在信息社会研究论文发文量百分比分布

2005 年开始起步，2007 年发表文章数增加，这与 2006 年日立在上海提出“泛在信息社会”这一理念有关，国内对于该事件的新闻报道较多。随后两年的研究则呈现下降趋势，但 2011 年开始连续三年发表论文的数量直线上升，并有继续增长的趋势。

（2）国外泛在信息社会研究论文发表年份分布，见表 3—3。

表 3—3　国外泛在信息社会研究论文发表年份分布

年份	2003	2004	2005	2006	2007	2008	2009	2010	2011	2012	2013	2014
论文数（篇）	8	15	9	23	23	9	8	10	6	9	3	0
百分比（%）	6.5	12.2	7.3	18.7	18.7	7.3	6.5	8.1	4.9	7.3	3.0	0

* 2014 年为不完全统计。

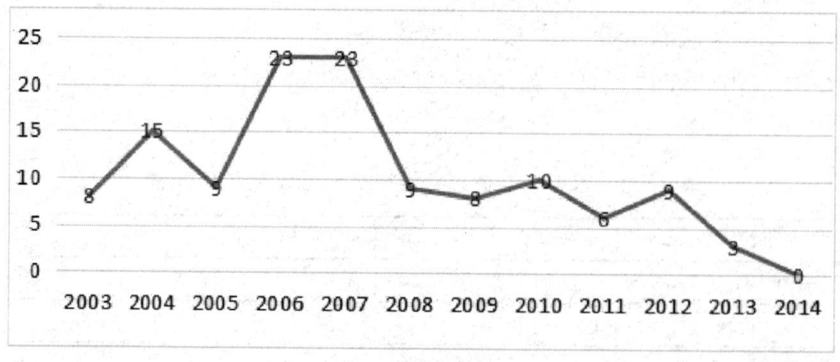

图 3—2　2003—2014 年国外泛在信息社会研究论文发文量百分比分布

从表 3—3 和图 3—2 可以看出，国外关于泛在信息社会的研究起步早于国内，2004—2007 年是研究的热门时期，在此期间日本为实现泛在信息社会启动了 Yaoyorozu Project 项目，研究成果相对较多。2008 年之后，国外关于泛在信息社会的总体研究成果逐渐减少。

3. 对作者提供的关键词进行词频统计

表 3—4 国内泛在信息社会研究论文关键词及频次排名

关键词	频次
泛在信息社会	16
电子政务（政府）、信息公开	5
信息素养	5
信息服务（业）、移动信息服务、政府信息服务	4
网络、泛在网络	4
信息异化	3
泛在信息环境	3
物联网、RFID	3
其他关键词，如情境感知、数据挖掘、功能转变、校友档案、信息资源管理、信息共享、模式、长三角等	

注：表中的频次分别为同列关键词的总频次。

从表 3—4 可以看出，国内泛在信息社会研究论文中出现频次较多的关键词，主要有“泛在信息社会”“电子政府”“信息服务”“信息异化”“泛在信息环境”“物联网”“泛在网络”等。可见，国内关于泛在信息社会的研究，对相关概念的分析理解较多，重点关注泛在信息社会在电子政府和图书馆等领域中的应用及泛在技术的作用。同时，从其他关键词也可以看出，国内泛在信息社会的研究涉及领域较广，比较分散。

表 3—5 国外泛在信息社会研究论文关键词及频次排名

关键词	频次	关键词	频次
泛在信息社会	26	法律	8
网络	21	数据安全	6

续表

传感网	11	智能	6
RFID	11	ICT	5
隐私	10	远景分析	5
泛在计算	9	跨学科	3
其他低频关键词			
认证、空间、电子政府、泛在城市、供应链、跟踪和追踪、定位应用、移动应用			
社会影响、社会技术问题、社会行为、社会模型、以人为中心			
信任、透明性、可靠性、易用性			
无家可归、贫穷、青年、老年人、非盈利服务			

从表3—5可以看出，国外泛在信息社会研究论文中关键词出现频次按高低依次为“泛在信息社会”“网络”“传感网”“RFID”“隐私”“泛在计算”“法律”“数据安全”“智能”“ICT”“远景分析”“跨学科”。国外泛在信息社会研究重点关注未来信息社会的发展及泛在信息社会中出现的隐私、安全、法律等问题，关注跨学科研究和对泛在技术的研究，也涉及泛在信息社会在电子政府、智慧城市及物流中的体现与应用，以及泛在信息社会中弱势群体等。可见，国外关于泛在信息社会的研究较国内更为全面而深入。

（二）国内外关于泛在图书馆研究的概况

经讨论，以“主题＝泛在 and 图书馆”为检索词，利用中国知网期刊全文数据库进行中文文献的检索，得到相关论文454篇，期刊论文423篇，会议论文5篇，硕士学位论文24篇，其中16篇为国家社会科学基金研究项目成果，1篇为国家自然科学基金研究项目成果；外文文献的检索则利用WOS和LISA数据库，以“ubiquitous library”为检索词进行精确检索，得到相关文献19篇。

1. 泛在图书馆研究外文文献的国家或地区分布

表 3—6 泛在图书馆研究外文文献的国家或地区分布

国家/地区	韩国	日本	美国	德国	印度
论文数（篇）	7	6	3	2	1
百分比（%）	36.8	31.6	15.8	10.5	5.3

所获取的国外与泛在图书馆研究相关的论文数量不大，但由表 3—6 可以看出，韩国、日本在这方面的研究占有较大比例。

2. 泛在图书馆研究中文文献的年份分布

表 3—7 泛在图书馆研究中文论文发表年份分布

年份	2005	2006	2007	2008	2009	2010	2011	2012	2013	2014
论文数（篇）	1	1	4	13	25	36	61	98	123	92
百分比（%）	0.22	0.22	0.88	2.86	5.51	7.93	13.44	21.59	27.09	20.26

* 2014 年为不完全统计。

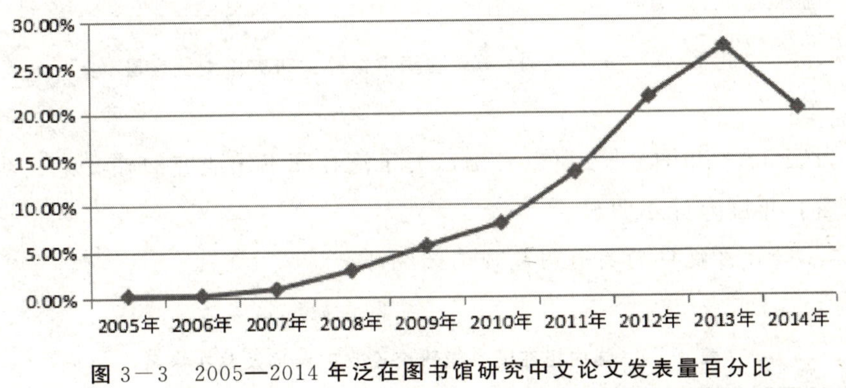

图 3—3 2005—2014 年泛在图书馆研究中文论文发表量百分比

从表 3—7 和图 3—3 中可看出，国内关于泛在图书馆的研究从 2005 年开始，并呈逐年上升的趋势，增速加快，2005—2008 年四年里共发表论文 19 篇，而 2009 年论文数量即超过前四年的总和，2013 年达到近年的研究峰值，论文数量达123篇。由此看出，国内关于泛在图书馆的研究在逐步升温，吸引了越来越多学者的关注，研究成果不断丰富。

表3—8　泛在图书馆研究外文论文发表年份分布

年份	2004	2005	2006	2007	2008	2009	2010	2011	2012	2013	2014
论文数（篇）	4	3	2	1	2	4	1	0	1	1	0
百分比（%）	21.1	15.8	10.5	5.3	10.5	21.1	5.3	0	5.3	5.3	0

＊ 2014年为不完全统计。

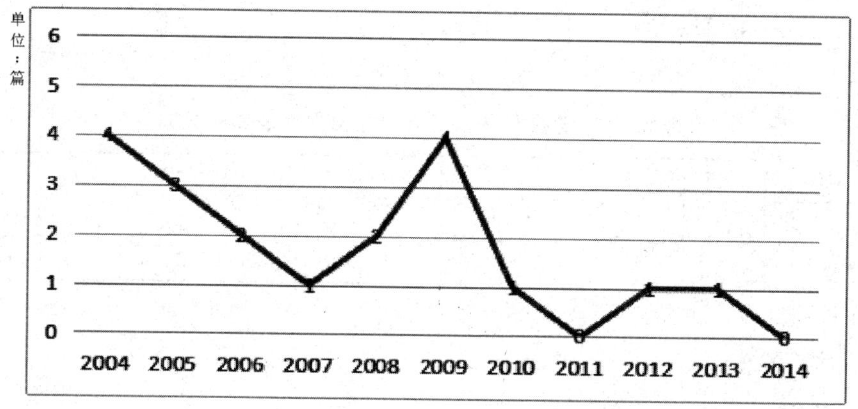

图3—4　2004—2014年泛在图书馆外文研究论文发表量

由表3—8和图3—4可以看出，关于泛在图书馆研究的外文论文从数量来看，年度差异不明显。

3. 对作者提供的关键词进行词频统计

表3—9　国内泛在图书馆研究论文关键词及频次排名

关键词	频次	关键词	频次
泛在知识环境	132	图书馆服务	23
泛在图书馆	114	知识服务	22
图书馆	90	服务模式	21

续表

高校图书馆	74	学科馆员	20
数字图书馆	60	泛在信息环境	18
泛在化服务	35	学科服务	17
泛在服务	34	移动图书馆	16
信息服务	31		
其他关键词，如泛在环境、嵌入式服务、嵌入式学科服务、泛在网络、泛在、泛在智能、云计算、信息资源建设、手机图书馆、泛在学习、移动信息服务等			

注：表中的频次分别为同列关键词的总频次。

从表3—9可以看出，国内泛在图书馆研究论文中出现频次较多的关键词有“泛在知识环境”“泛在图书馆”“图书馆”“高校图书馆”“泛在化服务”“泛在服务”“信息服务”“图书馆服务”“知识服务”等。可见，国内关于泛在图书馆的研究相对较多，重点关注泛在知识环境下的泛在图书馆研究，对泛在图书馆的概念、特点以及技术和理念的阐释，图书馆泛在化服务模式的归纳和总结，泛在图书馆发展应用体系的构建，泛在知识环境下图书馆信息资源建设策略，泛在图书馆环境下移动信息服务策略，学科馆员在泛在图书馆发展中的技能培养以及影响泛在图书馆应用的关键性问题等方面。

表3—10 国外泛在图书馆研究论文关键词及频次排名

关键词	频次	关键词	频次
泛在图书馆	6	泛在计算	2
移动设备	5	泛在智能	2
信息服务	2	残疾人	2
传感器	2	空间	1
RFID	2	下一代数字图书馆	1
其他关键词，如泛在、图书馆、图书馆用户、信息系统、图书归还、多线性等			

注：表中的频次分别为同列关键词的总频次。

从表3—10可以看出，国外泛在图书馆研究论文中出现频次较多的关键词有“泛在图书馆”“移动设备”“泛在计算”“信息服务”等。可见，国外关于泛在图书馆的研究重点关注泛在图书馆，RFID、传感器、移动设备、泛在计算等技术研究，以及对残疾人的使用支持研究等方面。

二、泛在信息社会的研究机构及研究项目

从文献调研，可以了解主要国家和地区关于泛在信息社会研究的基本情况，现归纳出研究机构及研究项目。

（一）日本

The Ministry of Internet Affairs and Communications（简称 MIC）是主要的研究支持机构和政策制定者，教学框架及标准制定由文部科学省（The Ministry of Education，Culture，Sports，Science and Technology，简称 MEXT）和国土交通省（The Ministry of Land，Infrastructure and Transport）支持。在大学里，开展有关泛在信息社会研究的有东京大学（The University of Tokyo）、东京理科大学（Tokyo University of Science）、庆应义塾大学（Keio University）、九州工业大学（Kyushu Institute of Technology）、东京电机大学（Tokyo Denki University）和早稻田大学（Waseda University）。代表性的研究项目是 Yaoyorozu Project，由 MEXT 支持进行，主要研究目标是为在 2010 年实现泛在信息社会提出理想的系统架构和核心技术。

（二）美国

美国关于泛在信息社会的研究大部分是在大学进行，如加州大学伯克利分校、斯坦福大学、康奈尔大学、卡耐基·梅隆大学、耶鲁大学和哈佛大学，这些大学也是在政府的大力支持下开展相关研究。最大的赞助基金会是美国国防部高级研究计划局（Defense Advanced Research Projects Agency，简称 DARPA）。许多大型公司也进行相关研究，自主研究或是和其他公司、大学合作研究。这些公司包括微软、IBM、Xerox、惠普、英特尔、摩托罗拉、思科等。其中，代表性的有 Smart Matter 项目、Oxygen 项目等。

（三）欧洲

欧洲主要的泛在信息社会研究项目都由欧盟委员会（European Commission）赞助。欧盟成员国的一些产业界、大学参与了泛在信息社会的研究，但至今最大的支持机构仍是欧盟委员会。欧洲最大的四个项目 PISA、PRIME、FIDIS、GUIDE 都有固定的预算支持和合作伙伴，他们在隐私方面的研究主要关注改善隐私保护的技术和认证管理方面。瑞士技术联盟委员会（The Swiss Federal Institute of Technology）的 Living in a Smart Environment 项目，由戴姆勒奔驰基金会（Gottlieb Daimler and Karl Benz Foundation）支持，构建了几个情境来呈现未来信息社会的不同形态，包括购物生活和工作（日程秘书功能和信息分享功能）、医院（实现医院各类资源的控制和安排）、交通和旅行（汽车导航和火车信息服务）、弱势群体支持等。

在检索到的相关文献中，有文章专门介绍和研究了瑞士的 Living in a Smart Environment 项目和日本的 Yaoyorozu Project 项目，后者四个项目小组的研究成果较多。

三、研究主题与研究趋势

（一）关于泛在信息社会的研究主题

根据调研，相关的文献研究主题主要涉及几个方面：①泛在信息社会的概念、特征；②泛在信息社会的远景展望；③泛在信息技术；④泛在信息社会在具体领域中的实践；⑤泛在信息社会发展中存在的问题。

关于泛在信息社会的概念与特征，目前尚未有一个权威的定义，学者们的描述各有侧重、互为补充，基本勾勒出泛在信息社会的图景。2006年，亚太地区城市信息化论坛第六届年会在中国上海召开，主题为“消除数字鸿沟：创新·和谐·发展”。日立信息通信集团总裁筱本学先生在此次论坛上以“城市信息化及‘泛在信息社会’的到来”为题发表了主题演讲，阐述了日立为城市信息化发展所描绘的“泛在信息社会”前景。日本学者 M. Funabashi 指出，未来我们将会被无处不具有传感、交流和计算能力的智能设备所包围。在现实世界和虚拟世界相结合方面将会远远超过目前的移动信息社会，这种情况就是所谓的泛在信息社会。[①] 泛在信息社会特征的核心就在于“泛在”，指网络服务无所不在、无所不包、无所不能，帮助人类实现“4A”化通信，即在任何时间（Anytime）、任何地点（Anywhere）、任何人（Anyone）、任何物（Anything）都能顺畅地通信。

在支持具体泛在服务的技术研究方面，法国学者 Pilar Manzanares-Lopez 等分析了泛在信息技术 RFID 在供应链物流中的应用，以及 EPCglobal（国际物品编码协会 EAN 和美国统一代码委员会的一个合资公司）如何利用 RFID 技术实现对供应链中物品的高效定位和追踪。[②] 日本学者 Susumu Konno 等认为，如果社区居民的情境意识已经形成，地区性的信息会成为其中最有价值的信息之一。他们指出，一个新颖的信息系统被称为地区性泛在信息系统（Regional Ubiquitous Information System，简称 RUIS），这个系统可以从网络上获得并储存地区性信息，实现私人信息保护的安全机制，并且给社区居民提供符合其生活情境的信息。RUIS 是一种信息基础设施，一个平台。服务提供商可以基于这个平台开发各种应用，并且不用过多考虑应用的安全问题，因为 RUIS 里已经有用户信息的保护机制，应用不会涉及用户个人信息。应用这个系统可以实现儿童的智能看护、打折信息通知等功能。目前，这个系统的原型正在进行评测。[③] 中国台湾地区学者 Tak-Goa Tsuei 等详细介绍了基于 JAIN（Java APIs for Integrated Networks）平台的一个组件式泛在信息系统，系统可以实现无缝发射和实时交流。系统中大量的泛在服务模块被识别，包括位置管理、漫游、移动 IP 和 WAP 网络。系统能够实现在移动端和其他各类泛在信息

---

① Funabashi M.，Homma K.，Sasaki T.，“Goal and Research Architecture of the Yaoyorozu Project Designing Ubiquitous Information Society in 2010”，*SICE Annual Conference in Sapporo*，August 4－6，2004，pp. 2578－2583.

② Pilar Manzanares-Lopez，Juan Pedro Mun-oz-Gea，Josemaria Malgosa-Sanahuja，et al，“An Efficient Distributed Discovery Service for EPC Global Network in Nested Package Scenarios”，*Journal of Network and Computer Applications*，2011，pp. 925－937.

③ Susumu Konno，Kazuhide Koide，Shigeru Fujita，“RUIS：Development of Regional Ubiquitous Information System and Its Applications：Towards a Universal Ubiquitous Information Society”，*UIC*，2006，pp. 200－208.

服务端的转换。[①]

此外，日本学者还对泛在网络技术的效率进行了评估，运用宏观经济学的可计算全部均衡模型（Computable General Equilibrium Model）来评价泛在网络技术的进步对日本在碳排放方面的影响。作者的研究指出，泛在网络技术的发展随着阶段的不同带来的主要影响包括增加了电力需求、提高能源效率以及促进了产业结构的转型，并且预测泛在技术的大规模发展，即到2010年时，日本的碳排放量会因此减少2.8%。[②]

在其他主题研究方面，2012年，秦殿启就泛在信息社会下公民的信息素养教育进行了探索[③]；2011年，美国学者 Jill P. Woelfer 和 David G. Hendry 研究了在特殊社区（无家可归的年轻人所在的社区）实现泛在计算、信息泛在化的可行性[④]；2009年，日本学者 Masayuki Murata 提出了继泛在信息社会之后的未来信息环境的概念，并分析了如何建立未来的信息环境[⑤]。此外，田静的《泛在信息社会中的声学》和埃及学者 Raghda Fouad 等发表的 Exploring a Hybrid of Geospatial Semantic Information in Ubiquitous Computing Environments 分别对泛在信息社会下的声学和地理空间语义信息进行了研究。

（二）关于泛在图书馆的研究主题

关于泛在图书馆的研究，主要集中在以下方面：①泛在图书馆的概念、特征；②泛在图书馆的技术；③泛在图书馆的信息资源建设；④泛在图书馆的用户服务。

---

① Tak-Goa Tsuei，Chih-Yang Sung，“Ubiquitous Information Services with JAIN Platform”，*Mobile Networks and Applications*，2003（8），pp. 655—662.

② Mitsutaka Matsumoto，Junko Hamano，Tetsuya Tamura，et al，“Impacts of Ubiquitous Technology Advances on Energy Consumption in Japan”，*Electrical Engineering in Japan*，2007，161（3），pp. 22—29.

③ 秦殿启：《泛在信息社会研究综述》，《现代情报》2012年第32卷第6期。

④ Jill Palzkill Woelfer，David G. Hendry，“Designing Ubiquitous Information Systems for a Community of Homeless Young People：Precaution and a Way Forward”，*Pers Ubiquit Computer*，2011，15，pp. 565—573.

⑤ Masayuki Murata，“Towards Establishing Network Environment”，*IEICE TRANSCOMMUN*，2009（4），pp. 1070—1076.

关于图书馆的概念与特征，美国、韩国、德国等学者均有代表的观点与见解。具体在第五章第一节中介绍。

泛在图书馆的实现技术包括高速的信息获取网络、RFID技术、传感器技术以及协作的图书馆网络系统。美国的LiLi Li提到了泛在图书馆的最佳技术解决方案，包括直接购买世界领先数据商的先进技术，利用现有成熟的计算机技术和万维网技术去构建基于网络的图书馆分布式信息系统，和世界领先的行业先锋合作开发最先进的泛在数字图书馆项目。但是由于资金和技术支持的限制，大多学术和公共图书馆可能更多会采用前两种方案去构建自身独特的分布式图书馆系统。[①] 国内研究中，陈清文等认为泛在图书馆信息系统要包括四个部分：图书馆业务信息处理系统，外围图书馆设备信息处理系统，智能信息处理设备和移动信息处理设备。[②] 具体实践中，比较典型的有中国科学院国家科学图书馆的“随意通”，他们通过与科技公司合作开发了这套软件，解决了科研人员远程访问的问题[③]；马来西亚根据自身实际情况，提出了包括泛在图书馆门户、图书馆信息资源、图书馆管理系统、RFID系统、信息投递服务及电子支付网关基础设施等的泛在图书馆模型[④]；韩国的LG数字有声读物图书馆（LG Digital Talking Book Library）是为无法阅读印本读物的视障读者而设计的泛在图书馆，它通过基于NFC技术设计的移动电话就能够利用图书馆系统和信息服务，而且不需要复杂的连接程序和用户认证。[⑤] 吴燕、张志强分析了泛在智能对图书馆未来发展的影响，预测了图书馆未来的发展趋向，认为知识服务是未来图书馆的核心服务之一。[⑥]

---

① LiLi Li, Building the Ubiquitous Library in the 21st Century, World Library and Information Congress: 72nd IFLA General Conference and Council, 2006, pp. 1—13.

② 陈清文、黄田青：《泛在图书馆初探》，《图书馆工作与研究》2008年第8期。

③ 任宁宁：《泛在图书馆与社科院图书馆的服务创新》，《情报资料工作》2012年第4期。

④ 欧阳剑：《马来西亚泛在图书馆的理念与实践及对我国的启示》，《情报资料工作》2012年第5期。

⑤ 夏亚云：《面向视障读者的泛在图书馆——LG Sangnam图书馆研究》，《图书馆理论与实践》2011年第10期。

⑥ 吴燕、张志强：《泛在智能与图书馆的未来发展》，《情报科学》2007年第1期。

泛在图书馆中，信息资源建设与用户服务将日渐融合。有关研究文献中，国内的研究成果较多，覆盖面较广，不仅包括服务理念的探讨，也包括服务模式的研究，涉及基于云计算的服务、利用社交网络的服务、移动服务、学科服务、对特殊人群的服务、阅读推广服务等方面。而国外的研究很少，仅韩国和美国的学者对泛在图书馆服务进行了相关研究，他们的研究主要关注泛在图书馆对弱势群体的服务。

总的来说，关于泛在图书馆的研究，国内研究较多、范围较广，且理论研究居多、实践层面的研究较少；而国外研究虽少，但比较偏重实践方面的研究，特别是泛在图书馆为特殊群体服务方面的研究。由于泛在图书馆的实现需要一个长期的过程，不可能一蹴而就，因此随着泛在图书馆的发展，特别是泛在技术的不断出现和进步，关于泛在图书馆的研究将会越来越深入，研究内容也会越来越丰富，研究成果将日趋成熟。

（三）泛在信息社会研究的未来趋势

从文献调研的整体情况来看，关于泛在信息社会研究的未来趋势，主要体现在以下几个方面：

1. 着力解决泛在信息社会发展中存在的问题

泛在信息社会在积极发展的过程中，也带来了许多问题和负面影响，主要集中在数据、用户信息安全和用户隐私保护方面，并侧重于解决问题。同时，也有学者关注健康、安全、环境及手机管理等方面的问题。可以看出，不少学者在技术飞速发展的形势下，逐渐回归到关注人和社会本身。

2. 更加关注应用领域的研究

应用领域包括电子政府、智慧城市、智能交通、远程医疗、智能医护等方面。相关的研究越来越丰富，有关的学术研究将更加深入。

3. 关于技术的研究依然是研究重点

技术引领未来社会的发展，现有对泛在信息社会和泛在图书馆的研究，基本都离不开对技术的研究和应用。关于泛在技术的创新应用、新技术对泛在信息社会和泛在图书馆的影响的文章不断涌现，社会的发展进步将促使业界持续关注泛在技术的研究。

4. 跨学科的趋势将越发明显

泛在信息社会的实现和发展涉及人文社会科学和自然科学的众多领域，要深入和系统地研究泛在信息社会，需要不同学科间的学者和工作人员共同合作，因此未来研究将呈现交叉学科研究、跨学科研究的趋势。

第二节 泛在信息社会的概念、特征与要素

信息化最初以数字化为主要特征，随后把网络化作为主要目标，未来的发展方向是智能化。数字化包括数据、文字、图片、语音、视频等的数字化，以及在此基础上发展出各种各样的信息采集、处理、存储、传播和利用的计算机信息系统。网络化通过计算机联网和数据通信的发展，把数字化的威力无限放大，由局域走向广域、全球，由固定走向移动。智能化充分发挥计算机和网络潜能的高层次的追求，由人与人的联网走向人与物、物与物的联网，将信息技术以“随风潜入夜”之势，达“润物细无声”之效，并借此开启“泛在信息社会”时代。

人们曾无数次想象自己生活在一个智能化的环境里，早晨醒来睁开眼睛，智能衣柜便会根据室外温度为你挑选合适的衣服；当你洗刷完毕，厨房电器已经做好丰盛的早餐；出门后，室内的卫生会被自动清理……在第13届高交会上，一个智能家居体验馆从百姓生活的角度诠释了物联网的智能和特色。这个智能家居系统以住宅为基础平台，综合了建筑装饰、网络通信、智能家电、设备自动化等技术，打造了一个全新的高端现代化家居生活模式。如此，在不久的将来，人们只要手握一个全数字触摸屏家庭移动智能主机，便可自由地控制各个房间的灯光、家电、门窗，即使不在家中，人们利用电话或网络也可以控制家中任意电灯的开关、电子锁，甚至为留守家中的宠物狗点播音乐。

信息技术日新月异，互联网技术在世界各地广泛应用并取得了卓越的成果，积累了宝贵的经验，社会信息化的浪潮正不断冲击并改变着人们的

工作方式和生活习惯。越来越多的人，尤其是数字原生代们开始依赖网络。由于网络覆盖的全面、高效和智能，用户可利用周围普遍存在的网络设备进行信息内容的自由存取，随时随地利用手机、电子书阅读器、平板电脑、网络电视等各种智能设备来查找、获取和利用信息。在当今的网络时代，人与人的通信已逐渐趋于饱和，但人与物的通信、物与物的通信空间无限。通信终端通过传感器延伸到各种物体，这将为未来的业务经营开辟新的蓝海，推动社会生产和生活方式的新一轮变革。仅是人机交互已经不能满足当前人们对网络的需求，物联网的出现和不断发展，使物与物之间、物与人之间、人与人之间随时随地地交流与合作成为未来信息社会的主旨，信息服务将扩展到教育、智能建筑、供应链、医疗健康、日常生活、灾害管理、安全服务、运输等行业，并为人们提供更好的服务，让人们享受信息通信的便利，让信息通信改变人们的生活，更好地服务于人们的生活。①

2012 年 3 月，为加快推进我国下一代互联网发展，国家发展改革委、工业和信息化部、教育部、科学技术部、中国科学院、中国工程院、国家自然科学基金会研究制定了《关于下一代互联网“十二五”发展建设的意见》，根据我国互联网发展现状和面临的形势，提出下一代互联网网络用户规模与技术应用发展路线，加强网络基础设施建设，不断进行理论与技术创新，研发信息资源足够丰富、设施先进、节能泛在、安全可信的互联网技术产品。② 互联网泛在化时代开始一步步走进并不断深入人们的生活。

一、泛在信息社会的概念

“泛在”一词来源于英文“ubiquitous”，是由日本东京大学坂村健教授和美国施乐公司首席科学家 Mark Weiser 最早提出的，其含义是“普遍

① 钱小聪：《当泛在网真正泛在》，《中国电信业》2010 年第 8 期。

② 《关于下一代互联网“十二五”发展建设的意见》，2012 年 3 月 31 日，见 http://www.miit.gov.cn/n11293472/n11293832/n11294042/n12876231/14772106.html。

存在，无所不在（Existing Everywhere）”，核心思想是信息技术将以不为人们所觉察的方式融入人们的日常生活，即在任何时候、任何情况下都可通过无线通信达到互联的状态，不仅包括人与人之间，还有人与物、物与物之间。目标是要“建立一个多语言、多媒体、移动的、语义的网络环境，来推动信息服务的发展和变革”。在这个环境中，高度发达的计算机和网络技术将渗入人类生活的方方面面，为人们营造出一个随时随地、无限沟通的自由世界。[①] 而后，1991 年，Mark Weiser 在《21 世纪的计算》一文中提出了“泛在计算”的概念，他指出，泛在计算又称普适计算，未来的全新信息社会应该是任何人（Anyone）无论何时（Anytime）、何地（Anywhere）都可通过合适的终端设备与网络进行连接以获取任何个性化信息和服务（Anything）[②]，即信息处理嵌入用户生活空间的交互计算设备中，协同而不可见地为用户提供信息通信服务，计算机本身可以从用户的视线中消失，让用户注意的中心回归到完成的任务本身，构建超越传统桌面计算的人机交互新模式，以其超级的环境感知、内容感知和智能性享受现代信息技术带来的便利。通信技术、信息技术、RFID 等新技术日渐成熟，一种能够实现人与人、人与物，甚至物与物之间直接沟通的泛在网络（Ubiquitous Network）架构——U 网络正日渐清晰[③]，即任何人、任何设施可在任何时间、任何地点通过无所不在的网络对任何可利用的内容进行使用和传播。泛在网络不是一种短暂的潮流，而是信息社会发展到现在的必然趋势。

在这之后，这个概念在国际范围内得到了广泛关注和运用。2004 年，日本提出 U-Japan 计划，目标是力争在 2010 年把日本建设成为全球范围的信息通信技术（Information Communication Technology，简称 ICT）最先进的国家，希望通过此计划使日本成为未来全球信息社会发展的先锋楷

---

① 黄丽霞、陈新昕：《泛在信息环境下数字出版经营模式发展研究》，《出版发行研究》2013 年第 1 期。

② Mark Weiser，“The Computer for 21st Century”，*Scientific American*，1991（9），pp. 94—104.

③ 单美贤：《泛在信息社会的概念溯源及基本特征》，《贵州社会科学》2013 年第 2 期。

模和标准。韩国也在2004年提出了U-Korea战略，目标是在2012年通过构建世界最先进的物联网基础设施，打造未来广播通信融合领域超一流的国家。美国将IBM提出的基于物联网的“智慧地球”计划提升至国家战略。欧盟提出的环境感知智能（Ambient Intelligence）、北美的普适计算（Pervasive Computing）也取得很大成果。全球范围内，一个充满计算和通信的环境正在被建立并逐渐与人们融合在一起①，这也正是ICT社会发展的最高目标。

综上所述，泛在信息社会是利用各种新型网络技术与智能化、移动化工具，实现人与物、物与物之间的无缝互联和识别，使任何人都可以随时随地地获取无所不在的信息及服务的开放、智慧化的信息社会形态。作为信息社会的更高发展阶段，泛在信息社会让信息技术成为人们日常生活中不可或缺的一部分，无时无刻、随时随地地服务于人们的各种需求。泛在信息环境具有泛在性、智能性和隐蔽性的特点。泛在性包括两层含义：一是通过泛在智能网络及通信技术的无缝链接，使用户可随时随地利用周围任何普遍存在的网络设备（如电脑、电视、平板电脑、手机、电子书阅读器等）访问所需要的信息或获取所需要的服务，接收或发送信息、知识和命令，而不受时空限制；二是人们周围普遍存在着许许多多内部互联的嵌入式系统，被各种智能的和直观的界面包围。智能性是指能通过人的行为自学习判断人的意图，并通过自我调整来做出相应反应以适应和满足人的需求。隐蔽性是指泛在环境具备灵敏的“洞察力”，能够识别人的存在、人的状态变化、需求变化以及环境变化，并且通过一种无缝的、隐蔽的、常常是不可见的方式对人的需求做出响应。②

随着移动手机服务、无线标签和传感器网络、生物传感器等技术的出现，泛在化服务改变着人们的生活方式，信息与网络成为人们的生活必需品，在泛在化的信息社会中，人们需要向数字化居民转变，每一个人都需

---

① 贺正娟：《泛在网络研究综述》，《电脑知识与技术》2010年第6卷第32期。

② 黄丽霞、陈新昕：《泛在信息环境下数字出版经营模式发展研究》，《出版发行研究》2013年第1期。

要具备随时随地都可以利用信息和信息挖掘工具来获取所需信息并创造新价值的能力。[①] 这对信息服务提出了更高的要求，移动信息服务、个性化信息服务、信息服务网格、流媒体信息服务等服务方式面临新的挑战，同时网络基础设施的建设也成为当前重要的任务。首先，建立无所不在的基础网络是泛在化的保障。在泛在化网络体系构架下，无论使用者是在计算机前、房间里，还是在超市或者在乘车，都能通过便利的方式连入网络。“无所不在的网络”在固定宽带接入的基础上加入无线和移动功能，为用户提供完善、丰富的接入手段，使网络能够随时随地被用户使用。其次，设计无所不在的终端平台是泛在化的需求。在泛在信息社会里，终端是用户与网络交互的直接界面，用户需求与活动的多变性要求终端必须智能化，并且形态多样、功能丰富、携带方便。同时，开发无所不在的网络应用是泛在化的重点。

在数字化越来越普遍的网络时代，地球村似乎已被海量的信息充斥得拥挤不堪，人们需要一个能够随时随地相互交流、相互沟通、共同参与的互动平台。不管他们身处何方，都可以持续地直接地从服务器或是从对等网络中获取各种形式的信息（包括文字、图片、视频、音频等），进行及时的在线学习或通信交流。为满足越来越多的用户无所不在的信息需求，未来的信息社会必须要实现网络空间、信息空间和物理空间的无缝连接，实现软硬件、系统应用、终端和信息内容与形式的高度整合。网络、信息、技术与实体都将走向泛在化，而信息服务也随之更趋于个性化和主动化，网络应用是泛在信息社会中用户各种行为的最终目的，这些应用对于企业能够提高生产效率、对于群众能够提高生活品质。[②]

二、泛在信息社会的基本要素

简单来讲，信息社会的发展经历着 E 社会（Electronic Society）和 U

① 娄长春、杨慧、马丽娟等：《基于泛在信息社会/环境的数字参考咨询服务》，《现代情报》2010 年第 30 卷第 5 期。

② 夏竞辉：《网络融合：揭幕 U 时代》，《中国电信业》2007 年第 9 期。

社会（Ubiquitous Society）两个阶段。在E社会中，实现的是人与人之间的“三A”通信（Anyone，Anytime，Anywhere）；而U社会则是一个“人—机—物”组成的动态开放的网络社会，实现人类社会、信息世界、物理世界的“四A”通信（Anyone，Anytime，Anywhere，Anything）。[①]由此，人、智能互联环境、移动与智能、信息服务、大数据、信息技术成为泛在信息社会的基本要素。

（一）人

人，依然是泛在信息社会的核心要素。各种系统、功能和服务都是由人的需求进行驱动和设计。各国智慧城市建设如火如荼，智慧城市系统化的结构的PSF评估模型中字母P代表People-Oriented，很好地阐释了以人为本的思想理念；2014年3月李克强在政府工作报告中也指出“推进以人为核心的新型城镇化”；在2014年10月召开的以“IT服务化、服务IT化——大数据时代的服务价值重塑”为主题的IT服务年会上，富士通（中国）信息系统有限公司代表围绕政策动向、市场带来的机会以及云服务、大数据等新兴业态，提出要建设以人为本的智能社会。[②]以人为本的理念早已成为信息社会发展的核心理念，是社会发展的智慧之源。泛在信息社会仍坚持以人为本，在未来社会建设中重视个性化需求和服务，打造更加人性化、智慧化的信息社会，培养思想开放、创新能力强、信息素养高的智慧型人才。

泛在信息社会中的人，已经适应网络化、移动化的社会环境，都将可以独立使用智能化网络设备完成信息服务，如信息检索与获取、在线学习与交流、网络服务与交易等。而未来社会的各基础设施建设和服务创新会更加关注人的需求，网络成为人们生活的一部分，社会服务更加主动、更加个性。

---

① 单美贤：《泛在信息社会的概念溯源及基本特征》，《贵州社会科学》2013年第2期。

② 《云与大数据打造“以人为本的智能社会”》，2014年10月24日，见http：//storage. zdnet. com. cn/stor-age/2014/1024/3037180. shtml。

（二）泛在互联环境

泛在互联环境是泛在信息社会的基础设施。网络互联与覆盖环境是泛在信息社会的基础条件。互联网技术与传感识别等技术是泛在互联环境的技术支撑。以“互联互通、共享共治”为主题的首届世界互联网大会于2014年11月在我国浙江乌镇召开。目前，乌镇景区已经Wi-Fi全覆盖，实现“二维码”手机扫描全自动化检票流程，游客在使用互联网或手机等任意一种新模式购票后，即可通过手机上的二维码功能扫描进入景区[①]，体验智慧旅游。北京植物园中多种植物也带有二维码标签，游客使用手机扫描标签二维码后，即可利用互联网了解该植物的详情介绍。4G网络的茁壮成长，带来更佳的网络体验与服务创新，无时无处不在且无所不能的泛在宽带与无线网络时代即将到来。

（三）移动与智能

移动与智能是泛在信息社会的两大特征。移动互联网作为网络大军的后起之秀，实现了互联网世界端到端、人与人的信息传递，引发了由“人随网走”到“网随人动”的网络变革[②]，网络更新换代迅速似“忽如一夜春风来”，推动着智能化发展“千树万树梨花开”。移动网的发展与完善，使各种移动智能化终端不断变革与创新，各种智能应用不断拓展，智能化可穿戴设备受到欢迎，更多应用程序可自主选择，逐渐做到人们通信、互联不掉线，人们可随时利用碎片时间使用网络，选择喜爱的智能终端和个性化服务。

泛在信息社会中，移动化与智能化的应用将更加普遍和明显，各种移动网络技术与智能化技术应用已经悄然渗透到人们的日常生活中。超市使用泛在网络实现商品泛在服务与管理，利用RFID设备等传感技术将商品植入芯片后，在互联网的联结下实现信息互联与自动识别，使商品会“说

---

① 《乌镇免费Wi-Fi将永久全覆盖 轻松“码”上游乌镇》，2014年11月13日，见http://www.zj.xinhuanet.com/newscenter/focus/2014-11/13/c_1113224818.htm。

② 官建文：《移动互联网的今天与明天》，2014年7月14日，见http://news.sina.com.cn/m/2014-07-14/180230517665.shtml。

话”、会“思考”、会“行动”，从而进行智慧“交流”。人们可以通过网络或手机随时了解商品的位置、保质期等信息，超市可以及时对即将过期的商品开展促销活动，并可通过网络将优惠信息推送给需要该商品的消费者，使人取所需、物尽其值，以减少资源浪费。[①] 移动智能改变生活成为人们对当今社会的评价和感触。

（四）大数据

大数据是泛在信息社会的基本组成粒子。在信息时代，各种统计数据、交易数据、交互数据和传感数据正源源不断地在各行各业中迅速生成，全球数据的增长速度之快前所未有，数据的类型也变得越来越多。海量的信息纷繁复杂，充斥着网络，大数据已渗透到互联网、经济、医学、物理等众多学科行业，其数量庞大、种类繁多，越来越成为人们获取信息的困扰。在这种数据密集型的信息时代，数据成为资产，蕴含着前所未有的社会价值和商业价值，发展潜力十分巨大。

数据对决策者的意义主要表现在三个方面：一是早期预警，二是实时感知，三是实时反馈。早期预警就是早期检测数字设备、服务、用户行业中的异常，可以在时间上快速响应危机。实时感知就是数据可以很细粒度地描绘现实情况，有助于制定行动计划和政策。实时反馈就是数据具有实时监测能力，可及时了解政策和行动计划的失效性，并做出必要的防护。[②] 如何对海量相关数据进行收集与分析，更贴近用户，更理解用户，最终发现对用户有用的信息并为其提供更适当的服务，成为泛在信息社会的一大挑战。

伴随着网络的快速发展和移动终端的不断增多，如何在大数据中挖掘用户的信息需求变得至关重要。在零售领域，对大数据的分析可以使零售商实时掌握市场动态并迅速做出应对。在互联网领域，对大数据的分析可

---

① 《泛在网络实现泛在服务》，2014 年 6 月 17 日，见 http：//news.163.com/14/0617/04/9UTOUDR900014AED.html。

② 孙会峰：《大数据向我们走来》，2013 年 4 月 17 日，见 http：//tech.ccidnet.com/art/32963/20130417/4872853_1.html。

以为商家制定更加精准有效的营销策略、提供决策支持。在公共事业领域，结合各种数据的分析和挖掘可以提高公共管理的效率。淘宝网的成功运作就是一个很好的证明。马云对买家大量的使用和购买习惯的数据进行统计和分析，从而发现买家的消费需求与消费水平，及时为其提供商品推送服务，甚至最终开发了支付宝、余额宝等互联网金融产品，在互联网商务竞争中独树一帜。在另一领域，爱奇艺通过数据分析，2013 年将其 PC 客户端全面改版，在首页根据用户的不同兴趣爱好，向不同的用户推荐因人而异的个性化视频内容。[①] 大数据的背后隐藏着巨大的商机，发现这些数据并加以利用，是泛在信息社会需要研究的课题之一。

泛在信息社会中，信息技术，如 RFID、传感技术、计算技术、纳米技术、生物技术、网络技术、软件技术以及智能技术等的迅速崛起，使网络的应用涉及电力、环境、安全、减灾、石油、气象、煤炭、金融、食品、旅游、农牧林渔等各行各业，网络资源的有效利用、网络安全与隐私保护、服务质量等都需要进行有效的监督，充分保护每一位用户的利益。[②] 因此，海量数据的分析和管理也变得越来越重要。如果没有健全的信息安全保障系统，我们必将面临严峻的信息安全风险。泛在信息社会在面对个人隐私权、信息存取权、知识产权等法律问题，网络欺骗、信息传播、网络沉迷、手机依赖、责任归属等社会问题时，要形成一定的网络规范来维护良好的网络秩序。规范的对象从人到物、从服务行业到整个社会，网络从分布、融合到协同，涉及产业、行业、技术和应用的变革。

（五）信息服务

信息服务是泛在信息社会的直接体现。泛在信息服务是通过广泛存在的多元化的信息网络和终端为用户提供信息服务，充分利用宽带、无线等网络，使包括计算机在内的所有电子终端（计算机、手机、PDA、游戏

---

① 《大数据下的个性化服务如何落地?》，2011 年 12 月 3 日，见 http：//shizhangqiang. baijia. baidu. com/article/27651。

② 佚名：《日立信息通信集团总裁发表演讲提出新理念》，2006 年 10 月 23 日，见 http：//tech. sina. com. cn/roll/2006-10-23/1653133947. shtml。

机、数字电视机、信息家电、RFID标签以及传感器等信息设备）及物品都处于可随时连接互联网的环境之中，任何人可以在任何地方、任何时刻利用各种终端（电脑、电视、手机等）通过有线或无线/移动网络接入信息服务网络获取所需的任何信息服务。在泛在信息环境下，人工智能系统主动地去感知用户及其周围环境的变化，自主地汇聚用户的各类信息，动态整合更新用户的个性化需求，从而实现动态跟踪、分析、预测用户的行为，为用户提供按需的个性化信息服务。

从技术角度看，泛在信息服务主要有：①网络。泛在信息服务包括有线网络信息服务和无线/移动网络信息服务。随着互联网向移动互联网的演进、迁移，泛在信息服务将会更多地基于各种无线、移动互联网开展。②终端。泛在信息服务覆盖所有的数字化终端，各种屏幕的终端或异步或同步提供信息服务，形成各类跨屏幕、多屏幕信息服务。③云计算等。云计算技术扩展了数字网络的存储、处理和服务能力，形成了各种云服务；数据挖掘等信息处理技术不断推进信息服务的智能化。

从内容角度看，泛在信息服务主要有：①多媒体数字化融合。各种传统信息服务在向数字化转型，各种新兴数字信息服务的生产、存储、加工、传播技术都基于数字网络。②大数据。信息化向社会经济各方面、大众日常生活的渗透，形成了越来越多的巨量数据集，各行各业的信息服务主体需对大数据进行挖掘，从中发现有价值的信息。③知识服务。信息服务将逐渐从以信息组织与服务为主，向以知识组织与服务为主演变。知识开放获取日渐受到欢迎。

从用户角度看，泛在信息服务不仅表现为无处不在的信息网络，更是以用户为中心将服务嵌入用户的工作与生活过程中的无处不在的综合信息环境。泛在信息服务是以用户为中心，由用户需求与行为特征驱动的服务。

从服务策略角度看，泛在信息服务主要有：①即时服务。泛在信息服务是24小时即时服务，用户即需即得。②基于位置的服务。泛在信息服务是情境感知服务，能自动感知用户所在的空间、环境，智能提供与位置相关的信息服务。③嵌入式服务。泛在信息服务将信息服务嵌入搜索、社区、门户等各种虚拟信息空间和办公室、家中、户外等日常生活空间。④个性化服务。泛在信息服务是能够根据用户的不同信息需求与信息行为特征提供个性化信息的智能服务。⑤社区化服务。泛在信息服务是用户可以借助各种信息化平台交流、互动、分享信息的社区化服务。⑥多元协同服务。泛在信息服务是多元服务主体、多元信息内容、多元信息技术平台、多元服务方式等相互协同的信息服务。⑦收费服务与免费服务。收费与免费服务将并存。其中，免费、公益的公众信息服务成为常态。

随着未来数字网络信息技术的发展，泛在信息服务也将不断进步、完善，变得更加便利、智能、普及，逐步形成全方位、全天候、开放性、多格式、多语种、全球化、周到快捷的信息服务。

（六）信息技术

信息技术是泛在信息社发展的动力源泉。先进技术的使用将给泛在信息社会带来全方位的变革和冲击。二维码、RFID、WSN、泛在网、云计算与人工智能等技术的蓬勃发展，为泛在信息社会稳步前进提供了强大助力。

作为移动通信的产物，集编码及自动识别技术为一体的二维码技术，成为证明产品唯一身份识别的一个利器，是当今信息技术最实用的成果之一，引领人们的生活进入下一个信息时代，在泛在信息社会的发展过程中将起到举足轻重的作用。

RFID是目前比较先进的一种非接触识别技术，也是泛在信息社会的核心技术、基础技术和支撑技术。RFID用于自动跟踪人和物（对象）的标识，通过计算机互联网实现物品的自动识别和信息的互联与共享，以实现智能化识别、定位、跟踪、监控和管理。RFID已经成为引发以物流与流通领域为代表的诸多行业发展过程中新一轮革命性变革的“触发器”和“催化剂”。

WSN是“U社会”里的一种新的社会基础设施，将客观世界的物理信息同传输网络连接在一起，在下一代网络中将为人们提供最直接、最有效、最真实的信息，通过协同实现异构无线网络技术的有机结合，以实现真正自组织、自适应的泛在智能服务。WSN 能够获取客观物理信息，具有十分广阔的应用前景，已经引起了许多国家学术界和工业界的高度重视。WSN 技术的发展，有效地拉动了相关的计算机技术、通信技术、电子技术等领域的发展。

泛在网概念的提出将对信息社会产生革命性的变革，泛在网的形成是对传统网络潜力的挖掘和网络效能的提升，从观念、技术、应用到设施、网络、软件等各个方面都将产生巨大的变化。规范的目标从人到物、从服务行业到整个社会，网络从分布、融合到协同，涉及产业、行业、技术和应用的变革。泛在网并不是要完全重新构建一个全新的网络，而更强调各种网络能力和资源的协同与共享，特别是在现有网络基础上，根据人类生活和社会发展的需求，增加和拓展相应的网络能力、服务和新的应用。

云计算为泛在信息社会发展提供了一个非常好的基础设施。这个基础设施使实现无处不在的服务变得更加容易，基于云计算的服务也具有更加稳定的可用性。有了云计算，广大用户无需自购软、硬件，无需将自己的软、硬件系统交给他人托管，甚至无需知道是谁提供的服务，而只关注自己真正需要什么资源或者得到什么服务，在节省成本的同时，也大大加速了企业和个人更快更好地融入泛在信息社会，成为其中的服务消费者，同时也是服务构建者。这对整个泛在信息社会而言，确实是一个很大的进步，整个社会的效率也在搭乘信息化快车变得更容易的条件下得到很大提高。

基于人工智能系统为人类社会创造了非常可观的经济效益，人工智能系统随着计算机硬件的计算能力和存储能力的飞速发展，已经变得越来越低廉，深入到人们生活的各个方面，包括应用于很多方面的专家系统、智能家电、智能手机和高危作业机器人；人工智能系统对人类社会的影响，主要体现在劳务就业问题、社会分工问题和相关法律问题等方面；人工智能在文化方面也将会有越来越大的影响，主要体现在人类文化知识、人类语言和文化生活等方面。

三、泛在信息社会的特征

泛在的概念已经在移动电话技术的发展中得到广泛应用，并在一定程度上运用于宽带互联网领域，一个超越人与人、人与物的巨大的、无处不在的通信网络即将形成，即物联网。在2005年的“ITU互联网报告”中提到，在未来的信息社会中，互联网将会把日常生活中的任何对象都联系在这个物联网中。[①] 在2006年10月18日至19日召开的亚太地区城市信息化论坛第六届年会上，日立信息通信集团总裁筱本学先生发表“城市信息化及‘泛在信息社会’的到来”主题演讲，阐述了信息社会受信息技术、宽带技术等的影响，并且在信息设施、软硬件系统的不断完善下，信息社会将逐渐过渡到“泛在信息社会”，利用IT“无论在何时何地所有人都能够安全、安心地使用信息”。[②]

这个庞大的网络世界无所不包、无所不能，在发展过程中不断与新技术融合，吸收新业务和新应用，大大地提高网络服务和应用的智能性，使所有的对象都可在这个物联网中被感知，将服务和应用覆盖到人与人、人与物，甚至物与物的通信中。其核心思想是建立一个多语言、多媒体、移动的、语义的网络环境，将信息技术以不为人们所察觉的方式融入人们的日常生活，渗入人类生活的方方面面，即在任何时候、任何情况下都可通过无线通信达到互联的状态，为人们营造出一个随时随地、无限沟通的自由世界。

归纳、提炼钱小聪、单美贤、吴功宜等人的观点[③④⑤]，泛在信息社会主要包括以下六个方面的特征：

---

① Ubiquitous Network Society, December 4, 2006, http://www.itu.int/WORLD2006/forum/socicty.pdf.

② 佚名：《日立提出“泛在信息社会”新理念》，《电信科学》2006年第22卷第11期。

③ 钱小聪：《当泛在网真正泛在》，《中国电信业》2010年第8期。

④ 单美贤：《泛在信息社会的概念溯源及基本特征》，《贵州社会科学》2013年第2期。

⑤ 吴功宜：《智慧的物联网——感知中国和世界的技术》，机械工业出版社2010年版，第36页。

（1）对象泛在化。泛在信息社会中必然存在泛在的对象。泛在，即无所不在，因此泛在化的通信对象可以包括任何事物，不仅人与人之间可以随时随地地通信交流，甚至人与各种各样的设备和终端都可以通过网络彼此连接，任何地方的任何信息都可以随时被传递到全球的网络中并被获取和利用，以实现全球信息传递和共享。泛在化的社会，是一个事事皆信息、物物全对象、时时都联通的交互的信息化社会，让人无论身在何地，都有置身在社会大群体之中的感觉。

（2）网络与技术泛在化。技术的发展使网络更加发达，技术更加先进，网络覆盖更加广泛。对于网络系统而言，泛在，意味着网络和设备的多元化和通信方式的广泛性。泛在网络的最终实现是建立在计算机、互联网、信息领域技术上的不断积累和创新，社会发展和生活观念的转变以及人们对其认同和接纳的基础之上。网络技术的突飞猛进，突现了大量的新网络与新技术，如电信网、互联网、物联网以及各种专网，接入技术涵盖移动接入技术、固定宽带接入技术及包括传感器网络和 RFID 在内的近距离通信技术等，都是网络泛在化的生力军。泛在网络是无处不在的网络，但它不应该被用来简单地代表某个具体的物理网络，而应该是一个信息环境，一个随时、随地、任何人都可以上网的环境。在这个环境中，计算机与互联网技术强调“以人为本”的思想，主张技术服务应该迎合人们的日常习惯，将技术嵌入人们的日常工作中，人们甚至意识不到网络的存在，却能够随时随地（如在家中、办公室、户外场所或交通工具上等）地通过适合的终端设备（如个人电脑、手机、数字电视等各种数字设备）上网并享受服务。总之，运用各种先进技术，使泛在网络信息服务永远不掉线。

根据人们对可用性、易用性、舒适性、智能性和创造性生活的追求，在人们日常生活的各种环境和场景中广泛部署智能设备，通过信息技术使“泛在”自然而然地融入人们的生活，与已有的互联网技术结合，实现移动、无缝、透明和泛在的技术应用和服务。泛在技术为人们深层次地了解和掌握世界，超越现实、实现自由而全面发展提供了前所未有的条件和手段，使人们能够随时随地无障碍地获得信息服务，这正是泛在信息社会里技术的含金量和其价值的具体体现。

（3）信息泛在化。信息是信息社会的关键所在，将事物本身的信息以及与之相关的状态、位置、类型等属性信息进行关联，使各种信息能够更加方便地被用户获取和利用。在泛在信息社会里，人们通过对事物的信息化达成共识，使之符号化、数字化，并对这些信息存储、加工和处理，使人与人、人与物，甚至物与物之间融合为一个有机的可被很好地理解的信息系统。泛在网络连接物理空间中和人类活动相关所有的人、物、组织、机构等，同时涉及这些活动的所有环节，并且这种连接在时间上是即时的、动态的和连续的。泛在信息服务是泛在网络的基础上，采用泛在计算等方法对这些存储加工的信息数据进行采集、处理、分析和输出，以使信息及其服务能够及时高效、“无所不在”并“透明”①。数字化不断发展的今天，科技也没有停止前进的脚步，各种信息技术的发展使得信息呈现爆炸式增长，并以飓风的气势铺天盖地席卷而来，信息的泛在化已是数字信息时代的大势所趋。各种传感器技术应运而生，为用户提供事物本身的信息，并探测、存储、处理与事物相关的位置、状态、环境等各种信息，使网络化的各种事物关联在一起，以使任何人在任何地方都能通过网络获取所需要的任何信息。

（4）服务泛在化。泛在信息社会环境下，人们的信息需求日益增加，要为用户提供全方位、更全面的个性化信息服务，就要求泛在化的网络和业务系统具有超强的环境感知能力和智能性，能够在与用户的连接与交互过程中随时对用户的个性化需求进行主动感知和解读，将信息传送并处理后，最终将用户所期待的结果反馈给用户，为个人和社会提供无处不在、无所不能的信息服务和应用。在技术的发展与推动下，泛在应用与服务将逐渐融入人们日常生活的方方面面。

信息泛在化与网络泛在化，固网、移动网、智能终端等泛在的信息化基础设施建设的日益完善，移动视频、手机游戏、移动电子商务、微媒体

---

① 单美贤：《泛在信息社会的概念溯源及基本特征》，《贵州社会科学》2013年第2期。

等新兴应用与服务的丰富和创新，“信息消费”在各行业领域越来越普遍，并已成为经济发展的重要推动力。泛在信息社会不仅突出物与物间的互联，更强调对事物信息进行实时、动态的信息控制与信息服务，实现人与物、物与物的互联，使人类对客观世界能够更透彻地感知，具有更全面的认识能力，更智慧的处理事务的能力。[①] 在泛在信息社会中，信息环境趋于多元化，用户需求更倾向于知识的获取与管理，以图书馆为例，随着泛在计算技术的应用，泛在化服务正悄然兴起并改变着传统图书馆的信息服务模式，将传统的图书馆信息服务从被动式服务逐渐引入主动服务环境中，并将服务延伸到任何时间与任何地点，使用户更加方便快捷地获取图书馆的服务。[②]

（5）学习泛在化。泛在学习，广义上讲，即学习本身、学习的发生与学习资源是泛在的，即无处不在的。狭义的泛在学习，指泛在计算技术支持下的学习，构建一个泛在学习平台或环境。[③] 泛在学习环境就是任何人都可以根据他们自身的需求，利用各种各样的设备或工具来获取他们需要的信息，是一种无处不在的、自然的、易于接近和使用的学习环境。这为全民学习创造了良好的基础条件。这种泛在学习网络系统，以通信网络作为基础，进行最底层的数据传输，以资源网络构建学习内容网，由有着共同学习兴趣和内容的群体构成人际网络，社会认知网络则是聚集所有用户认知的智慧网络。[④] 内层网络与外层网络相互支撑，图 3－5 为泛在学习网络系统的结构。

MOOC 是基于互联网技术，在网络上为学习者提供内容丰富的免费网络课程，打破了传统的班级人数限制，人们可以在此平台上自由获取学

① 吴功宜：《智慧的物联网——感知中国和世界的技术》，机械工业出版社 2010 年版，第 36 页。

② 刘小景：《泛在图书馆理念下的图书馆移动信息服务研究》，《图书与情报》2011 年第 4 期。

③ 李卢一、郑燕林：《泛在学习环境的概念模型》，《中国电化教育》2006 年第 12 期。

④ 余胜泉、杨现民、程罡：《泛在学习环境中的学习资源设计与共享——“学习元”的理念与结构》，《开放教育研究》2009 年第 1 期。

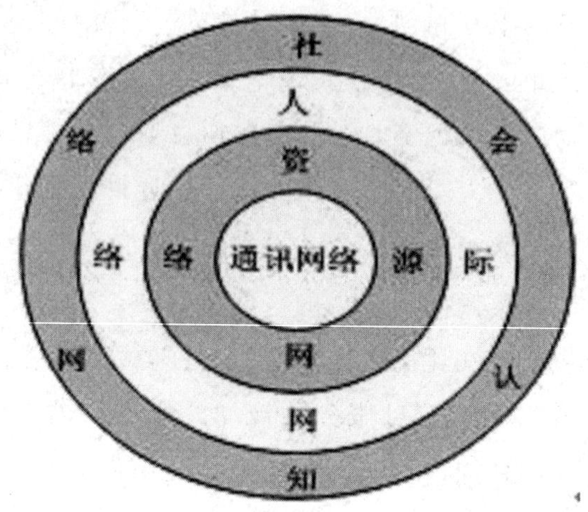

图 3—5 泛在学习网络系统的结构

图片来源：余胜泉、杨现民、程罡：《泛在学习环境中的学习资源设计与共享——“学习元”的理念与结构》，《开放教育研究》2009 年第 1 期。

习资源，也可以进行合作互动、测验考试，这种课程模式为远程教育与开放教育提供方便。[①] 目前，国内外多所高校已与 Udacity 或 Coursera 平台合作，打造 MOOC 创新项目，建立更多学习平台，力求使学习社会化与泛在化。我国继香港中文大学加入 Coursera 平台后，清华大学也加盟了 edX，开展在线教育。

图书馆要在这种泛在学习环境中构建个性化学习空间，使学生从教室正式课堂走向非正式的课外学习。利用技术创新现有的教与学模式，学生们可以组成小组合作空间，配合多种学习工具和网络知识库，进行交流演示，完成学习任务。

（6）应用泛在化。随着网络的普及和移动终端的应用，泛在化信息社会将在人们的生活、工作、教育等方面产生巨大的影响。有些可穿戴设备已经不再只是人们美好的想象，它们已经被设计并投入生产，走向商业

① 《大型开放式网络课程》，2011 年 12 月 3 日，见 http://baike.so.com/doc/7035337.html。

化。2011年成功上市的智能化儿童监控医疗设备“育儿宝”是全球首款可穿戴医用级智能体温计，通过蓝牙接入手机APP，就可以轻松掌控儿童健康晴雨表。2012年发布的谷歌眼镜，不仅可以拍照、视频、导航，还可随时接入互联网，实现上网冲浪、处理文字信息和电子邮件等功能，自发布以来不断升级,努力实现全方位人机交互。2014年小米推出小米手环[①]，外形简单，可以记录佩戴者的步数、行走距离以及相应消耗的卡路里，并可自动识别睡眠信息，记录睡眠时间。小米手环具有震动提醒功能，可设置闹钟，提醒未知来电，可以绑定微信进行社交活动，绑定手机APP便可实现个性化定制功能，可以分享相关的运动数据。解锁Android 4.4版MIUI的小米手机是该款小米手环的最大亮点。到目前为止，泛在应用大致体现在轨迹跟踪、社会安全、远程诊断/控制、工业自动化、智能家居/建筑、环境探测、健康医疗、电子销售等方面。

第三节 泛在信息社会的战略规划与发展现状

一、美国“智慧地球”计划和发展现状

（一）美国IT技术和IT产业的发展脉络

从20世纪80年代末开始，IT技术一直是美国科技推动经济发展的动力。美国在世界上最早认识到计算机和IT技术的重要性，其投资占全世界计算机业总投资的40%，按人口平均对信息技术的投入是欧洲的2倍、世界平均水平的8倍，劳动者人均计算机占有量是欧洲、日本的5倍。[②] 从第一台电子管计算机在美国问世，到后来半导体晶体管、大规模集成电路、个人计算机（PC）直到互联网（Internet）的广泛应用，计算机工业（硬件和软件）的不断发展标志着信息技术的进步。与此同时，IT

① 《可穿戴小米手环体验评测 低售价高性价比》，2014年7月28日，见http://wearable.hiapk.com/news/140728/1529383_2.html。

② 李在文：《美国信息技术的发展及其对政府的影响》，《测绘通报》1999年第2期。

技术的进步又推动了IT产业的发展。20世纪90年代后期以来，美国IT产业明显从传统的硬件和软件业向主要基于互联网的信息服务产业倾斜。据估计，现代信息产业已占美国国内生产总值的20%以上，跃居美国头号产业。信息服务产业的快速发展，也大大增强了美国经济增长的后劲。

美国政府的积极支持对IT技术和IT产业的发展起到了推波助澜的作用。1993年，克林顿政府颁布《国家信息基础设施行动计划》（National Information Infrastructure，简称NII），也称"信息高速公路"，计划20年投资4000亿美元至5000亿美元，用光缆和软硬件设备及网络体系把美国所有的政府机构、学校、公司、医院、图书馆等不同机构及每个家庭连接起来，建立一个由通信网络、计算机、数据库以及电子产品组成的高速信息网络，为全美国人迅速准确地提供各种信息服务，预计在2000年创造35000亿美元的经济效益，确保美国在未来信息时代中的竞争优势。1994年，美国政府进而提出了《全球信息基础设施行动计划》（Global Information Infrastructure，简称GII），目标是通过卫星通信和电信光缆连通全球网络，建设世界范围的"信息高速公路"。实施NII计划和GII计划之后，美国IT产业已位居世界前列，具有很强的竞争力。1997年初，由副总统戈尔领导的电子商务工作小组提出《全球电子商务框架文件》（A Framework for Global Electronic Commerce），号召各国政府鼓动和帮助企业发展互联网商业应用。到2000年，美国"信息高速公路"计划使现有的劳动生产率提高20%—40%，全球IT产业收入达10万亿美元。[①] 目前，美国从事IT产业的人数已经超过第一和第二产业。从中我们可以看到，谁在未来IT产业的竞争中处于领先地位，谁就会在未来世界经济大格局中占据优势和主动。

（二）美国"智慧地球"计划

2009年1月28日，美国工商业领袖举行了一次"圆桌会议"，IBM首席执行官彭明盛首次提出"智慧的地球"（Smarter Planet）这一概念，

① 曾云：《美国信息产业的发展状况及其对经济增长的贡献》，《通信世界》2000年。

声称世界已进入全球一体化和智慧地球时代，并阐明了短期和长期的战略计划，建议新政府投资新一代的智慧型基础设施。奥巴马对此给予了积极回应，“经济刺激资金将会投入到宽带网络等新兴技术中去，这就是美国在21世纪保持和夺回竞争优势的方式”①。之后不久，奥巴马签署了经济刺激计划，批准投资110亿美元推进智慧电网、190亿美元推进智慧医疗、72亿美元推进美国宽带网络的建设。

“智慧地球”计划被认为是挽救危机、振兴经济、确立美国在未来竞争优势的关键所在，标志着美国进入泛在信息社会建设的新阶段。其产生背景总结为三个因素：

第一，经济因素。近年来，信息技术的爆炸式发展已进入瓶颈期，随着IT产业规模的不断扩大和从业人数的不断增加，出现了明显的投资超过需求的IT产能过剩现象，全球信息产业增长乏力，同时2008年的金融危机使得全世界迫切希望在经济低迷期找到新的增长点，也使得信息产业面临更加严峻的挑战。而政府继续重视信息技术，认为信息产业仍然是经济增长的主要动力，智慧型应用的信息产业将成为经济开拓的新增长点。

第二，社会因素。当前全球面临着多方面的挑战，如环境危机、能源危机、老龄化问题等，都不同程度地影响着国际经济和政治的发展。作为产业界对这些战略需求的重要响应，IBM认为当今世界的许多重大问题都能以更加“智慧”的方式解决，因此从信息领域革新的角度提出了“智慧地球”的方案计划。

第三，信息技术和信息产业因素。随着超级计算机、无线接入、传感技术、“云计算”等划时代信息技术的诞生以及互联网络普及程度的快速提高，互联网与物质世界的加速融合，标志着信息技术向经济和社会领域渗透、融合和应用的能力不断提高，也为信息技术和信息产业带来新的机遇和发展空间。同时，从信息产业内部结构来看，以信息技术为核心的现代服务业早已

---

① 《奥巴马政府：从互联网时代到物联网时代》，2009年9月1日，见 http://www.cnw.com.cn/network-wlan/htm2009/20090901_181469.shtml。

取代了信息产品和零部件制造业，以服务带动制造、以制造延伸服务，成为全球信息产业价值链的主体以至全球经济平稳增长的重要驱动力。

（三）美国“智慧地球”解读

1. 内涵及特征

在IBM官方网站及所提供的《欢迎进入下一个智慧的十年》（Welcome to the Decade of Smart）计划书中，可以看到IBM的“智慧地球”计划是IBM对于如何运用先进的信息技术来改善商业运作和公共服务，从而构建一个新的世界运行模型的愿景。[①] 该计划是要把新一代IT技术充分运用到各行各业，把感应器嵌入和装备到全球各个角落的电网、铁路、桥梁、公路、家电、商品等各种物体中，并且相互连接形成“物联网”，通过超级计算机、云计算、无线传输、传感等信息技术再将物联网整合起来，使人类能够以更加精细和动态的方式管理生产和生活，实现全球的“智慧”状态，真正形成“互联网＋物联网＝智慧的地球”。其本质是将物理基础设施（机场、公路、建筑物等）和IT基础设施（数据中心、个人电脑、宽带等）统一成智慧基础设施。

从“智慧地球”的内涵可以看出，所描述的未来信息化社会发展的三个基本特征。[②] 第一，更透彻的感知（The world is becoming instrumented），世界正在向仪器/工具化方向演变，任何活动或过程都可以被衡量、被更好地理解、模仿和改进，产生有价值的新见解。第二，更全面的互联互通（The world is becoming interconnected），世界正在向互联化方向演变，通过连接整个系统而获得整个价值链的集体智能，世界变得高度自我调节、优化和高效。第三，更深入的智能化（All things are becoming intelligent），所有事物正在向智能化演变，在这个由智能设备组成的世界中获得的每项洞察力可产生更高的价值。简言之，“仪器/工具化”、

---

① IBM官方网站，2012年8月15日，见http：//www.ibm.com/smarterplanet/us/en/overview/ideas/index.html。

② 李爱国、李战宝：《“智慧地球”的战略影响与安全问题》，《计算机安全》2010年第11期。

"互联化"与"智能化"将是全球的发展趋势，也是"智慧地球"概念的三个支柱，合称为"3I"（Instrumented & Interconnected & Intelligent）。

2. "智慧地球"的架构

智慧地球可从以下四个层次来架构：①物联网设备层是智慧地球的神经末梢，包括传感器节点、射频标签、手机、个人电脑、PDA、家电、监控探头。②基础网络支撑层包括 WSN、P2P 网络、网格计算网、云计算网络，是泛在的融合的网络通信技术保障，体现出信息化和工业化的融合。③基础设施网络层包括 Internet 网、无线局域网、移动通信网络。④应用层包括各类面向视频、音频、集群调度、数据采集的应用。

3. "智慧地球"是已有信息技术的有机组合

仔细理解"智慧地球"计划，会发现其中并没有包含新的技术内容，而是对未来互联网技术的整合，但解决方案具有战略智慧。其 3I 概念，是对世界上已提出的未来信息技术概念的另一种说法。"更透彻的感知"对应于"环境智能"（Ambient Intelligence），"环境智能"是 1999 年欧盟提出的一个概念，指的是将先进的传感器和传动器嵌入到人们生活的环境中，创造一个能感知人们需要的生存空间，帮助解决日常生活和工作中的繁琐杂务。[①]"更全面的互联互通"对应于"物联网"，"物联网"是 1999 年美国麻省理工 Auto-ID 中心创意的概念，是指把所有物品通过 RFID 等信息传感设备与互联网连接起来，实现智能化识别和管理。[②] 2005 年 11 月 17 日，在突尼斯召开的 WSIS 上，联合国宣称："我们正进入一个计算无所不在的新时代，互联网的用户将数以几十亿计，人类可能成为生产和交换信息的少数族群，互联网带来的变化与日常生活物体之间联网所造成的变化相比，将相形见绌。"在这次大会上，ITU 发布了《ITU 互联网报告 2005：物联网》，指出："无所不在的'物联网'时代即将来临，世界上所有的物体从轮胎到牙刷、从房屋到纸巾都可以通过互联网主动进行交

① 李爱国、李战宝：《"智慧地球"的战略影响与安全问题》，《计算机安全》2010 年第 11 期。

② 《物联网》，2012 年 8 月 15 日，见 http：//baike. baidu. com/view/1136308. htm。

换信息。RFID、传感器技术、纳米技术、智能嵌入技术将得到更加广泛的应用。”“更深入的智能化”对应于“服务互联网”（Internet of Services），由总部设在德国的世界最大的企业服务软件公司SAP提出，是指大量互联起来的IT服务，在服务提供商、消费者、集成商和经纪人等组成的全球网络中，以一种新的方式来提供、使用和组织建立在IT之上的各种功能，如电子商务和云计算等。“服务互联网”进一步的趋势是形成基础设施服务（如存储、物联、定位、媒体、灾备等），管理服务（如安全、可信、身份识别、互通等）和业务服务（如办公、数据挖掘、商务、政务、金融等）。从以上对比可以看出，“智慧地球”的3I概念是忽略技术细节而面向整体的解决方案，体现了宏观战略的高度。

（四）美国“智慧地球”的具体应用

一个“智慧的地球”是什么呢？在IBM官方网站，目前已经推出了能源、交通、食品、基础设施、零售、情报、经济刺激、银行、电信、石油、医疗、城市、水利、公共安全、建筑、工作场所、铁路、产品、教育、政府以及云计算等解决方案①，它是指在上述主题范围内建设智慧互联、信息即时共享与优化利用的信息化社会。随着“智慧地球”计划的逐步开展，美国及其他国家的多个城市已经开始试点。部分领域的具体应用主要有：

1. 智慧的基础设施（Intelligent Infrastructure）

目前的情况是，服务器的使用平均很少有超过其能力和容量的6%。一些机构中，大约有30%的服务器根本就没有使用，这些服务器只是消耗能量并占据昂贵的数据中心空间。IBM的预期目标是服务器、存储介质、个人机、软件以及互联网的快速普及。根据IDC的预计，在未来的三年，数据量和网络带宽将有望增大十倍。数以千亿计的智能物件（传感器、摄像机、汽车、海运集装箱、智能器物、RFID标签等）都可以相互

① IBM官方网站，2012年8月15日，见http：//www.ibm.com/smarterplanet/us/en/overview/ideas/index.html。

连接起来。IBM提出的措施是消费者、员工、病人和居民通过各种装置设施，在任何地方以高度灵活的方式相互联系与沟通；对这些由此产生巨量的数据进行实时分析并发现其中的隐含意义与关系。达到的效果是重新改造21世纪的IT基础设施，使其更有效、动态性更强、更加简单以及成本更低。基于面向服务的软件技术，企业可以开拓新的商务服务。虚拟化可以帮助企业重新改造其数据中心，削减服务器占据数据中心空间的70%—80%。

2. 智慧的能源/电力（Intelligent Energy）

美国能源部研究显示，由于电网效率低下而造成的电能损失高达总电能的67%。[①] IBM的预期目标是消费者能够管理电力使用，自主选择污染最小的能源，以提高能源使用效率并保护环境；保障电力供应商有稳定的供应能力，减少电网内部浪费。据IBM估算，这样的改变能使每户最多减少25%的能源花费。[②] IBM的行动方案是电网及时知道和解决电力故障；预先感应可能发生的设备故障；根据所需迅速对发电量进行调整；管理老化设备的使用负荷。在华盛顿，试点的智慧电网项目可以帮助消费者节省大约10%的费用，并且可以减少15%的峰值用电负荷。[③]

3. 智慧的医疗（Intelligent Healthcare）

在美国，据估计每年出现220万起由于写处方导致的配药错误。IBM的预期目标是解决医疗费用过高、医疗机构效率低、缺乏高质量的病患看护等医疗系统中的主要问题。据估计电子医疗记录每年可以帮助防止10万人因为医疗失误而死亡。[④] IBM提出的措施是经授权的医生可以翻查病历、病史、治疗措施和保险，患者也可以自主选择更换医生或医院；整合并共享医疗信息和记录，构建一个专业综合的医疗网络；实时感知、处理和分析重大医疗事件，并快速有效做出响应；支持乡镇医院和社区医院连

① 王志乐主编：《2009年跨国公司中国报告》，中国经济出版社2009年版。

② 郭树涵：《新产业革命：智慧地球产业链》，《封面报道》2011年第6期。

③ 武岳山：《“智慧地球”概念的内涵浅析（二）》，《物联网技术》2011年第7期。

④ 雷震洲：《解读“智慧地球”》，《电信网技术》2010年第1期。

接到中心医院，以获取专家建议。IBM正在帮助主动医疗网（Active Care Network）监控美国38个州的1.2万多家诊所，为超过200万病人提供注射液、疫苗及其他药品的适当运输网络。主动医疗网采用IBM软件降低治疗费用高达90%，降低病人、诊所应用费用达60%。[①]

4. 智慧的城市（Intelligent City）

到2050年，城市人口将占世界人口总数的70%，每年地球增加的城市人口相当于7个纽约的人口。空前的城市化发展，让城市的领导们感受到和面临迫切的挑战。IBM的"智慧城市"是从信息化技术发展方向上提出的口号，它看到的是构建广泛的智能化应用网络所需的设备（如节点设备、传感器等）价格大幅下降及网络基础设施的完善，为城市的智能网络应用创造了成熟条件。IBM相信智能网络应用系统会成为城市建设的一种潮流。IBM的预期目标是解决城市基础设施（商用和民用）不完善、城市治理和管理系统效率低、紧急事件响应不到位等主要问题。IBM提出的行动方案是能够实时了解和部署资源应对城市突发事件；民众可远程访问一站式政府服务，并实现在线办理；更好地监控，有效地预防犯罪和开展调查；通过收集、分析数据，如客流和货运，有效规划公共服务；实现政府各部门之间以及与其他机构的高效协作；减少交通拥堵、减少污染、降低时间浪费，提供更完善的社会服务。在纽约，公共安全部门的官员不仅可以处理犯罪和应急响应，而且可以帮助预防犯罪与紧急事件。在阿尔伯克基市（美国新墨西哥州中部大城市），城市管理者的办公效率已经提高了20倍。在迈阿密（美国佛罗里达州东南部港口城市）的学校官员已建起了一个透明的数据管理系统，可对学生、家长和教育工作者提供帮助，以便于提高学生的学习成绩。[②]

5. 智慧的交通（Intelligent Transportation）

按时间（42亿小时）和燃油（29亿加仑）浪费计算，美国交通堵塞

---

① 《IBM"智慧地球"狂想还是生意经?》，2012年8月15日，见http://www.webspherechina.net/?viewnews—3310。

② 武岳山：《"智慧地球"概念的内涵浅析（四）》，《物联网技术》2011年第9期。

每年造成的损失高达780亿美元。纽约在交通高峰时，平均40%—45%的车辆在寻找停车位。[①] 仅在洛杉矶市一个小商业区内，轿车寻找停车位的车程加起来相当于38次环球旅行，同时消耗47000加仑汽油，排放730吨二氧化碳。[②] IBM的预期目标是采取措施缓解超负荷运转的交通运输基础设施面临的压力，减少拥堵，减少污染排放，保护环境。其具体行动方案是降低碳和各种污染物排放、减少能源消耗；利用移动通信提供最佳路线和一次性支付交通费用；检测道路危险并及时通知相关部门；实时进行联网的交通数据分析和预测；将公共交通车辆和私家车整合到一个数据库，以便持续地进行数据分析和建模。在瑞典的斯德哥尔摩，进出城市的动态车辆自动收费系统使交通拥堵减少了20%，缩短等待时间25%，减少排放12%。在新加坡，由道路传感器实时采集的数据送入控制中心的模型中预测未来的交通情况已达到90%的准确性。[③]

6. 智慧的供应链（Intelligent Supply Chain）

在美国，低效的供应链使得消费产品和零售业每年损失400亿美元，相当于销售额的3.5%。[④] IBM的预期目标是解决由于交通运输、存储和分销系统效率低而造成物流成本高、备货时间长等问题。IBM提出的措施是能充分利用资源，平衡成本、质量、服务和时间之间的关系，实现整个供应链的可视性和跨价值链协作和智能分析；通过标尺和仪表板提供关于过去、当前和未来趋势的分析，并在供应链中实时传达，准确及时满足客户需求。据IBM的CIO Mark J. Hennessy介绍，IBM在自身的核心业务流程、供应链等中应用了“智慧的地球”相关的技术，使得IBM节省了40亿美元。[⑤]

---

① 雷震洲：《解读“智慧地球”》，《电信网技术》2010年第1期。

② 王志乐主编：《2009年跨国公司中国报告》，中国经济出版社2009年版。

③ 武岳山：《“智慧地球”概念的内涵浅析（二）》，《物联网技术》2011年第7期。

④ 雷震洲：《解读“智慧地球”》，《电信网技术》2010年第1期。

⑤ 《IBM Mark Hennessy：如何帮助企业转型》，2011年2月25日，见http://www.e800.com.cn/articles/2011/0225/479018.shtml。

7. 智慧的银行业（Intelligent Banking）

美国次贷危机的部分原因是银行的现有系统无法处理随着抵押债权证券化、融资和交易而形成的错综复杂的、无法得知和管理的风险敞口。IBM的预期目标是提高银行在国际市场的竞争力，减轻风险，提高稳定性，进而支持大企业、小公司和个体经营。其措施是后台流程被集中进行远程处理；持续开发新产品和新流程，提高竞争力；通过社会网络了解客户，更好地管理风险；实时连接客户并实现客户自助服务，或提供一站式服务，满足客户需求。“智慧金融系统”成为可能的案例是近期每天交易额达10万亿美元的全球货币市场系统。①

8. 智慧的水（Intelligent Water）

美国有大约53000个水务机构，每个机构仅管理一小段河流或几个水库，水资源管理处于低效状态。IBM的预期目标是向所有用水的机构、商业活动、社区和国家提供清洁新鲜的水。IBM的措施是监视、测量整个水资源生态系统；收集和分析复杂水系产生的海量数据。IBM正在与河流河口灯塔研究所及Clarkson大学创建一个可以支持长达315英里的哈德逊河流域水系（肩负着流域内工业和个人用水的供应）进行实时监测的数据平台。IBM在北美的一家半导体工厂，通过采用综合用水管理解决方案，每年节省的费用超过300万美元。②

（五）美国“智慧地球”的影响

在过去的几十年中，高度发达的IT产业给美国经济注入了巨大的活力。在服务业领域，美国的竞争力高于其他西方国家50%，在目前全球IT技术和IT产品贸易额中美国占三分之一。因此，我们可以预想推行“智慧地球”计划，开启了美国泛在信息社会建设的新阶段，这将不仅深刻影响和改变美国人的生活、工作和相互沟通的方式，而且有助于其在信息时代保持长久的竞争力。

---

① 王志乐主编：《2009年跨国公司中国报告》，中国经济出版社2009年版。

② 武岳山：《“智慧地球”概念的内涵浅析（四）》，《物联网技术》2011年第9期。

第一，基础设施的投入与建设提高美国的信息化水平。信息建设指数是根据与信息相关的社会基础建设、通信建设以及电脑普及率等三大方面，来衡量国家信息化发展水平。“智慧地球”要求政府投资如铁路、高速公路、电网等基础设施，把感应器嵌入和装备到电网、铁路、桥梁、隧道、公路、建筑、供水系统、大坝、油气管道等各种物体中，并被普遍连接在一起，将“物联网”与互联网整合起来，实现人类社会与物理系统的整合，借助于能力超级强大的中心计算机群和“云计算”技术，对网络内的人员、机器、设备和基础设施实施实时动态的管理和控制，在此基础上，人类可以以更加精细和动态的方式管理生产和生活，达到“智慧”状态，提高资源利用率和生产力水平。

第二，信息技术进步和创新提高美国的信息化水平。“智慧地球”主要涉及“物联化”技术、“互联化”技术、“智能化”技术，在推行“智慧地球”的过程中，对相关硬件设施、互联网性能和安全、强大的存储能力和计算能力等数据挖掘产生了大量需求，并促进了其在实际应用中的快速发展和不断创新。这时，云计算将以其成本优势充分地发挥作用，从而大大加快前进的步伐。IBM 提出“智慧地球”的同时，也推动了物联网讨论的进一步深入，在包括以 RFID 为代表的物品识别技术、传感和传动技术、网络通信技术、数据存储和处理技术、以三网融合为代表的智能物体技术等推动下，物联网不断延展。IBM 认为，IT 产业下一阶段的任务是把新一代 IT 技术充分运用到各行各业之中，就是把感应器嵌入和装备到各种物体中，实现普遍连接，由此形成的物联网会使美国信息化水平达到新的高度。

“智慧地球”的影响还表现在做到了节能环保，“智慧的电网”提高了用电效率，减少了不必要的发电，“智慧的交通”减轻了能源消耗，利用智能系统控制了高能耗高污染行业，如钢铁、石油、煤炭、建材、制造等，实现准确跟踪监控，减少了污染物的排放。创造了大量工作机会，“智慧地球”实施过程中涉及众多行业，如电子、通信、IT、咨询等，因此带来了大量的岗位机会，如目前华盛顿正在形成的用在数字化电网以及相关替代能源与汽车工业方面的投资计划促使产生了25万个就业岗位。[①]帮助企业提高竞争力，“智慧的供应链”和“智慧的贸易”实施了全面、实时地掌控采购、库存、销售等环节，避免浪费和降低成本。智能的系统对流程化、简单化的决策进行了自行分析，将管理者从繁琐的事务中解放出来，使他们有更多精力放在提高企业核心竞争力上，还能为企业实现显性知识和隐性知识共享提供新途径。提升了人们的生活质量，实际中很多生活资源分配不均，甚至造成危险，而智能的系统，如交通系统、教育系统、医疗系统等，能够做到指挥交通、协调拥挤、减少时间浪费，让民众更好更快地获得生活所需服务，生活质量有了显著提高。

二、日本“U-Japan”计划和发展现状

（一）日本信息技术发展的脉络

“二战”结束后，日本面对科技、经济均落后于欧美的状况，采取了吸收、引进国外技术的发展战略，并在其后的二十多年里实现了飞跃式的发展。

众所周知，日本是一个国土面积狭小、资源和能源较为有限的国家，因此其经济社会发展不能照搬其他国家资源能源消耗型的模式，必须有所改进。1975年，日本中央大学教授斋滕优发表了《由加工贸易国向技术立国转移》的论文，深刻指出技术进步是一个国家在经济、政治、文化各方面发展的基础。1980年3月，日本通商产业省发表《80年代通产政策设想》，正式提出“技术立国”战略。[②]“技术立国”战略不仅符合当时世界科技革命的发展趋势，而且对资源能源短缺的日本有着“扬长避短”的重要意义。此战略的提出使日本从技术引进转向自主开发的道路，发展重点转向高新技术。其中，信息技术是日本着力发展的重要领域。

其实，早在1963年日本著名学者梅棹忠夫就发表了《信息产业论》

---

① 武岳山：《“智慧地球”概念的内涵浅析（二）》，《物联网技术》2011年第7期。

② 方爱乡：《论日本信息社会的建设与发展》，东北财经大学出版社2009年版，第46页。

的论文，提出未来社会将是以信息产业为中心的社会，在国内引发了一场关于未来社会经济发展的大讨论。“信息产业”“信息化”等概念首先在日本出现，并在20世纪70年代初形成了信息化浪潮。从此，以计算机技术和通信技术为中心的信息技术在日本获得了迅猛发展。20世纪80年代初期，日本开始在大规模集成电路、光导纤维、微型计算机和计算机网络等信息技术领域崛起，经过十年左右的发展，80年代末期已经成为仅次于美国的第二大信息技术强国。NEC、东芝、夏普等著名信息技术企业在半导体、计算机领域获得了世界性的比较优势，在国际信息技术市场上处于领先地位。

然而好景不长，日本经济在随后的十年由于受“泡沫经济”的影响进入了萧条期，在信息技术领域出现了发展乏力的状况。日本的信息技术发展重心偏向计算机的大型化、高速化和半导体芯片等硬件技术，对于刚兴起的以互联网为核心的信息技术动向缺乏应有的重视，失去了发展的先机，被美国超越。由于经济不景气，信息化投资受到影响，日本在原有的优势技术领域也受到了来自美国、韩国的挤压，甚至被他国取代。1999年，日本主要的计算机公司，如NEC、日立、东芝，都出现了亏损，处境艰难。[①] 另外，日本第五代计算机的研制也以失败而告终。

面对经济、社会的不景气现状，日本开始了反思。在20世纪末以前，日本信息技术的发展偏重于信息技术设备制造，即对硬件的关注，如超大规模集成电路存储器、半导体存储器、液晶显示、数字家电等。信息技术发展的策略是先引进、吸收，再加以改进，这在发展初期追赶先进国家是十分有效的。然而，当日本积累相当的优势后，这种策略便失去了效用，尤其在新兴技术领域容易陷于被动地位。例如，20世纪末，美国、欧洲各国都在积极建设国家信息基础设施，而日本由于采取模仿引进战略，进展比较缓慢，互联网普及率在发达国家中处于较低水平。所以，日本在信

① 池建新等：《日本信息通信政策分析及对中国的启示》，科学出版社第2010年版，第16页。

息技术领域必须谋求先发优势，而谋求先发优势必须形成自身独特的信息技术成长环境。日本之前经济成功的经验表明，只有建立与国家工业社会相适应的社会基础结构，经济才能取得辉煌成就，那么在信息社会，信息与知识成为经济增长的核心要素，因此，必须尽快建立起与知识创造型社会相适应的社会基础结构。2000 年 5 月 9 日，日本经济界团体联合会向日本政府提出制定 IT 立国战略的建议。同年 7 月 22 日，冲绳八国首脑会议发表了《全球信息社会冲绳宪章》，认为 IT 技术革命正在迅速成为世界经济增长的重要动力。此次会议为日本 IT 立国战略提供了契机，日本于次年正式成立了“高度信息网络社会推进本部”（IT 战略本部），负责 IT 立国战略的实施。从此，日本才真正开始泛在信息社会的建设。

（二）日本泛在信息社会的政策制定

日本泛在信息社会的建设突出表现为政府主导、分阶段实施的信息战略。日本先后颁布的三项重大的国家信息战略是 2001 年的“E-Japan 战略”、2003 年的“E-Japan 战略Ⅱ”和 2004 年的“U-Japan 战略”。

1. “E-Japan 战略”与“E-Japan 战略Ⅱ”

“E-Japan 战略”与“E-Japan 战略Ⅱ”可看作日本建设泛在信息社会的基础性的先行政策。由于互联网的兴起，日本国内对网络服务的需求正迅猛增长，然而信息基础设施及通信质量等方面成为急需解决的突出问题。“E-Japan 战略”是由“IT 战略本部”2001 年 1 月 22 日发布，其中描绘了今后五年日本信息化建设的目标，其核心是为了解决信息基础设施不完善及相关技术研发的问题。具体来讲，“E-Japan 战略”关注了四个领域的发展：第一，建设超高速网络基础设施。在五年内实现超高速（30—100Mbps）接入网，至少实现 3000 万用户加入高速互联网，1000 万用户加入超高速互联网，并保证所有国民能以极低资费接入互联网。第二，电子商务及其新环境的建立。目标是创造出新的电子商务模式，建立完善的法制与市场规则，B2B（Business to Business）的市场规模在 2003 年要达到 70 万亿日元，为 1998 年的 10 倍。第三，电子政府的实现。推进政府各类文件的电子化与无纸化，并通过网络实现信息联机共享。到 2003 年末，实现全部行政手续电子化，通过互联网，做到24小时为公众和企业办理各种行政手续。[①] 第四，信息人才的培养。加强中小学、高中和大学的IT教育，加强全社会信息知识普及教育，增加IT方面的硕士、博士人数，到2005年引进3万名国外优秀人才，以保证高级IT研究人才在数量上超过美国。“E-Japan战略”的目标在2003年提前实现[②]，比原计划早了两年。这可以看出日本政府决策的合理性以及推行力度之大。

“E-Japan战略”为日本建立了发达的信息网络设施，但这些设施的使用还需要进一步加以引导。2003年“IT战略本部”适时通过了“E-Japan战略Ⅱ”，对日本信息化建设的重点和发展方向作了较大调整，以促进信息技术的应用为目标，重点推进信息技术在医疗、食品、生活、中小企业金融、教育、就业和行政7个领域的应用，并提出在5个横向项目（即新一代基础设施、保密、研究开发、人才和国际战略）中，扩大信息技术的高效利用程度。“E-Japan战略Ⅱ”是“E-Japan战略”的逻辑发展，同时作为把信息技术广泛运用于社会的战略，可视作“U-Japan战略”的先声。

2.“U-Japan战略”

（1）制定“U-Japan战略”的原因及过程。

日本经过之前的IT战略，其信息化水平得到了明显的提升，但是与发达国家和地区相比，还存在一定的差距。以宽带的用户数量为例，2003年日本宽带用户有1492万，全国普及率为11.7%，而同期的韩国、中国香港、加拿大都比日本普及率要高，分别达到了23.3%、18.0%和14.7%，日本只名列世界第7位。[③] 而从日本各地区的信息化发展程度看，地区的信息化程度普遍不高，广大农村、山村及偏远地区还需提升其信息化水平。2003年末，日本国内城市宽带网的普及率，其中“政府指定城市、特区、县厅所在地”是34.8%，“其他城市”是22.3%，“町、

① 张新生：《日本信息化建设及启示（二）》，《通信世界》2002年第20期。

② 池建新等：《日本信息通信政策分析及对中国的启示》，科学出版社2010年版，第38页。

③ Ministry of Internal Affairs Communications, Information and Communications in Japan 2005 (summary), December 11, 2005, http: //www. soumu. go. jp/main _ sosiki/joho _ tsusin/eng/whitepaper. html.

村”只有 17.7%。[①] 从这些数据可以看出，日本信息化虽然取得了一定成果，但还有较大的提升空间。

为了消除数字鸿沟、全面建设泛在信息社会，2004 年 3 月日本总务省召开了“实现泛在网络社会政策”恳谈会，并于同年 5 月正式向日本经济财政咨询会议提出“U-Japan 构想”。此构想在 6 月 4 日被日本内阁通过，而且日本总务省在年度 ICT 发展策略中把“U-Japan”作为重点发展项目。2004 年 12 月，经过 36 名成员近 10 个月的工作，历经 27 次研讨，日本总务省发布了“实现泛在网络社会政策座谈会”的最终报告书，列出了“U-Japan 战略”的核心内容，排出了实现泛在网络社会的时间表。

（2）“U-Japan 战略”的愿景。

“U-Japan 战略”设想在 2010 年建设成一个所有人在任何时间、任何地点都能上网并充分享受信息化好处的“无所不在、无时不有的网络社会”，并通过非常方便的网络和低廉的网络资费促进信息交流，把 IT 运用到经济、社会活动的各个方面，用 IT 解决日本社会面临的一系列社会问题。

“U-Japan 构想”提出了“Ubiquitous Network”（泛在网络）的概念。“泛在网络”是指一个 IT 环境，它需要同时满足三个要求：第一，无论在何处使用，无论使用模式是固定的还是移动的、是有线的还是无线的，它都能提供永远在线的宽带接入；第二，不仅能够连接通用的大型计算机和个人电脑，也能连接移动电话、PDA、游戏机、汽车导航系统、数字电视机、信息家电、RFID 标签以及传感器等各种信息设备，这些设备通过 IPv6 协议连接到网络中；第三，能够实现对信息的综合利用，不仅能够处理文本、数据和静态图像，还能够传输动态图像和声音。它能够实现安全的信息交换和商务交易以及用户的个性化需求。[②]

“U-Japan”包含的理念可以用“4U”来概括：Ubiquitous，即连接所

---

① 方爱乡：《论日本信息社会的建设与发展》，东北财经大学出版社 2009 年版，第 128 页。

② 王玮：《浅谈日本 U-Japan 及韩国 U-Korea 战略》，2006 年 10 月 15 日，http://static.chinavisual.com/storage/contents/2006/10/15/15468T20061015002526_1.shtml。

有的人和事物，使任何人在任何时间、地点都能通过任何方式方便地连接到网络，实现人与人、人与物、物与物的信息沟通；Universal，即交流的广泛性，任何人，包括老年人和残疾人，不必担心设备和网络方面的问题，都可利用ICT参加各种社会活动，并且人与人的交流可超越代沟和地域的限制，形成亲密无间的心与心的沟通；User-oriented，即基于用户立场，技术与服务必须紧贴用户的需求，要充分考虑用户而不是提供商的便利性，并且要运用网络的力量让用户参与到产品生产中；Unique，即让个人和社会充满活力，每个人都有梦想，能面对挑战，整个社会摆脱陈规，用创造力来形成社会活力。①

（3）“U-Japan战略”的推动策略及相关措施②。

“U-Japan战略”作为重要IT战略，日本为其制定了系统的、详细的推动策略（见表3—11），在制定策略的基础上还有具体的目标，以保证其得以实现。“U-Japan战略”实施的时间跨度是从2005年至2010年。

表3—11 “U-Japan战略”的推动策略与目标

	推动策略	分目标	总目标
泛在网络的发展	形成有线、无线无缝连接的网络环境	在所有特别行政区、政府指定的城市和县厅所在地形成无缝的网络环境	至2010年，所有国民接入高速或超高速网络
	建立全国性的宽带基础设施	消除城市与各地区之间的数字鸿沟	
	建立物联网	协调控制所有100亿个网络终端	
	建立网络协作的基础设施	电子商务市场增长2倍	

① Ministry of Internal Affairs Communications，Information and Communications in Japan 2005 (summary)，December 11，2005，http：//www.soumu.go.jp/main _ sosiki/joho _ tsusin/eng/whitepaper.html.

② Ministry of Internal Affairs and Communications，Progress Schedule for U-Japan Policy Package，July 19，2012，http：//www.soumu.go.jp/menu _ seisaku/ict/u-japan _ en/new _ plcy _ pckg.html.

续表

<table>
<tr><td rowspan="4">ICT 的高级利用</td><td>由 ICT 引领社会系统改革</td><td>所有产业的生产率提高 20%</td><td rowspan="4">到 2010 年，80% 的国民能认识到 ICT 在解决社会问题中的作用</td></tr>
<tr><td>促进信息内容的创造、流通和使用</td><td>数字内容市场增长 2 倍</td></tr>
<tr><td>促进通用型的设计</td><td>老年人使用互联网的人数增长 3 倍</td></tr>
<tr><td>ICT 人才的培养</td><td>ICT 人才增加 150 万人</td></tr>
<tr><td rowspan="24">ICT 安全与防护的 2 项策略</td><td>保护由公共机构和公司持有的个人信息</td><td>正确、彻底地保护个人信息的处理</td><td rowspan="24">至 2010 年，80% 的国民对 ICT 有安全感</td></tr>
<tr><td>减少信息网络的易损性</td><td>建立相当可靠的、用来对付网络恐怖主义破坏的系统</td></tr>
<tr><td>防范计算机病毒</td><td rowspan="2">全年只有 10%的用户经历网络攻击</td></tr>
<tr><td>提高普通用户的信息安全意识</td></tr>
<tr><td>电子支付的安全性</td><td rowspan="2">使网络犯罪与欺骗减少 1/2</td></tr>
<tr><td>减少网络中的恶意商业行为</td></tr>
<tr><td>阻止垃圾邮件</td><td>每周只有少量（handful）的群发垃圾邮件</td></tr>
<tr><td>知识产权策略</td><td rowspan="3">在二级市场（宽带、移动终端和广播电视）实现 50%的利润增长</td></tr>
<tr><td>保护数字作品的著作权</td></tr>
<tr><td>增加数字内容的再利用</td></tr>
<tr><td>信息技术 R&D 中的伦理学</td><td>提高在 ICT 中科技的伦理意识</td></tr>
<tr><td>优先建立社会基金的 ICT 方向</td><td rowspan="2">消除城市与各地区之间的数字鸿沟</td></tr>
<tr><td>消除高级服务的地区鸿沟</td></tr>
<tr><td>培养高级 ICT 人才</td><td rowspan="3">增加 150 万 ICT 人员</td></tr>
<tr><td>ICT 在教育中的利用</td></tr>
<tr><td>ICT 对年轻人成长的影响</td></tr>
<tr><td>电子政府的便利性</td><td rowspan="3">提高民众对电子政府和电子政务的满意度</td></tr>
<tr><td>政府文档的标准化</td></tr>
<tr><td>缩减电子政府的地区差异</td></tr>
<tr><td>ICT 在医疗护理中的利用</td><td rowspan="2">实现远程医疗护理数量 5 倍增长</td></tr>
<tr><td>医疗护理中的隐私保护</td></tr>
<tr><td rowspan="2">国际化与技术</td><td>国际战略</td><td>提高日本在国际社会中的形象；让亚洲成为世界的信息枢纽</td><td rowspan="2">—</td></tr>
<tr><td>技术战略</td><td>在实现无所不在的网络社会方面让日本成为世界第一</td></tr>
</table>

由表 3－11 可看出，“U-Japan 战略”主要围绕四大领域展开，即网络

信息基础设施、ICT在社会各行业的运用、信息技术安全和建立网络泛在社会过程中的国际战略。网络泛在社会在给社会生产、生活带来便利的同时，在个人信息的保护、网络安全、隐私等方面提出了更高的要求，所以在四大领域中，信息技术安全受到了特别的重视，相关的推动策略较多。除了明确各领域的目标外，“U-Japan战略”还制定了实现各个策略的措施。

第一，泛在网络的发展。①形成有线、无线无缝连接的网络环境。措施包括稳步推进无线频率开放策略，促进固定网络与移动网络的融合，促进电信和广播电视的融合，升级IP基础设施建设。②建立全国性的宽带基础设施。措施包括缓和宽带差别，推动ICT在地方社区中的应用，推进数字广播和竞争政策。③建立物联网。措施包括开发RFID标签、感应器网络和网络机器人，促进信息家电的网络化，开始应用ITS（智能交通系统）和GIS（地理信息系统），开发泛在终端。④建立网络协作的基础设施。措施包括建立泛在网络平台，保护不同网络平台之间的协同能力，确保网络的高度可靠性，发展用于电子商务的基础设施。

第二，ICT的高级利用。①由ICT引领社会系统改革。措施包括运用ICT启发社会和企业的革新，运用ICT推动管理改革，变革产品的分配系统，促进电子政府和电子政务建设。②促进信息内容的创造、流通和使用。措施包括支持数字内容的买卖、转让等交易行为，促进数字档案的建立与使用，创造富有魅力的信息内容，运用软实力建立“日本”品牌。③促进通用型的设计。措施包括开发高级代理技术，改进用户界面，确保信息的可获得性，建立适于老年人和残疾人使用的ICT系统。④培养ICT人才。措施包括运用高级ICT技能培养人才，支持ICT风险企业创业，改革文化与教育，鼓励国民参与。

第三，ICT安全与防护的11项策略。①保护由公共机构和公司持有的个人信息。措施包括让管理机构和独立机构依据法律和指南对个人信息保护进行适宜且严格的监督，管理机构严格监督相关人员及部门，创立保护个人信息的私营机构。②关于信息网络的易损性。措施包括建立先进的

IP基础设施，开发流量日志的分析技术，在ISP（互联网服务提供商）之间共享信息，提升关于网络攻击防护的数据库的国际合作，研究与开发卫星通信技术。③针对计算机病毒和普通用户的信息安全意识。措施包括研究与开发反病毒侵害的基础技术，检验对于病毒携带者的帮助措施，促进反病毒软件的使用，通过病毒携带者来支持开发反病毒的措施，传播关于信息防护的知识并使民众熟悉，开发并实施技术性的安全防护措施。④关于电子支付的安全性和网络中的恶意商业行为。措施包括熟悉使用电子签名及认证，研究与开发先进的认证技术；形成鉴别虚假发票的措施，加强投诉与咨询窗口的建设，通过各种方式公开并让民众熟悉实际的操作与解决措施。⑤阻止垃圾邮件。措施包括政府实施有效的法律，运营商自我解决的方案，运用技术阻止群发邮件，让众多用户熟悉过滤服务、反邮件群发软件等有效措施。⑥知识产权策略，保护数字作品的著作权，加强数字内容的再利用。措施包括实施“知识产权战略计划（2004）”，支持各行业建立知识产权策略，支持数字内容的出口；支持针对公司之间文件非法共享的反制措施，实施反对国际盗版的措施；促进并使民众熟悉数字内容的使用，采取平衡数字内容使用与著作权保护的措施，扩大使用宽带及移动终端，建立并促进公共领域系统的使用，严格实施针对数字内容的“拜杜法案”（The Bayh Dole Act）。⑦信息技术R&D中的伦理学。措施包括培养技术人员和用户在ICT中的伦理意识，检查系统以阻止新技术（如Spy Photo）使用，提高措施的技术水平，在ICT计划、实施与检验的研发过程中要反映对待研发的伦理态度。⑧优先建立社会基金的ICT方向，消除高级服务的地区鸿沟。措施包括确定ICT预算分配的主要方向，国际比较ICT基础设施；消除在宽带、移动电话、地面数字电视广播方面的数字鸿沟，升级卫星通信系统。⑨关于高级ICT人才，ICT在教育中的利用，ICT对年轻人成长的影响。措施包括培养高级ICT人员，支持ICT产业；改革ICT专业教育，提升学校的宽带，促进先进ICT在学校中的利用；开发与实现移动过滤技术，对安全数字内容作“内容安全标记”。⑩电子政府的便利性，政府文档的标准化，电子政府的地区差异。措施包括建立一站式服务体系，优化任务与系统，提升行政手续的电子应用；推行数据标准化和共同外包（Joint Outsourcing），统一行政体系的构架；支持地方公共ICT基础设施建设，在地方实施信息系统以提升ICT水平，推动使用个人认证服务。ICT在医疗护理中的利用，医疗护理中的隐私保护。措施包括推动使用电子病历，在医疗中心之间使用超高速网络，实现廉价、安全、安心地使用RFID等技术，推动使用远程和家庭医疗护理；制定医疗护理的信息安全政策，严格控制医疗数据库的存取，提高医疗护理的安全性。

第四，国际化与技术。①提升国际合作。国际合作，一方面包括加强与西方国家和国际组织合作，推动WSIS的举行，实施ITU等国际组织颁布的标准，推动研发EPA（Ethernet for Plant Automation）和FTA（Full Type Approvel）技术，增强日本向国际社会传递有关本国ICT信息的能力；另一方面推动"亚洲宽带计划"，形成与亚洲国家的合作，推动亚洲宽带网络基础设施建设，推动实施数字内容的应用与流通，开发相关的基础技术，促进ICT人员的培养。②技术战略：一是泛在网络的研究与发展战略，包括研发新一代网络技术、ICT安全与防护技术和通用通信技术，在此过程中加大资本的竞争力度，加强"官、产、学"的合作体制；二是推动标准化，采用下一代网络技术的国际标准，实施国际社会支持的推荐标准。

（三）"U-Japan战略"引导的日本泛在信息社会发展

1. ICT基础设施建设引起的变化

日本加强ICT基础设施建设引起了国民利用ICT的浓厚兴趣。互联网宽带用户由2004年的1866万增加到2010年的3458万，增长了85%。宽带用户不仅有数量上的变化，在结构上也发生了重大转变。2004年DSL（高速电话网）用户有1333万，占总用户数的71.4%，但自从2005年以来DSL用户数量开始下降，至2010年只有859万，取而代之的是FTTH（超高速光纤宽带网），其2010年用户有1977万，占用户总数的57%。移动通信用户由2004年的8700万增加到2010年的11954万，增长了37%。3G用户数量由2004年的3035万增长到2010年的11813万，增长了2.89倍，占移动通信用户总数的98.8%。从2004年到2010年，采用移动设备上网的用户比例为83.3%，比2004年高出10个百分点。地面数字广播电视于2003年在日本的关东、名古屋等少数区域布设，在2004年有316.2万个接收装置，至2010年增加到10300.6万个，增长了324倍。随着卫星广播电视的发展，多信道广播电视（Multi-Channel Broadcasting）的服务方式将越来越流行。[①②]

ICT基础设施建设的另一个显著变化是“三网融合”，即电信、计算机网和广播电视网的融合。2001年6月，日本出台了《电信业务利用广播法》，开始实施“三网融合”。近几年，日本的电信运营商在下一代电信网（Next Generation Network，简称NGN）方面取得了突破。2008年日本总务省为三大电信运营商NTT Do Co Mo、KDDI和软银公司发放了NGN网络业务许可证，促进了日本网络协议电视（Internet Protocol Television，简称IPTV）的发展。据IDC Japan的报告，2009年IPTV业务已普及日本所有城市。[③] 在广播电视领域，日本主流的电视台，如NHK等，开设了手机电视频道，用户可以通过支持“One Seg”功能的移动电话来接受手机电视服务[④]。在通信网络方面，FTTH网络可为用户提供高速的数据、语音、视频业务，其在日本使用比例大幅度提升，客观上为“三网融合”提供了可靠的信道保障。为了促进广播电视和电信的融合，日本总务省于2010年3月向国会提交了《信息通信法》草案。该法将统一与广播电视和电信领域相关的9部现行法律，目的是打破条块分割，为相关企业创造自由竞争的环境。

---

① Ministry of Internal Affairs Communications, Information and Communications in Japan 2005 (summary), December 11, 2005, http://www.soumu.go.jp/main_sosiki/joho_tsusin/eng/whitepaper.html.

② Ministry of Internal Affairs and Communications, Information and Communications in Japan 2011 (summary), December 11, 2011, http://www.soumu.go.jp/main_sosiki/joho_tsusin/eng/whitepaper.html.

③ 韩凌等：《三网融合下的边界消融》，北京邮电大学出版社2011年版，第46页。

④ 王润珏：《日本的三网融合之路及其对中国的启示》，《新闻界》2011年第6期。

2. 物联网的研究与应用

"U-Japan"理念中包含了"泛在网络"的概念，要实现人与人、人与物、物与物的信息沟通。日本东京大学教授坂村健[①]认为，按照字面理解，物联网只是一个物与物信息相通的网络，但物联网的最终目标应该是实现以人为中心可以感知周边环境中的所有人、物、场所的泛在网。可见，物联网与"泛在网络"是相通的，前者是后者的组成部分。从"U-Japan战略"的构成看，日本政府把物联网列入其中，可见对物联网的发展较为重视。

目前，在日本政府的扶持下，日本成为研究物联网投入人力、物力最多的国家之一，产生了著名的研究项目。[②] 实时操作系统内核设计项目（The Realtime Operating-system Nucleus，简称 TRON）开发了 T-Engine 解决方案，用于高效开发实时嵌入式系统，其成果已在世界上许多国家得到推广，许多企业和机构也已经在 TRON 基础上开发了新的技术和产品。Live-E! 项目于 2005 年启动，目标是创建一个联网的传感器网络，用以收集全球所有地区的气象数据，包括风速、风向、温度、相对湿度、气压以及降水量。Live-E! 项目已在日本（特别是东京）大范围展开，并发展到泰国和加拿大。另外，日本也在物联网的基础技术方面取得了突破。例如，研发成功了可视化的电子标签、基于云的物联网管理系统和 RFID 技术与手机技术融合的泛在网络终端设备等。[③]

物联网技术在日本广泛应用于交通、监控、远程支付（包括自动贩卖机）、物流辅助、抄表等领域。在交通管理方面，丰田与 KDDI 合作推出的 G-BOOK 导航仪就使用了物联网技术，可实现交通事故自动报警、追踪车辆的位置等功能。日本大地震发生以后，汽车物联网技术受到了重视。目前丰田正与微软合作，将推出基于微软云计算平台"Windows

① RFID 中国网，《日本教授解读物联网》，2010 年 8 月 19 日，见 http://www.eepw.com.cn/article/111882.htm。

② 张靖：《日本物联网国家战略及研究现状》，《物联网技术》2011 年第 7 期。

③ 申力杨：《日本物联网基础技术取得划时代进步》，《高科技与产业化》2012 年第 2 期。

Azure”的面向汽车的信息服务。[①] 物联网技术的广泛应用带来可观的经济价值。2010 年，日本物联网技术产品的市场规模为 820 亿日元，2013 年市场规模据预测将达到 1500 亿日元。[②]

3. 电子政府建设

日本政府在推动泛在信息社会建设过程中十分重视自身的信息化建设，试图通过运用 ICT 来提高管理水平和服务水平，建成世界上最便利和最有效率的电子政府。在通信设施方面，早在 1997 年，日本政府就开通了行政网——霞关网（Kasumi Gaseki WAN）。该网面向中央政府各部门，用于政府各部门之间电子邮件及电子文件的交换等信息共享方面。2002 年 4 月，霞关网已经与地方政府的综合网实现了网络一体化[③]，至此形成了统一的政府信息网。

日本政府引入 ICT 后一直非常注重便民服务。首先是在线服务，政府十分重视在线申报申请系统的建设，申请者填写申请书、行政单位受理、交费等手续都可在网络上完成。为此，日本政府计划在 2010 年使在线申请的利用率达到 50%以上。“IT 战略本部”曾在 2008 年 9 月出台《扩充在线使用的行动计划》（Action Plan for Online Usage Expansion）来加强在线行政手续的业务开展。2011 年“IT 战略本部”又形成了《新在线使用计划》（New Online Usage Plan），继续采取相关措施来推动行政手续的在线办理。其次是政府信息公开。日本政府各部门及地方政府都有自己的官网，公布了政府机构的各种资料，公布的信息范围与政府机构首席信息官理事会于 2004 年决定的《关于行政信息电子提供基本指针》一致。第三是个人信息的保护。2005 年年底之前，日本所有县和市都通过了关于个人信息保护的各种法令，同时日本总务省也对地方政府的相关保护措施提供了指导和建议，并不遗余力地采取行动，以保证所有地方政府都有正确

① 王喜文：《日本大地震后汽车业更加重视汽车物联网》，《物联网技术》2011 年第 6 期。
② 申力杨：《日本物联网基础技术取得划时代进步》，《高科技与产业化》2012 年第 2 期。
③ 方爱乡：《论日本信息社会的建设与发展》，东北财经大学出版社 2009 年版，第 156 页。

的信息保护措施。[①]

4. ICT在医疗领域的应用

由于日本人口出生率的快速下降，日本社会已是老龄化社会，病人数量的激增给日本的医疗保障方面带来了巨大的挑战。另外，在日本还存在着地方医疗资源不足和分配不公平的问题，医疗服务不能满足需要。因此，日本期望通过ICT来解决医疗领域的问题，使有限的医疗资源得到有效利用。

日本医疗领域较为成功地建设了电子病历系统。日本早在1999年就允许电子病历作为正式的医疗文档，其法律地位得到认可；2003年，政府投入250亿元资助区域化电子化病历的实施；2005年，成立电子病历标准化促进委员会推进电子病历的信息标准化与互操作性；2006年，厚生省在全国推广静冈县的电子病历系统。[②] 电子病历的实施可使患者能随时随地向医生提供个人的健康信息，个人疾病信息和临床数据分析等内容能在不同的医疗机构之间传递，从而保证治疗的连续性，减少误诊率和不必要的检查。2011年5月，"IT战略本部"公布了在医疗领域的IT战略[③]，提出了"我的医院遍布各地"（My Hospital Everywhere）的理念。个人不仅能从医疗机构获取医疗及健康信息，而且还能通过电脑等信息终端来维护和管理这些信息。为了方便病人治疗，日本正计划实现"无缝社区合作医疗服务"（Seamless Community-Collaborated Medical Services），该服务可让个人获得不同医疗机构、地区和专业的医疗与护理服务。

在医疗领域中的另一个重点发展领域是远程医疗。由于日本农村地区医生短缺，总务省和厚生劳动省在2008年3月联合组建了"远程医疗推进小组"，研究了远程医疗技术利用在提高农村医疗水平的可能性以及要

---

① Ministry of Internal Affairs and Communications, Information and Communications in Japan 2010 (summary), December 11, 2010, http://www.soumu.go.jp/main_sosiki/joho_tsusin/eng/whitepaper.html.

② 国家信息中心、中国信息协会：《中国信息年鉴（2011）》，中国信息年鉴期刊社2011年版，第566页。

③ IT Strategic Headquarters, Task Force Report on IT Strategy in the Healthcare Field, July 23, 2012, http://www.kantei.go.jp/foreign/policy/it/index_e.html.

采取的措施。总务省在2008年和2009年实施了“远程医疗模式”项目，用数据证明了远程医疗的安全性和有效性。[①] 此外，总务省力图改变人们“远程医疗只是面对面（Face-to-Face）医疗的一个补充”的观点，正在谋求远程医疗技术更广泛的利用。日本政府的意图在产业界正变成现实。NTT Do Co Mo开发的医疗服务平台可提供远程医疗服务。此平台通过在家中设置感应器及无线网络，能随时随地将患者的生理状况（血压、心跳等）传送到医院，医生针对患者的情况及时提出可能的防范措施。

5. 社会生活方式的变化[②]

由于日本ICT基础设施的发达，国民的生活方式也因此发生了较大的改变。近年来，一些社会信息交流媒介，如博客、社交网站，在日本正处于流行的阶段。在年轻人中间，交流手段多样化，但他们倾向于电子邮件、短信的网络交流模式。调查显示，2005年人们平均每天有27.3分钟用于短信和邮件交流，到2010年时间提高到40.28分钟，增长了约48%。在信息获取的渠道方面，互联网的出现让人们有了更多的选择，网络成为与电视、报纸并驾齐驱的重要信息来源，20—29岁年龄阶段的人80%以上认为网络是重要的信息源。

随着网络的流行，日本国民通过网络购买商品和服务的比例也在上升。与传统的购买行为相比，网络购买增加了对相关商品或服务的信息搜索等行为。人们首先用搜索引擎查找产品的相关信息，之后比较各个不同网站的相似产品，然后基于其他用户的使用反馈考虑是否购买，最后把使用的感受在线分享给其他人，这些都是传统购买行为所没有的。在个人休闲方面，使用计算机的倾向十分明显，这些活动包括计算机游戏、把计算机作为业余爱好、网络聊天等。据调查，2009年日本有8560万人选择使

① Ministry of Internal Affairs and Communications, Information and Communications in Japan 2010 (summary), December 11, 2010, http://www.soumu.go.jp/main_sosiki/joho_tsusin/eng/whitepaper.html.

② Ministry of Internal Affairs and Communications, Information and Communications in Japan 2011 (summary), December 11, 2011, http://www.soumu.go.jp/main_sosiki/joho_tsusin/eng/whitepaper.html.

用计算机作为休闲方式，超过了驾车、旅游、野餐等的人数而位居第一。互联网在人们娱乐休闲方面的重要性也在增加，至2010年成为仅次于电视的娱乐休闲工具。

三、欧洲“数字社会”计划和发展现状

自世界范围内的经济危机爆发以来，欧洲社会就一直存在经济形势持续低迷、就业率下降、社会凝聚力削弱等消极现象。为了尽快扭转这一颓势，欧洲委员会（Council of Europe，以下简称“欧委会”）于2010年3月推出了指引欧洲经济、社会发展的《欧洲2020战略》(Europe 2020——A Strategy for Smart，Sustainable and Inclusive Growth)。这项战略的宗旨就是希望团结欧洲各国力量，发展绿色、低碳经济，提高劳动生产效率，促进高新技术产业的发展，以此来带动就业，从而加速欧洲经济的复苏。

《欧洲2020战略》重点推出了“欧洲数字议程”（Digital Agenda for Europe)，将其视为实现欧洲2020伟大战略目标的关键，即希望依靠发达的信息与通信技术（ICT)，实现欧洲社会的全面数字化，构建高度完善的数字社会体系。“欧洲数字议程”的推出将极大地激发人们对信息通信技术的追求，提升欧洲的创新能力和软实力。可见，“欧洲数字议程”已成为未来一段时间指导欧洲泛在信息社会建设的纲领性文件，将对欧洲的数字化发展产生深远的影响。

（一）欧洲ICT发展概况

近几年来，ICT技术已经成为带动欧洲经济、社会发展的一个重要“引擎”，ICT和互联网已经渗透到社会生活的各个领域，对欧洲乃至整个世界的社会结构都产生了深远的影响。

1. 欧洲ICT产业发展概述

（1）欧洲ICT产业的市场份额。

ICT产业包括两大方面，即硬件制造和软件服务。从整体来看，2007年欧洲ICT产业增加值共计5927亿欧元（按当时价格计算)，约占整个欧

洲 GDP 的 5%，这个比例略低于同期的日本和美国，分别为 6.8% 和 6.4%。①

①ICT 制造行业。2007 年，ICT 硬件制造贡献 ICT 产业 GDP 增加值的比例为 13%。具体来看，德国利用欧盟四分之一的 ICT 产业雇员创造了欧盟整体增加值的三分之一，为整个欧洲社会的最大贡献国家。与此形成对比的是，斯洛伐克、罗马尼亚、波兰等国的 ICT 人数加起来占欧盟从业人数的 17%左右，却仅仅创造了 4.6%的增加值。可见，老牌制造业强国依旧占据着新兴的技术产业——ICT 产业的领头羊地位。

②ICT 服务行业。在 ICT 服务领域，英国占据优势。英国在 2007 年创造了欧洲 ICT 产业增加值的 24.8%，而它却是仅仅依靠 19.4%的从业人员来实现的。可见，其巨大的优势。在 ICT 软件服务业，大多数国家的从业人数都有不同程度的增加，仅有德国的从业人数呈现下降的趋势。人数变化主要是因为受 ICT 产业的吸引，其他行业转入 ICT 行业人数有所增加造成的。

（2）欧洲 ICT 产业的研发投入。

与全球发达国家相比，欧洲的 ICT 研发总开支占 GDP 不到 2%，同期的日本高达 3.4%，美国也达到了 2.6%。但欧洲国家瑞典和芬兰在 ICT 研究的投入超过了自身 GDP 的 3%，为欧洲各国之最。

在欧洲，各领域最大的研发投资部门是 ICT 部门。英、法、德三国的 ICT 研发投资费用占整个欧盟总投资费用的 50%以上，可以看出对其的重视程度。数据还显示，北欧国家对于这项产业的投入也很高，研发实力也不容小视，如芬兰、丹麦等国。

与美国的发展模式不同，欧洲国家的研发规模小，基本都是通过小范围的生产实现的，这就导致了与美国 ICT 研发投入的差距。

（3）经济危机对欧洲 ICT 产业的影响。

2007 年以来，经济危机已经蔓延至全球，欧洲也无法独善其身。就

---

① 赛迪研究院：《欧盟数字化竞争力报告》，载《赛迪译丛》，2010 年，第（2）册。

ICT产业而言，经济危机已波及了该产业的上下游，包括硬件生产、软件开发、服务等环节。

①硬件设备制造。受经济危机影响，欧洲ICT行业对硬件设备生产进行了结构性的调整，尽管如此，仍然面临着产量下降的趋势。半导体生产是ICT制造领域的重要组成部分。据报告显示，2008年7月到2009年3月期间的半导体交易额有所下滑，低于历史同期水平。欧洲的众多制造业公司已经开始削减成本，开始合作研发，以期应对经济危机带来的困境。在移动终端的生产方面，仍然面临着销量下降的颓势。据2009年报告显示，全球的移动电话出货量已经至少下降了7%，硬件制造与销售的前景不容乐观。

②软件开发与服务。欧洲的软件与服务领域似乎受到经济危机的影响较小，尽管增速放缓，但发展状况良好。原因在于欧洲社会对软件的需求依旧强烈，且政府、企业对这部分投资意愿一直没有放松。服务领域还包括一系列社交网站的推出，社交网站的广告收入保持强劲态势，依然处于增长状态，而这又带动了应用程序开发、软件程序设计领域的迅速发展。

2. 欧洲互联网产业发展概述

(1) 欧洲互联网使用人群概况。

据报告显示，2009年，60%的欧洲人经常访问互联网，且比去年增长4%，而从未接触过互联网的人比例仍高达30%，互联网普及的任务依旧艰巨。与欧洲以外的国家相比，日本的互联网普及率为54%，而韩国则高达81%。

当然，欧洲范围内的各国互联网普及率也是各不相同。北欧国家的互联网使用率非常高，挪威、瑞典、冰岛等国超过了80%，希腊、罗马尼亚等国比例低于40%，但也在2008年到2009年表现出了强劲的追赶态势，增长幅度很大。

(2) 欧洲互联网服务使用概况。

互联网已成为欧洲人日常生活的重要组成部分，2009年有26%以上的欧洲网络用户体验过网上电话的应用，43%的欧洲网民常常在网站讨论区发帖，其他网络应用与服务的使用比例见表3－12。

表3－12 2009年欧洲网民使用网络应用服务的情况

网络应用服务	网络电话	查询、订制旅游和住宿信息	发布或浏览招聘信息	在线新闻	上传个人作品	播放电视、音乐、电影等资源	搜索健康信息	收听、收看电台、电视	下载软件	在线教学与培训
比例	26%	54%	23%	48%	31%	40%	50%	37%	34%	50%

资料来源：http：//www.ccidnet.com/ccidgroup/sdyc/sdyc2.pdf。

数据显示，查询旅游住宿信息、搜索健康信息的比例最高，成为欧洲网民的习惯网络行为。这表明欧洲人已将旅游、住宿、健康信息的获取渠道更多地转向了互联网。值得一提的是，在线教学与培训也高达50%，表明互联网已真正成为欧洲社会开展教育的一个重要平台。

（3）欧洲互联网使用情况与美国、日本的比较。

目前，美国、日本以及欧盟的互联网产业发展规模与速度比较领先，通过对比，可以进一步了解欧盟的发展情况。据相关数据显示，在电子商务领域，2009年，欧洲国家有54%的网民在一年内有过网络购物行为，获得了互联网带来的便捷购物体验；而当年，美国则有75%的网民有过电子商务的经历。在网上银行进行交易的数据显示，欧盟网民有一半以上登录过网上银行，美国57%的用户在网上银行办理过业务，在这项网络服务上，欧洲与美国比例大致相当。在通信服务方面，欧盟有26%的用户体验过网络视频通话，而美国则为20%，欧洲的使用频率较高；在使用电子邮件方面，欧洲网民的比例为88%，美国则为90%，二者在网络通信领域的使用情况大体相当。在互联网搜索方面，美国习惯使用搜索引擎的网民占52%，欧盟国家则表现一般，为23%，即使在阅读网页新闻方面，美国也是以72%的比例遥遥领先于欧盟的48%。

3．欧洲宽带业务发展概述

受经济危机影响，欧洲的宽带市场虽出现增长缓慢的局面，但仍处于世界领先的地位，2009年仍保持两个百分点的增长，2010年欧盟国家的宽带普及率已达到24.8%，遥遥领先世界其他地区。

(1) 欧洲宽带业务的发展。

2004年以来，欧洲的宽带普及率一直呈现增长的趋势，宽带业务仍然是ICT部门的赢利增长点。截止到2010年1月，尽管新增用户最少，但欧盟共实现1.237亿条固定宽带线路的铺设，总体增幅明显，见表3—13。

表3—13 2004—2010年欧洲宽带业务发展情况

时间	2004.1	2005.1	2006.1	2007.1	2008.1	2009.1	2010.1
每天新增用户	28752	44225	54412	56902	53968	37250	28199
宽带线路(条)	23302070	39488334	59348726	80117975	99812771	113446213	123738940
宽带普及率	4.9%	8.2%	12.1%	16.3%	20.2%	22.8%	24.8%

资料来源：http://doc.mbalib.com/view/d585411d4e3eeb2c13fc7d82575b13c7.html。

就欧洲具体国家而言，宽带业务发展不是很平衡，普及率也存在较大差距。例如，在丹麦和荷兰，宽带普及率已达75%，而在希腊、斯洛伐克，宽带普及率低于平均水平。2010年，欧盟国家最高普及率与最低普及率相差近25个百分点。

(2) 移动宽带与光纤新业务的发展。

2009年到2010年，固定宽带市场中，光纤与局域网配合以及光纤到户这两种模式的用户共计增长了26%，而新增宽带用户中的70%使用了XDSL技术，30%使用了其他技术。

同时，一些基础设施相对落后的欧洲国家，如爱沙尼亚、保加利亚等，不是一步一步升级，而是直接选用最新技术以寻求宽带技术的快速普及。经济危机使宽带用户的数量呈现放缓增长的趋势，这也导致相应价格的下跌，因此供应商不得不采取新的、可持续的营销模式进行捆绑销售，开始重点关注宽带应用、服务与内容。

(二)"欧洲数字议程"的政策制定

1. 欧洲提出"数字议程"的动机分析

(1) 外因。

在全球范围内，欧洲的持续竞争力面临前所未有的挑战。对于这一挑战，可以从三个方面来理解。

第一，恶劣的经济状况依然威胁着欧元区国家的发展，甚至生存，值得注意的是整个欧盟已连续多年贸易赤字。[①] 众所周知，欧洲老龄化严重，劳动力资源不仅短缺，而且成本非常高。这导致其产品加工的成本比亚非国家同类产品的价格高，竞争优势不明显。这在一定程度上影响了其在国际市场上的份额，欧洲经济竞争力正在经受来自发展中国家的强有力挑战。

第二，欧洲的信息技术水平已被美、日等信息产业发达的国家甩在后面，在全球领先的ICT企业里，"欧洲籍"的信息技术公司寥寥无几，基本都被美、日、韩等国家垄断。欧洲在信息经济的发端阶段虽起步较早，但是后劲不足，投资、研发的步骤未及时跟进，致使其一直处于落后态势。表3—14表明，2002年欧盟在ICT的研发投资上远远不足的弱点。

表3—14 2002年欧盟、美国、日本ICT研发投资对比（单位：欧元）

ICT研发投资	欧盟	美国	日本
政府部门投资	230亿	830亿	400亿
私人企业投资	80亿	200亿	110亿
居民	3.83亿	2.96亿	1.27亿
人均投资	80	350	400
ICT研发占总研发的比例	18%	34%	35%

资料来源：http://ec.europa.eu/information_society/eeurope/i2010/index_en.htm。

第三，在欧洲数字社会建设过程中，仍然存在信息网络安全、知识产权等问题。这些不利因素在一定程度上干扰着欧洲数字社会建设进程的推进，因此，欧洲国家希望通过"数字议程"计划的实施改善这些领域存在

① 《六月份欧盟贸易赤字大幅下降》，2009年8月18日，见http://finance.sina.com.cn/roll/20090818/17443018478.shtml。

的问题。

（2）内因。

首先，“欧洲数字议程”是欧洲未来发展的重要战略之一。如前所述，《欧洲2020战略》已将“欧洲数字议程”视为七大战略之一，并给予厚望。“数字议程”中也明确提出了七项重要使命，分别是创建统一的数字市场、改善信息技术标准和兼容性、互联网信任与安全、提高宽带覆盖、增加研发投资、提高全民数字素养、使用ICT技术应对如气候变化等问题。若欧洲国家能按计划实现这些目标，则必将进一步促进欧洲经济社会的发展和进步，因此，实施“数字议程”战略将是欧洲经济与社会全面发展的重要出发点和落脚点。

其次，为发展循环、绿色、低碳经济提供支持。目前，经济危机仍然影响着欧洲经济。为了尽快摆脱这一阴影，欧洲国家普遍达成共识，即大力发展循环、低碳经济，以谋求经济的持续发展。欧洲作为城市化发达的区域，消耗着大量的能源，排出了大量的温室气体。这无疑给国家经济发展造成了较大的成本压力，经济增速缓慢。“欧洲数字议程”希望无论城市还是乡村，都能构建起完善的数字化体系，从思想观念上改变经济发展方式，早日步入绿色、低碳经济发展强国之列。这也是“数字化议程”的重要目标之一。

再次，摆脱欧洲信息技术产业所面临的困境。

①人才问题。信息技术的研发、信息产业的振兴需要依靠源源不断的科技人才。尽管欧洲的教育制度十分发达，但是在培养专业ICT人才方面仍然与美、日等国存在差距，究其原因在于民众缺乏数字化方面的知识，信息技术意识淡薄。从“欧洲数字议程”来看，目前在1.5亿欧洲居民中约有30%的人从未使用过互联网，这个群体的年龄范围是65—74岁，他们的理由为失业、收入低。这份报告还指出，到2015年，预计欧盟将有70万个IT岗位遭遇用工荒的问题。[①]

① *A Digital Agenda for Europe*, Brussels, 2010, pp. 24—25.

②市场问题。欧洲尽管有欧盟作为组织者带领众多国家发展、团结与进步，但是就数字市场的发展而言，仍然比较混乱，没有实现一体化，欧盟内部的数字市场贸易壁垒严重，因此，单打独斗式的欧洲数字市场竞争力一直不强。此外，就数字信息技术标准而言，欧洲从未在其中获得领先地位，相反，复杂多样的标准削弱了民众对开放系统平台的期望，自然也就影响了其使用的意愿，同样阻碍着数字市场发展。

③安全问题。与一切科技成果类似，欧洲社会在面对数字技术快速发展时，也十分担忧数字安全的问题。2007 年 4 月底，欧洲爱沙尼亚持续遭受多起网络威胁与攻击，造成了国内大部分主干网络的瘫痪，严重影响了社会的正常运转。作为数字社会的产物——社交网站，已成为主流媒体身后另一套话语体系的代表，在某种程度上瓦解着人们对于社会的认识，使之产生不良的影响。因此，数字技术带来的安全隐患，不仅仅是技术层面的漏洞，更是难以控制的社会不良影响。“欧洲数字议程”在数字安全问题方面也进行了建设性的规划，以期改善互联网环境，保持社会安宁。

2. “欧洲数字议程”关注的领域及其预期目标

“欧洲数字议程”计划是一项复杂的、系统的项目，旨在全面促进欧洲数字社会的发展。为此，欧洲委员会在制订该计划之初就确定了重点关注的几大领域，并对预期目标进行了宏观描述。

（1）构建充满活力的、统一的数字市场。目前，在欧洲范围内，获取泛欧电信通信服务比较困难，甚至多数情况是难以登陆和访问互联网内容的。专家们认为，这是由于欧洲国家在数字市场发展方面存在不协调的现象，影响其整体效能的发挥。因此，“欧洲数字议程”关注数字市场建设，强调有生命力的、统一的数字市场建设，希望通过该计划实现自由流动且统一协调的数字市场。

（2）进一步完善数字标准，增强互通性。快速发展的技术市场需要有相应的配套标准。欧洲委员会在“欧洲数字议程”中明确了未来阶段的重点任务，即按照“欧盟现代化 ICT 标准”白皮书的要求，广泛征求社会民众意见，持续修订、完善欧洲标准化政策。关于互通性，“欧洲数字议程”

期望通过数字标准的统一与开放，调动数字社会各方面贡献互通性信息的积极性。

（3）积极构建网络屏障，强化数字安全。实现全社会的数字化，同样会产生各种网络安全隐患。近年来，世界各国已遭受了各种病毒、恶意软件、未知程序的侵扰。消除这些隐患已成为当前全球各互联网用户的共同责任，因此，"欧洲数字议程"同样也关注着数字安全的问题，希望构建重大信息基础体系，打击网络犯罪，营造良好的网络环境，为实现全面数字化保驾护航。

（4）发展高速互联网。未来的学习、工作和生活将更加依赖网络，高速的互联网访问效率将为社会与经济的发展奠定良好的基础。《欧洲 2020 战略》强调了宽带普及对促进社会包容、提高欧盟竞争力的重要性。[①]"欧洲数字议程"提出的目标是到 2013 年，让欧洲实现宽带全覆盖，到 2020 年，部分欧洲人的带宽达到 30Mbps，至少一半欧洲人的网速达到 100Mbps，并积极推广下一代网络（Next Generation Network ，简称 NGN）。

（5）提升数字社会的研究与创新水平。"欧洲数字议程"要求欧洲各国加大对数字社会研究的投入力度，以保证欧洲数字社会研发水平的整体性提升，增强在国际数字市场的竞争力。目前，欧洲社会已经意识到，对于新产品、新技术的研发，不仅应面向高校、科研院所，也需要向高新技术企业打开大门，凝聚各方面的智慧，共同提升数字社会的研发层次。

（6）广泛普及数字技术的知识，增强数字社会的包容性。对于未来数字社会的到来，需要长期地进行基本常识、基础技能的宣传、培训，使数字社会内的每个人，无论年龄、学历、职业，都可以参与数字社会的建设，都可以享受到数字服务带来的便捷。所谓包容性，是指照顾弱势群体方面，希望考虑到社会各方面的因素，提供有针对性、人性化的数字服务，最后使所有人都能有所受益。这些都是"欧洲数字议程"所提倡和追

---

① *Europe 2020——A Strategy for Smart，Sustainable and Inclusive Growth*.

求的。

（7）强调数字技术给欧洲社会带来的多方面效益。目前，数字技术正在广泛应用到欧洲社会各个领域，“欧洲数字议程”希望通过文件规定来确保其在各领域实现预期的收益。例如，通过数字技术的引进，欧盟已经承诺到2020年让温室气体排放量比1990年至少减少20%，同时提高能效20%；制定数字化医疗保健规划，来促进服务记录和产品设备的规范化、交互性和安全性，提高医疗保健服务的效率。此外，还希望增强在电子政务、数字文化市场、智能交通系统等方面的社会效益。[①]

3.“欧洲数字议程”实现策略及具体行动方案

“欧洲数字议程”清晰地指明了未来阶段重点关注的七个方面。为了更好地实现预期目标，欧洲委员会还制定了详细的行动方案，见表3—15。

表3—15 “欧洲数字议程”实现策略及具体行动方案

预期目标	实现策略	具体行动方案
1.搭建充满活力的、统一的数字市场	内容访问更加透明、开放	主要行动： （1）针对集体版权管理条例，增强管理公开透明程度，努力获得泛欧许可 （2）通过规章制度促进欧洲文化艺术内容的传播，便于用户获取，但应当注意版权问题 （3）限制公共部门对信息的多次利用，规范使用原则和范围 其他行动： （1）广泛征求社会意见，完善对策措施，让广大版权者、用户等利益均衡 （2）分析网络销售对传统销售的冲击和挑战 （3）修订知识产权条例，打击侵犯知识产权的行为，保护数据安全与隐私

① *A Digital Agenda for Europe*, Brussels, 2010, pp. 24—25.

续表

	享受国内、国际网上便捷交易	主要行动： (1) 构建欧元单一支付平台体系，完善网上支付手段，促进电子支票的流通 (2) 尽管出台电子签名法案，建立安全认证框架 其他行动： 监控电子方案对市场的影响，针对实际进一步完善 各成员国应该： (1) 坚决落实有关推广单一数字市场的法案 (2) 积极配合有关委员会的工作 (3) 加紧制定增值税的规章制度 (4) 保证欧盟内部交易时的公平
	增强对数字化社会的认同感	主要行动： 继续充实欧盟关于数据安全的法律体系，使消费者能够放心消费，增强认同，激发积极性 其他行动： (1) 出台合同法文本，尤其关注网络合同法的分离问题 (2) 明确权责义务，提出纠纷争端解决方案 (3) 照顾各方关系，提出相对广泛的建设性意见 (4) 分析用户、供应商的权利和义务，消除可能对用户产生威胁的隐患 (5) 关注零售网站，注重安全标识的设计
	夯实通信服务的单一市场基础	(1) 对欧洲的企业服务资源进行有序编排，便于管理 (2) 更加关注无线电频谱使用的技术，统筹协调频带宽，让消费者能够获得对等的服务 (3) 积极调研，把握电子通信市场的成本，以调整策略
2. 进一步完善数字标准，增强互通性	完善 ICT 的标准制定	欧洲委员会将按照有关政策规定，广泛吸取社会各界意见，进一步完善标准的制定
	对标准的坚定执行	政府无论在硬件选择、软件装配，还是在 IT 服务过程中，都应积极利用相关标准
	加强沟通与配合，以期互通性的提升	主要行动： 制定 ICT 互联互通的法条，推动成为欧盟的标准，完善细则 其他行动： (1) 重点关注知识产权及合理使用许可条件的规定 (2) 编撰标准手册，供政府部门参考执行 (3) 进一步夯实欧洲互通的框架 (4) 建议数字市场的主导者贡献互通措施 各成员国应该： (1) 在国家层面推行数字信息互通互联体系 (2) 履行马尔默和格林纳达宣言中的有关承诺

续表

<table>
<tr><td>3. 积极构建网络屏障，强化数字安全</td><td>数字安全与网络信任</td><td>主要行动：
(1) 依据数字网络安全有关政策，提出更具针对性的对策，当然也可以提出法律措施
(2) 针对网络威胁与攻击，提出具体措施，并通过法律予以保护
其他行动：
(1) 搭建全欧洲网络犯罪系统平台
(2) 论证欧洲网络犯罪中心的可行性
(3) 通过广泛合作，增强虚拟、实体世界的风险管控水平，打击网络犯罪
(4) 积极开展网络安全演习
(5) 充实个人数据隐私的保护体系，修补安全漏洞
(6) 制定有关网络个人保护的新手册
(7) 关注儿童网络安全保护的问题，加强合作
(8) 关注未成年人在线保护的问题，通过多方联动，强化自身规范
各成员国应该：
(1) 建立覆盖欧洲各国的高速国家网络
(2) 进行实战网络演习，打击网络犯罪
(3) 设立反馈、举报热线，通过学校教育、约束网络供应商等来保障儿童的健康
(4) 建立国家级的防范网络犯罪的系统</td></tr>
<tr><td rowspan="3">4. 发展高速互联网</td><td>确保更大范围的网速进一步提高</td><td>通过搭建一个通信方面的体系，促使欧洲各国家实现预期战略目标</td></tr>
<tr><td>大力倡导新一代网络体验</td><td>(1) 需要全面评估实行新一代网络所带来的不确定性和风险
(2) 为网络供应商创造公平的发展环境
(3) 倡导统一投资与风险分担的制度</td></tr>
<tr><td>互联网需要更加理性、包容与开放</td><td>主要行动：
(1) 利用欧盟内部的一些基金会、项目组等，加大对互联网的投资，通过信用提升来吸引更多投资
(2) 进一步完善欧洲频谱发展规划，实现多方面受益
(3) 陆续出台激励投资的规定，鼓励资本关注新一代网络
各成员国应该：
(1) 依据欧洲 2020 的战略规划，制定本国的宽带发展路线，并定期以报告形式公布
(2) 采取多种措施保障宽带网络的建设进度
(3) 利用好宽带网络建设的发展基金
(4) 贯彻频谱协调方案，确保预期目标的顺利实现</td></tr>
</table>

续表

5. 提升数字社会的研究与创新水平	加快进度，提高研究质量	打造创新联盟计划，综合研究与创新
	优先创新，夯实市场基础	国家对数字市场的投资应更多关注创新领域，从各个层面促进创新
	积极寻求企业的有益策略	主要行动： 寻求政府部门与企业之间的合作，设立创新基金项目，增加对数字技术的投入 其他行动： (1) 欧盟成员与企业的协调需进一步加强，支持对 ICT 的投入 (2) 制定策略方便中小企业便捷获取 ICT 基金投资，促进创新 (3) 关注数字基础设施的投入，制定政务和科学云计算的发展方案 (4) 支持系统平台的开放性，吸收优秀应用开发方案 各成员国应该： (1) 欧盟各国对于 ICT 投入要加倍，以此拉动私人投资的增加 (2) 实施大项目，促进创新和开放解决方案的研究
6. 广泛普及数字技术的知识，增进数字社会的包容性	数字意识与数字时代素质	增强民众对数字社会的认可度，进行数字知识与技能的培训和教育
	人性、宽容的数字化服务	主要行动： (1) 优先资助数字知识与技能的培训项目 (2) 通过职业资格认证，提高 ICT 人才的能力素质 其他行动： (1) 优先启动数字知识与技能方案，召开行业研讨会共同努力 (2) 运用多种模式促进青年女性加入培训行列 (3) 开发设计新型教育工具，服务欧盟内的广大用户 (4) 细化数字技能与媒体知识指标 (5) 评估数字议程法律文本的可行性 (6) 公共服务网站全部开放 (7) 增强欧盟各成员国的合作力度，并推出服务残疾人的互联网访问方案 各成员国应该： (1) 关注成长型企业的发展以及弱势群体的数字访问问题 (2) 完善残疾人数字信息获取条例 (3) 开发网上学习系统，实现培训的便捷化、现代化

续表

7. 强调数字技术给欧洲社会带来的多方面效益	环境方面收益	主要行动： 评估 ICT 是否严格符合节能减排的要求，提出法律措施 其他行动： (1) 支持与高耗能行业合作，降低耗能行业的能效 (2) 评估智能网络对减少碳排放量的潜在贡献 (3) 支持竞争与创新计划项目的实施 各成员国应该： (1) 采纳智能计量补充条款 (2) 公共设施采用全生命周期成本规范，衡量其环境效能
	医疗保健收益	主要行动： (1) 开发项目，实现在线获取医疗数据，甚至享受远程医疗 (2) 欧洲各国之间实现电子病历的互通访问 其他行动： (1) 制定欧盟电子保健指标体系 (2) 保障残疾人和年迈老人的生活
	文化收益	主要行动： 继续支持欧洲数字图书馆战略和内容数字化模式 其他行动： (1) 对“发挥文化与创造产业潜力”绿皮书提出详细措施 (2) 完善促进欧洲数字电影院发展的策略 (3) 通过统一协调，保障媒介服务中文化多样化的特点
	数字化政府办公系统	主要行动： 积极采纳跨国界在线服务模式，在政府办公方面实现深度合作 其他行动： (1) 通过相关计划和项目解决数字单一市场的跨国界合作问题 (2) 修订网络访问环境条例 (3) 寻求广泛合作，实施数字环境服务计划 (4) 实施 2011—2015 年电子欧盟行动计划 各成员国应该： (1) 促进各国电子政务的联动发展，避免技术障碍 (2) 确保任何结点都可以实现均等的电子政务服务功能 (3) 依照欧洲跨国公共服务清单，让各方都可以在线实现预期的服务项目
	智慧交通系统	(1) 在城市道路与运输方面，推动 IST 建设，支持互联互通 (2) 制定欧洲单一空中交通处理方案 (3) 修订电子海运服务发展条例 (4) 修订铁路客运服务控制规范 (5) 落实欧洲铁路运输管理系统中的责任和义务

资料来源：《Digital Agenda for Europe Annual Progress Report 2011》。

“欧洲数字议程”的战略目标是通过实现欧洲社会更高水平的数字化，来带动经济、社会快速发展。从报告中我们可以看出，“欧洲数字议程”具有以下几个特点：

(1) 倡导欧洲国与国之间的合作。“欧洲数字议程”多次强调了单一市场的建设，其实就是想在欧洲社会推行一种统一的制度，以便有关政策的顺利推广，实现一体化。若想实现一体化，就需要欧洲范围内的各个国家加强合作，在思想观念、国家政策制定、技术标准普及等方面都需要进行商议，寻求共同点，实现快速、协同发展的目标。当然，有些问题必须要各国联合、密切配合，如打击跨国网络犯罪，就需要多个国家联动，针对犯罪行为及时采取措施。因此，欧洲国与国之间的合作，不仅有利于本国数字化进程的推动，也有利于提高欧洲社会数字化发展的整体协调性。

（2）创新是数字化社会的灵魂。报告中反复提到“创新”一词，其目的不言而喻。欧洲社会数字化，无论理论上还是技术上，都需要创新。数字社会究竟是什么样的，究竟有何优势和特点，需要创造性的构思，而在具体操作层面，就需要不断的技术升级、更新。技术创新是推动数字社会发展的动力。为了鼓励构建欧洲数字化社会中的创新技术和项目，“欧洲数字议程”已制定多项措施保障对其资金投入，优先发展具有创新潜质的数字项目，以使创新项目获得更大的提升，早日服务欧洲社会。

（3）关注数字社会的安全问题。“欧洲数字议程”也十分关注数字社会的安全问题，其中包括用户个人隐私、数据安全、网上交易记录、支付信息、知识产权等安全问题。数字社会虽然可以实现众多业务的在线办理，方便欧洲民众的生活，但也面临上述安全隐患，存在不稳定的因素。这不得不引起欧洲社会的高度警惕。几次重大的数字安全问题就有可能摧毁已建设好的数字社会雏形，因此，需要从政策上和技术上加强对网络威胁的管控。

针对网络支付、数据安全等存在的安全隐患问题，报告制定了具体的时间表，并要求欧洲范围内国家协同配合，共同打击跨国界的网络犯罪，维护来之不易的数字社会建设“果实”。

（4）关注数字社会建设中的弱势群体。欧洲数字社会建设过程十分人性化，报告中着重提到了老年人、青年妇女、未成年人、残疾人等弱势群体。报告预测了他们在未来数字社会可能会遇到的问题，针对他们的特点，呼吁欧洲各国、各机构需要采取必要措施予以协助，甚至规定了具体的法律予以保护，如针对青年妇女的数字知识与技能培训、针对老年人和残疾人的医疗数据访问等。

“欧洲数字议程”非常全面地考虑到了社会各阶层民众，无论普通民众还是弱势群体，都成为他们的关注点，都成为制定和实现“欧洲数字议程”的根本出发点和落脚点。

（三）“欧洲数字议程”对欧洲数字社会产生的影响

“欧洲数字议程”自公布以来，已在多个领域引起了强烈反响。欧盟范围内，无论政府机构、企业、科研机构还是民众个人，都普遍认同“欧洲数字议程”所描绘的未来数字社会图景，而这份报告所制定的目标也为未来 ICT 的发展指明了方向。

1. 对未来互联网的影响

“欧洲数字议程”对未来的互联网建设充满了信心，强调要大力推广高速、安全、便捷的互联网，以推动欧洲数字社会的进程。基于这个目标，欧洲国家已着手运作了一系列项目，推动宽带战略的实现。

从资金层面来看，欧盟已经通过自身及成员国立法的形式提供了投资保障，如 EAFRD 欧洲农村发展农业基金会、ERDF 欧洲区域发展基金、ERDP 英国农村发展计划，CIP、TEN 等机构先后增加了对高速互联网的债权投入，并通过提升信用等级吸引到更多的资金，持续保障了高速宽带互联网的物质投入。①

从技术层面来看，欧盟已开始筹划实施欧洲统一的频谱方案，从技术标准上予以规范，保障了无线电频谱管理的效率。此外，已经开始着手铺设铜线电话，融合欧洲的电视电缆网络。针对移动互联网，欧盟已通过法案解决移动宽带网络上阻塞语音传递（VoIP）的问题，保障网民的完整访问权利。未来的互联网技术也将更加关注云计算、3D 通信技术等，不断满足民众的需求，用技术创新推动欧洲数字一体化。

2. 对数据安全的影响

“欧洲数字议程”中关于个人隐私信息的保护以及数据安全的思想、

① 维维安·雷丁：《因特网的未来与欧洲数字议程》，《中国信息界》2010 年第 10 期。

策略，目前也都在积极地落实。

针对网上支付交易、网上银行业务来往等可能存在的风险，欧盟已启动方案建立单一的欧元支付区域（SEPA），在技术上研发电子身份认证技术，多种方案配套共同保障网民网上消费时的安全。

针对网络犯罪的问题，欧洲也已花大气力进行整治。首先，欧盟成立了欧洲网络与信息安全机构（ENISA）、计算机应急反应队伍（CERTs）等，在这些信息安全机构的通盘协调下，采取跨国联合行动，重磅打击网络犯罪。其次，欧盟已开展多次以打击网络犯罪为目的的联合演习，支持全欧洲的网络安全。再次，在欧盟框架下还构建了多方对话机制、内容报告与反馈机制、网络威胁预警平台等制度，协调政府、企业、用户各方利益，维护欧洲数字社会的和谐稳定。

3. 对欧洲知识产权领域的影响

欧盟在数字社会建设过程中，必然会面临知识产权的问题，可以说，未来的数字社会建设过程中技术实现已不再那么困难，唯有内容才会成为竞争的核心与关键。“欧洲数字议程”中提到了欧洲数字图书馆战略（Europeana）和内容上网计划，这两个项目均有涉及知识产权纠纷的风险。对此，欧洲相关机构已按照“欧洲数字议程”的统筹协调，开展了相关版权认证、版权合作等工作，欧洲部分国家制定了《版权登记法》《声像服务法令》等图书音像资源数字化的法规，评估读者的阅读内容需求与版权者利益之间的平衡，保证资源作者和出版机构的合法利益得到维护。为此，欧盟还开展了如版权信息和孤儿著作注册（ARROW）和欧罗巴数字图书馆等项目。

四、韩国“U-Korea”计划及发展现状

20世纪以来，信息技术发展迅速，日益广泛的信息化带来了许多新的生产模式和生产理念的变化。如今人们对电子邮件（E-mail）、电子商务（E-business）、电子政务（E-government）等“E”化事物不再陌生，而科技的进步似乎永远能够给人们带来惊喜。随着无处不在的计算技术及

移动通信技术的发展成熟，人们开始思考用“U”（Ubiquitous）来取代原先的“E”，以描述和期待建设21世纪“无所不在的”信息社会。从“E”到“U”看上去只是一个字母的改变，却蕴含着整个社会战略框架的深刻转变。无论是目标、理念还是路径，都为未来人们的社会方式发生改变做好了技术铺垫。作为国家信息化战略发展的一个关键要素，它将对经济和社会产生巨大影响，也因而在世界范围内受到越来越多国家和组织的重视。[①] 韩国即是实施这方面战略发展框架的先行者之一。

（一）“U-Korea”计划的产生

韩国是目前全球宽带普及率最高的国家之一，同时它在移动通信、信息家电、数字内容等方面也在全球具有极高的地位。从1993年开始，韩国政府就开始积极从事国家信息基础设施的布局。1996年由于受到亚洲金融危机的影响，韩国政府在1999年宣布“Cyber Korea 21”政策。1997年，韩国政府出台了一系列推动国际信息化建设的产业政策，包括RFID先导计划、RFID全面推动计划、USN（传感器网，Universal Sensor Networks）领域测试计划等。为了实现建设U化社会的愿景，韩国政府持续推动各项相关基础建设、核心产业技术发展，RFID/USN就是其中之一。

韩国最先于2002年4月提出“E-Korea Vision 2006”战略，其关注的重点是如何加紧建设IT基础设施，使得韩国社会各方面在尖端科技带动下跨上一个新的发展台阶。在“E-Korea”实施后不久，韩国信息通信基础设施水平得到了大幅提升。其后，韩国国内方方面面都希望借助已有的先进硬件提高生产效率、生活质量等。[②] 2003年底发表“Broadband IT Korea Vision 2007”政策，在这种背景下，韩国信息通信部于2004年3月提出了为期十年的“U-Korea”战略，目标是在全球最优泛在基础设施上，将韩国建设成为全球第一个泛在社会或是无所不在的社会。2005年3月，由韩国信息及通信部（MIC）主导成立“U-Korea”策略规划小组，同年9

① 傅湘玲等：《信息化管理教程》，清华大学出版社2010年版，第30页。

② 罗凡：《“无所不在”网络的演进路线浅探》（华商B版）。

月完成“U-Korea”政策草案，2006 年 3 月确立了“U-Korea”总体政策规划。

韩国对“U”赋予的意义：任何时间（Anytime）、任何地点（Anywhere）、任何装置（Any Device）、任何服务（Any Service）以及安全（All Security），意即未来通过有线与无线共构而成的网络，不管用户在何时何地都可以获取所需要的信息与科技智能服务。①

（二）“IT839”战略

为实施“U-Korea”战略目标，2004 年 3 月提出“U-Korea”战略的同时，推出“IT839 战略”配套措施。“IT839”战略是韩国“U-Korea”具体实施过程中的核心战略，是保持信息产业等行业竞争力的重要保障之一。

“IT839”战略中“8”是八项创新服务（包括 WiBro、DMB 数字家庭服务等），“3”是三大基础建设（包括 IPv6、U-Sensor 网络、BcN 综合宽带网络），“9”是九大成长动力技术（包括数字电视、智能服务机器人、远程信息处理等）。为了更好地贯彻“U-Korea”战略，2006 年 2 月，韩国政府在“IT839”计划中引入“无处不在的网络”概念，韩国信息通信部将“IT839”计划修订为“U-IT839”计划，“U-IT839”根据目前韩国 IT 产业的发展情况对“IT839”计划进行增减。韩国政府希望通过“U-IT839”的成功使整个韩国 IT 产业腾飞。当时，韩国在计划中提出，如果“IT839”战略推进成功，韩国的信息服务市场容量将从 2003 年的 43.3 万亿韩元升至 2007 年的 53.3 万亿韩元，而整个信息产业也将从 2003 年的 209 万亿韩元上升至 2007 年的 380 万亿韩元。与之相应，韩国信息产业出口将从 2004 年的 700 亿美元提升到 2007 年的 1100 亿美元。② 由于加入了无处不在的泛在网络概念，新制订的“U-IT839”计划与原有的“IT839”计划相比有很多不同。“U-IT839”计划仍旧以原有计划的框架

① http://ilscourse.org/upload/090911-b9505183-251.pdf.

② 王玮：《浅谈日本 U-Japan 及韩国 U-Korea 战略》，2005 年 8 月 3 日，见 http://tech.c114.net/159/a151837.html。

为蓝本，同时将使“服务—基础设施—技术创新产品”三方面的关系更加紧密，以更好发挥三方互动作用。“U-IT839”计划的具体修改与补充，见表3—16。

表3—16 “IT839”与“U-IT839”比较

	“IT839”战略（2004.2）	备注	“U-IT839”战略（2006.2）	备注
8项服务	W-CDMA		HSDPA/W-CDMA	
	WiBro		WiBro	
	卫星/地面DMB业务	被结合	数字多媒体广播/数字电视服务	
	地面数字电视			
	家庭网络		无处不在的家庭服务	
	汽车通信平台服务		Telematics/基于位置服务	
	RFID应用服务		RFID/USN应用服务	
	VoIP	被排除	IT Service	新内容
3项基础设施建设	BcN（宽带融合网络）		BcN（宽带融合网络）	
	UCN（无处不在的传感网络）		UCN（无处不在的传感网络）	
	IPv6	被结合	Soft Infraware	新内容
9种新产品	下一代移动通信设备		下一代移动通信/车载信息通信设备	
	家庭网络设备		宽带/家庭网络设备	
	数字电视/广播设备		数字技术广播设备	
	下一代PC机		下一代计算机及外围设备	
	智能机器人		智能机器人	
	车载信息通信服务设备	被结合	RFID/USN设备	新内容
	IT系统单晶片		IT系统单晶片/融合部分	
	网络内置软件系统		网络内置软件系统	
	数据内容技术解决方案		数据内容技术解决方案	

资源来源：《韩国启动U-IT839计划》，见http：//www.docin.com/p-42691804.html。

表3—16显示，在8项服务中去掉了网络电话服务（因为当时网络电话服务已经实现了商业化），将数字多媒体广播服务和数字电视服务合并，增加了宽带融合服务和IT服务两项内容；在3项基础设施建设中，将宽带集成网络和IPv6合并，增加软件基础设施；在9种新产品中，将移动

通信手持终端与设备和远程信息通信产品合并，增加 RFID/无线传感设备。

（三）“IT-Korea”未来战略

韩国推动“U”计划的战略目标就是通过 IT（信息技术）发展政策，争取提前进入“智能型社会”。而这个“智能型”是指人、物、计算机融为一体，一切事物变为智能化的阶段。不仅个人的生活质量提高，而且企业生产效率也大幅提高；而智能型社会就是国家竞争力全面提高的社会。通过激活市场，IT 零部件制造、材料等 IT 各领域之间会出现两极分化，通过通信网可以促进产业间的融合。[①]

韩国“IT-Korea”未来战略即是基于此目标制定，是 2009 年至 2013 年的 4 年计划，内容包括推动十大 IT 重点产业的融合应用、以软件（Software，SW）为产业竞争力之核心的软件产业、成为全球主力 IT 设备供应基地的主力 IT 产品、提供便利与前瞻的广播通信服务，以及提供更快、更安全的互联网的先进网络建设等五大重点领域，作为韩国整体 ICT 产业的发展方向。该政策为 ICT 与所有产业间的汇流，进一步扩增国家经济成长潜力，积极推动大企业与中、小企业之间的合作，间接带动整体产业的技术创新与就业机会。其具体政策目标为 2013 年通过 ICT 产业竞争力的强化，提升 0.5％经济成长潜力。具体包括以下内容和目标，见表 3－17。[②]

---

① 郑济仁、韩海生：《走进无处不在的网络时代——专访韩国电子通信研究院院长任周焕》，《财经界》2006 年第 10 期。

② 李国鼎：《南韩：IT-Korea 未来战略》，2011 年 9 月 20 日，见 http：//www.teema.org.tw/upload/ciaupload/100.09％20.doc.pdf。

表 3—17 "IT-Korea"各项重点领域之预期效果与目标

项目	目标	总目标
融合	创造 10 个国内产值超过 1 兆韩元融合产业；促进主力产业高值化与服务业升级	2013 年通过 ICT 产业竞争力的强化，提升 0.5%经济成长潜力
SW	扶植 6 家进入全球百大 IT 服务业排行；扶植 2 家进入全球百大套装软件排行；扶植 27 家收入突破 1000 亿韩元的国内企业	
主力 IT	三大主力产品之市场占有率达到全球第一；五大 IT 设备产业之国产比重及全球市场占有率成长 2 倍	
广播通信	提供全球最高水准的通信传播服务；达到下一代行动通信市场全球第一	
网际网络	建构 10 倍快速的宽频汇流网（Ultra Broadband Convergence Network，简称 UBcN）；建构全球最高水准的资产安全应变中心	

1. 十大 IT 融合重点产业

韩国政府检视所有的产业发展空间与产业带动效果后，挑出十个效果较大的产业作为未来的兆元产业，目前已选定汽车、造船、医疗、纺织、机械、航空、建设、国防、能源、机器人等十大产业。

2. 让软件成为产业竞争力的核心

韩国软件产业面临国内市场规模不大、软件产业生态较为落后、对于新市场的开发力量不足等问题。因此，韩国政府的育成战略可以分成 4 个阶段：培育次世代软件人才、强化软件质量竞争力、建构软件产业新竞争结构、扩张全球软件市场。

3. 成为全球主力 ICT 设备供应基地

韩国政府则要培植半导体、显示器、LED、网络及广播等五大 ICT 设备产业，促进相关中坚企业规模。其中，韩国政府对半导体、显示器及手机等三大产品的设备企业，将推动上下游共同研发客制化设备、促进产业购并，使设备企业大型化、推动成立专利联盟，使半导体生产设备国产比重在 2013 年要达到 40%，显示器零组件与生产设备国产比重在 2013 年要达到 50%，手机零组件与生产设备国产比重在 2013 年要达到 50%。

4. 便利与前瞻的广播通信服务

广播通信服务战略的推动项目，分别为下一代移动通信、IPTV（网络电视）、下一代广播及广播通信内容振兴等四大主轴。

5. 提供更快、更安全的互联网

先进网络战略的目标是在 2013 年完成超级 UBcN 的建构，并设立世界最高水平的信息安全应变中心。其中，有 UBcN、Future Internet 及信息安全等三大发展主轴。

此外，韩国在 2009 年发布了“绿色 IT 国家战略”，提出要将利用绿色技术的绿色 IT 培育成新增长动力，并提出了 2012 年之前加大投入的 9 个核心领域，主要是最尖端 IT 产品的开发、利用 IT 实现低碳素工作环境、绿色制造业、Smart 绿色交通体系与智慧环境监测系统等；设立总额为 1.1 万亿韩元的基金，资助中小企业在绿色科技方面的研发；发展水处理、绿色汽车、应对气候变化、土壤及地下水污染净化、生物资源利用及还原等十大绿色技术；在 ICT 方面，韩国将在四年内为绿色 IT 投资 22.7 亿美元，投资领域包括宽带网络、绿色 IT 产品和更高效节能的交通系统。[①]

(四) “U-Korea” 总体策略与愿景

为了实现建立无所不在的社会的目标，“U-Korea” 以 “The FIRST U-Society on the BEST U-Infrastructure” 为愿景策略，锁定在四项关键建设上发展无所不在社会的五大应用，各项范畴之关键策略任务见表 3－18。

表 3－18 “U-Korea” 策略的关键任务

<table>
<tr><th></th><th>愿景策略</th><th>关键任务</th></tr>
<tr><td rowspan="5">FIRST
五大
应用
范畴</td><td>亲民政府（Friendly government）</td><td>构建 U 化行政复合都市；提供行政公众服务，建置 U 化投票系统</td></tr>
<tr><td>智慧科技园区（Intelligent land）</td><td>建置 U-City 整合管理中心；建置智慧交通网络；完成电子护照</td></tr>
<tr><td>再生经济（Regenerative economy）</td><td>运用 U 化技术发展与扩张商业模式；网络 U-payment 的运用</td></tr>
<tr><td>安全社会环境（Secure&safe social environment）</td><td>建置智慧型紧急网络系统；食品与药品追溯系统；建立无人化保全巡逻系统</td></tr>
<tr><td>U 化定制服务（Tailored u-life service）</td><td>提供 U 化身份辨识卡；提供 U 化家庭生活</td></tr>
</table>

① 工业和信息化部信息化推进司：《转型与调整——中国信息化发展报告 2010》，电子工业出版社 2010 年版，第 50 页。

续表

BEST四项关键建设	平衡全球领导地位（Balanced global leadership）	吸引U-IT全球领导大厂进驻；支援企业公司的全球标准工作；巩固U-Korea与U化产业
	生态工业建设（Ecological industrial infrastructure）	培育五个关键性策略产业；吸引U化产业聚落的龙头厂商；提供工业测试平台服务
	现代化社会建设（Streamlining social infrastructure）	健全U-Korea基本规范与政策；提升U化服务、避免数字落差；巩固U化环境的安全性
	透明化技术建设（Transparent technological infrastructure）	落实U-IT839战略政策；开发U化服务核心技术

资料来源：《解析韩国无所不在的U-Korea政策》，见http：//www.istis.sh.cn/list/list.aspx？id=4094。

在U计划过程规划中，主要分为两个阶段[①]：

1. 发展期（2006—2010年）

本阶段重点任务为基础建设的建置、技术的应用以及U化社会制度的建立，除发展U化物流配销体系、U化健康照护等无所不在的服务（Ubiquitous Service）、扶植U化产业与新兴市场，也将完成无所不在网络基础建设的建置工作、IT技术在生物科技与奈米科技各领域的应用、建立U化社会规范。而本阶段预期达到的目标，包括跻身全球前15名具有竞争力、前25个高生活水准的国家之列，并提高国民所得达到22000美元。

2. 成熟期（2011—2015年）

本阶段重点任务为扩散U化服务，除将U化服务扩散应用于国内各个产业外，将国内U化服务扩散至海外市场更是本阶段的核心任务。另外，将相关电子对象嵌入智能芯片、生物科技与奈米科技IT技术的活用、稳定U化社会文化亦为此阶段发展要项。本阶段预定达成的目标，包括除跻身前10名具有竞争力、前25个高生活水准的国家之列外，也预计要将国民所得提高至30000美元。

（五）“U-Korea”计划的经验

1. 强调技术与服务的整体推进

韩国政府通过平衡全球领导地位（Balanced Global Leadership）吸引

① http：//www.cyut.edu.tw/～allanliu/course/96_2/mis/U-City_visit.pdf.

U-IT全球领导大厂进驻，支援企业公司的全球标准工作，巩固U-Korea与U化产业。MIC在2005年时就揭示U-IT产业聚落（U-IT Cluster）政策，在2006年至2010年期间，提供3697兆韩元的经费预算，通过各地方专职分工策略，让每一个地方有其基本技术，带动地方经济的发展，进而运用企业研发力量所形成的综效，成为U化技术创新的火车头，加速新兴科技应用服务的诞生。此外，2011年5月11日的经济政策调整会上，韩国放送通信委员会、行政安全部和知识经济部联合作出决定，计划到2014年前，向云计算领域投入6146亿韩元（约合6亿美元），大力培育云计算产业，从而使韩国在2015年发展成为全球“云计算”强国。该会议还发表了《云计算扩散和加强竞争力的战略计划》。计划规定，政府从2012年起，将在政府综合计算机中心引进云系统供多个部门同时使用，并建设大型云检测中心。①

但是，技术的不断革新最终是为改变生活服务。韩国信通部在《数字时代的人本主义：IT839战略》（Humanism in the Digital World：IT839 Strategy）报告中指出，无所不在的网络社会将是由智能网络、最先进的计算技术，以及其他领先的数字技术基础设施武装而成的技术社会形态。在无所不在的网络社会中，所有人可以在任何地点、任何时刻享受现代信息技术带来的便利。U-Korea意味着信息技术与信息服务的发展不仅要满足于产业和经济的增长，而且在国民生活中将为生活文化带来革命性的进步。②

为了达到最终便民的目的，U-Korea是在民众的生活环境里，建立无所不在的社会，铺设智能型网络（如IPv6、BcN、USN），应用最新的技术（如DMB、Telematics、RFID）等，让民众可以随时随地享受科技带来的各项智能服务。其最终目的，除运用IT科技为民众创造食、衣、住、

① 倪炜瑜：《物联网各国政策综述——韩国篇》，2011年8月15日，见http://www.istis.sh.cn/list/list.aspx? id=7197。

② 王玮：《建立21世纪无所不在的网络社会——浅谈日本U-Japan及韩国U-Korea战略》，《信息网络》2005年第7期。

行、娱乐等各方面无所不在的便利生活服务。[①]

在服务方面，韩国 MIC 规划产业聚落计划将在松岛新都市(Songdo)、首尔上岩区（Sangam)、原州（Wonju)、大田（Daejeon)、大邱（Daegu)、光州（Kwangju)、釜山（Busan)、济州（Jeju）八大地区实行，各地方重点发展项目分别为 U-IT 运筹中心（RFID/USN IT Hub)、数字多媒体内容（Digital Media Contents)、生物科技（BT)、研发工作(R&D)、嵌入式系统软件设计（Embedded SW)、通信技术（Communication)、智能物流（Intelligent Logistics)、车用资讯通信技术（Telematics)。车用资讯通信服务（Telematics Services）为 U-IT839 八大创新服务之一。这些都旨在给人民的生活带来便利。

表 3—19　U-IT 产业集群重点发展项目

地区	发展项目
松岛新都市	U-IT 运筹中心
首尔上岩区	数字多媒体内容
原州	生物科技
大田	研发工作
大邱	嵌入式系统软件设计
光州	通信技术
釜山	智能物流
济州	车用咨询通信技术

资料来源：《解析韩国无所不在的 U-Korea 政策》，见 http：//www. istis. sh. cn/list/list. aspx? id=4094。

此外，由韩国电算院（National Computerization Agency，简称 NCA）统筹的松岛新都市的 U-IT 运筹中心，在 2006 年 1 月底已完成“U-IT 产业聚落推广中心（U-IT Cluster Promotion Center）”的初步草案，预计投入 3217 亿韩元，在 2010 年完成松岛新都市 U-IT 运筹中心建置计划。在

① 蔡易静：《洞悉南韩无所不在政策——U-Korea》，2007 年 3 月 27 日，见 http:/newsrfidworld.com. cn/2007 _ 3/2007327921544588. html。

整个U计划的实施过程中，韩国走的是技术路线，如韩国在“The FIRST U-Society on the BEST U-Infrastructure”愿景策略及关键任务中的亲民政府（Friendly Government）的策略之一是通过技术建置U化投票系统（U-Voting System），在智慧科技园区（Intelligent Land）的建设中，建置U-City整合管理中心，而在安全社会环境（Secure & Safe Social Environment）中建置交通网络、完成电子护照（E-Passport）入境监控系统，建置智慧型紧急网络系统、食品与药品履历追溯系统，建立无人化保全巡逻系统。

科技的运用最终是为了提高人们的各项生活水平。U-Korea所带来的信息技术与信息服务的发展不仅要满足于产业和经济的增长，而且在人们日常生活中将为生活文化带来革命性的进步。U-Home是U-IT839八大创新服务之一，它的目的是建立无处不在的家庭网络业务。为了建设韩国无处不在的社会，开发新的商业模型来推动无处不在的城市和无处不在的健康概念，泛在家庭展出U-IT839计划的主要成就以及无处不在生活的远景。自2003年以来，已经有1300户家庭使用了U-Home业务。家庭联网最终目的是让韩国民众能通过有线或无线的方式控制家电设备，并能在家享受高品质的双向与互动多媒体服务，如远程教学、居家照护、视讯随选服务（Video on Demand）、居家购物（Home Shopping）、家庭银行（Home Banking）等数字服务。

2007年，与交通建设部和国家警察总局合作，通过汽车通信平台为用户提供包括高速公路和街道地图等交通信息的一站式服务。建设基于位置服务的无处不在社会的安全网络项目，通过这个项目为那些孤寡老人和残疾人提供服务。同时，建设U-City是U-Korea发展战略在韩国城市的具体实施。U-City是一个可以把市民及其周围环境与无所不在技术集成起来的新的城市发展模式。U-City把IT包含在所有的城市元素中，使市民可以在任何时间、任何地点，从任何设备访问和应用城市元素。韩国中央政府和地方政府都非常支持U-City建设。首尔、釜山、仁川等六个地区成为U-City示范区。而U-City的大力推行也将极大促进韩国电子信息产业的发展。在2005年5月，MIC举办“韩国U-City论坛”建立跨业合作平台，结合韩国国内土木工程设计规范与标准的政府主管机构工程与运输部（Ministry of Construction and Transportation，简称MOCT）以及KT和Samsung SDS等业界龙头，共同构筑新时代科技化都市计划的都会架构与规格。目前已有超过10个以上的城市参与此项计划，2006年着重于U-City都市规范与法令制度的建立工作。

2. 国家投入引导性资金、配以政策支持，吸引利益者相关方积极参与

要使U计划的美好愿景变为现实，信息产业企业的作用至关重要。在推动信息产业企业的发展方面，韩国政府一直以来都不遗余力地给予企业政策支持，倡导鼓励企业间的质量竞争，希望通过有效竞争培育出本国具有世界级水平的新技术和新产品。韩国政府在“国家ITS21计划”（National ITS 21 Plan）中表明，从2007年到2020年，将总共投入32亿美元。这些表现在韩国政府IT管理部门和企业的合作、政策制定、资金人员的支援、政府对市场的有效监控等。事实上，政府高度重视在IT业界已经收到的丰硕成果，如在2005年《财富》杂志评选出的全球最受赞赏的公司中，韩国三星（SAMSUNG）公司榜上有名，韩国三星电子公司是首次登上全明星榜，而且是此次评选中唯一进入世界前40强的韩国公司。三星是世界上最大的存储芯片、平板电视生产商以及第三大移动电话制造商。公司自2003年以来一直保持骄人业绩，上报的利润额为创纪录的50亿美元，销售额为544亿美元，是全世界利润最丰厚的电子产品公司。能够取得这样的成绩，政策扶持、企业的研发实践和高效管理都是制胜法宝。[①] 而作为韩国IT产业的核心技术诞生地——国有机构电子与电信研究所（ETRI），它的任务是基础和核心技术的开发，使其成为全球化的标准，私人公司将利用这些技术进行新产品的开发。政府每年投资于ETRI

① 王玮：《浅谈日本U-Japan及韩国U-Korea战略》，2005年8月3日，见http://tech.c114.net/159/a151837.html。

的预算是3.45亿美元。三星、SK电信、LG电子等大企业还投入大量的产品研发资金。在应用方面，韩国主要集中于本土产业能力较强的家电、汽车领域，所有在IT839计划中用于打造智能家庭的网络服务、数字多媒体广播服务、数字电视等，开发智能交通系统和汽车电子的远程通信产品榜上有名，这些业务成为韩国物联网的先导产业。

此外，韩国政府从20世纪70年代开始进行信息化建设，30多年来，发布了一系列计划，通过政策制定一方面鼓励投资、鼓励竞争，如从1983年4月开始制订《半导体产业培育计划》、1989年制订《尖端产业发展五年计划（1990—1994）》、1993年制订《信息产业育成计划》、1999年提出"网络韩国21世纪"计划、2001年提出并实施信息化建设规划[①]等。

另一方面，韩国政府密切关注市场动态，防止大企业过度垄断。过去，由于IT企业只注重国内市场的发展，导致整个产业的国际竞争力相对较低，同时IT产业的人力资源与产品管理能力都相对较低。2006年韩国制定产业政策，改善软件销售制度，2010年用户可以在日常生活中自由使用该技术。具体策略包括启动大量的信息化建设项目，使IT产业推动国家经济。加强软件质量管理并加强人力资源培训。2006—2010年，IT产业及其增值业务的收入分别达到85万亿韩元以及28.5万亿韩元。通过推动高增值IT业务，整个IT产业向以知识为基础的经济形态发展，主要体现是政府将企业定位于政策前期的建议者和后期的落实者，与企业通过政策制定形成良性互动。目前，韩国政府与KT、三星电子、LG电子、SK Telecom、KTF、LG Telecom等企业紧密合作，共同运用无所不在的信息通信技术，构建了一个示范应用环境——无所不在的梦想大厅(Ubiquitous Dream Hall)。[②]

值得一提的是，由于近年来许多业务的行业界限日益模糊，在制定政

① 刘喜喜：《IT韩国未来战略》，《中国计算机报》，2009年11月30日。

② 陈超、曾原、施雯：《从e到u——构建21世纪和谐社会的"技术路线图"》，《世界科学》2005年第6期。

策方面，韩国政府也非常灵活，如为了能够让 SK 电讯提供基于卫星的 DMB 业务，韩国政府甚至修改了广播电视法。这些都是保障 U-Korea 顺利推行不可缺少的环节。[①]

在整体的 IT Korea 的预期建设过程中，韩国政府也充分调动了民间资本以吸引不同的资金投入。由中国台湾地区资策会（Forseeing Innovative New Digiservices，简称 FIND）的一份整理数据显示，韩国在 2009 年到 2013 年间投资 189.3 兆韩元用于 U-Korea 的建设。其中，政府出资 14.1 兆韩元，约占整体投资的 7.4%，而民间的投资将为 175.2 兆韩元，约占整体投资的 92.6%。政府出资的 14.1 兆韩元中，中长期研发项目投资金额为 12.6 兆韩元，其中包含 IT 融合领域 2.6 兆韩元、软件领域 4.4 兆韩元、主力 IT 产品领域 3.4 兆韩元、广播通信领域 1.5 兆韩元及先进网络领域 0.7 兆韩元。民间投资中，设备投资为 109.7 兆韩元，研发投资的总额将为 65.5 兆韩元。[②]

3. 构建物联网社会与形成智慧城市

物联网作为新兴技术走进人们的事业，并成为引领新技术革命的重要引擎。2009 年 6 月，韩国通信委员会（KCC）决定促进“未来物体通信网络”建设，使用户随时随地安全方便地进入人与物、物与物之间的智能通信，项目投资大约 1200 万美元。KCC 选择首尔市政府、济州岛特别自治省、春川市江原道三地组成联盟作为试点，中央和地方政府共投资 192 万美元，在试点地区建设物体通信基础设施，作为无线宽带城市的一部分。首尔市的建设重点是与日常生活相关的业务，市政府拟投入 27 亿韩元用于建设 RFID 公共自行车示范系统，济州岛聚焦于建设基于 2G、3G 无线通信技术的环境测量智能基础设施，春川市江原道则致力于打造娱乐化城市，在融合广电网络、通信网络和传感技术的基础上建设智能的、福利性娱乐城市。另外，韩国通信委员会于 2009 年 10 月通过了《基于 IP

---

① 金缜：《IT839：韩国信息业的“五年计划”如何运作?》，《通信世界》2006 年第 4 期。

② 李国鼎：《南韩：IT Korea 未来战略》，2011 年 9 月 20 日，见 http: //www.teema.org.tw/upload/ciaupload/100.09%20.doc.pdf。

的泛在传感网基础设施构建基本规划》，将传感网市场确定为新增长动力，据估算至2013年产业规模将达50万亿韩元。[①] 2009年10月13日，韩国通信委员会出台了《物联网基础设施构建基本规划》，将物联网市场确定为新增长动力。该规划提出到2012年实现“通过构建世界最先进的物联网基础设施，打造未来广播通信融合领域超一流信息通信技术强国”的目标，并确定了构建物联网基础设施、发展物联网服务、研发物联网技术、营造物联网扩散环境等四大领域和12项详细课题。[②]

为了深入推进物联网技术的相关研究，从2010年初开始，韩国政府陆续出台了推动RFID发展相关政策，主要有RFID先导计划、FID全面推动计划及USN领域测试计划。2011年3月9日，韩国知识经济部在经济政策调整会议上发布了属于“＋α产业培育战略”一部分的“RFID推广战略”。此外，韩国计划研发在900Hz和13.56MHz宽带上均可使用的双读写芯片，并推广使用有双读写芯片的经济型手机USIM卡。到2015年，在流动人口密集地区规划出50个智能RFID区，使人群在此类区域可以利用装有RFID读写器的手机享受定位查询、信息检测、购物结算、演出票购买、观看视频等服务。[③]

物联网的最大运用成果之一是构建智慧城市，这也与“U-Korea”战略相吻合。“U-Korea”旨在建立无所不在的社会，即通过布建智能网络（如IPv6、BcN、USN），推广最新的信息技术应用（如DMB、Telematics、RFID）等信息基础环境建设，让韩国民众可以随时随地享受科技智能服务。其最终目的，除运用IT科技为民众创造食、衣、住、行、体育、娱乐等各方面无所不在的便利生活服务之外，也希望通过扶植韩国IT产业发展新兴应用技术，强化产业优势与国家竞争力。构建U-City大致可以分为互联阶段（Connect）、丰富阶段（Enrich）、智能阶段（Inspire）。互

---

① 工业和信息化部信息化推进司：《转型与调整——中国信息化发展报告2010》，电子工业出版社2010年版，第50页。

② 李蔚田：《物联网基础与应用》，北京大学出版社2011年版，第21页。

③ 倪炜瑜：《物联网各国政策综述——韩国篇》，2011年8月15日，见http：//www.istis.sh.cn/list/list.aspx? id=7197。

联阶段偏重信息基础设施建设，如无线网络、传感器安装；丰富阶段偏重服务，即提供无所不在的服务，如U-服务；智能阶段偏重管控一体化，如U-中心。目前，韩国U-City已逐步进入智能阶段，即利用无所不在的技术（U-IT），特别是WSN，达到对城市设施、安全、交通、环境等智能化管理和控制。[①]

2009年，韩国仁川市宣布与美国思科公司合作，以网络为基础，全方位改善城市管理效率，努力打造一个绿化的、信息化的、无缝连接的、便捷的生态型和智慧型城市。通过整合式的公共通信平台，以及“无所不在”的网络接入，消费者不仅可以方便地实现远程教育、远程医疗、远程办理税务事宜，还可以实现智慧化地控制房间的能耗。未来市民看病不需亲赴医院，医生通过专门的医疗装置就可以了解病人的体温、脉搏等情况，通过视频会议系统就可以完成望闻问切。[②]

五、中国台湾地区“U-Taiwan”计划及发展现状

（一）中国台湾地区信息技术和信息产业的发展源起

20世纪五六十年代，中国台湾地区还是一个以农业生产为主要经济模式的地区，六十年代开始发展中小规模的制造业，从日本和欧美引进机械化生产技术和设备，并由官方提供建厂用地、银行贷款和投资扣抵等支持，利用当时低廉的劳力及土地等优势，使台湾地区的机械制造业得到快速发展，外销出口产品的数量迅速增加。到七十年代，为使台湾地区成为“科技岛”，又开始强化信息技术和精密仪器的研究，直接促进了其产业升级与高科技发展。

1979年，台湾地区颁布实施《科学技术发展方案》，成立了行政院科技顾问组，选择IC产业作为台湾地区经济未来发展的重点，并在新竹地区创建科学园区，全力推动信息、光电半导体工业、通信等高科技产业的

① 金江军：《韩国城市进入U-CITY时代》，2009年第10期。

② 陈柳钦：《智慧城市：全球城市发展新热点》，《青岛科技大学学报（社会科学版）》2011年第1期。

发展。到八十年代后期，台湾地区大量出口外销的产品已经由纺织等传统商品转为以信息和光电技术产品为主，包括电视、集成电路、电脑、电信和其他光电产品等。这一产业转型，使台湾地区以有限的土地、人力等资源，维持了以后长达三十年的以信息技术产业为主要国际竞争力的发展[①]，中国台湾地区也因此与韩国、中国香港和新加坡并称为“亚洲四小龙”（Four Asian Tigers）。

20 世纪末，随着互联网信息技术的迅速发展，全球电信市场的产品需求进一步增加，直接促使台湾地区产业的又一次转型。台湾地区以长期积累的高科技生产效率和品质优势，一方面大量承接美国和欧洲信息产品的代加工，另一方面积极推动本地区的信息基础设施建设，力求与国际科技发展同步。

21 世纪初，一些数字化技术领先的亚洲国家纷纷提出 U 化的信息通信政策，如日本的“U-Japan”和“IT 新改革战略”、韩国的“U-Korea”、新加坡的“新世代 I-Hub”等。联合国信息社会高峰会议的“日内瓦宣言”也呼吁“各国政府应正视人民所拥有的数字化权利，重视高科技、发展高科技产业，应用高科技创造人民福祉”[②]。在这一背景下，中国台湾地区于 2002 年 5 月提出了“挑战 2008：发展重点计划”，力图通过一系列重点计划的实施，促使台湾地区产业继续升级转型，以进一步提升台湾地区的国际竞争力。

（二）中国台湾地区泛在信息社会建设各阶段的推动战略

中国台湾地区泛在信息社会建设由台湾地区“行政院”主导，从 2002 年信息通信基础建设开始，目标是阶段式扩展泛在网络的服务。现在，已陆续完成数字台湾（E-Taiwan）和移动台湾（M-Taiwan）计划，使泛在网络所需的基础网络和通信设施得以完备。2008 年，面对快速进入老龄化的情形和国际经济形势的发展变化，台湾地区继续实施了“优质

---

① 中国文化大学科技发展与人物编委会：《科技发展与人物》，中国文化大学华冈出版部 2000 年版，第 360 页。

② 《数位台湾》，2007 年 12 月 3 日，见 http：//www. etaiwan. nat. gov. tw/。

台湾”(U-Taiwan)计划，并于2009年进一步扩展为“智慧台湾”(Intelligent Taiwan)计划，力图通过云计算和云存储这一无所不在的运算技术，建立起网络数字化生活和商业模式。

2002年台湾地区“行政院科技顾问组”制定“台湾地区资讯通信发展方案”，提出了“数字台湾”计划，重点是发展台湾地区ICT基础环境，完备宽带网络，以便为与民众生活相关的应用服务奠定基础。此计划的战略目标主要参考了国际ICT指标，包括“计算机网络准备能力指数”(Networked Readiness Index，简称NRI)和“数字经济指标”(Digital Economy Rankings)①，并具体给出了台湾地区资讯通信科技的基础建设方案及评估指标，要求以ICT的建设成果来检验科技应用的目标。计划实施的时间为2002年至2007年，实现目标包括五大方面，即宽带到家、E化生活、电子商务、电子政府以及缩减数字鸿沟。而对“数字台湾”计划目标完成情况进行的评测，则由台湾地区“财团法人资讯工业策进会”于2008年进行，见表3－20。

表3－20 “数字台湾”计划2008年的目标

实现目标	完成指标
宽带到家	1. 到2007年10月，宽带上网用户609.3万 2. 世界经济论坛公布的2006—2007年整体网络整备度评比，台湾地区排名世界第13，亚太第3；ITU的数字化机会评比，台湾地区名列世界第7；布朗大学电子政府评比，台湾地区连续6年名列世界前5，其中有3次排名世界第1、2次世界第2 3. 到2007年9月，网络使用人口数1476万，个人联网普及率64％
e化生活	1. 应用数字技术培训人才的大型企业从2003年的16％提至2007年的50％，2007年底数字教育产值约120亿新台币 2. 2007年8月底，数字电视涵盖总面积为10547平方公里，服务总人口数为1641万，约占台湾地区总人口数的71.8％ 3. 推广“智慧公交”，建立各县市公交动态资讯系统
电子商务	1. 信息服务业产值于2006年达到2395亿元新台币 2. 2006年起推动“电子发票计划”，2007年完成114家电子发票加值服务中心或大型企业(含网购业者)与电子发票平台整合，并辅导企业应用电子发票，总张数达1000万

① 财团法人资讯工业策进会编：《2010—2011年资讯国力年鉴》，行政院科技顾问组，2011年，第2页。

续表

电子政府服务	1. 2007年网络申报个人综合所得税245.7万人，营业所得税网络申报达97.12%，约计节省45亿元新台币以上社会成本 2. 行政机构公文电子交换率达七成，一年节省成本费用约2亿余元新台币。通过采购信息公告系统，节省机构刊登招标信息费用约30亿元新台币 3. 完成交通速派服务、就业服务、观光行程暨预约服务、中小企业金融服务、进出口服务、汽车进口服务、外籍工作人士管理与服务、刑事资料查询查验服务、民众e管家服务①等创新服务
缩减数字鸿沟	1. 将原住民使用计算机的比率由2007年的67.2%提高到89.2%，使用网络的比率相应增加20% 2. 辅导55000家中小企业运用电子商务，增加16.2亿元新台币信息服务业商机

资料来源：台湾，2012年7月8日，见http：//www.etaiwan.nat.gov.tw/content/application/etaiwan/et1002003100000000/guest-cntgrp-browse.php?ordinal=10020031；《遇见未来科技新契机——创新台湾地区发展网路优质社会》，2011年1月29日，见http：//show.udn.com/act/etaiwan/p1－6.html。

“移动台湾”（M-Taiwan）计划

在“数字台湾”计划实施过程中，台湾地区于2004年同时启动了“移动台湾”（M-Taiwan）计划，目标是以宽带网络的建设带动“移动服务”“移动生活”“移动学习”三项应用服务的发展。具体内容：建立10个移动城市，通过移动服务使行政服务更有效率，民众办事更加便利；以民众生活需求为依据，提供创新生活应用服务，以生活圈、社区、医疗护理机构等为主要应用领域；通过移动学习，促使各种教育资源得到更加广泛利用，主要以学校、博物馆、文化中心等艺术、文化机构为应用领域。

“移动台湾”总计划包括10项分计划，具体是“宽频网络建设”“宽频网络运营管理”“移动台湾应用基础设施建设”“移动台湾应用基础设施运营管理”“共享平台建设”“漫游中心建设”“移动台湾研究”“移动教育训练”“计划宣传与推广”及“双网整合”等。② 其中，最重要的建设项目是“电信总局”负责的“先进宽频e化服务网络推动计划”（Advanced Broadband Integrated E-Service Network，简称ABIEN）。该项目由官方投

① 网路便民服务平台将散布于台湾地区各官方网站的各项与日常生活息息相关的讯息与服务，透过单一介面取得资讯，并可线上申办相关事务，见https：//msg.nat.gov.tw/。

② 《M台湾——宽频管道建置计划》，2011年1月29日，见http：//duct.kcg.gov.tw/www/aboutM.html。

资300亿新台币，建设环岛北中南三大骨干网络，以完善数字化行政服务目标；同时支持企业参与光纤到户建设（FTTH），并鼓励厂商投入全球微波互联接入（Worldwide Interoperability for Microwave Access，简称WiMAX）技术及产品的研发。

“移动台湾”计划要完成三大具体目标：①2007年9月，使光纤铺设长度达到1467公里，形成覆盖全岛各城市和乡镇的高速网络。②通过二百六十余家厂商投入技术、产品的研发，促进WiMAX产业快速发展，使台湾地区成为全球网络设备与应用服务的最佳测试场。③配合WiMAX相关产品需求，产业界和官方合作，共同开发微网机（M Tube）移动装置。

（三）中国台湾地区泛在信息社会建设中的科技应用战略

进入21世纪以来，台湾地区整体社会发展面临着极大的变化：受全球经济低迷的影响，台湾地区的经济发展变得相对迟缓；产业结构由制造业转为服务业；65岁以上人口占总人口近10%，正式成为老龄化社会；自然资源不足，除要求必须节能减排外，更急需开发绿色能源及规划现有能源的使用；数字鸿沟加大，城市及偏远乡镇人口使用计算机的比例分别是75.7%和54.7%；民众对安全、安心生活的要求更为具体，如医疗的健全、住的安全和吃的安全等。经过前述两个阶段网络基础设施的先行建设，如何将信息技术通过无所不在的网络，全面深入到民众的实际生活层面，就是接下来“优质台湾”（U-Taiwan）计划的关注重点。[①] 需要指出的是，此计划的时间跨度是2008年到2011年，由于2008年台湾地区因选举产生政策变化，而此时全球都面临美国金融风暴引发信用贷款紧缩、经济发展趋缓的形势，U-Taiwan计划执行不到1年，台湾地区“行政院经济建设委员会”就于2008年12月15日提出了“新世纪第三期建设”计划以取代“优质台湾”计划。新计划中的“台湾地区发展政策主轴”架构下的“空间再造”概念第五项，即为“智慧台湾”计划（Intelligent Tai-

① 《优质网络政府计划》，2011年11月30日，见http：//www. intelligenttaiwan. nat. gov. tw/index. php。

wan，简称 I-Taiwan)。该计划内容包括建构无线宽带与数字化网络，发展文化创意产业，运用 ICT，整合创新政府服务，打造智慧环境，推动智慧交通相关服务与应用。显然，“智慧台湾”计划将能够更好地促使台湾地区泛在信息社会建设目标的实现。

1.“U-Taiwan”计划指标

“U-Taiwan”计划的核心是利用现代通信技术，以创新服务、无线宽带网络、感知环境、安全信赖、人机联动等发展网络化社会的要件为基础，“建设好环境、营造好生活、发展相关产业”。计划的核心仍是围绕 ICT 指标，以日本、韩国、美国和澳洲等国家泛在信息社会的政策愿景和推动重点为参考。[①] 计划内容包括 7 个方面：①完善网络化社会环境。研究制定泛在信息社会基本法，维护信息伦理，保障数字化权利；培养充足的专业人才，提升全民的信息素养。该计划明确提出，台湾地区网络社会的发展不仅要求科学技术与国际接轨，相关法律体系也要和国际接轨。为此，要对网络通信，如《电信法》《电信事业网络互连管理办法》进行修订；要健全各种与民生相关的法令，如《整并广电三法》《数字内容产业发展条例草案》《统一发票办法》等；要完善全面开放政府资讯的相关法令，如《政府资讯公开法》等。[②] ②建设新一代数字化网络，即建设高速网络、无线宽带网络与感知网络，以符合新一代网络环境的需求；要推动 RFID 电子标签的应用及物联网的建设。③创造公平数字机会，普及偏乡上网。全岛宽带覆盖率要达到 100%，并进一步推动民众对计算机的使用，营造出一个公平运用信息通信技术的环境。④创新科技化服务产业。发展关键技术，强化相关产业的国际竞争力；同时发展 ICT 平台事业，带动科技化服务（ITeS)，促使台湾地区成为全球科技化服务的最佳伙伴。⑤创新 U 化生活应用。从使用者角度出发，推动能够解决民众食、医、

① 台湾地区“行政院科技顾问组”：《资通信发展方案（2007—2011 年）修订核定版》，行政院科技顾问组，2009 年，第 39 页。

② 王郁琦等：《优质网络社会（UNS）相关法制环境之检讨与整备委托研究计划案期末报告》，台湾地区“行政院经济建设委员会”，2007 年，第 19 页。

住、行、育、乐等生活议题的科学技术创新应用。⑥强化信息通信安全。宣传信息安全社会责任，建立网络社会信赖机制，提高民众对泛在信息社会相关技术在生活中应用的接受度。⑦创新U化行政服务。通过强化网络互动，普及资讯服务，扩大公民参与，并通过主动的行政服务，为民众创造优质生活，从而提高公共服务的价值。[①]

2. “智慧台湾”战略

全球主要发达国家的泛在信息社会发展计划提出以后，一直随着网络通信技术的发展在进行新的补充和完善，如韩国的Smart Korea和日本的I-Japan。作为“U-Taiwan”计划的改造方案，“I-Taiwan”根据台湾地区在ICT（通信、信息、光电及半导体）方面的竞争优势，紧跟国际社会的发展趋势，提出了要重点推动6项新兴产业，包括生物科技、观光旅游、绿色能源、医疗护理、精致农业以及文化创意产业。其中，生物科技的发展可支持精致农业与医疗护理两大产业，精致农业与医疗护理又可带动观光产业，观光产业则可以与文化创意产业相结合，而文化创意产业中有关数字化内容的部分又回归到ICT产业。

2008年底，台湾地区资讯策进会调查公众对于信息内容、信息沟通和信息应用的需求，排名前5项的有：①食品安全认证机制（食）。要求推动农产品安全标签，从食品的生产基地到民众的餐桌，对食品质量进行全面监控，让民众能买的安心、吃的安心。②社区安全监控系统（住）。要求推动智慧住家，形成社区居住防护体系，提供安全便捷的居住环境。③电子病历（医）。要求推动医疗护理、健康咨询服务，让病人、老人、幼儿生活安心。④智慧票证—交通一卡通（行）。要求提供移动设备可查询的交通信息服务，让民众上路不堵车，并享受多样化的移动服务。⑤IPTV数字电视（乐）。要求提供多元化、兼具娱乐和知识的数字内容频道。而“智慧台湾”计划将利用“物联网”应用服务与民众生活的结合，

① 台湾地区“行政院科技顾问组”：《资通信发展方案（2007—2011年）修订核定版》，行政院科技顾问组，2009年，第39页。

通过有线和无线的物联网络，达到任何时间、任何地点以任何设备连接网络，都能获得所需信息，并得到无所不在的服务。

“智慧台湾”计划涉及高速宽带网络、文化创意产业、优质网络政府、贴心生活应用与产业、公平的数字机会和人才培育等六大领域，各领域在2012年计划达成的目标见表3-21[①]。

表3－21 “智慧台湾”2012年发展目标

领域	指标	2008年	2012年
高速宽带网络	高速宽带（30Mbps以上）网络覆盖率	45%	80%
	带动民间投资	150亿元	1000亿元
文化创意产业	文创六大旗舰产业总产值	6510亿元	9734亿元
	培育工艺卓越人才	250人	1450人
优质网络政府	政府网络服务满意度	50%	56%
	e政府服务平台共享服务累计数	10项	77项
贴心生活应用与产业	智能公交系统服务之县市数	14	24
	民众享用各类创新科技服务的普及率及满意度	20%，40%	50%，60%
公平的数字化机会	偏乡民众上网普及率	52%	62%
	普通民众上网普及率	68%	74%
人才培育	公立中小学使用“国中小图书管理系统”	逐年扩增使用校数	1200所
	各校发表国际论文平均篇数	1418	1800
	大学的世界排名（上海交通大学排名）	152—200名	101—150名

表3－21中所列六大领域的具体要求如下：

（1）高速宽带网络。在2016年全面建构无线宽带PA网络（50Mbps），利用物联网第3.5代的HSDPA（High Speed Downlink Packet Access）、WiMAX与LTE等宽带上网技术及第4代移动高速联网技术IMT-Advanced（International Mobile Telecommunications Advanced），为民众提供完善的价廉物美的宽带应用环境。

---

① 财团法人资讯工业策进会：《智慧台湾》，行政院科技顾问组，2009年，第59页。

（2）文化创意产业。大力促进移动电视、电影、流行音乐、数字内容、设计及工艺等产业的发展，将台湾地区打造成亚太文化创意产业发展中心。

（3）优质网络政府。运用ICT整合并创新服务，为民众提供申办各项行政服务的便利渠道，并将民众的满意度作为计划实施效果的重要参考指标。

（4）贴心生活应用。在食、医、住、行等各方面为民众提供安心便捷的生活环境，并以各类创新科技服务普及率与用户满意度作为计划成效的重要参考指标。

（5）公平信息使用机会。缩减数字鸿沟，持续关注偏乡群众的信息素养，提升网络使用普及率。主动向偏乡地区、弱势团体、原住民与妇孺、年老退休人员等提供所需要的数字信息、提供使用网络及教育训练的机会，并整合多元化数字资源，确保全体民众都能获得公平的信息与学习机会，进而提高全民的信息素养。

（6）人才培养。除加强对支撑“智慧台湾”计划所需专业人才的培养外，还要大力提升整个高等教育的品质，将强调教学质量与学术水平的“上海交通大学世界大学排名”纳入计划实施效果检验的参考指标。

截至2012年7月，“I-Taiwan”计划进入最后成效的检验阶段，并开始在相关网站上定期公布执行成效。2012年第一季度公布的执行进度，总计划中的85项子计划除5项未达到每季度的标准，其他项目均达到80％以上的完成率。

为了使“I-Taiwan”计划更加完善，该计划又增加了“数字关怀”项目，共有16个子计划，主要是针对偏远乡镇和社会的弱势族群（如妇女、老人、原住民和身心残疾者），这些新增项目预计于2016年完成。[①]

---

① “行政院”科技会报办公室：《爱台12建设101年度第一季执行情形》，2012年7月10日，见http：//www.intelligenttaiwan.nat.gov.tw/index.php。

(四) 中国台湾地区泛在信息社会发展的成效和问题

1. 发展的成效

经过十年的规划建设，台湾地区泛在信息社会的发展取得了明显的成效，体现在如下方面：

(1) 政务信息的公开化和行政效率的提升。由过去行政机构与信息专家所主导的数字信息社会，转变为公众所主导的知识信息社会。通过网上的全面信息公开和网上业务申办（如网络报税和电子发票），提高了行政机构组织运作的透明度，民众办事的便捷性和效率也得到了提高。

(2) 免费或低价上网使台湾地区的数字化生活更为普及，民众信息沟通的便利性大大增加。例如，台北市规划建立公共场所免费无线上网服务，民众只要在公共场合就可通过手机、笔记本电脑或其他具备移动通信的手持阅读设备免费上网。上网的地点包括地铁车站及地下商业街、市行政大楼、市立联合医院的本部及 8 个院区、12 个行政中心、市立图书馆及 28 个分馆等公共场所。整个台湾地区 2520 个行政机构、旅游景点、交通运输节点也将开通名为“I-Taiwan”的 Wi-Fi 免费上网。

(3) 由官方主导并支持 IT 产业追踪国际最新技术，积极应用云存储和云计算技术开发最新的 IT 产品，同时吸引世界知名企业投资参与产品的研发和制造，从而保持了台湾地区电子通信产品的国际竞争力。

(4) 为适应泛在信息社会发展的要求，及时制定和修订相关法令，以法制保障了泛在信息社会运行的秩序，增加了政界、企业界和普通大众对泛在信息社会的信赖度。

(5) 分工负责计划的落实，积极拓展与其他国家和地区的合作。为了让“智慧台湾”计划惠及全体居民，在台湾 113 个偏远地区设立了数字机会中心（Digital Opportunity Center，简称 DOC），以缩小城乡数字鸿沟。同时，对计划实施中的一些具体工作进行了合理的分工，如“经济部”负责提供与电子商务相关的专业辅导与支持；“劳工委员会”负责提供多元化的就业方案；“教育部”负责组织具有信息科学相关大学教育背景的志愿者，并向企事业单位和民间募集经费，由志愿者参与电脑硬件设备维修、辅导民众使用网络和计算机设备，以提升民众的信息素养等。数字机会中心的设立使台湾地区 2007 年的城乡数字鸿沟比 2005 年缩小了 3.6%。2004 年，台湾地区还与智利、印尼、秘鲁、菲律宾、巴布亚新几内亚、越南和泰国等 7 个 APEC 成员合作，建立了“APEC 数字机会中心”，将自己在泛在信息社会建设中的经验提供给上述国家和地区共享，台湾地区企业界也借此拓展了国外商机，提高了台湾地区电子通信产品在国际上的市场份额。[①]

2. 存在的问题

台湾地区幅员小、人口主要集中于城市，IT 技术先进、“计算机网络准备能力指数”排名在世界上领先、计算机通信产品出口也在国际上占有重要地位。这些是推动台湾地区泛在信息社会建设取得明显成效的主要因素。但是，客观地考察台湾地区泛在信息社会的发展过程，我们还是能够发现一些问题和值得思考之处。

(1) 偏远乡村网络的建设和运营以及推动网络应用的成本较高，如果这些费用完全由地方当局承担则会比较困难；在技术上，偏远地区铺设宽带和无线网络也存在困难，这与英国的情况类似，需要利用商业卫星予以弥补，而在台湾地区利用商业卫星的成本更高，这使得一些偏远地区目前仍仅能满足民众语音通信的需要。由此可见，台湾地区泛在信息社会发展中的城乡差距还会存在。

(2) 在“智慧台湾”计划中有关人才培养部分，有“悦读 101——教育部提升国民中小学阅读计画”，旨在加强民众对图书馆资源的利用力度，并从儿童期开始培养公民的阅读习惯。[②] 应该说，这个计划的初衷是符合泛在信息社会发展大趋势的，但由于网络社会中阅读的对象不仅仅是纸本图书，更有大量的数字信息资源，而台湾地区的数字出版却比较落后，即使有出版社从事数字出版工作，也大多是出版与中小学教育相关的教辅内

① 《偏乡数位关怀推动计画》，2011 年 11 月 30 日，见 http://itaiwan.moe.gov.tw/。

② 《悦读 101——教育部国民中小学提升阅读计画》，2012 年 7 月 10 日，见 http://www.dxes.tc.edu.tw/dxeshtml/edu/edu_f/files/read101edu.doc。

容。这就使得台湾地区民众从网络上获得除教辅内容外的数字出版内容十分有限，目前只能通过增加公共图书馆和学校图书馆的经费，以改善公众的阅读条件，提高公众对传统文献的阅读率。显然，最终由于电子图书出版数量不足，公众数字阅读习惯难以养成，要全面提高公众的数字阅读能力仍很困难。

(3) 现代信息技术的发展十分迅速，信息产品更新换代的时间也越来越快，但在全球经济不景气的情况下，电信厂商必然会考虑对新技术应用的投入能否在短期内收回成本并获得赢利。这将严重影响企业界对信息产品创新开发的积极性。而由官方投资建设的信息网络基础设施能否获得经费的继续支持以使其性能能够保持与全球同步或领先，也将严重挑战企业界对“智慧台湾”计划支持的力度和投资意愿。

(4) 台湾地区的移动通信费用和上网费用相对偏高，阻碍了信息技术和信息产品的商业应用和普及，一直被台湾地区民众所诟病。虽然台湾地区在互联网的速度、网络覆盖率和宽带上网等基础设施建设方面取得了令世人瞩目的成绩，在世界经济论坛公布的2012年“计算机网络准备能力指数”排名中，在144个国家和地区中排名11[①]，超过韩国和日本；而世界经济论坛2012—2013年全球竞争力报告中，台湾地区排名13[②]。但是对排名从不同维度进行分析，不难发现官方机构和个人使用计算机和网络的表现并不佳，特别是数字电视的普及率和以宽带上网为基础的电子商务的应用还有很大的改善空间，网络应用的商业环境和泛在信息社会的规划执行力度与其他国家和地区相比，也存在较大的差距。

六、其他国家和地区泛在信息社会发展现状

随着互联网技术、无线宽带技术、RFID等信息技术的不断发展及信

① The Global Information Technology Report 2012: The Networked Readiness Index, Geneva: World Economic Forum, 2012, http://www3.weforum.org/docs/GITR/2012/GITR_Overall-Rankings_2012.pdf.

② Klaus Schwab, Xavier Sala-i-Martin, The Global Competitiveness Report 2012—2013, http://www3.weforum.org/docs/WEF_GlobalCompetitivenessReport_2012-13.pdf.

息基础设施的逐步完善，从整体上提高了世界各国的信息化发展水平，推动各国进入信息社会新的发展阶段。除了前述信息化高度发达的国家和地区外，欧洲、亚洲、非洲的其他国家，包括英国、芬兰、新加坡、马来西亚、阿联酋等也非常重视信息化建设，也在加快信息发展战略部署及信息基础设施建设的步伐，且已取得了一些成就。这里将一一介绍这些国家的泛在信息社会发展计划及现状。

（一）英国“数字英国”计划[①]

1．概述

2009 年 6 月，英国推出了“数字英国”（Digital Britain）计划。该计划概述了英国未来在互联网和通信广播产业方面的战略规划，提出将在 2012 年建成覆盖全境所有人口的宽带网络，每个家庭至少能享受到 2Mbps 的宽带网络服务，同时英国政府承诺拨款 4 亿美元资助铺设高速光纤网络；今后几年全面升级数字广播（DAB），把模拟信号广播留给小区域电台。“数字英国”计划由九大部分组成，涉及广播、创意产业、公共服务、教育研究、电子政府等各个方面。

2．“数字英国”计划的主要目标

计划提出了英国信息社会发展的总体目标是巩固英国在数字知识型经济中的世界主导地位。具体的发展目标有：①实现数字网络现代化。升级包括有线网、无线网、宽带网在内的数字网络，使英国拥有能保持其在全球数字通信领域竞争力的基础设施。②打造良好的数字文化创意产业环境。为英国的数字内容、应用和服务打造充满活力的投资环境，使英国的数字经济能够广泛吸引国内外的投资。③鼓励从英国民众角度提供数字内容。针对英国全体公民的兴趣、体验和需求确定内容的质量和规模，特别是提供公正的新闻、评论和分析。④确保所有人公平接入。通过打造泛在网（无所不在的网络）和培养公民的数字素养，使绝大多数英国公民参与

---

① Digital Britain Final Report，June 15，2009，http：//www.official-documents.gov.uk/document/cm76/7650/7650.pdf.

到数字经济和数字社会中。⑤完善政府电子政务建设。开发基础设施、技能，使政府能够广泛地提供在线公共服务和商务界面。

3. “数字英国”计划的内容

在提到英国的数字化进程时，计划提出的目标是要让所有人享受到数字英国的好处，其中的重点就是到2012年2Mbps的频宽普及，到2017年下一代宽频在家庭用户和企业用户中的覆盖率达到90%。

在建立全面的数字通信基础设施方面，计划提出英国的目标是完善国家通信基础设施并使其现代化，使英国在全球数字经济中立于不败之地，其中提到了政府应关注下一代或下几代的宽带网络，要加快下一代移动服务的发展，实现移动频谱自由化，提高3G覆盖率。

在数字化广播方面，计划提出要为英国的广播电视公司和听众提供数字化的广播平台，到2015年全面升级到数字广播，届时英国所有国家和地方广播电台将停止传统的模拟信号广播。

在数字世界的创意产业方面，计划提出的目标是使英国跻身世界创意中心，计划分析了英国在便利条件、司法保障、沟通交流、金融条件、人力资源和基础设施方面的优势，指出这对英国在未来数字时代发展创意产业有重要帮助，英国会在法律、技术、资金支持等方面做出努力。

在数字英国中的公众服务方面，计划提出的目标是通过多种平台，从多家供应商获得信息，确保公共服务的质量和覆盖范围，以达到世界级水平。数字英国的公共服务内容比原来更加广阔，英国的歌剧院、博物馆、图书馆、档案馆和全国各地的画廊等都能通过广播、平面、网络及其他不同平台为人们提供广泛的公共服务内容。

在数字英国中的研究、教育和培训方面，计划的目标是为数字人才的培养营造环境，激励下一代，使他们成为英国在创意、研究、技术创新领域的领军者，这包括建立从早期的小学教育到数字职业基础上的再教育体系，以及与21世纪数字经济需求相结合的高等教育技能体系。

在数字安全方面，英国政府的目标是确保每位英国公民的在线生活和工作都是安全的，保护他们的隐私不被侵犯。这一点要从三个方面来考虑，在全球层面要承认当今网络管理涉及交叉的法律管辖环境，在国家层面要有适当的国家管理行为，在消费层面应该通过适当的措施保护个人的网络安全。

在电子政府方面，要保证英国所提供的公共服务和用户对新科技的期望相一致。其中，还特别阐述了通过合理有效地利用云计算，实现政府的电子政务建设。

（二）德国“数字德国 2015”

1．概述

德国政府非常重视信息技术的应用，并利用经济、法律、行政等手段促进信息技术在经济社会中的推广应用。1999 年，德国政府制定了“德国 21 世纪的信息社会”行动计划（简称 D21）。计划重点在教育和工业部门开展，推进信息技术在这两个领域的应用。D21 计划由政府推动，联合包括宝马、大众、德意志银行等 200 多个企业参加，围绕发展传输速度更高的互联网基础设施、实施“全民享有互联网”（Internet for All）项目、帮助平时接触不到网络的弱势群体也能够上网三大基本目标，实施一系列的具体项目，取得了良好的效果。[①] 2003 年，德国政府提出一项名为“信息社会德国 2006 年”的总体规划，对德国的信息和通信技术政策前景进行了展望和分析，确定了今后几年中该政策的重点实施领域以及要实现的各种具体目标和任务。[②] 2010 年，德国政府制定了名为《德国联邦政府 ICT 战略：数字德国 2015》（ICT Strategy of the German Federal Government：Digital Germay 2015）的德国信息社会总体规划。

2．“数字德国 2015”的主要任务

战略提出了 2015 年前的任务：第一，所有经济部门都采用 ICT，增强竞争力；第二，扩大数字基础设施和网络，满足未来的需要；第三，在未来的互联网和新媒介应用中保护用户的个人权利；第四，加速 ICT 行业

---

① 林平：《德国 21 世纪信息社会行动计划》，《全球科技经济瞭望》2001 年第 8 期。

② 高瞻：《德国信息社会现状及总体发展规划》，《国际资料信息》2005 年第 10 期。

的研发，推动研发成果转化为市场产品和服务；第五，加强基础教育、未来教育和继续教育与培训，增强使用新媒介的能力；第六，不断地用 ICT 技术解决社会问题，包括可持续发展与气候保护、保健、居民迁移和管理，提高人们的生活质量。

3. “数字德国 2015”的具体内容

该战略涉及以下几个方面：①数字化带来的新增长和工作机会。在这个方面，战略确定了一系列具体的目标和措施来鼓励创新和增加工作机会，具体计划涉及 ICT 中小企业、新兴企业，国内数字市场贸易与投资促进计划，开放标准与交互性，数字媒介与创造产业，工商业的数字网络化（ICT 与能源、电动汽车中的 ICT 应用、交通方面的 ICT 应用、云计算）等多个方面。②未来的数字网络。德国是目前宽带应用的领先者，对于未来国家数字网络的发展，战略也列出了若干目标和具体支持措施，具体包括高性能网络的推广、电信和网络中的法律框架、无线电频谱政策、互联网管理、德国网络基础设施等方面。③安全可靠的数字世界。在信息安全领域，联邦政府认为，国家在信息技术和互联网方面的任务是保证自由与稳定，政府要创造环境让人们对互联网技术和服务更有信心。同样，战略针对互联网安全，数据保护与安全（互联网上个人权利的保护），互联网上的消费者保护，数字安全（以用户为中心的安全身份管理），企业、政府部门和公民之间电子信息安全交流手段，数字时代的知识产权保护等方面制定了一系列具体目标和实施策略。④数字未来的研究和发展。战略提出了未来在 ICT 领域的研究重点，并制定了具体的措施。首先是加强对未来互联网的研究，其中包括服务网、物联网；其次是尖端数字技术研究，包括网格计算/超级计算机、3D 技术、3D 系统整合、功率电子学。⑤教育、媒体竞争力和整合。战略指出，经过良好培训的合格人才是增长与就业的保证。教育政策要注重充分利用信息和通信技术，发掘人才潜力，为人才提供机会，在深度和广度上提高人才素质，培育出基础教育和职业培训的终生学习新文化。具体的目标和实施策略涉及基础教育、继续教育、持续教育与培训，在数字世界中工作，数字化能力提高等方面。⑥社会挑战和公民友好型治理的电子化解决。在利用信息和通信技术解决社会问题、实施公民友好型管理方面，战略提到了电子政务与电子通信、联邦政府部门中的ICT、电子司法、可持续发展和资源保护（绿色IT）、电子保健与人口统计5个方面的目标和具体实施方案。[①]

（三）芬兰"泛在信息社会行动计划"

1. 概述

作为最先提出信息化社会建设理念的国家之一，芬兰的信息化建设一直处于世界前列。在2012年3月联合国最新发布的全球电子政务调查报告中，芬兰排在第9位[②]，在世界经济论坛发布的主要经济体信息化建设水平排名中，芬兰的网络准备度指数（Networked Readiness Index）在历次排名中都处在前几位，2003年一度上升为世界第一[③]，2012年的最新排名中，芬兰位列第三[④]。

完整有效、与时俱进的国家战略是芬兰信息社会取得显著成效的重要原因。1994年，芬兰由财政部首次推出了国家信息社会战略《面向信息社会：国家概要》；1998年，芬兰实施了《生活、知识和竞争质量》战略，被称为芬兰信息社会建设的第二个战略；2003年，芬兰政府出台《信息社会计划》，并于2005年进行了修正，其目的是"有效利用信息通信技术，推进竞争力和生产力，促进社会与地区公平，提高公民生存与生活质量"[⑤]。

2007年6月21日，芬兰政府推出了《2007—2011年关于国家信息社

---

① ICT Strategy of the German Federal Government：Digital Germay 2015，November 27，2015，http：//www. bmwi. de/English/Redaktion/Pdf/ict-strategy-digital-germany-2015，property＝pdf，bereich＝bmwi，sprache＝en，rwb＝true. pdf.

② 林业局：《联合国发布2012年电子政务调查报告》，2012年3月27日，见http：//news. 163. com/12/0327/14/7TK0C7SN00014JB5. html。

③ 张新红：《芬兰：信息社会的灰姑娘童话》，《计算机世界》2006年第7期。

④ World Economic Forum，The Networked Readiness Index 2012，December 1 2012，http：//www3. weforum. org/docs/GITR/2012/GITR _ OverallRankings _ 2012. pdf.

⑤ 新华网：《芬兰政府：信息社会规划》，2003年9月26日，见http：//news. sina. com. cn/w/2003-09-26/1008824103s. shtml。

会目标的政府决议》，提出了包括发展通信基础设施、开展用户导向型的公共服务、提升电子身份认证、加快电子商务发展、建立一个国家数字图书馆等在内的11项目标和优先事项。[①] 同时，政府还成立了“泛在信息社会顾问委员会”（Ubiquitous Information Society Advisory Board），以协调国家信息社会政策的实施。[②] 该委员会于2007年秋颁布了《泛在信息社会行动计划》（Ubiquitous Information Society Action Programme）。

2. 芬兰信息社会发展面临的挑战

该计划的目标是保障芬兰信息社会强有力的、快速的、平衡的发展。计划的中心是公共管理部门信息社会项目的发展，同时也强调了商业领域信息社会发展的重要性。计划提到了芬兰信息社会发展面临的挑战：第一，提升信息社会的技能和意识，信息和通信技术技能专长的提升影响着公共管理部门、公司、公民个人和社会的其他方面，技能和意识的提升需要在教育、社会服务、健康医疗、企业中全方位开展；第二，给老年人更好的生活环境，芬兰在满足老年人口需求方面有很大的潜力，利用信息和通信技术，老人和残障人士可以足不出户也能得到良好的健康医疗和社会服务；第三，加强对话与合作，尤其是在公共管理部门；第四，公共管理部门和企业有各自的角色，但应该加强合作；第五，给市民提供一个参与信息社会建设的渠道；第六，跨领域的合作带来更多创新；第七，互联网变成了社会媒体，它不再是一个信息的发布、分流渠道，其用户也参与到信息和服务的生产中，互联网作为社会化媒体正影响着人们的日常生活，而这种影响应该被进一步探索和开发；第八，参与和学习国际市场的先进经验，促进芬兰本国信息社会的发展。

3. “泛在信息社会行动计划”的内容

该计划由5个部分组成，即信息社会的基本要求、信息社会的基础设

① 《芬兰：2007—2011年关于国家信息社会目标的政府决议》，2013年2月6日，见 http：//www. arjentietoyhteiskunta. fi/files/38/periaatepaatos _ tietoyhteiskuntapolitiikan _ tavoitteista _ engl _ . pdf。

② 《芬兰国家信息政策》，2013年2月6日，见 http：//www. arjentietoyhteiskunta. fi/index. phtml？s=5。

施、创新的环境和市场、内容和服务、技能和准备。

信息社会的基本要求有三个方面的内容，即社会信任、信息安全和标准化，为此，芬兰政府在 2008 年底更新了国家信息安全战略。信息社会基础设施方面，芬兰政府提出了提升电子身份认证的方法、加速电子发票的发展两项任务，为此，芬兰在 2008 年建立了移动身份认证的基本条件，注册和认证服务的改革被提出，与此同时，泛在信息社会顾问委员会成立了一个电子发票工作小组，专门推进电子发票在公共和私人领域，尤其是消费市场的发展。发展创新的环境和市场方面，芬兰提出了加强芬兰通信业的竞争力和改变版权系统，为此，他们专门成立了经济和产业政策工作小组，负责芬兰通信行业竞争力的提升工作，并且将内阁的版权工作小组与泛在信息社会顾问委员会进行整合，开展版权系统改革工作。在发展内容和服务方面，计划指出电视广播等处在一个重要的转折点，新技术的发展给这些领域带来新的机遇和挑战，在社会服务和健康医疗方面的电子服务将会得到提升，公共管理部门将推进一站式电子服务，推出公民个人门户，公民个人信息将会和公共管理部门的服务建立安全的连接，通过个人门户，公民可以追踪自己的私人信息在公共管理部门的管理情况，可以获取政府的通告、修改个人注册信息等。在提升技能和准备方面，计划提出了充分使用信息和通信技术开发新型的学习环境，以及给儿童和青少年一个安全的媒体环境，从教育方面着手加强青年人的信息社会基本技能和意识。

此外，计划还提出了芬兰应该积极参与欧盟的信息社会战略，并且要在国际组织中发挥更重要的作用。同时，芬兰要进一步加强国际合作，不仅是在欧洲，更要和国际上在信息社会建设方面领先的国家，如美国、日本、韩国等，建立紧密的联系。①

① Ubiquitous Information Society Action Programme, February 6, 2013, http: //www.arjentietoyhteiskunta.fi/files/73/Esite _ englanniksi.pdf.

(四) 新加坡"智慧国 2015"计划

1. 新加坡泛在信息社会的发展脉络

世界经济论坛 2012 年度"网络准备度指数"(Networked Readiness Index) 排名中，新加坡第二[①]，信息化水平非常高，其电子信息服务产业约占 GDP 的 10%。新加坡信息产业的发展及高水平信息化得益于政府及信息部门推行的循序渐进、目标明确的各项相关 IT 战略与计划。1980 年开始实施"国家计算机化计划"(The National Computerisation Plan)，发展 IT 产业，培养 IT 人才；1986 年推行的"国家 IT 计划"(The National IT Plan) 将政府系统扩展到私营企业中，如 TradeNet，MediNet，LawNet；1992 年实行"IT2000 计划"(1992—1999 年)，目的是推动新加坡向智能化发展；进入 21 世纪后，新加坡先后推行了 Infocomm21 (2000—2003 年) 和"互联的新加坡"(Connected Singapore) IT 计划，以将新加坡建设成为全球性的信息通信技术大都市、电子化社会，继续发挥信息技术的潜能，创造新的价值，丰富国民生活。面对全球信息产业新一轮的发展，特别是泛在信息社会理念的提出及泛在化战略政策动向，2006 年新加坡制定了一个为期十年的信息通信产业和社会发展计划——"智慧国 2015"计划。

2. "智慧国 2015"计划及发展现状

"智慧国 2015"计划力图通过包括物联网在内的信息技术，达成新加坡成为一个由信息通信所驱动的智慧国家与信息化全球领先都市的未来愿景。这项计划是新加坡信息通信发展管理局 (Infocomm Development Authority of Singapore，简称 IDA) 领导实施的，主要内容包括对信息基础设施、信息产业发展与人才培养、利用信息产业进行经济部门转型，以及信息技术改变生活、工作、学习方式等方面进行战略规划。[②] 通过实行"智慧国 2015"计划，希望达成以下目标：信息通信技术为经济和社会创造

---

① World Economic Forum，The Networked Readiness Index 2012，December 1 2012，http://www3.weforum.org/docs/GITR/2012/GITR_OverallRankings_2012.pdf.

② 上海社会科学院信息研究所：《智慧城市辞典》，上海辞书出版社 2011 年版，第 222 页。

的价值处于世界领先行列；信息通信产业的增值翻一番，达到260亿新元；信息通信出口收入增值翻两番，达到600亿新元；增加八万个就业机会；家庭宽带普及率达到90%；学龄儿童家庭的计算机保有率达100%。[①] 为实现这些目标，新加坡主要采取了以下措施：建设超高速稳定的智能信息通信基础设施；培育有国际竞争力的、附加价值较高的ICT产业；培育精通ICT的劳动力与有国际竞争力的ICT人才；通过ICT创新应用，引导主要经济领域、政府、社会的变革。[②] 截至2010年12月，计划实施取得了三方面的成效：在网络基础设施领域，网速达到1000Mbps的新一代全国有线宽带网络覆盖了新加坡35%的房屋和建筑；作为有线宽带的补充，已有160万用户使用速度高达1000Mbps的无线Wi-Fi上网服务；城市竞争力得到提升，在瑞士洛桑国际管理学院发布的2010年世界竞争力报告中，新加坡排名第一。

3. 电子政府的建设

"智慧国2015"计划的实施，使得新加坡在电子政务、智慧城市、互联互通方面取得了引人注目的成绩，其中电子政府尤为卓著。2009年到2011年，新加坡始终位列《世界经济论坛全球IT报告》电子政府指数的前三甲；日本早稻田大学发布的"国际电子政府"世界排名中，从2009年到2011年，新加坡连续三年排名居首位。

电子政府的实现历程是非常漫长却非常有意义的。新加坡的电子政府建设开始于1981年"公民服务计算机化项目"（Civil Service Computerisation Programme），当时的重点是实现政府网内部操作的自动化。到20世纪90年代末，信息技术和通信技术的发展使服务理念发生转变。这促使新加坡先后实施了两个电子政府行动计划：E-Government Action Plan（2000—2003年）和E-Government Action Plan Ⅱ（2003—2006年）。在

① The IN2015 Steering Committee, INNOVATION, INTEGRATION, INTERNATIONALISATION, June 21, 2006, http://unpan1.un.org/intradoc/groups/public/documents/unpan/unpan032993.pdf.

② 王喜文：《亚太各国的IT战略比较》，《国际动态》2011年第12期。

eGAP下，共推出了1600项电子政府的相关服务，并且信息通信技术仍在继续为政府服务方式和政府与民众的交流带来可喜的改变。①

利用良好的基础，新加坡“智慧国2015计划”中，推出了促进政府向智慧方向发展的两个阶段计划：整合政府2010计划（2006—2010年）和电子政府总体规划（2011—2015年）。整合政府2010计划也是新加坡的第三次电子政务化计划，在这一阶段整合政府将提供更高水平的服务，与公民相连，提高满意度。同时，政府在提高国家经济竞争力中起到重要作用，政府与私营企业合作来促进各行业的转型，以创造良好的环境吸引更多的投资。新加坡还通过政企联合，将本国打造成为电子政务解决方案的出口国。也就是通过国家扶持，推动可出口的国内优秀电子政务解决方案的开发，并对海外出口业务进行资金援助。这阶段的目标是，到2010年80%的用户对政府电子服务的质量感到非常满意；80%的用户对网络上发布的政府政策、项目和措施的明确性及价值表示感到非常满意；90%的用户愿意推荐其他人通过电子服务于政府进行交流互动。② 而2011—2015年的电子政府总体规划旨在整合新加坡政府内外部的系统、流程和服务，创建一个可供政府、私营部门和普通大众共同无缝工作的交互式环境。为此，在电子政府总体规划下，新加坡政府除了继续提高公共服务的丰富性和质量外，还将重点推动公民与企业合作，推动技术发展，致力于平台开发；启动了两项新的公共服务（Data. gov. sg和mGov@SG），使公民能够下载政府的数据及享受移动服务；推出社会化媒体平台，鼓励公民积极参与发表意见；同时还将利用ICT推动整体变革。③

---

① iGov2010 Project Steering Committee, “From Integrating Services to Integrating Government Report by the iGov2010 Project Steering Committee”, *Ministry of Finance*, 2006, p. 3.

② iGov2010 Project Steering Committee, “From Integrating Services to Integrating Government Report by the iGov2010 Project Steering Committee”, *Ministry of Finance*, 2006.

③ 《新加坡启动新的五年电子政务总体规划eGov2015》，《信息化研究与应用快报》2011年第14期。

（五）马来西亚的“多媒体超级走廊”计划

1．“多媒体超级走廊”计划的背景

20世纪90年代，世界开始进入信息化时代，各国为迎接信息技术的挑战，争取竞争优势，纷纷进行战略调整，大力发展信息技术和信息产业，积极投入国家信息基础社会建设，如新加坡的“智慧国2015”计划、美国的“国家信息基础设施建设”、加拿大的“信息高速公路”等，马来西亚也推出并于1996年开始正式实施了国家信息基础设施建设项目“多媒体超级走廊”计划（Multimedia Super Corridor 2020），这项计划是世界上第一个集中发展多媒体信息科技的计划。计划的总体目标是将马来西亚发展成为ICT和多媒体技术的创新、运营及服务的国际中心，将马来西亚转变为知识经济社会，到2020年能跻身世界发达国家的行列。[①]

2．“多媒体超级走廊”计划的制定与实施

“多媒体超级走廊”实际上是一个超级大型的科技园区。它是一个宽15公里、长50公里的区域，即从矗立着国油双峰塔的吉隆坡市中心一直绵延到区域最大的吉隆坡国际机场，赛博加亚（Cyberjaya）和布特拉加亚（Putrajaya）两个城市也包括在内。[②]“多媒体超级走廊”的建设内容主要包括吉隆坡国际机场、吉隆坡市中心、新政府行政中心和电子信息城。其中，电子信息城是“多媒体超级走廊”的核心工程，马来西亚政府计划在2020年前将其建成“世界芯片生产中心”，开发多媒体产品，将多媒体广泛应用于教育、市场开拓、医疗及医学研究等领域。电子信息城内建有多媒体大学、智能学校、遥控医院和医疗中心、国际学校、购物中心、居住区等，最多可容纳24万人。[③]

事实上，1996年以前，马来西亚就已经开始筹备“多媒体超级走廊”

① Multimedia Super Corridor（MSC）Malaysia，Junuary 25，2013，http://nitc.mosti.gov.my/nitc_beta/index.php/key-ict-initiatives/multimedia-super-corridor-msc-malaysia.

② Multimedia Super Corridor，January 25，2013，http：//www.malaysia.gov.my/EN/Relevant%20Topics/IndustryInMalaysia/Business/ICT/MSC/Pages/MSC.aspx.

③ 《多媒体超级走廊》，2013年1月25日，见http：//www.baike.com/wiki/%E5%A4%9A%E5%AA%92%E4%BD%93%E8%B6%85%E7%BA%A7%E8%B5%B0%E5%BB%8A。

计划，1992年开始进行建筑物的基本建设，至1995年竣工。1996年开始分阶段实施“多媒体超级走廊”计划。

第一阶段：成功建设“多媒体超级长廊”，吸引国际知名企业来此投资，推出七大重点发展领域，推出领先世界的网络法律框架，将电子信息城赛博加亚（Cyberjaya）和布特拉加亚（Putrajaya）两座城市建设成为世界上最早的智慧城市。

第二阶段：将“多媒体超级走廊”与马来西亚及世界上其他信息技术城市相连接，建立一系列相互联系的走廊；再建立一个汇聚知名企业的多媒体长廊，为重点发展领域建立国际通用的标准，建立更多的相互联系的智慧城市。

第三阶段也是最后一个阶段，将马来西亚建设成为知识型社会，真正成为新的多媒体技术和IT技术应用的试验基地、成为众多多媒体技术公司成长的摇篮，成为与国际信息高速公路相连的智慧城市的集群，成为国际网络公正的平台。

3. “多媒体超级走廊”计划的发展现状

“多媒体超级走廊”计划的实施十几年来已经取得了巨大的成就。新吉隆坡国际机场1998开始投入使用；吉隆坡市中心国家石油公司双峰塔，号称世界第一的摩天大楼建成；最值得介绍的是建设了两个智慧城市，赛博加亚和布特拉加亚，一个是号称“东方硅谷”的电子信息城，另一个是“电子化的行政中心”，对超级走廊已经并将继续产生巨大影响。[①] 截至2007年，来“多媒体超级走廊”发展的企业，包括高等教育研究机构从1994年的94家发展到了2000家；从2002年到2007年，走廊内的企业销售总收入增加了32%；同样是从2002年到2007年，走廊内企业的雇员也增加了32%，从17700人增加到67700人，研发投入翻了五倍；超级多媒体走廊的四个关键应用领域，即电子政府、多功能卡、智能学校、

① 肖沪卫：《马来西亚多媒体超级走廊发展现状与成功原因剖析》，2005年10月27日，见http：//www.istis.sh.cn/list/list.asp？id=2339。

远程医疗已经推出并发挥作用，其他三个应用领域，即研发平台、电子商务和科技企业家计划也已启动，但发展以推动 ICT 产业和促进采用 ICT 为主要目标（Multimedia Super Corridor Malaysia）。

（六）澳大利亚泛在信息社会发展现状

1. 澳洲 21 世纪超高速宽频计划

澳大利亚一些研究机构指出，与其他发达国家相比，澳大利亚互联网发展处于落后水平，不仅速度慢，而且收费高，在一定程度上限制了国家经济活力。[①] 为此，2009 年，澳大利亚政府宣布实施其历史上规模最大的基础设施建设项目“澳洲 21 世纪超高速宽频计划”。这项计划由澳大利亚宽频、通信暨数字经济部主导实施，政府投入 420 亿澳元（约合 310 亿美元），预计用 8 年时间建设一个覆盖全国的超高速光纤宽带网络，以实现提供全澳大利亚每个地区皆可使用且负担得起的更快、更好的宽带网络服务的愿景，并提升国家生产力与国际竞争力。未来澳大利亚的超高速宽带网络会以光纤为主（90％为光纤网络），辅以无线及卫星技术，具体实现以下目标：光纤宽带网络，下载速度达到 100Mbps、上传速度达到 50Mbps，预计近年可达到 1Gbps；无线宽带网络提供部分地区移动无线网络服务，速度至少 12Mbps（最快可达 100Mbps 以上）；卫星宽带网络服务范围涵盖全澳大利亚，提供至少 12Mbps 以上的宽带网络服务。[②]

同时，澳大利亚的超高速宽带网络的建设，将会为经济、社会、教育、医疗、生活等领域带来便利与进步。创造更多的就业机会，全国包括偏远地区的民众都可以享受宽带服务，利用宽带网络在线学习，提供远程医疗服务，减少商务出差等。特别是在远程医疗服务方面，澳大利亚在 2011 年还宣布了开展远程医疗计划，该计划采取奖励措施激励医疗专家、医生、护士等积极参与到远程医疗的服务中，以解决医疗人才短缺、农村

---

① 《澳大利亚投资 300 亿美元建超高速宽带网络》，2009 年 4 月 8 日，见 http：//www. topfo. com/News/200904/NR20090408 _ 1045817. shtml。

② 于占涛：《澳大利亚 21 世纪超高速宽带计划：利用光纤提升国家竞争力》，2009 年 4 月 7 日，见 http：//www. ofweek. com/print/PrintNews. do? detailid＝28415051。

及偏远地区人们看病难的问题。而澳大利亚正在建设的超高速宽带网络将有助于这一计划的推进。国家宽带网络可以提供高可用性、高速连接的网络，使得医生可以在进行视频会诊的同时，利用高分辨率摄像机观看放射影像等资料。① 政府期望通过利用超高速宽带网络，至 2015 年远程医疗服务项目能惠及 62%的居住在大城市以外的居民。②

2. 澳大利亚政府机构 ICT 应用战略展望

澳大利亚一直注重电子政府的建设，根据联合国 2010 年电子政府排名显示，澳大利亚从 2008 年就一直保持在第八名。③ 为了继续推进电子政府建设，实现政府机构向国民开放，为国民提供更好的政府服务，2011 年 4 月由澳大利亚信息管理局制定的“澳大利亚政府机构 ICT 应用战略展望”草案公开。澳大利亚政府机构 ICT 应用战略展望主要关注电子政府建设的三个方面：提供更好的政府服务、推进国民参与政府政策制定过程、改进行政业务。为提供更好的政府服务，澳大利亚通过标准化的 ICT 应用、管理及有计划的培养、使用 ICT 人才，提供更便捷、高质量、个性化的政府服务；在鼓励国民参与政策的制定方面，澳大利亚开展了 Government2.0 行动，即充分利用 Web2.0 技术，如微博、社交网络等，加强政府与国民之间的互动交流及高效合作；在改进行政业务方面，积极推动创新，利用云计算等新技术提升政府透明度、简化政府网站内容与排除重复，提升易用性。④

（七）阿联酋泛在信息社会发展现状

1. 智慧城市的建设

阿联酋是第一个提出建设智慧城市的国家，在阿联酋进行智慧城市探

---

① Eric Wicklund, Australian government launches telehealth initiative, July 1, 2011, http://www.healthcareitnews.com/news/australian-government-launches-telehealth-initiative.

② Government Launches $620 Million Telehealth Program, June 29, 2011, http://newstonight.net/content/government-launches-620-million-telehealth-program.

③ 《澳大利亚 Government 2.0 建设举措与启示》，《信息化研究与应用快报》2011 年第 14 期。

④ 王喜文：《亚太各国的 IT 战略比较》，《国际动态》2011 年第 12 期。

索与建设最为典型的是迪拜（Dubai）和马斯达尔（Masdar）。迪拜借鉴新加坡模式，在城区设立多个自由贸易区，最具有代表性的是迪拜媒体城和迪拜互联网城。迪拜媒体城的全称是迪拜科技、电子商务、媒体自由区，是媒体和出版、音乐、市场咨询、影视娱乐等行业的集群；迪拜互联网城成立于2000年，发展目标是使迪拜成为中东地区的电子商务中心、海湾地区的硅谷。迪拜政府致力于打造一个商业环境良好的城区，建设了中东地区最大的信息技术基础设施，实施电子化政府服务，在2001年成立了迪拜知识村，为迪拜培育发展所需的知识型工作者。2006年4月，占地6.4平方公里、拥有5—10万人口的阿联酋马斯达尔城（Masdar），以低碳为切入点，开始了智慧城市建设的探索。[①] 阿联酋推出一项名为“马斯达尔城”的计划，该计划预计使当地的能源可再生率达到100%、二氧化碳排出量为0、废弃物排出量为0。[②] 2008年金融危机的发生，使得马斯达尔的建设进度放缓，原定于2016年竣工的整体城市建造进度将推迟到2020—2025年间完成。[③] 2012年，阿联酋启动了智慧城市建设项目，开始大范围、大规模地建设智慧城市。目前估计在3—4年可直接创造25000个就业机会，期望未来共计可创造90000个就业机会，可使Kerala成为潜在的、可选择的投资目的地。第一阶段智慧城市将于2012年上半年投入使用，整个项目完成的时间是2017年。智慧城市占地面积将达880万平方公里，由25座建筑组成。Kerala地方政府在项目中所占股份是16%。其中，Tecom迪拜互联网城将侧重于营销，智慧城市将允许多国和国际信息技术公司建立自己的软件开发设施。[④]

2. 电子政府的建设

另外，阿联酋也积极推进电子政府的建设。2012年，阿联酋电信运

---

① 邬贺铨:《智慧城市不可能突击建成 建议先从小处做起》,2012年3月21日，见 http://drcsm.sbsm.gov.cn/article/zjlt/201203/20120300100026.shtml。

② 《“智慧城市”——转型发展的新引擎》，2011年11月17日，见 http://www.xszwz.com/html/dzfw/20111117/5405.html。

③ 上海社会科学院信息研究所:《智慧城市辞典》，上海辞书出版社2011年版。

④ 泰尔网:《阿联酋投资Dh16亿建设智慧城市》,2011年12月3日，见 http://www.wlworld.com.cn/news/201112/03/wlworld6.html。

营商 Etisalat 与阿联酋身份证管理部门 EIDA 签署了备忘录，二者将致力于研究利用 NFC 技术通过手机进行身份证数据识别和传送的应用，同时逐步完善居民的注册阶段，以便促进电子政府的发展，推动政府走向数字化。[①]

在 2012 年 4 月举行的阿联酋世界移动和宽频网络技术博览会（ICT WORLD 2012）上，阿联酋经济部长宣布了 2012 年为阿联酋的移动电信宽带普及年，阿联酋将在 2012 年达到宽带普及率 100%，而目前移动市场的渗透已经超过了 200%。阿联酋有能力成为世界上第一个实现 100% 宽带普及率的国家。[②]

（八）南非泛在信息社会发展现状

1998 年，南非内阁通过了一项国家信息和通信技术战略构想。这一构想的实现将大大加强南非政府与民众之间的沟通，提高政府工作效率，减少腐败和官僚主义。据南非邮电部发表的公报说，这一构想主要包括三部分：对政府现有的信息系统进行技术改造，在目前高速光纤网络的基础上将信息和通信技术水平再提高一步；通过智能卡和公用信息终端的形式建立政府服务站，提高政府对公众的服务水平；制定电脑空间法律，实现电子贸易。公报指出，通过设立公用信息终端和社区信息中心，政府将能够为公众提供昼夜服务。[③]

近年来，随着“泛在”理念的提出，南非实施了 Ubiquitous 校园项目，以“校园空间的 24 小时学习博物馆化”作为宗旨，以全体学生为对象设计了未来型（Ubiquitous）校园，即提倡学习，利用先进的信息通信技术随时随地提供无处不在的学习资源和服务。

---

① 互联网：《阿联酋将全面推广 NFC 手机作为身份证》，2012 年 4 月 16 日，见 http：//www. wlworld. com. cn/news/201204/16/wlworld1849. html。

② 好展会：《阿联酋世界移动和宽频网络技术博览会》，2012 年 4 月 26 日，见 http：//www. haozhanhui. com/haiwai/35809. html。

③ 《南非内阁通过 IT 战略构想》，2013 年 1 月 25 日，见 http：//www2. ccw. com. cn/1998/18/167611. shtml。

七、国家组织和联盟对泛在信息社会的立场和观点

（一）国际电信联盟（ITU）

1998年，在美国明尼阿波里斯市，ITU决定将举办WSIS提上联合国行政协调委员会的议程，并将此决议报告给ITU管理机构和理事会。1999年，ITU秘书长在理事会会议报告中指出，联合国行政协调委员会已经积极回应，其他组织和机构也表达了参与准备承办此峰会的意愿。由此决定，此WSIS在联合国秘书长的高度支持下，由ITU主导，与其他有兴趣参与的组织机构合作筹备[①]，致力于建设一个以人为本的，开放、包容的信息社会，人们置身于信息环境中能够使自身的需求得到充分的满足，发挥信息对人类社会发展的巨大价值。

WSIS是联合国支持下全球性的大规模会议活动，旨在通过会议联合形成的文件和达成的共识将各国政府、社会团体和国际组织联合到一起，力争为实现建设“所有人的信息社会”的统一目标奠定政策基础，反映所有利益相关方的愿望和要求，建立监督机制[②]，促进信息社会发展与合作建设。

WSIS分两个阶段会议召开，第一阶段为2003年12月10—12日的日内瓦会议，会议目的在于探讨一个明确的信息社会政策，并将采取具体措施，全面建设信息社会基础，反映不同利益相关方的意愿和需求。会议通过了提出全球性信息社会挑战的《日内瓦原则宣言》和提出实现信息社会建设具体目标的《日内瓦行动计划》。[③] 此次会议约有来自175个国家的11000多位代表参加，其中包括50位国家首脑、副总统，100多位部长、副部长，以及来自国际组织、私营企业、民间团体的高级代表，为会议提

---

① WSIS，BASIC INFORMATION：ABOUT WSIS，March 11，2004，http：//www.itu.int/wsis/basic/un-summits.html.

② 周晓英：《全球信息社会建设动向及我们的应对》，《图书情报工作》2008年第3期。

③ 周晓英：《全球信息社会建设及图书情报界的贡献》，载北京市社会科学界联合会、北京师范大学：《和谐社会：社会建设与改革创新——2007年学术前沿论丛（上卷）》，2007年，第14页。

供极大的支持。第二阶段为2005年11月16—18日的突尼斯会议。此阶段会议目标为将《日内瓦行动计划》付诸行动，同时对在日内瓦会议与突尼斯会议文件中网络管理、融资机制、细节落实等方面的问题提出解决方案并达成共识，形成了“突尼斯会议共识”以及“信息社会突尼斯议程”两个主要成果。此次会议有来自174个国家的19000多位代表参加，包括约50位国家首脑、副总统，197位部长、副部长，以及各国际组织、私营企业、民间团体的高级代表。

WSIS宣告了世界人民对建设信息社会的共同愿望，提出希望建设一个以人为本、具有包容性和面向发展的信息社会，在此信息社会中，人人可以创造、获取、使用和分享信息和知识，使个人、社区和各国人民均能充分发挥各自的潜力，促进信息通信技术应用并提高安全性，惠及生活的各个方面，促进实现可持续发展并提高生活质量；提出人人共享的重要原则，建设一个合作共享的信息社会。共享交流是信息社会的核心所在，任何人都可以发表意见，人人都可以通过任何信息媒体寻求、接收和分享信息和思想，以求人人从信息通信技术所带来的机遇中获益，同时丰富文化多样性、语言多样性与本地内容，构建知识共享的全民信息社会。峰会提出信息社会建设需通过改善信息通信基础设施，拓展通信技术应用，加大信息和知识获取与能力建设，各国政府和所有利益相关方需积极行动，促进信息通信技术发展，推动新型信息社会进步。①

2006年起，WSIS论坛被公认为是实现WSIS计划合作的全球性协调机构，是汇集不同利益相关者智慧与远见、自由探讨信息社会领域新趋势的平台。信息通信技术在教育、保健、食品安全等方面发挥越来越重要的作用，未来信息社会改善网络连接、基础设施建设，保障网络与信息与访问安全成为主要的发展任务。

2012年WSIS论坛由ITU、联合国教科文组织、联合国贸易和发展会

① 《原则宣言》，2003年12月12日，见http：//www.itu.int/dms_pub/itu-s/md/03/wsis/doc/S03-WSIS-DOC-0004!!PDF-C.pdf。

议、联合国开发计划署在日内瓦联合举办①，论坛吸引各领域与行业的利益相关方，从技术与政策等方面，共同参与探讨和学习网络发展环境下的信息社会发展新态势，关注近年来信息通信技术在信息社会发挥越来越强的中心作用，通过信息技术渠道，打造更加完善的信息平台，解决全球信息社会问题，提出了政府与各利益群体促进信息通信技术发展、加强基础设施建设、提高移动学习能力、加强信息与知识获取、国际及区域合作等11项行动计划。

2014年12月，ITU发布移动能力建设和可持续智慧发展模式的全球发展举措报告，国际电联顾问委员会全力支持推进各项举措，指导落实了宣传和全球对话、创新与资源筹措等行动计划。移动能力建设举措报告肯定了技术创新与移动电话在社会发展过程中发挥的巨大价值，充分利用基础通信的移动技术，加大普及移动网络，呼吁建设移动监管环境，使所有公民低成本、无障碍获取和利用信息，同时利用网络提高经济，为各行业提供新机遇；可持续智慧发展模式举措报告重点突出了信息通信技术促发展（ICT4D）与信息通信技术促进灾害管理（ICT4DM）的结合以及信息通信技术在可持续发展过程中的作用，涉及多个利益攸关方的国际平台，敦促各国政府提升电信基础设施的抗灾能力。②

ITU为全球信息社会的发展做出了不懈的努力，引领着信息产业不断发展。2014年以来，4G网络建设逐渐全面铺开，日本、韩国、美国、欧亚等区域都已相继取得良好进展。移动互联网发展以来，全球互联网用户数量每年大幅增加，在信息社会正准备迈向泛在化信息社会的关头，仍然有一些落后地区没有实现网络连通。ITU致力于全球网络与信息化发展，明确信息化基础设施建设、信息获取与通信等的行动目标，在全球范围内营造一个基于IT及其相关技术的“更加美好的地方”，尤其有利于那些贫

① WSIS Forum 2012 Outcome Document，October 6，2013，http://groups.itu.int/LinkClick.aspx? fileticket=3T8l-8df8yw%3d&tabid=2103.

② 《国际电联发布全球发展举措报告》，2014年12月9日，见 http://www.itu.int/net/pressoffice/press_releases/2014/pdf/74-zh.pdf。

困、弱势的群体①，国际电联对技术的推动作用不可替代。同样，其对信息社会发展政策上的贡献也是显而易见的。ITU 汇集了全球不同地区、不同领域、不同需求的骨干精英，一起进行思想与智慧的碰撞，探讨信息社会发展的政策措施与行动计划，陆续发布信息化建设宣言文件，为各国信息社会可持续发展体系与标准探索提供理论依据和实践参考。

（二）国际图书馆协会联合会（IFLA）

国际图书馆协会联合会（International Federation of Library Associations and Institutions，简称 IFLA）是由各国图书馆协会、学会联合组成的全球图书馆界最具影响力的非政府性的专业性国际组织，目前已经约有来自全球 150 个国家的 1500 家会员。图书馆是信息服务的重要机构，与信息社会发展息息相关，IFLA 作为独立的非盈利性国际图书馆组织，代表全球所有会员的利益，以提高图书馆信息服务质量为己任，推广图书馆信息服务价值与理念。其核心价值表现在坚持信息、作品等获取自由的原则，响应联合国世界人权宣言中提出的“人人都有权享有主张和发表意见的自由，包括有主张而不受干涉的自由和通过任何媒介和不论国界寻求、接受和传递消息和思想的自由”；坚信个人、团体、机构需要全面而公平地获取信息、观点、作品，以提高社会文化教育素质和民主及经济水平；确保图书馆提供高质量的信息服务；承诺所有会员一视同仁，人人平等，不论身份、种族、性别、地区、文化差异，都可以参与 IFLA 各项活动并从中获益。

IFLA 每年 8 月在不同国家举办世界图书馆和信息大会（World Library and Information Congress，简称 WLIC），也称为“国际图联大会”（IFLA General Conference），就世界各国图书馆界关心的话题与研究发展前沿和趋势进行探讨，分享知识，交流信息，以增进各国之间的了解，促进合作，共同发展。到 2014 年为止已成功举办 80 届。近十年世界图书馆与信息大会的举办地点与主题见表 3－22。

① 《国际电信联盟：全球网民数已破 30 亿》，2014 年 11 月 26 日，见 http://crave.cnetnews.com.cn/2014/1126/3040106.shtml。

表 3－22 近十年世界图书馆与信息大会的主题

时间	地点	主题	
2005 年	奥斯陆 挪威	图书馆——发现之旅	Libraries——A Voyage of Discovery
2006 年	首尔 韩国	图书馆：知识与信息社会的原动力	Libraries: Dynamic Engines for the Knowledge and Information Society
2007 年	德班 南非	未来图书馆：进步、发展与合作	Libraries for the Future: Progress, Development and Partnerships
2008 年	魁北克 加拿大	图书馆无国界：迈向全球共识	Libraries Without Borders: Navigating Towards Global Understanding
2009 年	米兰 法国	基于文化遗产的图书馆未来创造之路	Libraries Create Futures: Building on Cultural Heritage
2010 年	哥德堡 瑞典	知识开放获取，促进可持续发展	Open Access to Knowledge-Promoting Sustainable Progress
2011 年	圣胡安 波多黎各	图书馆的自我超越——整合、创新与信息服务	Libraries Beyond Libraries: Integration, Innovation and Information for All
2012 年	赫尔辛基 芬兰	图书馆行动起来！激发灵感，超越想象，赋予力量	Libraries Now! Inspiring, Surprising, Empowering
2013 年	新加坡	未来图书馆，潜力无限	Future Libraries: Infinite Possibilities
2014 年	里昂 法国	图书馆、公民、社会：知识融合	Libraries, Citizens, Societies: Confluence for Knowledge

世界图书馆与信息大会不断探索图书馆在信息社会的发展过程中的自我超越与变革，各图书馆不再固步自封，从本地化走向国际化，可以看出，IFLA 为推动图书馆在信息时代的发展做出了巨大的努力，1983 年提出了发展第三世界图书馆事业计划（Action for Development through Libraries Programme，简称 ALP），多年来在联合国教科文组织、国际档案理事会、世界银行、各国图书馆等的资金支持下，坚持组织图书馆能力提升与培训活动，促进发展中国家图书馆的发展与信息服务的改进，支持和鼓励为残疾人服务、边远地区图书馆扫盲工作等。为提高发展中国家图书馆信息化建设，ALP 还致力于建立数据库和推行出版物计划，提供图书馆发展的相关资源，为学校教育提供帮助。

信息技术发展水平不断提高，各国已建立起较好的图书馆网络，开展信息技术培训、文化遗产保护、媒体知识传播与教育等服务活动，为全球信息社会建设缩小数字鸿沟、提高信息素养起到关键作用。全世界有数百万个图书馆、数亿的书籍资源、数以万计的图书馆员，图书馆有着得天独厚的资源与服务优势。IFLA 的图书馆行动与计划，人才尽其所能，资源尽其所用，提升了图书馆在信息社会中的地位与作用。IFLA 的图书馆信息行动与会议，就是推动图书馆在信息社会发展中能够发挥更大的价值，使人们认识到图书馆在信息社会发展中的重要性，希望各国重视图书馆和信息服务工作。IFLA 呼吁要将图书馆放在信息社会发展的中心位置[①]，并积极采取行动投身到图书馆的信息事业中。制定 IFLA 可持续发展的相关政策与标准；为图书馆员提供培训，帮助图书馆员更好地理解图书馆长期发展目标；提供学习资料，如管理措施、卫生信息公开访问等；编辑出版物以检验图书馆工作水平，促进提升图书馆在支持信息服务发展中的作用；编辑文章，揭示信息通信技术与图书馆的关联与融合发展；倡导图书馆代理开发和提供 WSIS 与互联网管理论坛的网络公共入口；通过开创性建设强大的图书馆协会计划（Building Strong Library Associations Programme，简称 BSLA 计划），帮助 IFLA 成员提升图书馆管理与服务能力，提供更优质的信息服务，使公共图书馆成为全球经济发展与社会变革中的枢纽。图书馆协会是图书馆与信息行业的重要组成部分，而该计划将支持图书馆协会的建立和可持续性发展。[②] 信息社会技术与网络日益完善，图书馆面临边缘化窘境，IFLA 各成员迎来图书馆发展新挑战，升级与扩展图书馆网络、鼓励开放获取、开展信息素养培训将成为未来泛在信息社会的重要目标。

2013 年 IFLA 发布了图书馆发展趋势报告（the IFLA Trend Report），指出信息社会未来发展中，新技术不仅可以扩展用户的信息访问权限，同时也可以对其权限进行制约；新科技将改变全球信息环境；全球资源分散共享，在线教育趋于大众化；数据隐私与数据保护的界限重新界定；超连

① 周晓英：《全球信息社会建设及图书情报界的贡献》，载北京市社会科学界联合会、北京师范大学：《和谐社会：社会建设与改革创新——2007 年学术前沿论丛（上卷）》，2007 年，第 14 页。

② IFLA，How IFLA supports development through libraries，February 18，2013，http：//www.ifla.org/node/7410.

接社会将会容纳更多新生观点与团体。[1] 报告中对科技创新与应用、资源利用与安全、在线学习与教育等方面进行了发展分析，引起图书馆人对图书馆服务发展的反思。2014 年 8 月，IFLA 又发布了《信息利用与发展里昂宣言》（Lyon Declaration on Access to Information and Development），呼吁各联合国成员国认可公众获取信息和数据的权利的同时，尊重个人隐私权；认同当地政府、信息中介与基础设施（如信息通信技术作为实现手段的开放互联网）的重要作用；采用政策、标准和立法手段来保障政府对信息的持续资助、整合、保存和提供，以及人们对信息的获取；制定目标和指标，以衡量信息和数据获取的影响，在《发展和信息获取》报告中总结年度目标进展情况。[2] 图书馆在未来发展中，要帮助发展中国家公民有效获取所需的经济发展、健康社区等方面的信息数据，使人人都能公平方便地利用图书馆可靠的信息资源。

图书馆是社会发展的知识与文化中心，泛在信息环境下，社会更加注重文化传承与知识创新，重视全民学习与教育，图书馆在大力发展社会信息服务的同时，还要弘扬科学研究精神，体现其学术价值。IFLA 在 2014 年发表关于图书馆电子资源共享传递原则，促进学术资源共享与交流。

IFLA 始终坚持从图书馆发展的立场出发，引进先进的技术与图书馆发展理念，紧跟信息时代步伐，把握信息社会发展趋势，对图书馆管理、信息化平台建设、信息服务、资源共享、开放获取、数据安全等方面发展起到了极大的推进作用。

---

① IFLA，What is the IFLA Trend Report?，November 5，2014，http：//trends. ifla. org/.

② IFLA：《信息获取和发展里昂宣言》，2014 年 8 月 18 日，见 http：//www. lyondeclaration. org/content/pages/lyon-declaration-zh. pdf。

第四章 面向泛在信息社会的泛在信息管理与服务国家战略

第一节 我国信息社会发展的现状与问题

在研究我国信息社会发展的现状（国家战略、政策、实践）和问题之前，以时间为轴梳理我国信息社会发展的历史脉络是必要的。我国信息产业及信息社会发展的脉络，大致可以分为两个大的阶段：筹备启动阶段（1993—1996 年）和发展阶段（1996 年至今）。

1993 年，国家相继启动的以“金关”、“金卡”和“金税”为代表的重大信息化应用工程，标志着我国正式拉开信息化建设的序幕。同年 12 月，成立以国务院副总理为主席的国家经济信息化联席会议，确立了推进信息化工程实施、以信息化带动产业发展的指导思想。1994 年 5 月，成立国家信息化专家组作为国家信息化建设的决策参谋机构。同年，中国加入互联网，成为全球互联网的正式成员之一。1996 年国务院成立信息化工作领导小组，统一领导和组织协调全国的信息化工作。中国的信息化建设自此迈入发展阶段。

紧接着的 1997 年，国务院信息化工作领导小组召开首届全国信息化工作会议，并编制《国家信息化“九五”规划和 2010 远景目标（纲要）》，至此，全国的信息化工作从解决应急的热点问题，正式步入有组织、有计划地为经济发展和社会全面进步服务的发展轨道上来。1998 年 3 月，国家组建信息产业部，专门负责推进国民经济和社会服务信息化相关工作。同年，信息产业部推动电信体制改革，进行了政企分开，邮电分营、电信重组和结构调整、国有企业改革，初步形成了中国电信、中国移动、中国联通、中国网通、中国铁通等多家电信运营公司开展市场竞争的格局。与此同时，信息产业部会同有关部门，积极推动政府上网工程、企业上网工程和电子商务，在国民经济信息化方面做了大量工作。2000 年，党的十五届五中全会把信息化提到国家战略的高度，认为“信息化是当今世界经济和社会发展的大趋势，也是我国产业优化升级和实现工业化、现代化的关键环节，要把推进国民经济和社会信息化放在优先位置，大力推进国民经济和社会信息化是覆盖现代化建设全局的战略举措，以信息化带动工业化，发挥后发优势，实现社会生产力的跨越式发展”。2003 年党的十六大在十五届五中全会的基础上进一步作出了“以信息化带动工业化、以工业化促进信息化、走新型工业化道路”的战略部署，并在党的十六届五中全会上再一次强调，要推进国民经济和社会信息化，加快转变经济增长方式。“十五”期间，信息产业部国家信息化领导小组对信息化发展重点进行了全面部署，作出了推行电子政务、振兴软件产业、加强信息安全保障、加强信息资源开发利用、加快发展电子商务等一系列重要决策。

各地区各部门从实际出发，认真贯彻落实，不断开拓进取，我国信息化建设取得了可喜的进展：2004 年，我国的电话网络规模已经是世界第一，到 2008 年中国移动电话交换机容量达到 11 亿户，基站数量超过 78 万，覆盖全国所有的县市和 98%的人口，网络规模居全球第一。2008 年中国固定电话用户数达 3.4 亿，固定电话普及率为 25.8%，为 1978 年的 68 倍，移动电话用户数达 6.4 亿，为 1988 年 0.3 万户的 21 万倍。[①]“十一五”期间，我国政府敏锐看到信息化是当今世界发展的大趋势，是推动经济社会变革的重要力量，大力推进信息化应该覆盖我国现代化建设全局。基于此，2006 年 5 月，中共中央办公厅和国务院联合向各省、自治区、直辖市、新疆建设兵团等地区和各部门发布了一份名为《2006—2020

① 周宏仁：《中国信息化的发展历程》，见 http：//www.jconline.cn/Contents/Channel_1819/2009/1211/281092/content_281092.htm。

年国家信息化发展战略》的文件[①]，该文件对中国未来拟达到的信息化发展战略目标和具体目标进行了定位。经过五年的发展，截至2012年6月底，在全国范围内使用4兆及以上宽带产品用户比例达54%，互联网国际出口带宽达15000G，网民数量达5.38亿，其中手机网民数量达3.88亿，已经超过了台式电脑网民数量，微博用户超过2.7亿，电子商务交易规模已经达到了3.3万亿，同比增长14%。[②]"十二五"规划信息化发展方面主要关注经济、社会和政务领域的信息化，部分地区包含文化领域信息化。

"十二五"规划明确界定所谓"信息化"，是充分利用信息技术，开发利用信息资源，促进信息交流和知识共享，提高经济增长质量，推动经济社会发展转型的历史进程，并确定了我国信息化的五大应用领域的具体内容：①经济领域的信息化，包括农业信息化、服务业信息化、两化融合、信息产业等；②社会领域的信息化，包括民生、公共卫生、劳动保障等；③政务领域的信息化，包括政府办公、对外服务等；④文化领域的信息化，包括图书、档案、文博、广电、网络治理等；⑤军事领域的信息化，包括装备、情报、指挥、后勤等。

一、我国信息社会发展的战略与政策

在前文梳理我国信息化发展的历史脉络时，提到两个重要文件：一是《2006—2020年国家信息化发展战略》，为我国信息化发展的纲领性战略文件；另一个是"国民经济与社会发展的第十二个五年规划"。由于两份文件为我国国家信息化发展的战略指导文件，其地位极为重要，因此，对两份文件的主要内容进行分析阐述。

① 《2006—2020年国家信息化发展战略》，见http：//www.gov.cn/test/2009-09/24/content_1425447.htm。

② 《我国将进一步扩大公共区域无线局域网的覆盖范围》，见http：//www.gov.cn/jrzg/2012-09/11/content_2222444.htm。

（一）《2006—2020 年国家信息化发展战略》

2006 年出台的《2006—2020 年国家信息化发展战略》文件指出[①]，到 2020 年，我国信息化发展的战略目标有九个，分别是综合信息基础设施基本普及、信息技术自主创新能力显著增强、信息产业结构全面优化、国家信息安全保障水平大幅提高、国民经济和社会信息化取得明显成效、新型工业化发展模式初步确立、国家信息化发展的制度环境和政策体系基本完善、国民信息技术应用能力显著提高、为迈向信息社会奠定坚实基础。

在此战略目标下，按照承前启后、以点带面的原则，制定和实施了“国民信息技能教育培训计划”“电子商务行动计划”“电子政务行动计划”“网络媒体信息资源开发利用计划”“缩小数字鸿沟计划”“关键信息技术自主创新计划”等战略行动计划。

《2006—2020 年国家信息化发展战略》通过九个战略目标、四个具体方面和六个行动计划，最终要达到的目标是在 2020 年为迈向更高层次的信息社会奠定坚实基础。

（二）《中华人民共和国国民经济和社会发展第十二个五年规划纲要》

在《2006—2020 年国家信息化发展战略》框架下，我国的每一个阶段性“五年规划”都以此为纲，以五年为一个阶段来推进我国的信息化发展。2011 年 3 月发布的《中华人民共和国国民经济和社会发展第十二个五年规划纲要》（以下简称“十二五”规划）[②] 中，关于国家信息化发展的主要任务中有如下表述：

> 信息化是充分利用信息技术，开发利用信息资源，促进信息交流和知识共享，提高经济增长质量，推动经济社会发展转型的历史进程。信息化发展对中国经济、社会具有十分重大的影响。

① 《2006—2020 年国家信息化发展战略》，见 http：//www.gov.cn/test/2009-09/24/content_1425447.htm。

② 新华网：《中华人民共和国国民经济和社会发展第十二个五年规划纲要》（全文），见 http：//politics.people.com.cn/GB/1026/14159537.html。

我国信息化的五大应用领域如下：

· 经济领域的信息化，包括农业信息化、服务业信息化、两化融合、信息产业等；

· 社会领域的信息化，包括民生、公共卫生、劳动保障等；

· 政务领域的信息化，包括政府办公、对外服务等；

· 文化领域的信息化，包括图书、档案、文博、广电、网络治理等；

· 军事领域的信息化，包括装备、情报、指挥、后勤等。

国民经济和社会发展信息化“十二五”规划主要关注经济、社会和政务领域的信息化，部分地区包含文化领域信息化。

二、我国信息社会发展的实践和基础

从上述我国信息社会发展的两个战略文件来看，我国信息化在2020年之前将与国民经济与社会发展紧密相连、融为一体。除了战略与政策层面的规划，国家和企业层面针对这两个战略先后制定了一系列行动计划，并开展了一系列的实践活动。下面从一些较为重要的、实际效果突出的实践来看我国信息社会发展的基础与现状。

（一）“无线城市”行动

“无线城市”（Municipal Wireless）是指涵盖城市市区的无线网络，为市民、企业、校园和社区、外来游客或外籍商务人士提供无线宽带网络访问、市政相关服务以及行动商务等应用服务平台。其最初发起者为美国费城。2004年7月，美国费城首次提出建设基于Wi-Fi 802.11b标准的“Mesh网络”。由于此计划只在费城展开，因此被冠名“无线费城计划”。此项行动计划在构想和设计方面极大地方便人们的活动，被世界各地广为接受，此后“无线城市”的建设浪潮开始席卷全球。截至2014年，包括美国华盛顿、英国伦敦、加拿大安大略、荷兰阿姆斯特丹、德国汉堡、中国香港等在内的1000多个城市在建或计划建设无线城市，以满足公共接入、公共安全和公共服务的需要。

中国各地政府自2005年起也开始着手“无线城市”行动计划。据中国政府网（www.gov.cn）的报道[①]，“无线城市”方便居民生活，缩小城乡数字鸿沟，从试点“无线城市”的结果来看，我国已经具备大规模建设无线城市的条件。据2011年底的一份统计资料来看，我国政府实施的“无线城市”行动计划最早有14个城市，包括3个直辖市（北京、天津、上海）、6个省会城市（南京、杭州、广州、太原、武汉、成都）和5个有影响力的城市（青岛、扬州、深圳、芜湖、洛阳），截至2011年底，绝大部分城市已完成第一期工程建设。2014年，全国32个省份都已经开始无线城市建设。

（二）“三网融合”

2010年1月13日，时任国务院总理温家宝主持国务院常务会，决定加快推进三网融合，促进电信网络、有线电视网络和计算机网络的相互渗透、互相兼容，并逐步整合成为全世界统一的信息通信网络。在文件中指出，我国的三网融合工作主要分两个阶段：2010—2012年为三网融合的试点阶段，主要目的是加快培育市场主体，组建国家级有线电视网络公司，初步形成适度竞争的产业格局；2013—2015年全面推广实施三网融合。[②]

在发布第5号文件同年的6月30日，国务院办公厅公布的第一批三网融合试点地区（城市）12个，分别为北京市、辽宁省大连市、黑龙江省哈尔滨市、上海市、江苏省南京市、浙江省杭州市、福建省厦门市、山东省青岛市、湖北省武汉市、湖南省长株潭地区、广东省深圳市、四川绵阳市。[③] 在第一阶段试点的收官之年（2012年），“三网融合”的进展大致顺利。

---

① 《“无线城市”方便居民生活 缩小城乡数字鸿沟》，见 http：//www.gov.cn/jrzg/2011-11/01/content_1982968.htm。

② 中国政府网：《温家宝主持国务院常务会 决定加快推进三网融合》，见 http：//www.gov.cn/ldhd/2010-01/13/content_1509622.htm。

③ 中国政府网：《国务院办公厅关于印发第一批三网融合试点地区（城市）名单的通知》，见 http：//www.gov.cn/zhengce/content/2010-07/01/content_1138.htm。

2012 年 1 月 4 日，国务院办公厅公布 42 个三网融合第二阶段试点城市[①]，包括天津、重庆 2 个直辖市，宁波、石家庄、太原、呼和浩特等 22 个省会城市，江苏、湖北、广东等省的 17 个城市。

2012 年 5 月，工业和信息化部发布《通信业“十二五”发展规划》[②]和《互联网行业“十二五”发展规划》[③]，逐步扩大三网融合试点广度和范围，推进广电、电信业务双向进入。

2012 年 9 月，工业和信息化部向 12 个试点城市的广电企业发放许可证，同意广电企业开展基于有线电视网的互联网接入业务、互联网数据传送增值业务、国内 IP 电话业务。同年 10 月，广电总局正式发文批复同意中国电信和中国联通从事互联网视听节目服务、IPTV 传输服务和手机电视分发服务等 3 项业务的申请，并在 11 月组建中国广播电视网络有限公司，由财政部出资，国家广播电影电视总局负责组建和代管。12 月，湖南电广传媒股份有限公司旗下的湖南有限电视网络股份有限公司和中国联通湖南分公司签署战略合作协议，共同拓展三网融合蓝海市场，成为三网融合试点末期发展提速的标志性事件。

按原计划路线图，2013 年至 2015 年为“三网融合”全面推广实施阶段，但三网融合全面推广实施方案并未获得国务院三网融合协调小组批复。[④] 不过，2015 年 9 月，国务院印发《三网融合推广方案》[⑤]，全面推广实施。

（三）“宽带中国”战略

2013 年 8 月 1 日，国务院以官方文件的形式向各省、自治区、直辖

---

① 中国政府网：《国务院办公厅关于印发三网融合第二阶段试点地区（城市）名单的通知》，见 http：//www. gov. cn/gongbao/content/2012/content _ 2041867. htm。

② 中华人民共和国工业和信息化部：《通信业“十二五”发展规划》，见 http：//www. miit. gov. cn/n1146295/n1146562/n1146650/c3074430/content. html。

③ 中华人民共和国工业和信息化部：《互联网行业“十二五”发展规划》，见 http：//www. miit. gov. cn/n1146295/n1146562/n1146650/c3074434/content. html。

④ 《三网融合进展受阻》，见 http：//www. educity. cn/tx/1079048. html。

⑤ 中国政府网：《国务院办公厅关于印发三网融合推广方案的通知》，见 http：//www. gov. cn/zhengce/content/2015-09/04/content _ 10135. htm。

市及国务院各部委、各直属机构印发了一份名为《国务院关于印发“宽带中国”战略及其实施方案的通知》（国发［2013］31号）的文件[①]。根据此官方文件的说明，“宽带中国”战略是我国政府根据《2006—2020年国家信息化发展战略》、《国务院关于大力推进信息化发展和切实保障信息安全的若干意见》（国发［2012］23号）和《“十二五”国家战略性新兴产业发展规划》的总体要求而制定，其目的是加强战略引导和系统部署，推动宽带基础设施快速健康发展。

这份《“宽带中国”战略及实施方案》对系统推进宽带网络的技术路线和发展时间表做出了具体要求，见表4—1。

表4—1 “宽带中国”发展目标与发展时间表

指标	单位	2013年	2015年	2020年
1. 宽带用户规模				
固定宽带接入用户	亿户	2.1	2.7	4.0
其中，光纤到户（FTTH）用户	亿户	0.3	0.7	—
其中，城市宽带用户	亿户	1.6	2.0	—
农村宽带用户	亿户	0.5	0.7	—
3G/LTE用户	亿户	3.3	4.5	12
2. 宽带普及水平				
固定宽带家庭普及率	%	40	50	70
其中，城市家庭普及率	%	55	65	—
其中，农村家庭普及率	%	20	30	—
3G/LTE用户普及率	%	25	32.5	85
3. 宽带网络能力				
城市宽带接入能力	Mbps	20（80%用户）	20	50
其中，发达城市	Mbps		100（部分城市）	1000（部分用户）
农村宽带接入能力	Mbps	4（85%用户）	4	12

① 《国务院关于印发“宽带中国”战略及实施方案的通知》，见 http：//www.gov.cn/zwgk/2013-08/17/content_2468348.htm。

续表

大型企、事业单位接入带宽	Mbps	大于 100	大于 1000	
互联网国际出口带宽	Gbps	2500	6500	—
FTTH 覆盖家庭	亿个	1.3	2.0	3.0
3G/LTE 基站规模	万个	95	120	—
行政村通宽带比例	%	90	95	＞98
全国有线电视网络互联互通平台覆盖有线电视网络用户比例	%	60	80	＞95
4. 宽带信息应用				
网民数量	亿人	7.0	8.5	11.0
其中，农村网民	亿人	1.8	2.0	—
互联网数据量（网页总字节）	太字节	7800	15000	
电子商务交易额	万亿元	10	18	—

从战略规划来看，我国宽带网的覆盖范围在“推广普及阶段（2014—2015 年）”结束的 2015 年，固定宽带用户将超过 2.7 亿户，城市和农村家庭固定宽带普及率将分别达到 65%和 30%。3G/LTE 用户将超过 4.5 亿户，用户普及率将达到 32.5%。行政村通宽带比例将达到 95%。城市家庭宽带接入能力将达到 20Mbps，部分发达城市将达到 100Mbps，农村家庭宽带接入能力将达到 4Mbps。同时，3G 网络基本覆盖城乡，LTE 实现规模商用，无线局域网全面实现公共区域热点覆盖，服务质量全面提升。全国有线电视网络互联互通平台覆盖有线电视网络用户比例将达到 80%。在“优化升级阶段（2016—2020 年）”结束的 2020 年，基本建成覆盖城乡、服务便捷、高速畅通、技术先进的宽带网络基础设施。届时，固定宽带用户将达到 4 亿户，家庭普及率将达到 70%，光纤网络覆盖城市家庭。3G/LTE 用户将超过 12 亿户，用户普及率将达到 85%。行政村通宽带比例将超过 98%，并采用多种技术方式向有条件的自然村延伸。城市和农村家庭宽带接入能力将分别达到 50Mbps 和 12Mbps，50%的城市家庭用户将达到 100Mbps，发达城市部分家庭用户将可达 1Gbps，LTE 基本覆盖城乡。全国有线电视网络互联互通平台覆盖有线电视网络用户比例将超过 95%。

（四）“智慧城市”试点

“智慧城市（Smart City）”的概念最早源于IBM提出的“智慧地球”这一理念。2008年11月，IBM在美国纽约发布的《智慧地球：下一代领导人议程》（A Smarter Planet：The Next Leadership Agenda）主题报告中提出了“智慧地球”，即把新一代信息技术充分运用于各行各业中。2008年，美国政府对IBM的“智慧地球”概念做出积极回应，将这一概念纳入国家战略和应对金融危机的新的经济增长点。之后，IBM发布了一本名为《智慧城市在中国》的白皮书，提出“智慧城市在中国”的战略，并相继与中国的多个省市签署了“智慧城市”共建协议，使得“智慧地球”“智慧城市”等概念引起各界的广泛关注。

关于“智慧城市”，目前在国际上被广泛认同的定义是，“智慧城市”是把新一代信息技术运用在城市的各行各业之中，实现信息化、工业化与城镇化深度融合，有助于缓解“大城市病”，提高城镇化质量，实现精细化和动态管理。[①] 所谓“智慧”，就是通过新一代信息技术的应用使人类能以更加精细和动态的方式管理生产和生活的状态，通过把传感器嵌入和装备到全球每个角落的供电系统、供水系统、交通系统、建筑物和油气管道等生产生活系统的各种物体中，使其形成的物联网与互联网相连，实现人类社会与物理系统的整合，而后通过超级计算机和云计算将物联网整合起来，其所体现的理念不仅仅是智能，即新一代信息技术的应用，更在于人类智慧的充分参与。[②] 比如，欧盟启动的致力于围绕市民需求将城市建设为各方共同参与的开放创新空间的“面向知识社会创新2.0的Living Lab计划”，即属于“智慧城市”范畴。又如，维也纳大学对城市体系评价的六个指标（智慧的经济、智慧的运输业、智慧的环境、智慧的居民、智慧的生活和智慧的管理等），施耐德电气在全球包括中国、印度、欧洲、

---

① 《智慧城》，见http：//zh.wikipedia.org/wiki/%E6%99%BA%E6%85%A7%E5%9F%8E%E5%B8%82。

② 《智慧城》，见http：//zh.wikipedia.org/wiki/%E6%99%BA%E6%85%A7%E5%9F%8E%E5%B8%82。

美国、南美等国家和地区的200多个城市所进行的智慧城市建设[①]，都属于“智慧城市”范畴。

为应对智慧城市建设的趋势，中华人民共和国住房和城乡建设部发布了《国家智慧城市试点暂行管理办法》[②]，将全国103个城市（区、县、镇）纳入试点[③]，工业和信息化部也在酝酿相关标准[④]。2012年12月，中国工程院组织起草并发布的《中国工程科技中长期发展战略研究报告》将智能城市列为中国面向2030年的30个重大工程科技专项之一。[⑤]

截至2012年9月，全国47个地方规划文件中，明确提出“智慧城市”的有22个。其中，北京于2012年3月发布《智慧北京行动纲要》，提出城市智能运行计划、市民数字生活计划、企业网络运用计划、政府整合服务计划等4项智慧应用行动计划，以及信息基础设施提升计划、智慧共用平台计划、应用与产业对接计划、发展环境创新计划等4项智慧支撑行动计划，简称“4＋4”行动计划；上海2011年发布《上海市推进智慧城市建设2011—2013年行动计划》，提出宽带城市、无线城市、通信枢纽、三网融合、功能设施等5个重点专项；广州2011年起全面实施“智慧广州”，提出重点加快推进三大国家级经济技术开发区（广州经济技术开发区、南沙经济技术开发区和增城经济技术开发区），五大现代服务业

---

① 《智慧城市并非只停留在概念阶段》，物联网在线，见 http：//www.iot-online.com/xingyeyingyong/scity/2012/1130/23211.html。

② 《国家智慧城市试点管理办法》，见 https：//www.google.com.hk/url? sa＝t&rct＝j&q＝&esrc＝s&source＝web&cd＝2&ved＝0CCYQFjAB&url＝%68%74%74%70%3a%2f%2f%77%77%77%2e%6d%6f%68%75%72%64%2e%67%6f%76%2e%63%6e%2f%7a%63%66%67%2f%6a%73%62%77%6a%5f%30%2f%6a%73%62%77%6a%6a%73%6b%6a%2f%32%30%31%32%31%32%2f%57%30%32%30%31%32%31%32%30%34%30%32%34%34%34%31%2e%64%6f%63&ei＝8GaZU_bfIMTg8AXi5ICQDQ&usg＝AFQjCNGTHPqEcLgXjMITsN03PFxiDWhX5g。

③ 《住房城乡建设部办公厅关于公布2013年度国家智慧城市试点名单的通知》，见 http：//www.mohurd.gov.cn/zcfg/jsbwj_0/jsbwjjskj/201308/t20130805_214634.html。

④ 《城镇化升温 多部委力推智慧城市》，中国智慧城市网，见 http：//www.cnscn.com.cn/news/show-htm-itemid-2768.html。

⑤ 《中国工程科技中长期发展战略研究报告》，《科技日报》，见 http：//news.sciencenet.cn/htmlnews/2012/12/273300-4.shtm。

功能区和六大先进制造业基地，以及空港、海港经济区、总部经济区等产业发展载体和平台建设；南京2011年3月发布《南京市“十二五”智慧城市建设规划》；武汉2011年2月提出建设“智慧城市”；2013年1月，中国联通和福建省政府签署《“数字福建智慧城市群”建设合作协议》，旨在大力实施健康、教育、就业、家政服务等便民、惠民系统工程，推动政府服务转型，大力发展电子商务、物联网、健康服务、教育服务和就业服务等“数字福建”五大产业集群。①

（五）“云计算”规划②

随着互联网的普及和互联网数据的增长，云计算应运而生，并逐渐成为发达国家重点实施的战略产业，如韩国政府2009年12月组成了由韩国行政安全部、放送通信委员会和知识经济部联合成立的机构来负责实施由韩国政府推出的《云计算全面振兴计划》，希望在2014年前使韩国成为世界最高水准的云计算强国；日本政府在2009年发布“I-Japan战略2015”行动计划后，于2010年紧接着又发布了《云计算与日本竞争力研究》报告；德国联邦经济和技术部2010年10月发布《云计算行动计划》，旨在“大力发展云计算，支持云计算在德国中小企业的应用，消除云计算应用中遇到的技术、组织和法律问题”；美国政府于2011年2月发布《联邦云计算战略》白皮书；英国政府于2011年11月宣布启动政府云计算服务；等等。

2012年我国也开始推动云计算。2012年4月，工业和信息化部电信研究院发表《云计算白皮书》，5月国务院即批准了“中国云”产业发展国家级规划，并在7月将云计算工程纳入《“十二五”国家战略性新兴产业发展规划》，9月科技部颁发《中国云科技发展“十二五”专项规划》，将云计算产业发展提升到一个新的高度。

之后，各级地方政府、科研机构和企业积极推进云计算布局：北京于

① 《中国新兴媒体发展报告》，新华出版社2013年版，pp. 38—55。

② 《中国新兴媒体发展报告》，新华出版社2013年版，pp. 34—38。

2012年发布“祥云工程”；成都制定云计算应用与产业发展“十二五”规划纲要；城市与城市间也形成了地方云计算联盟，如成都“成都云计算产业联盟”、深圳“深圳市云计算产业协会”等；高校、科研机构和企业也投入到云计算研究、开发和商业实践中，如2012年4月成立的“中国云产业联盟”，由北京大学、北京航空航天大学、百度、用友、中国联通、腾讯等共同发起。

（六）“感知中国”行动

“感知中国”是中国发展物联网的一种形象称呼，其核心即“物联网”，通过在物体上植入各种微型感应芯片使其智能化，然后借助无线网络，实现人和物体“对话”、物体和物体之间“交流”。“感知中国”这个概念缘起于一个创建于1999年的物联网研究与创业团队。[①] 该团队在组建之初，主要致力于物联网相关技术的研究，并致力于为物联网行业提供产品和系统解决方案。和许多其他企业和团队一样，这个致力于物联网研究和应用的企业一直默默无闻，经历了从1999年草创初期大脑中的“火花”闪现，到“微系统信息网”，到“传感网”，并因为2009年8月7日时任国务院总理温家宝在无锡视察时的肯定而迅速成为一个集团企业，“感知中国”的理念也迅速在中国传播。[②] 温家宝在无锡考察时对物联网的发展提出了三点要求：一是把传感系统和3G中的TDSCDMA技术结合起来；二是在国家重大科技专项中，加快推进传感网的发展；三是尽快建立中国的传感信息中心，或者叫“感知中国”中心。我国开始把物联网作为未来重要的发展战略。在2009年12月的国务院经济工作会议上，明确

---

① 该团队的创始人为刘海涛。刘海涛是国家973物联网首席科学家、国家信息化专家咨询委员会委员、国家物联网基础标准工作组组长、国家传感网标准化工作组组长、国家传感网工程技术中心主任、国家特种物联网总设计师、总指挥，国际标准组织ISO物联网标准工作组主编辑。

② 温家宝总理高度肯定刘海涛提出的“感知中国”理念，并作出迅速建立“感知中国”中心指示。之后，江泽民、吴邦国等党和国家领导人相继视察刘海涛团队，给予高度的肯定并题词，见 http://www.sensingnet.net/CloseToUs/CloseToUsInfo.aspx?id=30153c7d-572c-4f44-8a06-82eff0830995。

提出了要在电力、交通、安防和金融行业推进物联网的相关应用。[①]

虽然直到2009年"感知中国"的概念才为人所熟知，但是"感知中国"团队早在2004年就已经提出并开始研究以感知为核心的物联网社会化体系架构，并在之后的技术攻关及研发应用中不断深入，逐步形成了物联网感知社会理论基础框架。

物联网感知理论强调"感知"是物联网的核心，并预测以"感知"为核心的第三次信息产业浪潮物联网将颠覆性取代以"计算"为核心的第一次信息产业浪潮和以"网络"为核心的第二次信息产业浪潮，进一步推动信息技术进入社会化时代。信息技术进入社会化时代以后，作为人与客观物理世界互动交融的系统，数以亿计的物理产品信息的规模相当庞大，对其管理也相当复杂，为让这些信息节点之间进行社会化分工、组织与协同，需要一套类似于人类社会的协同分工体系来支撑，建立在已有的智能化、网络化基础之上的类似于任何社会行为的理论体系。这一体系被感知中国团队称为"感知社会理论体系"。[②]

在提出"感知社会理论体系"的同时，这个团队在研发与应用中不断进行完善，逐渐形成了感知社会理论体系架构雏形，即所谓"物联网共性平台"(见图4－1)。该平台综合物联网应用共性特点，采用感知互动层、网络传输层和应用服务层三层架构形式，完成物—物、物—人的感知。三层架构中的感知互动层主要完成数据采集、通信和协同信息处理等功能，通过各种类型的传感设备获取物理世界中发生的物理事件和数据信息，如各种物理量、标识、音视频多媒体数据，物联网的数据采集涉及传感器、RFID、多媒体信息采集、二维码和实时定位等技术，将采集到的数据在局部范围内进行协同处理，以提高信息的精度，降低信息冗余度，并通过网关接入广域承载网络。网络传输层主要关注来自感知互动层的、经过初

① 李向文：《欧美日韩及我国的物联网发展战略——物联网的全球发展行动》，《射频世界》2010(3)，pp. 49－53。

② 《物联网的感知社会论》，见 http://www.sensingnet.net/Sensor/ArticleInfo.aspx?cid＝77cf8053-d4ec-4f18-873a-b367402b2001&id＝77cf8053-d4ec-4f18-873a-b367402b2101。

步处理的数据经由各类网络（如移动通信网、互联网、卫星网、广电网、行业专网，及形成的融合网络等）传输到应用服务层。应用服务层的主要功能是根据底层采集的数据，形成与业务需求相适应、实时更新的动态数据资源库，为各类业务提供统一的信息资源支撑，从而最终实现物联网在各个行业领域中的应用。①

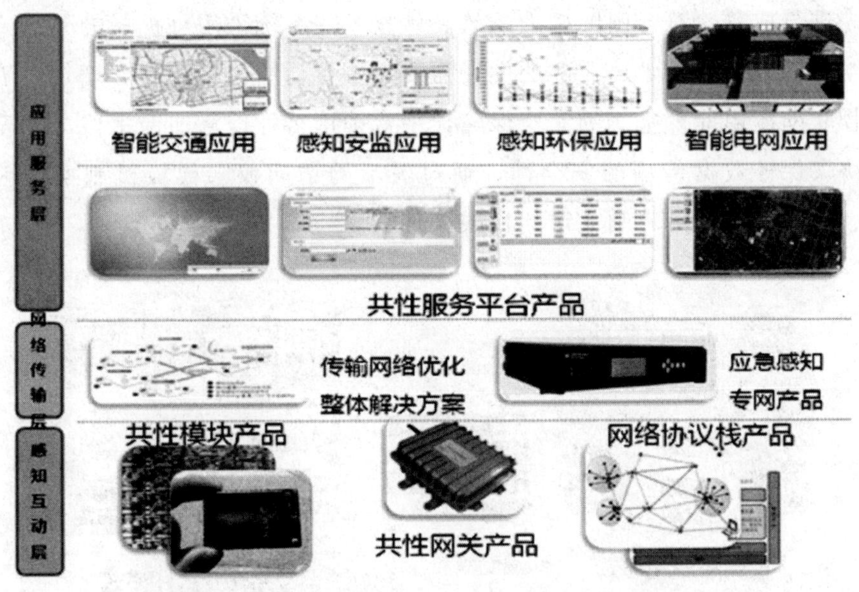

图 4—1 “感知中国”物联网共性平台及产品

图片来源：感知集团官方网，见 http：//www. sensingnet. net/Sensor/ArticleInfo. aspx? cid=77cf8053-d4ec-4f18-873a-b367402b3001&id=77cf8053-d4ec-4f18-873a-b367402b3103。

为了说明共性平台的价值与优势，“感知中国”团队将“共性平台”与传统应用模式进行了对比。其主要特点（如图 4—2 所示）：一是打破孤立“竖井式”应用架构所形成的“信息孤岛”，为物联网应用提供标准体系架构，并支持多应用业务信息融合和服务共享，实现应用业务间无缝集

① 《物联网三层架构》，见 http：//www. sensingnet. net/Sensor/ArticleInfo. aspx? cid = 77cf8053-d4ec-4f18-873a-b367402b3001&id=77cf8053-d4ec-4f18-873a-b367402b3103。

成与协作；二是强大易扩展的物联网应用支撑平台支持多种类型感知设备适配接入，兼容现有各类传输网络，提供灵活的应用服务部署和业务交互共享模式，并可根据用户需求在平台上动态添加新的应用；三是平台开发及运维支撑能力方面，能显著降低物联网业务应用开发成本、服务运营成本及维护成本，降低物联网准入门槛；四是支持二次开发和快速集成，采用先进、成熟、符合国际标准的软硬件技术，系统采用可扩展的开放式体系结构，能根据技术、业务的发展需要对平台功能进行调整、增加；五是为物联网应用提供坚实的安全保障，平台采用多种信息加密手段与安全管理协议保证数据传输的安全性，通过灵活的访问权限模板机制实现对设备、感知信息的可定制化访问权限管理。①

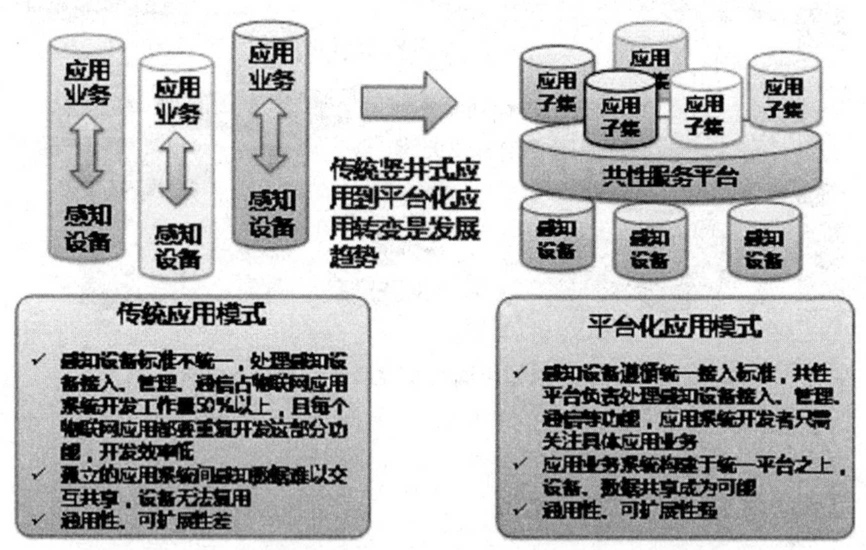

图 4—2 “感知中国”共性平台与传统应用模式的对比

图片来源：感知集团官方网站，见 http://www.sensingnet.net/Sensor/ArticleInfo.aspx? cid=77cf8053-d4ec-4f18-873a-b367402b3001&id=77cf8053-d4ec-4f18-873a-b367402b3104。

---

① 《共性平台+应用子集》，见 http://www.sensingnet.net/Sensor/ArticleInfo.aspx? cid=77cf8053-d4ec-4f18-873a-b367402b3001&id=77cf8053-d4ec-4f18-873a-b367402b3104。

由于物联网物—物、物—人信息之间的互通存在标准不统一而无法感知的现状，“感知中国”团队的工作重心和成果主要集中在两个方面：一是在标准化方面，促进国内标准的统一与国际化，同时与国际已有标准接轨，打通信息与信息之间的交换壁垒；二是不断加大产品的研发、应用和推广。截至 2015 年，“感知中国”在标准化研究方面的成果有 IEEE802 系列标准的制定（IEEE802.15.4e、IEEE802.15.4g），ISO/IEC JTC1 WG7 标准的制定，参与国家传感器网络国家标准和行业标准的制修订工作。[①] 在产品的研发、应用和推广方面，研发出了具有自主知识产权的传感器网络 SoC 芯片——VW628 和 WSNS1 _ SCBR[②]，并在区域警戒、智能交通、智能电网、感知烟草、智能安监、感知医疗等领域有广泛应用。

（七）“中国数字教育 2020”的行动计划

作为早先国家“科教兴国”战略的一部分，“农村远程教育工程”虽然起步时间早于《2006—2020 年国家信息化发展战略》的出台时间，但是通过对“农村远程教育工程”的目的意义和《2006—2020 年国家信息化发展战略》“国民信息技能教育培训计划”目的意义的对比来看，“农村远程教育工程”的决策者和推动者显然也是《2006—2020 年国家信息化发展战略》“国民信息技能教育培训计划”的起草者和推动者。

“农村远程教育工程”是对占中国总人口数约 64.3%的农村人口这一目标人群进行信息素养教育。按照该工程的实施方案，其目标人群主要有两类：一是农村中小学教师和学生。实施农村中小学现代远程教育工程，旨在通过运用信息化的手段和方式，积极输送优质教育资源，促进农村中小学校师资队伍建设，提高农村中小学教育教学质量，推动农村中小学开展信息技术教育；有效解决我国广大农村地区教育教学资源匮乏、师资短缺、教育质量不高的问题，全面带动农村地区特别是中西部地区的“两

① 《国内标准化成果》，见 http://www.sensingnet.net/Sensor/ArticleInfo.aspx?cid=77cf8053-d4ec-4f18-873a-b367402b3002&id=77cf8053-d4ec-4f18-873a-b367402b3102。

② 《国际标准化成果》，见 http://www.sensingnet.net/Sensor/ArticleInfo.aspx?cid=77cf8053-d4ec-4f18-873a-b367402b3002&id=77cf8053-d4ec-4f18-873a-b367402b3101。

基”攻坚和巩固提高工作。二是农村、农民和党员教育培训。方案将依托农村中小学逐步建设农村信息化平台，为农村精神文明建设、党员干部教育和农民技术培训提供支持。根据该项目的建设目标和任务，截至2007年，已使全国3.75万所农村初中具备计算机教室，使全国38.4万所农村小学基本具备卫星教学收视点，已使全国约11万个农村小学教学点具备教学光盘播放设备和成套教学光盘，这三种模式基本覆盖全国的农村中小学。加强教育教学资源建设，已建设光盘教学资源4000小时以上，卫星教学资源11000小时以上，计算机网络教学资源6000小时以上，并加强了农村教师的教育技术能力培训，为每所农村中小学培训了1—2名熟悉教学、懂技术管理的人员，积极推进了三种模式在农村中小学教育教学中的应用。

之后的2011年，教育部根据《国家中长期教育改革和发展规划纲要（2010—2020年）》印发了一个名为《教育信息化十年发展规划（2011—2020年）》[①] 的指导文件，对教育信息化进行了总体部署。在这份规划文件中，明确指出：“到2020年，全面完成《国家中长期教育改革和发展规划纲要（2010—2020年）》所提出的教育信息化目标任务，形成与国家教育现代化发展目标相适应的教育信息化体系，基本建成人人可享有优质教育资源的信息化学习环境，基本形成学习型社会的信息化支撑服务体系，基本实现所有地区和各级各类学校宽带网络的全面覆盖，教育管理信息化水平显著提高，信息技术与教育融合发展的水平显著提升。教育信息化整体上接近国际先进水平，对教育改革和发展的支撑与引领作用充分显现。”并在此框架下开展一个名为“中国数字教育2020”的行动计划，包括优质数字教育资源建设与共享行动、学校信息化能力建设与提升行动、国家教育管理信息系统建设行动、教育信息化可持续发展能力建设行动和教育信息化基础能力建设行动。

---

① 教育部关于印发《教育信息化十年发展规划（2011－2020年）》的通知，见 http://old.moe.gov.cn/publicfiles/business/htmlfiles/moe/s3342/201203/xxgk_133322.html。

“中国数字教育 2020”行动计划尽管只是一个阶段性计划，但对人才培养起到了基础保障作用，对国民适应泛在信息社会有着不可估量的积极影响。

三、我国信息社会发展的问题

从前面对我国信息技术发展脉络的梳理来看，我国的《2006—2020年国家信息化发展战略》可以看作是中国版的信息社会整体发展战略。通过与美国“智慧地球”、欧盟“数字社会”、日本“I-Japan”、韩国“U-Korea”等整体国家战略相比较，我国的信息社会发展战略有如下五个方面的不同。

（一）信息产业 VS 泛在信息社会

从“信息化”到“泛在化”，不仅仅是字面上的不同，从二者所包含的内容上看，却是一个从形态到内涵的跨越。我国的《2006—2020 年国家信息化发展战略》主要将发展的重心放在“信息产业”这个单一的领域，是针对“国家信息产业发展”制定的一个一般性纲领文件，其重点是引导国家信息产业向有利于国民经济和社会发展的方向发展，“为迈向信息社会打下坚实基础”。而美国“智慧地球”、欧盟“数字社会”、日本“I-Japan”、韩国“U-Korea”等战略的表述上把新技术放在从属的地位，超越了信息化，从更高层面规划对未来互联网技术的整合，认为信息技术的目标是为了更智慧的社会生活，信息技术俨然与社会生活的各个方面融合在一起而不分彼此，其战略的核心落脚点是“智慧的信息社会”，而不只是强调“信息产业”的发展。

（二）单一领域 VS 多元社会

我国的《2006—2020 年国家信息化发展战略》由于只是针对“信息产业”这个单一领域的，随着信息技术的飞速进步，无法对未来信息产业的具体图景进行描述，因此，所给定的总体目标和具体行动计划都相当宏观宽泛。而综观美国“智慧地球”、欧盟“数字社会”、日本“I-Japan”、韩国“U-Korea”等战略图景，则都相当具体，它们不必描述未来的信息技术发展到如何程度，但是却为其国民描绘了国家战略下的“未来信息社会”是一个什么样的社会。

（三）孤立发展 VS 协同发展

在《2006—2020 年国家信息化发展战略》制定前后，我国虽然出现了一些诸如“无线城市”“宽带中国”“智慧城市”“感知中国”“国民信息素养教育”等相关的行动计划和战略，但是非常明显的是，这些行动计划和战略并不都在《2006—2020 年国家信息化发展战略》框架下开展，而是彼此割裂，缺乏协同性。反观美国“智慧地球”、欧盟“数字社会”、日本“I-Japan”、韩国“U-Korea”等战略框架，基本都是强调信息技术和信息服务的整体协同推进，认为信息技术发展的同时，推动社会各项服务的发展才是“信息社会”的本质。

（四）政府主导 VS 政府主导市场参与

我国《2006—2020 年国家信息化发展战略》的实施行动计划过分强调国家或政府相关部门对信息技术和信息产业的介入和投入，反观美国“智慧地球”、欧盟“数字社会”、日本“I-Japan”、韩国“U-Korea”等战略的实施，一般是国家投入引导性资金，并配以政策支持来吸引相关方积极参与。

（五）抽象称谓 VS 形象称谓

在战略规划的名称称谓上，我国的《2006—2020 年国家信息化发展战略》具有鲜明的官方化特点，没有美国“智慧地球”、欧盟“数字社会”、日本“I-Japan”、韩国“U-Korea”等称谓那样形象。从美国“智慧地球”、欧盟“数字社会”、日本“I-Japan”、韩国“U-Korea”等名称，即可以大致清楚其目标、理念和路径。

从对比中可以发现，我国亟须一个针对“未来信息社会”的整体信息社会发展框架，以引导国家在政治、经济、文化、社会、国防等诸多领域的有序整体发展。

第二节 “泛在中国”——我国未来信息社会的发展框架

从本书第三章和第四章第一节来看，各国政府从战略、政策和实践中都试图通过现代信息技术和网络设施，开发利用信息资源，促进信息交流和知识共享，提高经济增长质量，把社会的最基础资源——信息资源充分应用到社会各个领域，推动经济社会发展转型的历史进程。从本书第三章的综述中，可以看到美国、日本、韩国、欧洲等发达国家和地区都敏锐地预测：随着信息社会的发展，当信息渗透到社会的各个领域并发挥重要作用、成为现代社会经济生活中不可缺少的重要资源的时候，“信息社会”将逐渐过渡到“泛在信息社会”。各国和地区所提出的“智慧地球计划”“U-Japan战略”“欧洲数字社会计划”“U-Korea计划”等无一不是对未来泛在信息社会的应对和准备。

需要特别提到的是，各国所制定的各种“U”战略，都是他们基于对当前信息社会的充分了解和未来信息社会的建模基础上为政府提出的应对之策。比如，在日本“U-Japan战略”计划出台之前，日本学界有很多学者为未来泛在信息社会“U-Japan”构建情景和模型。其中，日本学者Mitsutaka Matsumoto等建构的“泛在信息社会”情境（scenarios）包括无线局域网情境（泛在信息社会是无线局域网的延伸扩展）、无缝式移动网络情境（大容量高速度的移动通信系统以及移动通信和互联网的集成连接）、合作式设备网络情境（各种设备都能与互联网连接以及RFID标签的散布）和情境感知服务情境（基于RFID的传感网络更加普遍，服务通过无处不在的传感器提供）。① 而Motohisa Funabashi等人则构建了“基于技术含义和社会期待的泛在信息社会情景”，在这样的泛在信息社会中做

① Mitsutaka Matsumoto, Junko Hamano, Tetsuya Tamura, et al, “Impacts of Ubiquitous Technology Advances on Energy Consumption in Japan”, *Electrical Engineering in Japan*, 2007, 161 (3), pp. 22—29.

到增强记忆的服务、客户关系管理、居家照护服务和电子民主。[①]

我国在《2006—2020年国家信息化发展战略》、“十二五”规划和2016年起实施的“十三五”规划，以及政府和企业主导的“宽带中国”“智慧城市”等行动计划的基础上，在2020年“为迈向信息社会奠定坚实基础”[②]之后，我国下一代信息社会如何发展？

通过对发达国家和地区的泛在信息社会相关战略计划的研究，以及对我国信息社会发展的现状问题的研究，本书提出，“泛在中国”这样一种泛在信息社会是我国下一代信息社会的基本形态，届时泛在互联互通的网络，以及无处不在的泛在信息与泛在服务，将成为像水、电、气一样的公共服务。

一、“泛在中国”信息社会概念模型

在“泛在中国”信息社会环境中，我国社会各行各业充分利用传感技术、RFID技术、通信技术、计算机网络技术，保证在任何时候、任何情况下人与人、人与物、物与物之间可通过信息技术实现全面互联互通，信息成为生活的必需品，每个人都将能够在任何地点和任何时刻，灵活应用各种信息，创造新的价值，提高全社会物质财富创造效率，推动社会革命性的进步。

“泛在中国”这样一种泛在信息社会形态，如果以抽象概念模型来阐释，大致可分为三层（如图4－3所示）：感知与互联层、识别与控制层、认知与建构层。各层的基本内容如下：

（一）感知与互联层

“感知与互联层”是由一系列传感器，射频标签，机器终端（如手机、个人电脑、PDA、家电、监控摄像头等），相关信息识别器及有线/无线网

① Motohisa Funabashi，Koichi Homma，etc.，“Sociotechnical Issues for the Ubiquitous Information Society in 2010”，*Electrical Engineering in Japan*，2008，165（1），pp. 60－67.

② 《2006—2020年国家信息化发展战略》提出的九大战略目标中的第九个，即“为迈向信息社会奠定坚实基础”。

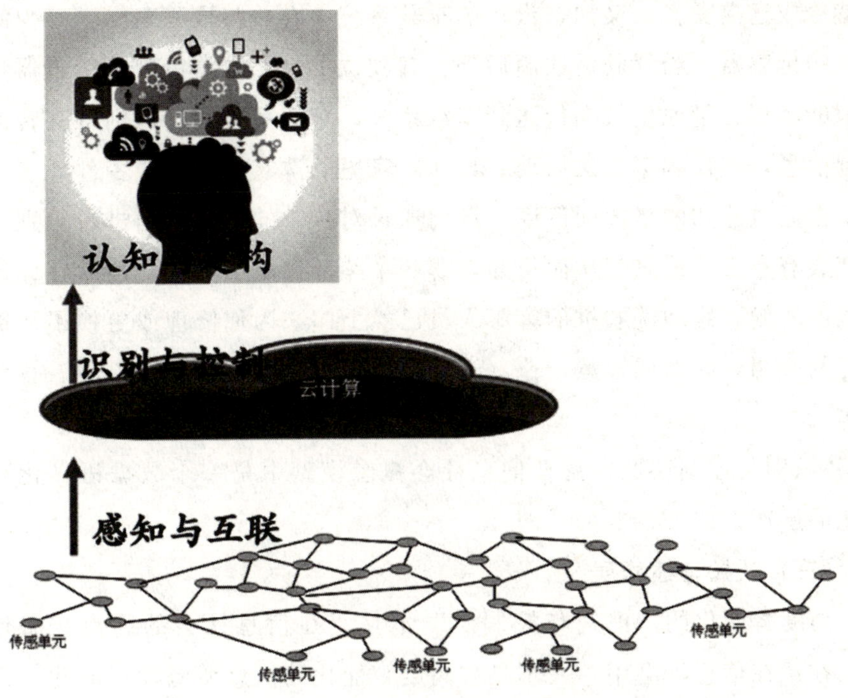

图 4—3 我国泛在信息社会概念模型

络所形成的感知网络。在感知网络中，传感器或信息识别器摄取相关信息生成原生数据，原生数据存储在本地或通过有线/无线网络存储在互联网的数据仓储中。比如，可穿戴设备上的传感器感知人体的心电、血压、脉搏，以及个体的位置信息、周围环境的噪音分贝数等。

“感知与互联层”在泛在信息社会概念模型中是一个原生数据感知和数据互联的层次。

（二）识别与控制层

“识别与控制层”通过对感知网络节点生成的原生数据进行高度智能化处理，使得原生数据变成有一定意义的信息，信息与信息通过复杂的计算进行交互和控制，形成具有一定“智慧”的有机整体。比如，前面例子中提到的可穿戴设备感知的数据，通过感知网络传递到特定的设备，在复杂的计算后识别周围噪音对人体的影响程度，并建议人到离它最近的医院去就诊或远离噪音。又如，汽车的车载系统中有一些检测车内空气中酒精含量的传感器，当驾驶员饮酒后坐在驾驶位上时，酒精检测的传感器将空气中的酒精含量原生数据传送到车载系统，车载系统通过识别将其转换为控制信息，使得汽车无法启动。再如，家里的洗衣机的某个零件坏了，相关数据通过感知网络传回厂商，厂商通过对传来的原生数据进行识别，使之变成有意义的信息，从而得知是哪一个零部件出了问题，然后在你还未察觉的时候，修理洗衣机的客服人员已经上门来为你修理或更换了。更为广泛的应用，如形成智慧产业（智慧物流、智慧农业、智慧电力、智慧国防等）。

“识别与控制层”在泛在信息社会概念模型中是一个数据语义化和智能化的层次。

（三）认知与建构层

高度智能化的“识别与控制层”不是泛在信息社会的终点，而是起点。在泛在信息社会中，人不是被高度智能化的信息所淹没、异化，而是在此基础上更加自由、自觉、自在地去认知和建构更为丰富的社会生产活动。

“认知与建构层”是各领域的人在“感知与互联层”和“识别与控制层”的基础上认知和构建新的社会生产活动。比如，科学家通过“感知与互联层”里分布在不同地域的空气传感器传递过来的数据，做一些未知领域的探究，让人类与自然更和谐相处；政府通过“识别与控制层”的“智能国防”识别外国飞行器是否侵犯防空识别区而进行外交。

“认知与建构层”在泛在信息社会概念模型中是一个实践和理解、认知和建构新知识的层次。

二、“泛在中国”信息社会发展基本框架

在“泛在中国”信息社会概念模型下，结合前述对各国泛在信息社会战略框架的研究，本书提出“泛在中国”信息社会发展的基本框架，大致包括九个方面。

（一）政府政策支持，引导企业自由地进行市场竞争

泛在信息社会建设需要国家在战略上进行宏观指导，首先体现在政策引导。

以韩国为例，韩国是目前全球宽带普及率最高的国家之一，同时它的移动通信、信息家电、数字内容等业务也在全球拥有极高的地位。面对全球信息产业新一轮“U”化战略的政策动向，韩国政府制定了“U-Korea战略”。“U-Korea战略”的政府政策引导轨迹是从1993年开始韩国政府就积极从事国家信息基础设施的布局，1999年韩国政府宣布“Cyber Korea 21”政策，2002年公布“E-Korea Vision 2006”，2003年底则发表“Broadband IT Korea Vision 2007”政策，2004年3月提出“U-Korea战略”同时，推出“IT839战略”，将“IT839战略”作为“U-Korea”的核心战略，2005年3月由韩国信息及通信部（MIC）主导成立“U-Korea”策略规划小组，同年9月完成“U-Korea”政策草案，于2006年3月确立“U-Korea”总体政策规划。不仅如此，在执行“U-Korea”计划过程中韩国政府在推动信息产业的发展和引导自由市场竞争方面，也是一直不遗余力地给予企业政策支持，倡导并鼓励企业间的质量竞争，希望通过有效的竞争培育出本国具有世界级水平的新技术和新产品，突出表现在韩国政府IT管理部门和企业的合作、政策制定、资金人员的支援、政府对市场的有效监控等。[①] 此外，韩国政府还通过政策制定，一方面鼓励投资和竞争，另一方面密切关注市场动态，防止大企业过度垄断。过去，由于IT企业只注重国内市场的发展，导致整个产业国际竞争力相对较低，同时IT产业的人力资源与产品管理能力也相对较低。2006年韩国制定产业政策，改善软件销售制度，力求到2010年用户可以在日常生活中自由使用IT技术。具体策略包括：启动大量的信息化建设项目，使IT产业推动国家经济；加强软件质量管理并加强人力资源培训；2006—2010年IT产业

---

① 王玮：《浅谈日本U-Japan及韩国U-Korea战略》，2005年8月3日，见http://tech.c114.net/159/a151837.html。

及其增值业务的收入分别达到85亿万韩元和28.5亿万韩元；通过推动高增值IT业务，使整个IT产业向以知识为基础的经济形态发展。韩国政府将企业定位于政策前期的建议者和后期的落实者，与企业通过政策制定形成良性互动。目前，韩国政府与KT、三星电子、LG电子、SKTelecon、KTF、LGTelecom等企业紧密合作，共同运用无所不在的信息通信技术，构建了一个示范应用环境——无所不在梦想大厅（Ubiquitous Dream Hall）。[①] 值得一提的是，由于近年来许多IT业务的行业界限日益模糊，在制定政策方面韩国政府也非常灵活，如为了能够让SK电讯提供基于卫星的DMB业务，韩国政府甚至修改了广播电视法。这些都是保障“U-Korea”顺利推行不可缺少的政策保障。[②]

在美国，也可以看到同样鼓励自由市场竞争的政策措施。美国在电信业与有线电视业之间，从后端设备至前端用户服务间各自独立完备的端点至端点（end to end），形成了自由市场经济原则下势均力敌的竞争结构。设备导向的竞争模式长期以来主导了美国的宽频发展，政府鲜少介入。由美国联邦通信委员会（FCC）提出的国家宽频计划一再强调，将遵循宽频服务之市场竞争的理念，以保护消费者权益为出发点，推动宽带服务有关费率、频宽等的信息透明化，保障消费者信息安全，进行开放宽带批发市场的评估等。具体表现为要求宽带服务商公开费率和营运表现的信息，让消费者可以选择市场上最优惠的宽带服务；修订相关规章促进数字电视机顶盒（Video Set-top Box）市场的竞争和创新；厘清用户在线信息间的关系，鼓励持续的创新应用，并确保消费者隐私权等。[③]

借鉴韩国和美国等国家的发展经验，我国“泛在中国”泛在信息社会的发展也应该由政府政策支持，引导企业自由地进行市场竞争，尽量避免社会一切发展由政府“包办”。

---

① 陈超、曾原、施雯：《从e到u——构建21世纪和谐社会的“技术路线图”》，《世界科学》2005年第6期。

② 金缜：《IT839：韩国信息业的“五年计划”如何运作?》，《通讯世界》2006年第4期。

③ Getting Broadband，http：//www. fcc. gov/guides/getting-broadband.

(二) 以立法为保障

政策的制定只能给泛在信息建设提供范围与框架，法律的支撑才能规范和调整建设的内容和形式，给予整个建设过程中具体的引导。

以德国为例，德国联邦政府虽然没有制定出具体的法律以保障实现2009年2月公布的“联邦政府宽频策略”，但是德国以成长和创新为原则修订了相关法规，如欧盟委员会所起草的市场规划提案，并未将促进经济成长和创新的理念纳入电信政策中，德国政府在会员国里倡导，在网络营运商和相关业者间建立诱因导向的合作机制，分担风险之际亦有助于创造一个友善的投资环境。此外，德国联邦政府同时推动有关宽频发展的法令政策的稳定性和一致性。德国联邦经济及科技部一直以来定期与各州政府在电信、IT和邮政的代表开会，讨论电信法规和政策。德国联邦政府认为此会议应进一步将联邦政府和州政府纳入，成立一个工作小组，就宽频策略提出的各项议题商议并制定解决方案。此外，现行的德国电信法（Telecommunications Act）最重要的两大目标也规定：促进现代基础建设的投资效益和鼓励创新。2007年应宽带网络发展而新增的条例，再次肯定了以创造投资诱因和鼓励创新为核心的规范理念。德国联邦网络管理局也就现代电信网络的扩展和宽带基础建设的一般性法律规范，定义出关键议题并开放讨论，包括创造适于投资的稳定环境，包含经济和相关法令规范的明确性；在对接取服务和设备施行费率管制下，为维持市场自由竞争环境的健康，提出合理的产权收益率，允许适度的风险存在；共同分享基础建设以降低风险；市场网络建设信息的透明化等。这些无疑将会为德国的数字化建设提供良好的政策环境。①

制定法令以保障网络社会发展的安全性是一项必然选择。在我国台湾地区有诸多有关优质网络社会（UNS）的相关法规，并且随着网络社会的不断发展，修改步调不断加快，尤其是个人和商业资料保障、知识产权、

---

① 《FIND各国发展》，见 http://www.find.org.tw/find/home.aspx?page=trend&cal=%A6U%B0%EA%B5o%AEi&p=1。

电子商务等法令等都与以往全然不同。台湾地区在网络社会发展下对相关法规进行了修正，包括与网络通信有关的《电信法》《电信事业网路互连管理办法》《第一类电信事业资费管理办法》《第二类电信事业管理规则》《固定通信业务管理规则》《行动通信业务管理规则》等。对与民生相关的法令，如“整并广电三法”也进行了修订，增修了《数位内容产业发展条例》草案、《数位无线电视发展条例》草案、《统一发票办法》及《商业会计法》等。此外，为完整开放政府资讯的相关法令，也大都进行了修订，如《公文程式条例》《机关公文电子交换作业办法》《公文交换相关规范修正》《行政机关电子资料流通实施要点之修正》《政府资讯公开法》《各机关相关审查基准与作业准则》《档案法》《电信法》《电信普及服务管理办法相关规定修正》《无障碍网页开发规范》《无线网路漫游互连互通法制》等。[①]

从德国和我国台湾地区的经验来看，还应通过法律的支撑来规范和调整建设的内容和形式，给予整个建设过程中具体的引导。

（三）技术发展与社会服务并重

在提出建设泛在网络的初期，许多国家关于未来信息社会的规划非常强调技术的开发和网络基础设施的普及。以德国和新加坡为例，德国政府1999年发布的“德国21世纪的信息社会”行动计划和2006年颁布的“信息社会德国2006年”总体规划都明确提出要发展更先进的信息技术，并推进基础设施的普及；新加坡政府从1980年起开始推行国家的IT计划，经过几次升级，极大地提高了新加坡信息通信技术的覆盖水平。

不过，这并不是其泛在信息社会发展的全部。从目前已知的一些国家最新泛在信息社会发展计划中，除了提出要进一步推动技术创新和基础设施的普及，发掘更大的经济效益外，更重要的就是发挥技术的社会效益，加强公共服务，包括公共文化服务，如图书馆、博物馆的进一步推广利用；教育培训；公共医疗等各类型的公共服务。比如，英国的“数字英

① 《优质网路社会》，见 http：//www. rdec. gov. tw/public/Data/85201431871. pdf。

国”计划就提出要为数字人才的培养营造最佳环境，建立与21世纪数字经济相结合的教育技能体系；芬兰政府提出要充分使用信息和通信技术开发新型学习环境，加强青年人的信息社会基本技能和意识；马来西亚提出要将多媒体应用于医疗和医学研究领域，其“电子信息城”内建有智能学校、遥控医院和医疗中心等。

从德国、新加波的基础设施建设，以及英国、芬兰、马来西亚等国的社会服务来看，我国要建设泛在信息社会，需要坚持技术发展和社会服务并重的思路。

（四）构造全民网络

随着全球物联网、新一代移动宽带网络、下一代互联网、云计算等新一轮信息技术迅速发展和深入应用，构造适合于全民的网络渐行渐近。现在许多发达国家地区在产业转型和社会发展中，都纷纷以实现全民网络为未来泛在信息社会发展的首要支撑条件之一。像IBM的“智慧地球”概念，实际上就是要把新一代的IT技术充分运用到各行各业之中，把感应器嵌入和装备到全球各个角落的电网、铁路、桥梁、隧道、公路等物体中，并且将它们普遍连接，形成所谓“物联网”，再通过“互联网”将“物联网”整合起来，从而使人类能以更加精细和动态的方式管理生产和生活，实现全球“智慧”状态，形成“互联网＋物联网＝智慧的地球”。[①]

美国联邦通信委员会（FCC）的《连接美国：国家宽带计划》（Connecting America：National Broadband Plan），开宗明义表示：21世纪的美国要以宽带网络进一步连接每一位美国民众，并成为世界宽带创新应用的领先者。[②] 英国政府2009年6月16日公布的“数字英国”白皮书，明确陈述了“让英国成为全球数字知识经济之领先国家”的愿景和企图，并以“如何借助数字科技的创新应用，进一步提升英国的数字经济产业，带领

① IBM：《智慧地球赢在中国》，见 http：//www. ibm. com/smarterplanet/global/files/cn _ _ zh _ cn _ _ overview _ _ decadeofsmart _ wininchina. pdf。

② 《美国FCC推动国家宽频计划》，见 http://www. teema. org. tw/upload/ciaupload/100. 06. 24. pdf。

英国民众全面进入数字化社会”作为核心议题，归纳出 86 项行动建言。[①]

我国政府于 2013 年 8 月 1 日提出的“宽带中国”战略，实际上是在构造全民网络方面做的一项比较有远见的战略部署。从 2013 年以来我国网民、家庭的联网普及率来看，基本已经构建了一个全民互联的网络社会。

（五）支持电子政府建设

政府电子化服务是当今流行的服务方式，其目的是为所有民众和企业提供一个低成本服务但高效率以及可参与、透明化的政府。要想实现电子政府（Electronic Government）建设，需要宏观的政策支持以及电子化的技术保障，在这方面许多国家都以“U”计划为平台，为本国的电子化政府建设保驾护航。我们可以从英国、瑞典、美国、日本等国“电子化政府”的实施与发展例证中看出端倪。

英国电子政府建设是以“网络平台”为基础，从全新的角度重新定义公共服务和交流互动，充分整合网络、电话和面谈等多元化沟通渠道。此外，随着云端运算的应用服务被大量开发，英国政府正计划采用云端运算所具备的弹性运用、节省营运成本等特点，建立“政府云”（G-Cloud）。与电子化政府建设相关的具体政策包括 2011 年关闭 95%以上与民众和商务相关的网站，将所有信息内容整合迁移至 Directgov 和 Businesslink. gov 网站；2012 年启动公共服务数字转换计划（Digital Switchover of Public Service Programme），依序将公共服务数字化；2012 年以前，为推动公共服务数字转换计划，政府各部门需至少将 2 项公共服务数字化；政府授权内阁办公室信息处、Public Sector Council of Intellect 等相关单位就政府云的开发进行策略性规划，在未来三年将其列入政府投资计划的优先项目。[②]

瑞典早在 20 世纪 90 年代就开始有计划地提出并实施宽频发展的相关

① Digital Britain Final Report，http：//image. guardian. co. uk/sys-files/Media/documents/2009/06/16/BERR-DigitalBritain. pdf.

② 《数位英国》，见 http：//nccwatch. org. tw/news/20090213/32315。

策略。2009年11月，为了应对日新月异的科技，瑞典政府的商业能源暨通信部（Ministry of Enterprise，Energy and Communications）提出“瑞典宽频战略”（Broadband Strategy for Sweden），强调市场导向的发展原则，以促进市场竞争和改善市场环境为核心任务。在这项策略中，瑞典中央政府掌握大部分的宽频资源，且制定了电子化政府的实施方案。依据电子化政府的行动方案，瑞典政府在2009年指派一位代表统筹中央政府以IT为基础的服务和其他相关事务，其首要任务是就瑞典电子化政府的发展提出完整策略，协调和监督政府各部会的IT项目成果。预计包含了所有信息与提案的完整报告将在2014年底呈交。①

在2007年的民意调查中，62%的美国民众认为政府的办事效率较低。他们认为很大程度上在于政府并没有实现网上办公，并与民众进行网络沟通。基于此，美国的宽带计划指出，政府应和私人企业一样，实行365日不间断上网服务。计划旨在使政府的办公形式实现电子化，减少纸张的使用，并有《文书工作削减法》（Paperwork Reduction Act）予以保障。他们认为，电子化办公能增加政府部门的合作程度以及不同级别的政府部门办公速度。为此，各相关的部门也制定了相关的政策以推动电子化政府的建设，如行政管理与预算局（Office of Management and Budget，简称OMB）和联邦首席信息官理事会（Federal Chief Information Officers Council）达成了在线服务传递协议；建立“我的个人Data.gov”作为保证公民获取个人由政府机构提供信息的机制；国会重新检测隐私法案（Privacy Act）以便推动政府在线服务；联邦政府进行一系列的努力推动政府在线服务；白宫的科学技术政策办公室（Office of Science and Technology Policy，简称OSTP）制订出在线服务政策的五年计划策略等。②

日本政府在推动泛在信息社会建设过程中十分重视自身的信息化建

① 《瑞典：宽频策略》，见 http：//www.teema.org.tw/upload/ciaupload/%E7%91%9E%E5%85%B8%E6%8E%A8%E5%AF%AC%E9%A0%BB%E7%AD%96%E7%95%A5_47533.pdf。

② National Broadband Plan，见 http：//www.broadband.gov/plan/14-government-performance/。

设，试图通过运用ICT来提高管理水平和服务水平，建成世界上最便利和最有效率的电子政府。在通信设施方面，早在1997年，政府就开通了行政网——霞关网（Kasumi Gaseki WAN），该网面向中央政府各部门，用于政府各部之间电子邮件及电子文件的交换等信息共享。2002年4月，霞关网已和地方政府的综合网实现了网络一体化①，至此形成了统一的政府信息网。

（六）鼓励民间资本参与

鼓励民间资本参与，是泛在信息社会发展的基本要义。如前面已经提到的，韩国在2009年到2013年间投资189.3兆韩元用于U-Korea的建设。其中，政府出资14.1兆韩元，约占整体投资比例的7.4%，而民间的投资将为175.2兆韩元，约占整体投资比重的92.6%。政府出资的14.1兆韩元中，中长期研发项目投资金额为12.6兆韩元，其中包含IT融合领域2.6兆韩元、软件领域4.4兆韩元、主力IT产品领域3.4兆韩元、广播通信领域1.5兆韩元及先进网络领域0.7兆韩元。民间投资中，设备投资为109.7兆韩元，研发投资的总额将为65.5兆韩元。② 除韩国之外，日本当局为了确保泛在网络在商业和公共设施的建设，引进私人企业参与管理和运作是十分必要的，并且日本政府尝试建立一种强调私人企业设计和服务的机制。正如Michio Kitamura在日本Nomura Research Institute报告中指出，传统意义上由政府设计并提供服务的Kansei-kan-ei系统已经由政府设计，私人服务的Kansei-min-ei系统已经在公共服务领域，诸如健康医疗、交通运输等发挥了主要的作用。相关数据显示，在2006年日本真正投资信息化的资金是19.2兆日元，而私人投资占了22.2%。相比较而言，美国投资信息化的金额为448.6亿美元，私人投资的比重却占了34.0%。③

① 方爱乡：《论日本信息社会的建设与发展》，东北财经大学出版社2009年版，第156页。

② 李国鼎：《南韩：IT Korea未来战略》，2011年9月20日，见http：///www. teema. org. tw/upload/ciaupload/100. 09%20. doc. pdf。

③ Realization of Dynamic Ubiquitous Network Society，http：//www. soumu. go. jp/johotsusin-tokei/whitepaper/eng/WP2008/chapter-1. pdf.

我国应该在政府投资建设的同时引进民间资本，以期给泛在网络和公共设施平台提供更好的发展未来。

(七) 构建物联网社会

物联网作为新兴技术走进人们的事业，并成为引领新技术革命的重要引擎。许多国家都制定并实施了针对本国经济与科技发展实际的物联网社会发展战略。

在美国，物联网的应用已从传统的商业零售、物流领域拓展到环境监测、生物医疗、智能基础设施等领域，并出现了一批具有全球竞争力的物联网技术应用推广企业。例如，思科已经开发出“智能互联建筑”解决方案，为位于硅谷的美国网域存储技术有限公司节约了15%的能耗。IBM公司已经开发出智能电力、智能医疗、智能交通、智能银行、智能城市等多项物联网应用方案。2009年由物联网权威杂志M2M Magazine评出的全球专门提供物物通信（Machine to Machine，简称M2M）产品和服务的10强企业中，北美地区占了81个，欧洲地区占了18个，而亚太地区只有1个。美国物联网技术应用所产生的经济引擎效应正在显现。[①]

欧盟出台的《欧盟物联网行动计划》，希望欧洲在构建新型物联网管制框架过程中，在世界范围内起主导作用。在行动计划下，2009年9月，欧盟发布了《欧盟物联网战略研究路线图》，提出欧盟物联网到2010年、2015年、2020年三个阶段的研发路线，提出欧盟物联网在18个主要应用领域和12个方面需要突破的关键技术。欧盟将物联网及其核心技术RFID纳入欧盟“第七个科技框架计划”（EU-FP7），从2007年至2013年计划投入532亿欧元研发经费推动EU-FP7，其中ICT研发是最大的一个领域。2009年11月，欧盟发布了《未来物联网战略》。而2009年6月18日出台的《欧盟物联网行动计划》（Internet of Things：An Action Plan for Europe）系统地提出了物联网发展的管理设想，这在世界范围内尚属首

① 许强：《物联网产业发展现状与思考》，《中国科技投资》2011（4），第29—33页。

次。该行动计划包括物联网管理、个人隐私保护等。[①]

日本也在政府的支持下，成为研究物联网投入人力、物力最多的国家之一，开展了较有成效的研究项目，如 TRON、Live-E!，以及在汽车交通方面推出 G-BOOK 导航仪等。

从美国、欧盟和日本的实践可以看到，“物联网”确实是引领新技术革命的重要引擎，我国政府应该制定相关的发展战略。

（八）实施智慧城市建设

智慧城市建设是将信息通信技术，使城市与管理向互联化、智能化转变，创建可持续发展模式的构想与实践。[②] 由于其旨在突破城市发展瓶颈、升级产业结构、增强政府应对突发事件的能力，智慧城市在世界范围内掀起了新一轮的建设风潮。据统计，截至 2011 年，全球共有 143 个国家或地区正在进行或已经完成了智慧城市项目，其中北美有 35 个、南美 11 个、欧洲 47 个、亚洲 40 个、中东和非洲共有 10 个。[③] 比较著名的有新加坡、韩国和瑞典。

新加坡信息化建设最早始于 1980 年，1992 年提出“智慧岛”（Intelligent Island）计划，建设国家信息基础设施。1996 年，为推动“智慧岛”计划的进程，投资 8200 万新元开发国家宽带信息高速公路项目“新加坡一号计划”（Singapore One），以 90%的家庭拥有 Cable Modem 以及 ADSL 宽带网络为目标，并于 1997 年 6 月顺利实现。2000 年 4 月，成立于 1999 年的信息通信发展管理局（IDA）制定“21 世纪信息通信技术蓝图”（ICT21 Masrrtplan），把“智慧岛”进一步提升为信息化之都；全面开放电信市场，加快发展电子商务，打造亚太地区的电子商务中心。2003 年，提出“连城”（Connected City）计划，将新加坡与世界上大的国家、大的

① 李向文：《欧、美、日、韩及我国的物联网发展战略——物联网的全球发展行动》，《射频世界》2010（3），第 49—53 页。

② 上海社会科学院信息研究所：《智慧城市辞典》，上海辞书出版社 2011 年版，第 1 页。

③ Jung-Hoon Lee，Marguerite Gong Hancock，Toward a framework for Smart Cities：A Comparison of Seoul，San Francisco & Amsterdam，http：//iis-db. stanford. edu/evnts/7239/Jung _ Hoon _ Lee _ final. pdf.

城市连接起来，进而发展成为亚太地区的电子商务枢纽（E-commerce Hub）。2005年，IDA发布“下一代I-Hub”计划，将泛在网络（U型网络）构建纳入国家战略，通过一个安全、高速、无所不在的网络实现下一代的连接。2006年，制定“智慧国2015计划”（IN2015），采取多项政策措施推动信息技术全面渗透到城市经济发展、社会管理、公共服务等各领域，使公民个人、组织和企业变得更富有效率和更具效能，在电子政务领域的发展成效全球领先，初步实现向以知识为核心发展要素的转型。新加坡被认为是亚洲第一个建设智慧城市的典范。①

日本智慧城市的建设以企业和地方政府为主力，最先从汽车交通和基础信息网络两大领域进行，并逐渐拓展到不同的领域。汽车交通领域，丰田公司提出“智能化高速公路”设想，包括汽车、高速公路、交通管理三个方面。汽车实现高度信息化，性能更加智能，车载终端可以通过对外部信息的识别进行判断，规划最佳行驶方案和安全运行状态，避免追尾、碰撞障碍物和违规行驶等问题。在信息网络领域，日本的光纤网络带宽已经可达100G以上，并在城市建设中得到普遍利用。日本智慧城市建设注重节能和环保，东芝公司计划建设采用可再生能源的智能化样板城市，松下公司计划建设采用太阳能电池板发电的智能园区等。日本地方政府参与智慧城市建设的积极性很高，多地的地方政府均对智慧城市建设进行了整体规划，其政策目标更倾向民生，利用最新节能技术和信息技术，对家庭、建筑物和社区实施智能化能源和资源管理。②

瑞典交通系统的建设在智慧城市建设中取得较好的成效。IBM公司为瑞典公路管理局设计、构建并运行了一套先进的智能收费系统，包含摄像头、传感器和中央服务器，确定交通工具并根据车辆出行的时间和地点收费，以降低交通量和排放量，并在斯德哥尔摩通往市中心的道路上设置了18个路边控制站，通过使用RFID技术以及利用激光、照相机和先进的自

① 徐代鸿：《新加坡智慧国建设的经验及启示》，《科学观察》2012（4），第57—60页。

② 《智慧日本："I-Japan"战略》，见 http://www.cnscn.com.cn/news/show-htm-itemid-1041.html。

由车流路边系统，自动识别进入市中心的车辆，并自动向规定时间内进出市中心的注册车辆收税，较好地解决了斯德哥尔摩的城市交通拥堵状况，并且降低了污染排放量。由于环保方面取得的成效，2010 年 2 月，斯德哥尔摩被欧盟委员会评为首个“欧洲绿色首都”。[①]

当前我国政府已经开展“智慧城市”试点。随着试点城市越来越多，应该逐步深入推动，一方面注重量的发展，让更多的城市进入“智慧城市”行列，另一方面应注重质的发展，将“智慧”贯穿于整个城市生活。

（九）关注数字安全和用户隐私

随着网络在人们日常生活中的渗透越来越深，人们的日常工作、生活、娱乐等都可以在网络上进行，保护用户在网络中的权利和信息安全成为一个重要的话题。泛在信息社会环境下，因为互联网技术、遥感技术等的广泛应用，个人隐私更容易被泄露。

在本书第三章中，提到各国的“U”计划中无不体现对这一问题的关注。以日本“U-Japan 战略”为例，日本为保护公共机构和公司持有的个人信息，制定措施包括让管理机构和独立机构依据法律和指南对个人信息保护进行适宜且严格的监督，管理机构严格监督相关人员及部门，创立保护个人信息的私营机构。作为数字社会的产物——社交网站已成为主流媒体身后另一套话语体系的代表，在某种程度上瓦解着人们对社会的认识，使之产生不良的影响。因此，数字技术带来的安全隐患，不仅仅是技术层面的漏洞，更是难以控制的社会不良影响。“欧洲数字议程”在数字安全问题方面也进行了建设性的规划，以期改善互联网环境，保持社会安宁。

我国目前还没有完备的、基于数字安全和用户隐私的政策或法规。应该从国家层面重视并提前布局。

综上九个方面，“泛在中国”信息社会的基本框架是：政府应在政策上支持，引导企业自由地进行市场竞争，并制定相关的法律法规、特别是

① 《各国“智慧城市”发展现状》，见 http://www.vsharing.com/k/net/2012-3/A656314.html。

用户数字安全和用户隐私相关法律法规来保驾护航；在具体实施过程中，要坚持技术发展与社会服务并重的思路，鼓励民间资本参与，构造全民网络、支持并推动电子政府建设、推动物联网社会和智慧城市建设。

三、“泛在中国”基本框架下的泛在信息管理与服务战略地位凸显

“泛在信息社会”是网络、信息设备、应用平台、内容所形成的整体，对人的生活、学习和工作环境产生重要变革。为防止“泛在信息社会”中信息的无序和泛滥、公民隐私泄露、传感数据网络的安全和可靠性、基础设施的低水平重复建设，各国都将泛在信息社会中泛在信息的管理与服务摆在战略位置。

（一）泛在信息社会数据管理的可能问题与风险

在泛在化时代，信息的无处不在，就像社会机体的血液，充盈着整个网络社会，也影响着网络社会的变革与发展。而技术的发展和网络范围的扩大，越来越多的个人动态信息在他们不知情的情况下被捕捉，个人信息保护以及信息版权的保护应引起足够的重视。吴加录在《泛在信息社会来临，IT 服务成重点》一文中指出，“95％的网站存在安全漏洞，网络攻击增长”“可靠性、安全性已经成为信息社会中最重要的课题，IT 技术不能只顾着升级产品性能、完善适合自身业务的网络架构，还要加大对网络安全、节能环保的研发投入”。① 随着泛在信息社会一切物体的数字化和泛在化，数字安全必然也会成为一个人们十分关心的问题。

以本章第一节“二、我国信息社会发展的实践和基础”中正在我国试点实施的“智慧城市”为例，尽管其主要战略目标是通过 IBM 的一揽子解决方案实现国家乃至全球在基础设施与自然资源上的“更全面的互联互通”，但事实上同时隐含着更深层次的国家信息安全风险，如中国城市的

① 吴加录：《泛在信息社会来临，IT 服务成重点》，《中国计算机报》2008 年 3 月 3 日第 A14 版。

核心基础数据被国外企业掌握；另外，由于相配套国家信息相关标准的不完善，会导致“智慧城市”整体目标下各地建设步伐不协调，数据共享和互操作失调，势必形成智慧城市间的信息割裂[①]；“智慧城市”建设实施过程中，衍生出来的个人隐私权、信息存取权、知识产权等法律问题；等等。泛在信息社会里泛在信息和泛在数据的管理，其重要性不容忽视。

（二）泛在信息社会信息服务的可能问题与风险

进入泛在信息社会，海量的原生数据和在原生数据基础上具有某种语义的信息纷繁复杂，充斥着互联网，并将渗透到互联网、经济、医学、物理等众多学科行业中，其数量庞大，种类繁多，信息数据呈现分散性、无序性和异构性，越来越成为人们获取信息的困扰。在这种数据密集型的信息时代，如何将海量相关数据进行收集与分析最终发现有用信息，成为信息服务的一大挑战。

以图书馆为例[②]，泛在信息环境有几个非常显著的特点，不是让读者更容易获得资源，而是让读者更加茫然不知所措：一是书目元数据、电子期刊全文元数据、电子资源元数据等各种学术资源元数据的大融合，给信息检索造成极大困扰。比如 OCLC 的 WorldCat，最初以书目数据为主，但是 2011 年起却收录了书目数据之外的 Medline、GPO、Article First、ERIC 等元数据；Google Scholar 学术搜索将 OCLC 书目数据、专利和来自不同数据提供商的期刊全文及其元数据收入其数据库中；Scitopia 将 21 个工程和物理学会的书目元数据以及美、日、欧专利局的专利信息等收入数据库中。这样融合的结果是，即便在擅长于信息管理的图书情报领域，资源的检索出现了极大的困扰——一个目标非常明确的关键词会得到成千上万、甚至数十万上百万的结果，到底哪些是查询者最想要的信息。二是数字全文增加查找的复杂性，如 Google 图书，不仅包含来自 OCLC 的全球

① 《IBM“智慧地球”引发我国的思考》，见 http：//www. cusdn. org. cn/news _ detail. php?id=220530。

② 朱本军、聂华：《下一代图书馆系统与服务研究》，北京大学出版社 2012 年版，第 147—148 页。

书目数据，而且还包含大量数字全文的章节信息，乃至电子书全文的内容；Google Scholar 学术搜索不仅包括图书的书目记录、文章的基本信息，还包括开放获取资源的部分免费全文内容。不仅如此，还有大量元数据和内容不完整的数字化馆藏信息在不同的搜索引擎和阅读环境中流传。三是容易获得的信息被读者“过分的使用”，如维基百科（WikiPedia. org）中的词条解释被到处转载。用户通过关键词查找到的结果尽管分布在不同的网站上，但是其内容几乎完全一致。这种信息环境给学术研究人员带来的问题是数据的泛滥，“（泛滥的数据）正在迫使历史学家成为科学家、科学家成为档案工作者和图书工作者”[①]。也就是说，在浩如烟海的资源和信息中寻找准确的、相关的内容是图书馆面临的巨大挑战。信息服务在泛在信息社会比在普通的信息社会显得更加重要。

（三）重新审视泛在信息社会的信息管理与服务需求

通信技术迅速发展的今天，各种通信工具，如手机、IPAD、网络社区等已逐渐渗透到了人们的生活，人们已离不开网络、离不开手机。这种电子化的交流方式，已经对人们的阅读方式产生了很大的影响，一些数字原生代从小习惯于电子化阅读，而且这种趋势不断明显。终端设备的泛在化，使信息资源更加方便地获取，使用户可以更高效地利用信息资源。近年来，不少城市配置了公共自助借还终端，将图书馆服务搬上街头和各种公共场所；各图书馆陆续建设移动图书馆，通过手机客户端，与读者实现了随时随地的零距离服务。伴随着网络的快速发展和移动终端的不断增多，如何在大数据中挖掘用户的信息需求变得至关重要。

以电子商务网站淘宝网（taobao. com）为例，通过对买家大量的使用和购买习惯等大数据的统计分析，找到买家消费需求与消费水平之间的某种相关性，及时为其提供商品推送服务，创造性发明了支付宝、余额宝等互联网金融产品，在互联网商务竞争中独树一帜。在影视领域，爱奇艺通

① Robert Lee Hotz，“A Data Deluge Swamps Science Historians”，*Wall Street Journal*，August 28，2009，http：//online. wsj. com/article/SB125139942345664387. html.

过数据分析，2013年将其PC客户端全面改版，在首页根据用户的不同兴趣爱好，向不同的用户推荐因人而异的个性化视频内容。[①] 大数据的背后隐藏着巨大的商机，发现这些数据并加以利用，是信息服务需要研究的课题。

知识传播是图书馆的基本服务与职责，在网络的普及和资源与需求的驱动下，图书馆必须创新网络服务，努力探索主动服务，拓宽服务领域。采用RDF数据模型、本体映射等，可以通过互联网将文献资源与网络知识数据关联在一起，实现网络信息与数据库元数据的整合，形成一张知识及交叉领域的知识结构网，人们在阅读某一知识数据时，可以通过互联网与图书馆联盟的服务，查找到知识点的原始数据和相关文献，发挥图书馆馆藏资源的优势，提高资源的有效利用率。目前，各图书馆在发展过程中，都在进行积极探索，挖掘读者的需求，将图书馆资源推送到需要的读者手中，努力为读者提供更贴近需求的个性化服务。越来越多的图书馆开展了全民阅读活动，为读者推荐优质的资源和服务。北京大学图书馆还可以为读者提供借阅记录分析，使读者在了解自己的借阅情况的同时，发现自己的阅读和学习兴趣；图书馆也通过对读者数据的分析，为读者推荐更多的相关资源和服务。

图书馆作为信息服务机构，需要在数据洪流中发挥其原有的资源优势，对大数据进行收集、整合、分析，为科学研究提供有力的数据研究依据；在学科发展中，收集分析学科用户的浏览下载等行为信息，并进行组织与分类，以实现信息数据挖掘和知识发现服务[②]，发挥图书馆更大的功能。

（四）重新定义泛在信息社会的信息服务模式

前文对日本的“U-Japan”进行过详细综述。日本在信息、通信和技

---

① 《大数据下的个性化服务如何落地?》，见 http：//shizhangqiang. baijia. baidu. com/article/27651。

② 刘琼：《大数据背景下图书馆服务体系创新与重构》，《科技创新与应用》2014年第6期，第55—56页。

术领域已处于领先水平，同时其泛在化理念突显一个“U”和三个“u”。一个“U”，即Ubiquitous，强调信息基础设施建设，从有线通信的普及到无线网络的覆盖，实现有线与无线的无缝结合，打造网络通信无所不在（Ubiquitous）的泛在化环境。三个“u”则更加注重以人为本的服务效果。其中，universal，体现服务对象的全面性，使任意服务者与任意服务对象之间可以实现良好的沟通；user Oriented，服务以用户为导向，及时发现并挖掘用户需求，以提供更加高效优质的服务；unique，强调个性化，使服务体现其强大的生命力。目前，我国数据中心的产业规模已跃居全球第一，物联网在不同领域的广泛应用，必将产生更多的信息数据。毫无疑问，对这些海量数据的分析和管理，也变得越来越重要。如果没有健全的信息安全保障系统，人们必将面临严峻的信息安全风险。

在云计算等技术支撑的泛在信息社会环境下，需要形成一定的信息管理规范来维护良好的网络秩序。规范的对象从人到物，从服务行业到整个社会，网络从分布、融合到协同，涉及产业、行业、技术和应用的变革。泛在信息社会中信息技术，如RFID、传感技术、计算技术、纳米技术、生物技术、网络技术、软件技术以及智能技术等迅速崛起，使网络的应用涉及电力、环境、安全、减灾、石油、气象、煤炭、金融、食品、旅游、农牧林渔等各行各业，网络资源的有效利用、网络安全与隐私保护、服务质量等都需要进行有效的监督，充分保护每一位用户的利益。①

在基于数据的应用方面应强调大数据支撑下的“智慧化服务”。技术已经使社会工作和生活逐渐走向了智能化，人们终于可以从繁重的体力劳动中得到解脱，越来越追求来自科技的享受和便利。这不仅仅是指个人生活的智能化，也是指社会服务的智慧化。我国自智慧城市、智慧社区建设以来，电子化、网格化管理等各种依赖高科技的管理方式不断推陈出

① 佚名：《日立信息通信集团总裁发表演讲提出新理念》，2006年10月23日，见http：//tech. sina. com. cn/roll/2006-10-23/1653133947. shtml。

新[1]，应用的领域也不断地扩大。国家旅游局将 2014 年定为“智慧旅游年”，一些智慧旅游试点区积极为游客提供智慧旅游服务，如北戴河景区在主要景区门口设立了智慧旅游服务站，为游客提供免费 Wi-Fi，游客可通过手机客户端扫描二维码，登录智慧旅游平台进行咨询或下载免费导游软件。[2] 例如，在泛在图书馆的建设中，虽然已经推出图书馆移动信息服务，但其服务模式还比较单一，服务的范围和质量还不能达到人们所期待的水平。数据信息海量化的时代，仅靠简单的信息组织与管理已经不能满足科学创新与学科发展的需求，图书馆因此需要实现从信息服务向知识服务的转变，为用户提供个性化、深层次的知识资源。

泛在化还应在技术与服务模式上进行稳步的改进，探求能够充分满足用户需求和社会发展的泛在服务新模式。

第三节 面向“泛在中国”信息社会的泛在信息管理与服务国家战略

随着经济发展和社会信息化水平的日益提高，构建“泛在网络社会”来带动信息产业的整体发展，已经成为一些发达国家和城市追求的目标[3]，而且进入 21 世纪以来，发达国家纷纷将泛在网络的理念融入国家 IT 发展的战略中。

上一节提出了中国视野下泛在信息社会发展的趋势，并试图以概念模型来概括这一不可阻挡趋势中未来泛在信息社会如何进行感知与互联、如何进行识别与控制，以及如何进行认知与建构。其中，特别提到泛在信息管理和服务在泛在信息社会中战略地位的凸显。这种凸显的趋势，结合本章第一节对我国信息社会发展基础中的战略规划（包括《2006—2020 年

---

① 四川日报网，见 http：//politics. scdaily. cn/gdbb/content/2014-09/05/content _ 8814321. htm？node＝4726。

② 河北省人民政府，见 http：//www. hebei. gov. cn/hebei/10730489/10756595/10756623/11872954/index. html。

③ 周海涛：《泛在网络的技术、应用与发展》，《电信科学》2009 年第 8 期，第 97—100 页。

国家信息化发展战略》和在此战略下的“十二五规划”、《国家中长期科学与技术发展规划（2006—2020 年）》和“新一代宽带移动无线通信网”传感网重大专项等）和国家层面支持或正在开展的“宽带中国”“无线城市”“智慧城市”“感知中国”“国民信息素养能力培训行动计划”等看，本书提出应尽早将面向“泛在中国”信息社会的“泛在信息管理与服务”明确作为国家战略，并成立一个相应的战略小组，前瞻性地做好泛在信息社会基础设施建设，并分步推进实施。

从文献的调研来看，几乎所有的发达国家或地区，如美国、欧盟、日本、韩国，也都是在将“泛在信息社会”提升为国家战略之后成立相应的工作小组或机构的。比如，芬兰成立了一个叫作“泛在信息社会顾问委员会（Ubiquitous Information Society Advisory Board）”的机构，用来决策并推进芬兰“U-芬兰”的实施；日本在东京大学情报学院设立“泛在信息社会基础设施研究中心（Research Center for Ubiquitous Information Society Infrastructure）”对实施“U-Japan”进程中基础设施的关键技术进行研发。

“泛在中国”泛在信息社会环境下的“泛在信息管理与服务”国家战略应至少包含以下几个方面的内容。

一、以泛在技术作为战略支撑

在泛在信息社会概念模型的“感知与互联层”，所有物体均附着传感器、识别器，这些传感器、识别器构成一个数据节点，数据节点之间通过无线传感技术、移动网络技术、计算机网络技术等组网技术组成一个庞大的传感器网络，网络中的传感器通过 RFID、有线或无线将感知的数据通过由网关、路由器、卫星等形成的泛在网络传递到存储设备（如图 4－4 所示）。

本书将在整个传感器网络和泛在网络中所使用的技术，如传感技术、识别技术、互联网技术，统称为“泛在技术”。泛在技术是泛在信息社会的支撑和基础，泛在信息社会的发展离不开泛在技术。

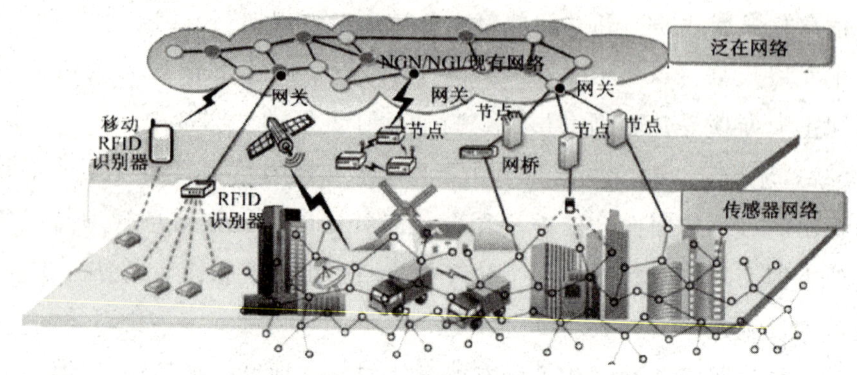

图 4—4　概念模型的“感知与互联层”

图片来源：根据感知集团官方网站图片改绘，详见 http：//www. sensingnet. net/Solution/SolutionInfo. aspx? id＝a5581c88-ae8c-4b59-a187-0fcd783c0001。

（一）泛在节点技术

传感器网络的终端节点分布着一系列的传感器、识别器和带有信息的标签。在泛在网络节点上，主要使用以下几种技术：

1. 传感技术

传感技术，是利用传感器和多跳自组织传感器网络，协作感知、采集网络覆盖区域中被感知对象的信息。使用传感技术的元器件，被称为传感器。它是通过传感技术感知物理条件或化学成分，并且传递与被观察的特性成比例的电信号的电子设备。常见的传感器有电阻式传感器、变频功率传感器、重力传感器、温度传感器、光敏传感器、生物传感器、压力传感器、位移传感器、24Ghz 雷达传感器等。

我国传感器产业的发展大致可分三代：第一代是结构型传感器，它利用结构参量变化来感受和转化信号；第二代是 20 世纪 70 年代发展起来的固体型传感器，这种传感器由半导体、电介质、磁性材料等固体元件构成，是利用材料某些特性制成，如利用热电效应制成的热电偶传感器、利用霍尔效应制成的霍尔传感器、利用光敏效应制成的光敏传感器等；第三代传感器，也就是现在正在经历的、向微型化、多功能化、数字化、智能化、系统化和网络化方向发展的智能型传感器，是微型计算机技术与检测技术相结合的产物，使传感器具有一定的人工智能。

泛在信息社会建设的好坏在很大程度上取决于传感感知和识别技术的先进程度，第三代传感器依附于敏感机理、敏感材料、工艺设备和计测技术，对基础技术和综合技术要求非常高，在精度、稳定性、可靠性、低成本、低功耗方面还没有达到规模应用水平，是各国泛在信息社会发展的重要瓶颈之一。

2. 识别技术

识别技术是通过对物体的物理属性、化学属性或生物属性进行识别，并且捕获相关数据的技术。识别器即是通过识别技术识别物理属性、化学属性或生物属性，并将属性值转换为电信号的电子设备。常见的识别技术有生物识别技术，通过计算机与光学、声学、生物传感器和生物统计学原理等高科技手段密切结合，利用人体固有的生理特性（如指纹、脸相、虹膜等）和行为特征（如笔迹、声音、步态等）进行个人身份的鉴定；RFID又称“电子标签”“无线射频识别”，通过无线电信号识别特定目标并读写相关数据，而无需在识别系统与特定目标之间建立机械或光学接触，识别工作无须人工干预，可工作于各种恶劣环境；物理识别，如位置、地理等。

识别技术在各国的应用中遇到的最大问题是对象的“全局标识”问题。由于不同的物体其属性和属性值各不一样，如何将不同人和物的属性进行标准化标识，是物—物互联的基础和前提。

3. 二维码技术

二维码（2-Dimensional Bar Code），又称“二维条码”，最早起源于日本，是用某种特定的几何图形按一定规律在平面（二维方向）分布的黑白相间的图形记录数据符号信息的，在代码编制上巧妙地利用构成计算机内部逻辑基础的“0”“1”比特流的概念。其原理是，使用若干个与二进制相对应的几何形体来表示文字数值信息，通过图像输入设备或光电扫描设备自动识读以实现信息自动处理。

二维码具有条码技术的一些共性：每种码制有其特定的字符集；每个

字符占有一定的宽度；具有一定的校验功能等。同时，还具有对不同行的信息自动识别功能、处理图形旋转变化等特点。在许多种类的二维条码中，常用的码制有 Data Matrix、Maxi Code、Aztec、QR Code、Veri Code、PDF417、Ultra Code、Code 49、Code 16K 等。QR Code 是 1994 年由日本 DW 公司发明。QR 是英文“Quick Response”的缩写，即快速反应的意思，源自发明者希望 QR 码可让其内容快速被解码。

（二）泛在组网技术

无处不在的节点通过某种媒介组成网络。泛在信息社会的组网技术大致有如下几种：

1. 无线传感器网络

无线传感器网络（WSN），有时也被称为“传感器网络”或“传感器网络技术”，是指将传感器技术，自动控制技术，数据网络传输、储存、处理与分析技术集成的现代信息技术。WSN 是将大量多种类传感器节点通过静态配置或自组织方式形成的网络。它的作用是通过对区域内的对象进行信息采集和协同处理，并将信息传送给观察者。传感器网络从概念上理解，强调通过传感器作为信息获取的技术手段，不包含通过 RFID、二维码、摄像头等方式的信息感知能力。

2. 物联网

物联网，前文已述，是由麻省理工学院 Auto-ID 研究中心（Auto-ID Labs）在 1999 年提出的，即通过 RFID、红外感应器、全球定位系统、激光扫描器等信息传感设备，按约定的协议，把所有物品与互联网连接起来进行信息交换和通信，以实现智能化识别、定位、跟踪、监控和管理的一种网络。简而言之，物联网就是“物物相连的互联网”，是继计算机、互联网与移动通信网之后的又一次信息产业浪潮。这一概念有两层含义：第一，物联网的核心和基础仍然是互联网，是在互联网基础上的延伸和扩展的网络；第二，其用户端延伸和扩展到了任何物品与物品之间，进行信息交换和通信。

3. 移动互联网

移动互联网（MI）既不是传统意义上的互联网，也不是传统意义上的移动通信，通俗地认为它就是移动通信和互联网合一。

（三）泛在服务技术

1. 云技术

美国国家标准与技术研究院（National Institute of Standards and Technology，简称 NIST）的 Peter Mell 和 Tim Grance 在 2009 年 4 月发布了云计算的定义，其最新版本 2011 年 9 月发布，2012 年 4 月修订。[①]

> "云计算是一种模式，在该模式下，能够通过无处不在的、便利的、按需的网络来获取共享池中的可配置的计算资源（例如：网络、服务器、存储、应用和服务等）。而这些计算资源能够在最低的管理投入或提供商最少的干预下被快速供应和释放。云计算模式包括五个本质的特征、三种服务模式以及四大部署方式。"

其中，五个本质特征分别为按需自助服务（On Demand Self-Service）、泛在的网络访问（Broad Network Access）、动态的资源池（Resource Pooling）、快速弹性（Rapid Elasticity）以及可计量的服务（Measured Service）。

三种服务模式包括软件即服务（Software as a Service，简称 SaaS）、平台即服务（Platform as a Service，简称 PaaS）和基础设施即服务（Infrastructure as a Service，简称 IaaS）。

四大部署模式分别为私有云（Private Cloud）、社区云（Community Cloud）、公有云（Public Cloud）和混合云（Hybrid Cloud）。[②]

云计算为泛在信息社会发展提供了一个非常好的基础设施，这个基础设施使得实现无处不在的服务变得更加容易，基于云计算的服务也具有更加稳定的可用性。"有了云计算，广大用户无需自购软、硬件，无需将自己的软硬件系统交给他人托管，甚至无需知道是谁提供的服务，只关注自

---

① The NIST Definition of Cloud Computing，http：//www. nist. gov/itl/cloud/.

② 早期 NIST 仅仅定义了两大部署模式，即公有云和私有云。

己真正需要什么样的资源或者得到什么样的服务。"[①] 在原来传统模式下，提供网络上供最终用户使用的服务只能是有一定实力的企业（具有完备的IT 基础设施以及相应的管理人员），门槛相对较高，在某种程度上阻碍了信息社会的高速发展，也间接地阻碍了整个社会的发展。而在云计算模式下，一个小企业甚至个人即可点击几下按钮实现 IT 设施的即开即用，无需配备专门 IT 基础设施人员从事运维工作，在节省成本的同时大大加速了小企业和个人更快、更好地融入泛在信息社会，成为其中的服务消费者，同时也是服务构建者。比如，企业办公自动化、邮箱、客户关系管理（Custom Relationship Management）和进销存系统，原来只有大公司投入较高成本（设备、空间、人力和时间）才能拥有的企业信息服务基础，如今小公司甚至个体户采用低廉的按年付费方式，投入很低的成本即可很快拥有（快到点击一下按钮就可以开通使用服务）。这对于整个泛在信息社会而言，确实是一个很大的进步，整个社会的效率也在搭乘信息化快车变得更容易的条件下得到很大提高。

2. 人工智能技术

人工智能目前尚无统一的定义，不同领域的研究者会从不同的角度给出不同的定义，如人工智能是关于知识的科学，即怎样表示知识、怎样获取知识和怎样使用知识的科学（N. J. Nilsson）；人工智能就是研究如何使计算机去做过去只有人才能做的富有智能的工作（P. Winston）；人工智能是让机器做本需要人的智能才能做到的事情的一门科学（M. Minsky）；人工智能是一个知识信息处理系统（A. Feigenbaum），等等。[②]

人工智能的主要特征体现在"人工"和"智能"两方面。所谓"人工"，是相对于"自然"而言的，"自然"智能是指人和一些动物所具备的智能，而"人工"智能是人造的机器（或设备）所具备的模拟的智能。"智能"包括收集、汇集、选择、理解和感觉。智能的要素包括适应环境，

① 李德毅：《云计算实践分析》，2012 年 9 月 23 日，见 http：//www. 136z. com/show/201105/7598. html。

② 佘玉梅、段鹏：《人工智能及其应用》，上海交通大学出版社 2007 年版。

适应偶然性事件，能分辨模糊的或矛盾的信息，在孤立的情况中找出相似性，产生新概念和新思想。①

人工智能已经在人们的生活中得到广泛的应用，主要包括模式识别（常见的分为图像识别和语音识别，其中图像识别又包括图像检索、人脸识别和指纹识别等方面）、专家系统（这类系统能够依赖本身存储的大量专家知识以及对问题的识别理解智能地提供对应的解答，已经广泛地应用在咨询、医疗和军事等方面）、自然语言理解（语音识别主要是识别出字句，并不能达到理解语音的地步，而自然语言识别则是需要具备理解语言的智能，基于此能够提供机器翻译的功能）、博弈与决策（这类智能主要体现在"最优化"方面，博弈与决策的最后结局就是实现当前条件下的成果最大化，如下棋、军事模拟和动态规划等方面）、机器人（是人工智能的综合体，根据需要汇合了诸多智能特征，如机器视觉，听觉等感知功能；面对问题进行识别和解决处理的智能；其他感知与运动配合的能力等。在家电、医疗、勘探、军事领域均得到应用，如扫地机器人、外科手术机器人、深海探测器和无人飞机等）。

3. P2P 技术

P2P（Peer to Peer，简称 P2P）技术，也称对等网络，诞生于 20 世纪末，受到了业界和学术界的广泛关注。和传统的客户机/服务器模式截然不同，P2P 网络中各个节点是对等的，没有领导或中心节点。在 P2P 的网络中，节点之间分享资源和服务。P2P 被广泛引用的定义来自 Clay Skirky，他认为"P2P 计算是指能够利用分布在 Internet 边缘的大量计算、存储、网络带宽、信息和人力等资源的技术。由于访问这些分散的资源是在不稳定的连接和动态 IP 地址的情况下进行的，P2P 节点必须能够独立于 DNS 系统之外寻址并有相当部分乃至全部的自治性"。②

P2P 和传统的网络客户机/服务器技术相比，具有非常明显的特征，

① 余玉梅、段鹏：《人工智能及其应用》，上海交通大学出版社 2007 年版。

② 李东升：《基于对等模式的资源定位技术研究》，国防科技大学出版社 2009 年版。

主要包括以用户为中心（所有节点均是潜在的用户和服务提供者，节点的行为可以是服务器、客户端以及路由器，对等网络系统中没有服务器与客户端的任务划分，以用户为中心，按照用户的需求，所有节点都可对该节点的文件请求做出应答并为其提供文件共享而成为服务器）、节点是动态的（它们随时来、随时散，并可以进行中继转发，使文件共享更加灵活、可靠）。①

（四）以泛在技术作为战略支撑的政策建议

现有泛在技术的创新应用以及新技术的出现，将促使对泛在技术的持续关注。我国泛在信息社会建构的必备条件和其他所有国家所必备的条件基本一样，即泛在信息社会基础系统（包括传感数据互联系统）和传感终端的广泛应用。其中，基础系统依赖互联网宽带技术、无线技术、RFID技术，传感终端依赖有感应功能的芯片和芯片读取技术。对于泛在信息管理与服务国家战略而言：

一是国家在技术战略的高度加大对“泛在技术”的研发和标准建设。传感器和识别器在泛在信息社会的基础建构中处于非常关键的基础位置，它们主要负责采集物理世界中发生的物理事件和数据，实现物体属性信息的感知和识别，如传感器、RFID、二维码等，它们要用到传感技术和识别技术。此外，还要加强泛在技术与泛在网络，特别是新一代传感技术、网络技术、安全防护技术和通信技术方面的培育，推动技术的标准化。

二是国家构建一体化的基础传感器网络设施。ITU 的 ITU-TY. 2221 建议中将“传感器网”定义为包含互联的传感器节点的网络，这些节点通过有线或无线通信交换传感数据。其中，所谓“传感器节点”，指的是由传感器—识别器组成的能捕捉物理属性值的设备。传感器网络的建设包括传感器—识别器的布局、接入与组网、数据存储与获取。国家构建一体化的传感器网络基础设施，主要做好两方面的工作：一是传感器—识别器的

① Paolo Costa，Politecnico di Milano. P2P：Peer Peer-to to-Peer or Pir8 Pir8-to to-Pir8?，http：//research. microsoft. com/en-us/um/people/pcosta/slides/IntroductionToP2P. pdf.

布局。传感器与识别器的布局，有永久性固定布局和临时性消耗布局。例如，对于持续科学研究的气象、水文等数据的监测，传感器的布局需要持久固定，而对于易耗的商品流通、物流等的监测，则是临时的。二是接入与组网。接入与组网指的是将传感器—识别器捕捉的原生数据传递到系统之内，这个系统可以是自成体系的小系统，如车载系统，也可以是泛在网络系统（即互联网）。

三是加快泛在网络建设。ITU 的 ITU-TY. 2002 建议中将“泛在网络”描述为按照约定的协议，个人或设备无论何时、何地、何种方式都能以最少的技术限制接入到服务和通信的能力。“泛在网络”这个无所不在的网络将人、物体（实际是能监测物体属性的传感器—识别器）连在一起，支持人与人、人与物体和物体与物体之间的数据交换。泛在网络的建设，包括有线网络、无线网络的建设。我国信息产业方面所进行的诸多建设与布局主要在这一方面，如 2010 年启动的“三网融合”、2010 年启动的“宽带中国”战略等。泛在网络除了传感器网络，还要依托有线网络和无线网络。所谓有线网络，指的是以线缆（同轴电缆、双绞线、光缆等）为介质来传输数据，常见的有线网包括电信有线网、广播电视有线网、互联网有线网。所谓无线网络，指的是以空气为介质，依靠电磁波和红外线等作为载体来传输数据，常见的无线网络有远距离无线网（电信 2G、3G、4G，卫星）和近距离无线网（Wi-Fi、蓝牙、RFID 等）。

二、以泛在大数据作为战略基础

泛在信息社会与传统信息社会最大的不同在于“决策”（Decision Making）方式的不同。传统社会或传统信息社会中的决策一般有三种方式：凭直觉决策、凭经验决策和通过逻辑推理决策。尽管这样的决策方式有其不可替代的作用，但是在泛在信息社会，除了这三种决策方式，更依赖于数据，即泛在信息社会主要的决策方式为“数据驱动的决策”（Data-Driven Decision Making）。数据驱动决策的基本流程（如图 4—5 所示）：先通过数据提取、转换和加载（Extraction，Transformation and Loading

Tool，简称 ETL）工具将来自不同数据源的数据合并到数据仓库里，然后利用数据分析工具进行分析和处理，将数据转化为知识，最后利用决策支持工具和诸如需求评估、专业发展和培训之类的咨询支持服务，帮助相关人员基于数据作出决策。[①]

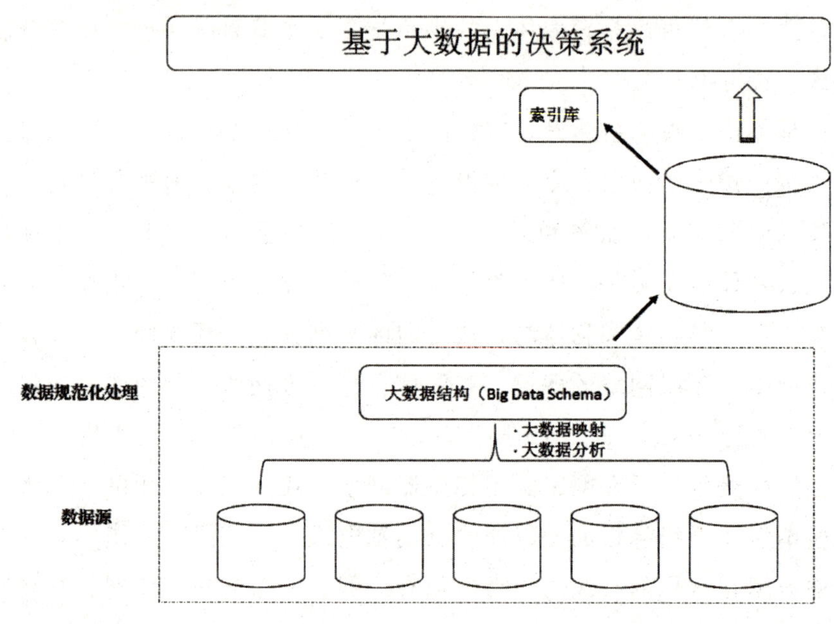

图 4—5　大数据的收集—规范化处理—存储—索引

（一）泛在数据的收集

在遍布生活各个角落的泛在传感网络中，每时每刻都产生新的数据。由于传感技术和应用目的不同，泛在传感网络中的数据有几个特点：一是数据异构，传感器的主要功能有追踪物件的位置、热量、振幅、压力和声音等数据，所有这些数据在内容格式、组织方式等方面各不相同；二是冗余，在同一区域内的不同传感器记录的数据在误差范围内相同；三是异常或错误，由于传感器本身的陈旧老化，即便是同一区域，不同传感器生成

① Provost F, Fawcett T. Data Science and its Relationship to Big Data and Data-Driven Decision Making [J]. Big Data, 2013, 1 (1): 51.

的数据异常或错误。

泛在数据的收集，一般从多样化的数据源中摄取数据，大致有两个流程：①

1. 分析泛在数据供给方式

对数据源的数据供给方式进行分析，主要目的：一是获取所有数据，二是获取增量数据。在泛在网络环境下，一般有三种数据供给方式：

（1）提供数据收割的接口（Harvesting）。通过数据接口将传感数据摄取到目标系统。

（2）导出—导入（Importing）。传感数据被人工导出，然后人工导入到目标系统。

（3）指定抓取规则（Capturing）。传感数据自动导出到指定地方，目标系统根据预先设定的规则到指定地方抓取。

2. 分析泛在数据结构

任何数据都有一定的属性，这些属性被按照某种规则编排在一起，形成一个完整的数据。泛在网络中的数据尽管非常多元，但是在元数据的组织方面一定是有一种规则的。在泛在数据的收集中，分析泛在数据结构的主要目的：一是对数据记录字段属性及定义进行分析，以便对应到泛在大数据仓储中数据记录的字段中；二是分析源数据是否具有很好的互操作性。

（二）泛在数据的再组织与规范化处理

泛在数据的再组织与规范化处理，就是按照预先设计好的规则对不同来源的泛在数据进行清洗和规范化处理，并将清洗和规范化处理好的数据放在目标数据仓储中。

1. 数据再组织（Metadata Reorganization）

数据再组织有一个非常关键的步骤，即选择或设计符合使用目的的目

① 朱本军、聂华：《下一代图书馆系统与服务研究》，北京大学出版社2012年版，第103—104页。

标数据结构（Object Data Schema）。设计目标数据结构的目的，主要是为了用一个规范的结构来规范不同来源的数据，方便后期数据之间的互操作。以数字图书馆为例，在数字图书馆领域有很多这样的数据结构，如MARCXML标准①、MODS②等。

2．数据映射与转换

当选定“目标元数据标准”后，最主要的工作就是将不同来源、不同标准的元数据记录映射并转换为“目标元数据标准”的记录。在转换的过程中有两项工作：一是制定映射表（Crosswalks）。所谓“映射表”，就是将一种元数据标准中的元素映射为另一种元数据标准中的相应元素。制定数据映射表是一个非常烦琐的工作，映射表的质量决定了进入“集中式元数据仓储（Centralized Metadata Inventory）”中数据的质量，因此需要熟悉原始元数据标准的编目专家来协助。二是数据转换。拿到映射表后，工作人员或者服务提供商就开始将原始元数据标准的各种数据转换成目标标准的数据。

3．规范化处理

为了保证数据的质量、满足使用目的，不同来源的元数据装入“集中式元数据仓储”后还需要对已经重新组织的数据进行规范化处理。所谓“规范化处理（Normalization）”，就是按照某种规则将元数据的元素记录进行调整，使数据质量最优，以便进行更好的组织和展示。最常见的规范化处理，如处理一些属性难以统一规范的数据、冗余数据、错误数据或者异常数据，目的是让用户对问题进行补救并维护数据质量，最后再将数据加载到目标数据仓库中。

（三）泛在大数据的存储与索引

1．大数据存储

经过前述收集、再组织和规范化处理，分布在传感网络各节点、来源

① LOC Marc Standards，http：//lcweb. loc. gov/marc/.

② LOC Metadata Object Description Schema（MODS），http：//www. loc. gov/standards/mods/mods-overview. html.

于不同数据源的数据最后存储在一个“中央数据仓储”(Central Repository)中，这个中央数据仓储即泛在大数据库。

2. 大数据索引

由于数据量庞大，对如此庞大的数据进行索引非常关键。通常基本的索引有两种：

(1) 顺序索引。这种索引是对内容的一种排序，每个索引结构有一个特定的搜索码与之关联。这种情况和前面提到的“卡片目录检索”一样，索引按顺序存储搜索码的值（如图 4—6 所示），并将搜索码与包含该搜索码的记录关联起来。索引文件中的记录自身也按一定顺序排列，如 aa、ab、ac……按字母顺序排。

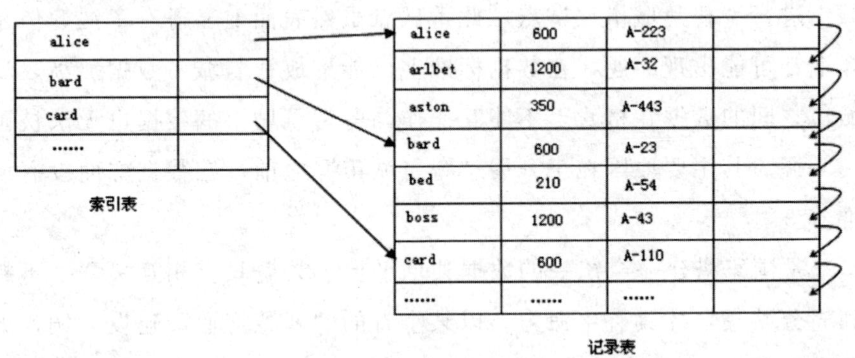

图 4—6 顺序索引

注：索引表按字母顺序排列，如 alice、bard、card……，后面有一个指针直接指向记录表中的记录；记录表中的记录也按字母组合顺序排列，如 alice、arlbet、aston、bard、bed、boss、card……，记录后面有一个指针直接指向下一个记录。

(2) 散列索引（Hash Indexing)。这种索引将内容平均分布到若干散列的索引表中。泛在大数据仓储中的数据索引方式会根据访问类型（如根据指定的关键词找相应的记录，根据给定的起止日期范围找范围中的所有记录)、访问时间（访问一个或多个数据项所需的时间)、插入时间（在索引中插入一个新数据项所需的时间)、删除时间（在索引中删除一个数据项所需的时间)、空间开销（索引结构所需的额外存储空间）等指标，来决定采用顺序索引还是散列索引。

（四）以泛在大数据作为战略基础的政策建议

对于“泛在中国”这样的泛在信息社会而言，要以泛在大数据作为战略基础，应着力开展至少四个方面的研发建设。

一是国家做好顶层设计，统一建立一套正规有序的大数据运行机制。从前面对泛在大数据的收集、再组织、规范化处理、存储和索引、应用等方面来看，大数据的建设并非杂乱无章的，而是一项有序、动态、可持续的系统性工程。整个大数据建设中必须建立良好的运行机制，才能保证数据的质量。

二是从国家数据战略的角度规范大数据建设的标准。当前，我国在若干城市进行“智慧城市”试点，此番试点虽然表面上显得有章法，但是从整体上却可能出现问题，在数据标准上可能形成智慧城市数据孤岛，城市与城市之间的数据在格式上不能互操作，各智慧城市的数据也无法被国家统一掌握。其主要原因在于开展“智慧城市”之前，在数据方面没有统一标准。

三是国家搭建一个统一的数据共享平台。数据只有相互关联、不断流动和充分共享，才具有生命力。以某个省的“智慧交通”建设为例，如果各街道、各区县的数据不能相互关联与共享，并不能达到“智慧”，因为很多交通工具是跨街道、跨区县来运营的；以国家而言，要建设“智慧交通体系”，则需要各省、直辖市、自治区的交通信息统一共享，因为航班、公路、铁路都是跨区域的，只有交通数据相互关联、实时捕捉和充分共享，才能达到全国“智慧交通”。国家应站在数据战略的高度，通过建设集成不同来源的国家级专用数据库，来实现各级各类指挥系统的数据交换和数据共享。

四是站在国家数据战略的高度培养专业化数据人才。大数据建设的收集、再组织、规范化处理、存储和索引、应用等环节都需要专业的人员。国家应站在国家数据战略的高度，培养和造就一支专业化的大数据建设队伍。

三、以泛在信息服务作为社会服务转型的重点

与“数据驱动的决策”相对应的是“数据驱动的服务”（Data-Driven Services）。通过利用数据分析工具对已经进入中央数据仓储中的数据进行分析和处理，将数据转化为服务，提供给所需要的人或组织机构，将是“泛在中国”泛在信息社会的发展重点。下面我们先看泛在数据如何被转化为泛在信息，泛在信息如何被转变为泛在服务。

（一）从泛在数据到泛在信息

数据是对客观世界的记录，当我们赋予数据一定的背景，数据就变成了信息。大数据从数据到信息，大致包括三个基本环节[①]：一是海量数据计算与处理，对已经进入中央数据仓储中的规范海量数据进行处理。海量感知数据的计算与处理技术是泛在信息社会构建过程中要面临的重大挑战之一。“海量数据计算”主要是对海量感知数据的数据融合、语义集成、并行处理、知识发现和数据挖掘。这其中需要采用和攻克物联网“云计算”中的虚拟化、网格计算、服务化和智能化等技术，采用云计算技术实现信息存储资源和计算能力的分布式共享，为海量信息的高效利用提供支撑。这一方面最为重要的技术是自然语言处理（Natural Language Processing），让计算机理解人类的意图。二是数据挖掘算法（Data Mining Algorithms）。在计算机理解人类意图后通过深入数据内部运用合理的统计方法来挖掘数据的价值。常见的统计方法有假设检验、显著性检验、差异分析、相关分析、T 检验、方差分析、卡方分析、偏相关分析、距离分析、回归分析、简单回归分析、多元回归分析、逐步回归、回归预测与残差分析、岭回归、logistic 回归分析、曲线估计、因子分析、聚类分析、主成分分析、因子分析、快速聚类法与聚类法、判别分析、对应分析、多元对应分析（最优尺度分析）、Bootstrap 技术、分类（Classification）、估计（Estimation）、预测（Prediction）、相关性分组或关联规则（Affinity Grouping

① 《大数据分析》，见 http：//bbs. pinggu. org/bigdata/。

or Association Rules)、聚类(Clustering)、描述和可视化(Description and Visualization)、复杂数据类型挖掘(Text、Web、图形图像、视频、音频)等。三是分析结果的可视化(Analytic Visualization),即通过直观的图表来呈现分析过程和结果,如关系图、标签云、统计图表等。

从泛在数据到泛在信息的例子,如美国把 20 多年的原始犯罪数据和交通事故数据映射到同一张地图上后发现,交通事故和犯罪活动高发的地区和高发的时间段重合度极高,这些原本单一、不相关的原始数据被放置到大背景中后,变成了具有一定意义的信息。美国公路安全部门与司法部门根据这个信息进行联勤执法,使得原本交通事故和犯罪事故高发的地区和时间段的事故率、犯罪率降了下来。

(二)从泛在信息到泛在服务

信息是服务的来源,当从信息中提炼出规律时,信息就上升为一种服务。从泛在信息到泛在服务,大致包括两个基本环节:一是预测性分析能力(Predictive Analytic Capabilities),即通过科学建模,将数据带入模型而预测未来的数据,常见的建模方式有预测模型、机器学习和建模仿真;二是语义引擎(Semantic Engines),即从用户的搜索关键词、标签关键词或其他输入语义来分析判断用户的需求,实现更好的用户体验和内容匹配。

在"泛在中国"信息社会,无处不在的计算机和网络就像有智商的人一样,为人类工作和服务。仍以美国犯罪率和事故率高发的地区和时间段为例,从泛在数据到泛在信息,需要人类很好地对信息进行分析,然后想对策。但是,当泛在信息上升到泛在服务时,不是美国公路安全部门和司法部门联合执勤,而是整个交通系统和车载系统自动根据时段和所经过的地区自动给出建议,减少交通事故和犯罪率。泛在服务的其他典型例子,如"智慧社会",泛在数据驱动的服务渗透到社会生活的各个领域,如农业、安全监测、物流、军事等。从泛在信息到泛在服务,就是根据领域的应用需求,去提炼这个行业普遍存在或要求的核心共性支撑技术,研究针对不同应用需求的规范化、通用化服务体系结构以及应用支撑环境、面向服务的计算技术等,让这些典型行业或领域变得更加智慧。

（三）泛在大数据的应用

一个经过精心设计的泛在大数据仓储是数据驱动服务系统的基础层。只要运用恰当的数据分析工具对数据仓储中的数据进行挖掘、预测和分析，就会触发数据驱动决策的引擎，形成一个基于泛在大数据的信息服务。关于大数据的分析和服务应用，高德纳（Gartner）的分析师 Doug Laney 在一份报告中列举了八个典型的大数据应用案例[①]，如一个叫梅西的百货商场，可以根据需求和库存的情况，基于 SAS 的系统对多达 7300 万种货品进行实时调价；沃尔玛在官方网站 Walmart. com 上采用语义搜索引擎 Polaris 对用户的搜索词进行文本分析、机器学习和同义词挖掘，使得在线购物的完成率提升了 10%—15%；一家公司通过视频分析等候队列的长度来自动变化电子菜单显示的内容，如果队列较长，则显示可以快速供给的食物，如果队列较短，则显示那些利润较高但准备时间相对长的食品；Tesco PLC（特易购）通过对其数据仓库中 700 万部冰箱数据的分析，进行更全面的监控并进行主动维修以降低整体能耗等。

（四）以泛在服务作为社会服务转型重点的政策建议

在传统信息社会，从数据到有意义且能被人理解的信息，数据的效用基本达到。但是，在泛在信息社会，仅有信息是永远不够的，需要将信息转换为无处不在的服务。“泛在中国”泛在信息社会中，几乎所有的“应用”和“服务”的内涵都会得到“革命性”扩展，而所有这些革命性扩展是传统技术路线所未曾经历的，如在灾害控制中，在搜集到不同区域的气象和物理感知数据（居民居住区的密集度、农区、林区、牧区、渔业、道路交通等），如何综合所有感知数据，在大计算的基础上进行有针对性的智能识别、判断、预警和控制，是前所未有的。在泛在信息管理与服务国家战略下，要以泛在服务作为社会服务，需要做好以下方面：

一是政府投入专项资金鼓励和扶持基于大数据服务的创新和创业。与传统投入不同的是，政府的角色需要转变，不是建立以政府为主导的大数

① 《八个典型的大数据应用案例》，见 http：//it. sohu. com/20140107/n393108255. shtml。

据服务产业园区，增加对软硬件基础设施的投入，而是通过资金引导企业或民间团体推进大数据相关新技术、新理念的传播普及，调动全社会的力量。

二是政府站在“数据驱动服务”的战略视角下，建立和完善普遍泛在信息服务制度，推进各个领域的服务泛在化。目前，我国政府已经开始“智慧城市”试点，建议政府在“智慧城市”试点的基础上将这种“数据驱动服务”的模式扩大到工业、农业、军事、物流、家居、防灾减灾等各领域，将传统需要过多人工干预的领域升级到“智慧层面”。又如，对边远农村，特别是面向中西部老少边穷地区和社会困难群体，可大力开发各类适农智慧电子产品，推广信息技术在农业和农村的应用。

三是进一步加大泛在网络信息基础设施建设，加强应对突发事件的泛在网络（含传感网、互联网等）建设，提升信息化安全保障与灾难恢复能力。

四、以“泛在人”作为教育终极目标

在“泛在中国”这样一种泛在信息社会环境下，信息成为与人类日常生产生活息息相关的必需品，“泛在人”的培养尤为重要。所谓“泛在人”，本书指的是具备高度信息素养、数字素养和数据素养的人。他们能决定所需信息的性质与范围，有效地获取所需信息，正确评价信息及其相关资源，将所选信息融合到个人的知识体系中，有效运用信息达到特定目的，了解信息所涉及的经济、法律和社会问题，并能合理合法地获得和利用信息。

“泛在人”如何在“泛在中国”这样一种泛在信息社会环境下学习、工作和开展研究？这里以泛在信息社会的科学研究为例，描绘一下具备信息素养的农业科学家如何开展科学研究。农业科学家可根据传感网获得数据和信息：多通道采集器和控制器通过 GPRS 直接和远端服务器相连，实现和远端数据的双向通信，采集器和控制器之间也可通过移动网关直接通信，控制器直接根据采集节点发送的环境参数控制现场设备的开启和关闭。通过这些信息，科学家能够根据已有原生数据还原农业资源（如农用土地资源、水资源、生产资料）、农业生态环境（如土壤、大气、水质、气象、灾害）、生产过程（如农田精耕细作、设施农业、健康养殖）、农产品与食品安全（如产地环境、产后、储藏加工、物流运输、供应链可追溯系统）、农业装备与设施（如工况监测、远程诊断、服务调度）等方面的调配比例，研究如何以最少的投入得到最高的回报。这样的研究情景是典型的泛在信息社会常态化的研究场景，由于科学家具备高度的信息素养，能够在泛在数据的基础上识别控制信息，从中找出数据的关联，将科学研究推向一个更高的层次。

（一）信息素养

信息素养（Information Literacy），自 1974 年被首次提出，经过各国近 40 年的研究、解读，已经为传统信息社会所接受。单就美国而言，就有不同机构制定不同的指标，如美国大学与研究图书馆协会（Association of College and Research Libraries，简称 ACRL）于 2000 年制定过一份名为《高等教育信息素养能力标准》的标准（如表 4—2 所示），包括 5 大标准 22 条共计 86 项具体指标；美国学校图书馆协会（American Association of School Librarians，简称 AASL）和美国教育传播与技术协会（Association for Educational Communications and Technology，简称 AECT）1998 年制定过一套《学生学习的信息素养标准》，这套信息素养教育标准包括 6 条共计 17 项具体指标。此外，还有一些地方特色的信息素养标准，如阿拉斯加《图书馆信息素养标准》信息素养评价标准①等。尽管标准非常多元化，但是足以看出美国社会对信息社会公民基本能力的重视。

---

① 吴钢：《阿拉斯加＜图书馆信息素养标准＞评析》，《图书馆杂志》2006 年第 8 期，第 62—63 页。

表 4—2 美国 ACRL 信息素养能力指标体系

序号	一级指标	二级指标
1.	能够决定所需信息的性质与范围	1.1 可定义和描述信息需求
		1.2 可找到多种类型和格式的信息来源
		1.3 能权衡获取信息的成本和收益
		1.4 重新评估所需信息的性质和范围
2.	能够有效地获取所需信息	2.1 选择最适合的研究方法或信息检索系统来查找所需要的信息
		2.2 构思和实现有效的搜索策略
		2.3 运用各种各样的方法从网上或亲自获取信息
		2.4 改进现有的搜索策略
		2.5 能摘录、记录和管理信息及其出处
3.	能够将所选信息融合到个人的知识体系中	3.1 从收集到的信息中总结要点
		3.2 清晰表达并运用初步的标准来评估信息和它的出处
		3.3 综合主要思想来构建新概念
		3.4 通过对比新旧知识来判断信息是否增值或独具特色，或是否前后矛盾
		3.5 决定新的知识对个人的价值体系是否有影响，并采取措施消除分歧
		3.6 通过与其他人、学科专家或行家的讨论来验证对信息的诠释和理解
		3.7 决定是否应该修改现有的查询
4.	能够有效运用信息达到特定目的	4.1 能够把新、旧信息应用到策划和创造某种产品或功能中
		4.2 能修改产品或功能的开发步骤
		4.3 能够有效地与他人就产品或功能进行交流
5.	熟悉信息所涉及的经济、法律和社会问题，并能合理合法地获得和利用信息	5.1 了解与信息和信息技术有关的伦理、法律和社会经济问题
		5.2 遵守与获取和使用信息资源相关的法律、规定、机构性政策和礼节
		5.3 在宣传产品或性能时声明引用信息的出处

除美国外，其他国家和地区制定的信息素养相关标准，如 2001 年澳大利亚与新西兰高校信息素养联合工作组（ANZIIL）发布的《澳大利亚与新西兰信息素养框架：原则、标准及实践》，英国高校与国家图书馆协会（Society of College，National and University Libraries，简称 SCONUL）1998 年提出的信息素养能力模型，IFLA 确立的国际图书馆界通用的信息

素养标准，等等，[①] 无不体现出各国对信息社会环境下人的信息素养能力的重视。

（二）数字素养

数字素养（Digital Literacy），被看作现代社会人最重要的基本素质之一。2011 年 5 月，美国商务部国家通信与信息管理局（National Telecommunications and Information Administration，简称 NTIA）与 9 个联邦机构设立了一个专门平台 digitalliteracy. gov 来分享数字素养教育的内容和最佳时间，以培养图书馆员、教师和其他数字素养教育从业人员的数字素养。

何谓“数字素养”？亚太经济合作与发展组织（OECD）将其定义为“获得工作场所和社会生活各个方面的全部能力，个人需要领会全部技术潜力，学会运用能力、批判精神与判断能力”。以色列学者 Yoram Eshet Alkalai 提出了“数字素养”的五个框架[②]：图片图像素养，即理解视觉图形图像的能力；再创造素养，即通过整合各种媒体相互独立的信息，通过合成和多维思考赋予新的意义；分支素养，即运用非线性的信息搜索策略从貌似不相干的碎片信息中建构知识；信息素养，即辨别信息适用性的能力；社会情感素养，即通过数字化的交流形式进行情感交流，能够识别虚拟空间中各式各样的人。

（三）数据素养

数据素养（Data Literacy），也叫“数据信息素养”（Data Information Literacy），主要指研究者在科学数据的采集、组织和管理、处理和分析、共享和系统创新利用等方面的能力，以及研究者在数据的生产、管理和发布过程中的道德与行为规范。[③] 数据素养，被认为是对媒介素养、信息素养等概念的延续和扩展，大致包括五方面：对数据的敏感性，数据的收集能力，数据的分析、处理能力，利用数据进行决策的能力，对数据的批判

---

① 张晓娟：《信息素养：标准、模式及其实现》，《图书情报知识》2009 年第 1 期，第 17—23 页。

② 赵肖峰、孙向晖：《浅析数字素养与高校文献检索课教学改革（A）》，《科技视界》2014 年，第 13 页。

③ 张静波：《大数据时代的数据素养教育》，《科学》2013 年 65 卷 4 期，第 30 页。

性思维。①

在泛在信息社会，各种各样的传感器、计算机网络将分布在不同角落的原生态数字信息汇集在一起，数字数据成为日常生活中司空见惯的东西，数据素养将成为每个人适应潮流、应对挑战的基础素养之一。比如，在泛在信息社会中，每个个体对数字有敏感度，了解数据的价值，认识到数据的局限性，对数据出处、采集和处理方法和定义范围有一定判断力；善用数据，能够读懂各种统计、民意调查、药物“治愈率”等数字表达的意义，不会轻易被“精确”数字所骗；充分认识大数据时代国家信息安全、企业商业秘密和个人隐私面临的新挑战，关注企业（机构）和个人可能遍布各处的“数字痕迹”；等等。②

（四）以“泛在人”作为教育终极目标的政策建议

泛在信息社会的发展给人们带来好处，但如果人的培养不能跟上泛在信息社会发展的节奏，也会造成不良后果，出现数字鸿沟和产生影响公平、道德，侵犯隐私等社会问题。因此，建议国家在“泛在中国”信息社会发展基础框架下，在“泛在信息管理与泛在服务国家战略”下积极采取措施，以培养能够适应“泛在中国”信息社会的“泛在人”为目标，缩小数字鸿沟，加强信息安全保障，制定各种素养能力指标体系，积极开展国民信息、数字、数据相关技能教育和培训，培育国民信息素养、数字素养和数据素养，使信息化惠及全民。

五、与泛在信息管理与服务相适应的法律法规

如前文所述，“泛在中国”信息社会的发展，不可避免会出现数字鸿沟、公平、道德、隐私等社会问题。这些问题的产生，有来自数据安全方面的，有来自知识产权方面的，有来自利益竞争方面的，等等。这些问题的解决，除了培养具有信息素养、数字素养和数据素养的“泛在人”，还

① 《数据素养》，见 http：//baike. baidu. com/link？ url=QQubpVnXRCh3PSxRjmnF89RiRkDUSV71U930-W5Xs3WqVEqdYj176jr1km6Qt586IIJHVv0POkdkrWx-QH4VL_。

② 《谈数据意识和数据素养》，见 http：//www. miaoqihao. name/？ p=4160。

有另一层不可忽视的保障，即建立一套与泛在信息管理与服务相适应的法律体系，保障数字安全、知识产权等。

（一）立法保障数据的安全

数据作为一种资源，具有与生俱来的各种功用属性，如普遍性、共享性、增值性、可处理性和多效用性等，对人类具有特别重要的意义。数据安全，其实质就是保护数据系统或数据网络中的数据资源免受各种类型的威胁、干扰和破坏。泛在信息社会推动社会进步、促进各个领域发展、给人们的生产和生活带来极大便利和好处的同时，也会带来许多问题，主要集中在数据安全、用户安全和用户隐私方面。早在 1981 年德国学者 Kruse 就曾经警告说，人们要为技术付出代价，如数据安全度降低、隐私泄露[①]。

基于技术手段的保障方式不总是与泛在信息社会相适应。对于传统信息社会如何解决隐私和安全问题，不少学者在现有制度下提出过一些研究成果，如避免 RFID 射频信号下个人信息的泄露，2004 年日本学者 Yasujiro Murakami 基于经济合作与发展组织（OECD）颁布的隐私保护指南的八条原则所提出了针对使用 RFID 标签、传感器、摄像头的隐私保护指南，并介绍了三种保护隐私的泛在计算系统及解决隐私问题需要做的法律准备[②]；同年，日本学者 Lara Srivastava 在《Japan's Ubiquitous Mobile Information Society》中介绍的日本在泛在移动信息社会中面临的隐私问题及建立专门网站来提高人民的隐私安全意识[③]；2007 年，韩国人 Jae-Gu

---

① Kruse L，"Psychologische Aspekte destechnischen Fortschritts Psychological Dimensions of Technological Progress"，*Interdisziplin are Technikforschun*，Berlin：Schmidt，1981，pp. 72－82.

② Yasujiro Murakami，Privacy Issues in the Ubiquitous Information Society and Law in Japan，2004 IEEE International Conference on Systems，Man and Cybernetics，pp. 5645－5650.

③ Lara Srivastava，Japan's Ubiquitous Mobile Information Society，info，2004，14（4），pp. 234－251.

Song提出的一个基于RFID情境的信息安全系统架构[①]；2009年希腊学者Maria Karyda等人提出的一套适用于泛在环境的隐私保护实践原则，并分析了一些保护隐私的基本技术和方法，如P3P、PawS技术，利用诚信系统和设置认证机构及隐私代理人等。[②] 在保护安全隐私的相关技术研究方面，希腊学者Maria Karyda等认为，传感技术和RFID技术是威胁隐私的最突出的技术，她分析了一些保护隐私的基本技术和方法，如P3P、PawS技术。另外其他隐私保护方法还有诚信系统和认证机构概念的使用，如数字版权管理；中介，如隐私代理人；使用匿名和假名等。[③] 日本学者Yasujiro Murakami等在介绍隐私权利和OECD规范的基础上，为泛在信息社会制定了隐私规范（包括录像、传感网络、RFID方面的隐私规范），并提出建立一个隐私权意识系统。[④]

但是，在泛在信息社会中，传统通过技术手段来保障数据安全的做法并不总能与传统法律共存。2012年，微软高级安全执行官Eric B. Parizo在RSA大会的主题演讲中提到大数据面临隐私和安全挑战。他举例说[⑤]，现有美国联邦法律第四修正案中的部分条款并不适合大数据时代。比如，在智能手机终端，个人愿意在智能手机终端打开GPS定位，由于智能手机的这一功能与手机操作系统的云端相关联，以致云端保存和记录了个人的位置信息。但是，美国最高法院在一个判决中明确表示，在未经授权的

---

① Jae-Gu Song, Gil-Cheol Park, Seoksoo Kim, "RFID Based Context Information Security System Architecture for Securing Personal Information under Ubiquitous Environment", *Proceedings of the International Conference on Computation Methods in Science and Engineering* 2007, 2 (Part A), pp. 563-566.

② Maria Karyda, Stefanos Gritzalis, Jong Hyuk Park, et al, "Privacy and Fair Information Practices in Ubiquitous Environments: Research Challenges and Future Directions", *Internet Research*, 2009, 19 (2), pp. 194-208.

③ Maria Karyda, Stefanos Gritzalis, Jong Hyuk Park, et al, "Privacy and Fair Information Practices in Ubiquitous Environments: Research Challenges and Future Directions", *Internet Research*, 2009, 19 (2), pp. 194-208.

④ Yasujiro Murakami, Legal Issues for Realizing Ubiquitous Information Society, SICE Annual Conference in Sapporo, August 4-6, 2004, pp. 1751-1755.

⑤ 《大数据面临隐私和安全挑战》，见 http://www.searchsecurity.com.cn/showcontent_58873.htm。

情况下，使用GPS设备对某人的行踪进行跟踪是违法的。在泛在信息社会，还需要国家制定与泛在信息社会相适应的法律法规来保障数据的安全。

(二) 立法保护知识产权

在泛在信息社会建设中，必然会面临知识产权的问题。知识产权保护，即保护数字作品的著作权，加强数字内容的再利用。在第三章概述日本的“U-Japan 战略”措施中，即包括实施“知识产权战略计划(2004)”，支持各行业建立知识产权策略，支持数字内容的出口；支持针对公司之间文件非法共享的反制措施，实施反对国际盗版的措施；促进并使民众熟悉数字内容的使用，采取平衡数字内容使用与著作权保护的措施，扩大使用宽带及移动终端，建立并促进公共领域系统的使用，严格实施针对数字内容的“拜杜法案”。在欧洲的“数字欧洲议程”中，也提到了欧洲数字图书馆战略和内容上网计划，这两个项目均有涉及知识产权纠纷的风险。对此，欧洲相关机构已按照“欧洲数字议程”的统筹协调，开展了相关版权认证、版权合作等工作，欧洲部分国家制定了《版权登记法》《声像服务法令》等图书音像资源数字化的法规①，评估读者的阅读内容需求与版权者利益之间的平衡，保证资源作者和出版机构的合法利益得到维护。为此，欧盟还开展了“版权信息和孤儿著作注册”和“欧罗巴数字图书馆”② 等项目。

(三) 泛在信息管理与服务法律法规建设政策建议

政策的制定虽然能给“泛在中国”背景下泛在信息管理与服务的建设提供范围和框架，但是并不能规范整个建设有序发展，只有法律法规的支撑才能规范和调节建设的形式和内容。因此，国家应该制定或修订一系列与泛在信息管理与服务发展相适应的法律法规，保障数字安全，保护知识

---

① 肖希明，谷聪聪：《欧洲国家的图书馆政策研究》国家图书馆学刊 2012 年第 21 期第 1 卷。

② 佚名：《欧罗巴那数字图书馆发布 2015—2020 战略规划：用文化改变世界》，国家图书馆学刊 2014 年第 5 期。

产权，保障产业竞争，防止任何垄断。

总之，伴随着“泛在中国”泛在信息社会的到来，信息化和泛在化已成为当代中国信息社会发展不可逆转的大趋势。要正确认识中国信息社会发展的大趋势，主动应对这个大趋势，就应该把“泛在信息管理与服务”作为国家战略，以泛在技术作为战略支撑、以泛在大数据作为战略基础、以泛在信息服务作为社会服务转型的重点、以“泛在人”作为社会教育的终极目标，制定与泛在信息社会相适应的法律法规，积极推进国民经济和社会信息化，缩小数字鸿沟，提高信息安全保障水平，为创新型国家和社会主义和谐社会建设做出更大贡献。

第五章 面向泛在信息管理与服务国家战略的图书馆转型对策

第一节 泛在信息环境下的图书馆信息管理与服务

一、泛在信息环境下图书馆发展环境扫描

（一）图书馆在泛在信息环境下的发展优势

泛在信息环境下，图书馆具有得天独厚的发展优势。

首先，从理论的角度看，图书馆学是与信息学紧密相关的一种具体应用学科。信息学是研究信息的获取、处理、传递和利用的规律性的一门新兴学科。信息学（旧称情报学），是以信息为研究对象，以计算机等技术为研究工具，扩展人类的信息功能为主要目标的一门综合性学科。[①] 信息学以社会的信息现象和人类的信息交流过程为对象，研究信息的产生、表述、组织、处理、传播和利用的原理、方法和规律，研究信息与社会、经济的关系以及信息活动的社会管理。

当今和未来，图书馆所能够驾驭的信息与整个信息社会的需求更加贴近，加之图书馆的信息流工作原理与信息学的信息流工作原理非常一致，因此，在泛在信息环境下图书馆能够更好地发挥在整个信息流中的作用。也正是因为图书馆的服务实际上就是对信息的管理与服务，在新的信息技

---

① 《信息学》，2005 年 8 月 3 日，见 http：//baike. baidu. com/view/490376. htm? fr = aladdin。

术应用方面，图书馆总是有敏锐的触角，总是走在其他行业的前面。

其次，从实践上看，数字图书馆的建设已经取得的成就为泛在信息环境下图书馆的发展奠定了基础。由于计算机和信息技术在图书馆领域的应用，图书馆的服务在近十余年间已经逐步超出传统的文献信息的概念而转向更广的信息范畴，图书馆的工作重心也已经从“藏”转向“用”，发展了十余年的数字图书馆已经超越了物理空间的限制，为用户提供全天候、足不出户的服务。

在泛在信息环境下，无论是从理念、宗旨、愿景，还是从技术、资源、服务、空间或专业人才方面，图书馆都具有凭借自身优势发展的内在条件。

(二) 图书馆在泛在信息环境下的发展劣势

20 世纪 70—80 年代，西方国家已经出现了图书馆危机。詹姆斯·汤普森认为，造成图书馆不可用的原因在于馆藏绝对数量的无限增长和图书的排架方式不便于读者理解和查找。[①] 同时，人们在数字时代的阅读习惯也正在发生着根本性的变化。到馆率和借阅率大幅度下降、业内对图书馆的社会价值重新审视、公共图书馆向社区休闲场所的转型等，暗示着图书馆的社会作用正在发生变化。这种变化是深刻的、根本性的，需要图书馆界从根源上去研究，探究产生危机的根本原因，深入理解用户需求的变化，在变化中寻找图书馆新的定位、塑造新的角色。

外在的泛在信息环境快速发展，而图书馆内部无论从业务还是管理上，普遍没有快速地反应和转变，绝大多数图书馆还在已有的传统服务和数字服务的基础上“稳步”推进。而就图书馆内部的状况而言，无论是在技术、资源，还是服务等业务方面，发展都相对缓慢和保守，而在管理机制、人力资源建设以及图书馆的文化建设等管理方面，则更显落后和守旧。图书馆的机构设置、岗位设置、人力配置等尚未与时俱进地进行优化或转型。可以说，图书馆尚未获得应对泛在信息环境的成熟的建设经验，

① ［英］詹姆斯·汤普森：《图书馆的未来》，乔欢、乔人立译，书目文献出版社 1988 年版。

也没有可供借鉴的泛在信息环境下图书馆全面建设的成功案例。

（三）泛在信息环境给图书馆发展带来的机遇

1. 图书馆将以专业的角色帮助用户鉴别形形色色的信息资源

再回到信息的概念，信息是反映客观世界中各种事物特征和变化的可通信的知识，泛指人类社会传播的一切内容，是音讯、消息、通信系统传输和处理的对象。在泛在信息环境下，信息泛滥，数据鱼龙混杂，如何辨别真伪，发现、整合与利用有效的信息，图书馆将发挥专业引领的作用。

当今的互联网信息资源是以数字资源为载体存在的，它包括几个方面：一是互联网上的免费资源、开放获取资源、社交媒体网站上的群体交互资源等，因其具有可以免费下载、自由存取、方便快捷的特点，而成为用户首选使用的资源。二是存在于网络节点中的各个图书情报机构、政府官方网站上的资源，其中一部分可以免费使用，如政府官方网站及图书馆的开放数据服务等；而另一部分则来源于图书情报机构所拥有的数字资源，如商业数据库、自建特色数字资源或现有实体馆藏资源的数字化全文资源或文摘库等，是需要通过登记注册或有偿使用的。

有人认为，互联网上的免费资源给图书馆带来了两大挑战：一是网络中的许多资源没有经过任何编辑加工及评审，资源分布散乱，内容良莠不齐，缺乏可靠性、权威性、稳定性和安全性，需要图书馆加强对用户的信息素养教育，对资源进行有鉴别的选择使用；二是网络中不乏许多有价值的隐性资源、开放获取资源等，但由于其杂乱无章，存在于海量信息之中，尤其在互联网信息资源日益增多的大数据环境下，如何辨别、筛选、组织、整合并提供给用户使用，对图书馆资源建设是一个巨大的挑战。而从图书馆作为专业的信息服务机构的角度而言，这些情况实际给图书馆带来了机遇，图书馆能够依据自身的特色对互联网上的资源进行采集、组织、加工、揭示，将互联网上的有价值的资源与图书馆的资源进行有效的整合，使图书馆在网络节点中对信息资源的有效传播发挥更为积极的作用。机遇与挑战并存，图书馆必须抓住机遇，充分利用自身得天独厚的信息资源优势和专业优势，为用户提供更好的服务。

2. 网络、信息、通信技术的飞速发展给泛在图书馆带来机遇

泛在信息环境下，数字信息具有充分的可分解性，内容更为丰富，数字图书馆的软、硬件设备的信息存取能力更为强大，为创建高效、便捷的信息共享空间创造了条件；先进的信息传输、通信技术使得泛在信息环境下的数字图书馆更易于开展基于读者用户需求的信息知识服务活动，服务具有明显的深层次、个性化、特色化趋势；泛在智能的透明特质使得后数字时代的计算设备能够跟环境融为一体或隐藏在人的身上，用户获取知识信息将变得更为快捷、方便、愉快，能够将泛在信息环境下的数字图书馆构建成一个互动的、自由的、无缝对接的信息服务交流平台与实体[①]；泛在智能使知识共享和终身学习变得轻松愉快，日渐融入人们的日常生活，成为必不可少的一部分[②]。这些因素为推动图书馆服务的变革和创新创造了理想的环境。

泛在信息环境下，信息传播、交流呈现出对计算机、通信网络、高密度存储、多媒体技术以及传感器和嵌入技术等先进科技综合运用的发展态势，通过这些新技术的应用，实现信息资源最广泛获取，并使信息创造、发布、交流、组织利用和保存得以自由进行，是泛在信息环境下图书馆信息管理与服务的重要目标。如何实现与用户之间的有效交互，进行信息资源的收集、整理和组织，方便用户顺畅地获取资源，提升图书馆在知识传播中的地位和作用，成为图书馆信息资源建设的一个至关重要的话题。

技术的发展创造了更多的可能，为在传统图书馆服务模式下有信息获取障碍的用户创造了与其他公民平等获取信息的条件。例如，韩国 LG Sangnam 图书馆建设的“LG 数字有声读物图书馆”（LG Digital Talking Book Library），通过基于 NFC 近距离无线通信技术设计的移动电话，不需要复杂的连接程序和用户认证，有阅读障碍的用户即可在任何地点、任

---

① 陈彩虹：《基于用户需求的泛在知识环境下数字图书馆价值实现研究》，《图书馆学研究（理论版）》2010 年第 1 期。

② Donald M. Norris, A Revolution in Knowledge Sharing, June 21, 2014, https://net.educause.edu/ir/library/pdf/erm0350.pdf.

何时间登录网络，下载并收听语音图书。这就是无所不在的泛在化信息服务，创造了比传统图书馆更为舒适的泛在信息环境。[①] 该项目于2006年4月完成，产生了广泛的社会影响和巨大的社会效益，也被国内外图书馆界列为泛在图书馆建设的典型案例。相信信息技术的发展，将会为泛在图书馆的建设创造更多的可能。

3. 用户需求的转变推动泛在信息环境下图书馆的发展与转型

泛在智能的产生和发展，进一步突破了以往获取信息的时空障碍，用户需求将发生更为重大的变化。泛在信息环境下，图书馆提供的知识服务，必须从用户的角度出发，以用户的需求为驱动，根据用户的需求变化进行转型，保证图书馆持续发展。

泛在信息环境下的图书馆旨在建立一个“以太”环境，即人们对图书馆的使用如同空气、水一样，成为人们生活中必不可少的物品。图书馆和读者的藩篱不再明显，每个人都可以使用图书馆，泛在信息服务的范围延伸到更多的用户，图书馆的服务是无所不在、全方位的。而用户需求的实现将“隐藏”在日常生活中，用户享受着它带来的便捷，却感觉不到其存在。用户在办公、移动、居家等各种生活环境中，随时利用泛在终端，通过无线网络，以最便捷的方式自如地浏览数字图书馆中的各种资源，并享受其服务。面临问题时，用户只需要通过泛在终端发出请求，便可得到图书馆的实时响应，在最短的时间内获得帮助，解决问题。用户可以通过知识社区与专家、馆员或其他用户直接讨论问题、交流心得、沟通体会或寻求帮助，完成知识的共享、转化和协同创新。用户可以随时随地无缝地获取各种资源，可以提出享受更加个性化、专业化和知识化的服务。用户也可以随时将利用的信息反馈给图书馆，以便其根据用户的一般需求、生活环境、学习习惯及行为模式等进行个性化的知识推送服务。[②]

---

① Kyung-Jae Bae，Yoon-Seok Jeong，Woo-Sub Shim，Seung-Jin Kwak，The Ubiquitous Library for the Blind and Physically Handicapped——A Case Study of the LG Sangnam Library，Korea，http：//www. gzlib. gov. cn/shipin/qtkj/mxyd. pdf.

② 邓李君、杨文建：《移动服务助推下的图书馆服务转型研究》，《情报理论与实践》2014年第3期。

（四）泛在信息环境挑战图书馆的生存与发展

1. 信息传播特点对图书馆资源组织、传播及利用方式产生革命性影响

技术进步引起人类生产和搜集信息的能力已经超越了他们组织、管理和有效利用信息的能力。如何有效地组织和揭示信息，帮助用户集中有限的精力理解和利用信息、创造知识，是图书馆需要解决的一个难题。

泛在信息环境下，信息的传播方式以泛在网络及一些先进技术的综合应用为基础，以数字资源为主要媒介，实现泛在化传播，表现出无处不在、无时不在的特点。只要拥有一部入网设备，用户即可随时随地获取网上拥有的各种信息，也可随时上传各种信息，直接与网上受众实行双向或多向交流，并参与到网络的信息共享空间之中。泛在信息环境下，信息传播呈现出的最主要特点是开放性、即时性和交互性。

开放性。泛在网络无所不在、无处不在，没有边界、没有中心，打破了以往信息存贮和检索的地域界限，用户可以自由查询、存取所需的信息，整个互联网系统是一个全球化的共享系统，完全建立在自由开放的基础之上。

即时性。网络作为信息传播的媒介，具有信息发布简单、传播迅速的特点。网上发布的信息，从一个信息节点迅速传播到无数个信息节点，瞬间即可传遍泛在网络的每个角落。这种不受出版周期、播出时段限制的大众传播形式，可以即时提供最新动态信息，进行实时刷新。

交互性。网络中每个与互联网连接的设备都是其中的一个节点，使用设备的用户利用各种技术工具或服务平台，如创建个人主页、使用电子邮件、公告板、讨论组、网络会议、网上聊天、网上办公以及各种社交网站等，输入个人代码，即可进入开放共享的信息空间。用户具有主动选择权，能够根据自己的意愿随时参与网上讨论，发表个人见解，公开自己的技术成果，对信息进行甄别、拒绝、选择、创作、发布，成为数字资源的出版者和传播者。网民在网络提供的平台上没有传者和受众之分、没有主次之分，它颠覆了传统媒介以传者为中心的线形模式，实现了以往传媒无

法实现的互动，宣告个体互动模式的来临。[①]

信息传播的特点，使用户更愿意首选使用互联网上的数字资源，互联网与图书馆争夺知识资源、服务资源和终端消费者，进而对图书馆资源组织、传播及利用方式产生重大影响。如果图书馆不主动出击，拓展资源范围、增强服务功能、延伸服务内容，则很难在新环境下满足用户的需求，必将在激烈的竞争中被淘汰。

2. 知识出版与交流系统增加了信息资源建设的复杂性

无所不在的网络环境为人们提供了方便迅速的信息搜索工具和服务，且该环境中的每个用户既是信息使用者，又是潜在的信息生产者，知识出版和交流系统呈现出前所未有的低进入壁垒。[②]

首先，看知识出版系统。泛在信息环境下，知识的出版将迎来全媒体出版时代，即一种内容、多种媒体，一次制作、多元发布的全方位立体出版时代。印刷出版物不会随泛在网络的发展以及用户对资源使用习惯的改变而减少或消失，出版的品种仍会呈增长趋势[③]，但许多印刷型出版物采用按需印刷的形式出版，印数将大大减少，价格上涨不可避免。同时，数字出版、云出版将成为知识出版的主要形式。

泛在信息环境下，出版出现空前繁荣的同时，市场竞争也在不断地加剧，产品的内容越来越趋于垄断，不可避免地导致价格垄断，数字资源的平均销售价格将不断攀升。未来云出版数字服务平台的构建将趋向于资源与服务合二为一，"资源即服务"的模式将改变原有的销售模式、采购模式、图书馆的资源组织模式和存储模式，馆藏布局将发生根本变化。

其次，看知识交流系统。在网络技术应用之前，图书馆承担着学术交流中介的重要职责；随着网络技术的应用和不断发展，数字出版的出现，学术信息交流的范围和效率得到了极大的扩展和提高，以出版商为主导的

① 佚名：《关于网络信息传播的总体特征分析》，2010 年 12 月 30 日，见 http://myeducs.cn/lunwen-resource/keyonglunwen/free-lunwen/guanyu-network-info-chuanbodezongtitezhengfenxi/。

② 吴燕、张志强：《泛在智能与图书馆的未来发展》，《情报科学》2007 年第 1 期。

③ 吴建中：《2040 年中国图书馆展望》，《国家图书馆学刊》2009 年第 3 期。

学术信息交流体系和以二次文献集成商、发行商等驱动的信息服务机制正在使传统的、严格有序分工的学术交流体系发生根本性的重组。作者→出版商→图书馆→读者，这一传统的简单的知识供应链已演变成一个复杂的信息网络：作者有多种渠道获得其所需要的研究资源，出版商和学术出版者有多种开放获取的发表渠道，出版工具也更加多样化，读者通过网络也有多重获取资源的方式。[①] 在这种情况下，图书馆在学术交流中的中介作用被严重削弱，面临着强大的竞争压力。2004 年，美国哥伦比亚大学的一项调查显示，电子资源已经成为信息搜集的主要工具；90％的受访讲师将电子资源作为其研究资料的来源，所有的讲师都认为网络是一个宝贵而实用的资源。图书馆在信息交流的过程中的核心及中介地位日益削弱，Google、Amazon 等网络信息服务商所提供的搜索引擎正在取代图书馆从前在知识交流链中的角色，成为连接出版发行商和信息用户的中介。[②] 同时，为开展科学研究而进行的学术交流体系经历了从基于纸质载体的传统学术交流体系到基于网络载体的现代学术交流体系，进一步至开放获取理念下新的学术交流体系的历程。图书馆在学术交流中所处的中介地位受到了强烈的冲击，不再是唯一向终端用户提供学术信息的中介。[③]

图书馆必须改变原有的建设理念，主动适应知识出版与交流体系的变化，加强在泛在信息环境下的中介作用。

3. *泛在信息技术的应用对信息资源建设与服务的方式提出更高的要求*

移动互联网的快速发展对已有的数字图书馆建设提出了更高的要求。便携式、可移动的泛在信息技术设备将得到不断的开发和应用，信息载体工具不断扩充、融合，如台式电脑与嵌入式设备的融合、资源与服务合二为一的发展态势，使得有屏幕的地方就有图书馆的服务，促使图书馆对知

① Regazzi，J，The Battle for Mindshare：A Battle Beyond Access and Retrieval，http：//libraryconnectarchive. elsevier. com/lcn/0203/LCN0203. pdf.

② 楚存坤、朱瑞峰：《图书馆危机和泛在图书馆》，《现代情报》2008 年第 9 期。

③ 郑文晖：《学术交流体系的变化及其对图书馆工作的影响》，《图书馆》2008 年第 4 期。

识信息的采集、处理、加工编辑、储存传播向更高更广的层次发展。

加之移动终端设备的普及，图书馆的传统服务逐渐拓展到了移动领域，借助移动电子设备和媒介提供移动阅读服务。各种设备由于操作系统、接口标准、用户喜好等方面均存在差异，使得图书馆提供的服务需要进行集成和整合，必须对服务方式进行创新，以满足新形势下读者的阅读需求。同时，信息资源载体多元化引起用户的阅读习惯发生变化，反过来要求图书馆必须对信息资源结构进行调整，对现有资源在格式、内容上进行调整。

移动阅读在用户需求、用户行为、阅读层次等方面都与传统印刷型阅读有着本质区别，它具有内容多样、沟通便捷、空间跨度大、方便接入、不受地域限制的特点，来自社会环境的需求迫使图书馆改变原有的服务模式。

泛在信息环境下，用户所需的许多资源都可以在网上随时获取，其阅读习惯和生存方式随着数字出版的发展正在逐步改变，他们对数字资源的使用需求越来越大。[①] 泛在信息技术的应用对信息资源的使用提出了用户泛在化、推送对象化的趋势要求，图书馆要研发相应的应用程序，实现用户对信息资源的使用方式构建在便携式可移动设备之上，这也是泛在信息环境下图书馆信息管理与服务的最基本的要求。图书馆应随着网络信息环境的发展、新技术的应用及用户需求的变化，不断地调整资源建设结构，在图书馆业务流程中结合移动化、智能化的特点，逐步加大信息服务的比重，从大资源、大服务的角度进行集成化、一体化设计。

泛在信息环境下，实体图书馆还应具有智能化的功能，包括智能化沟通、智能化建筑、智能化管理、智能化服务，图书馆将建成全方位开放式的综合学术资源信息服务中心、配套齐全的活动中心、高效便捷和节能的智能中心，在技术上实现“人—机—物”的整合。[②]

---

① 吴建中：《2040年中国图书馆展望》，《国家图书馆学刊》2009年第3期。

② 殷开成、仲超生：《智能图书馆CPS及面临的挑战》，《图书馆学研究（理论版）》2011年第8期。

以上是对泛在信息环境下图书馆发展所面临的环境扫描，包括来自内部环境和外部环境的优势与劣势。简要归纳见表 5－1。

表 5－1 利用 SWOT 分析法分析泛在信息环境下图书馆信息管理与服务的战略框架

内部分析 外部分析	优势 S 1. 作为信息机构具有专业的身份去应变 2. 数字图书馆的发展已经打下了一定的基础	劣势 W 1. 传统服务被边缘化，社会地位与作用被弱化 2. 业务与管理模式落后，没有成熟的经验可借鉴
机遇 O 1. 将以专业的角色帮助用户鉴别泛滥的信息资源 2. 网络、信息、通信技术的飞速发展为图书馆的变革创造了理想的环境 3. 用户需求的转变推动了图书馆的发展与转型	SO 战略 （发现优势，利用机会） 1. 凭借专业身份主动出击，在技术、资源、服务方面转型 2. 利用网络、信息、通信技术飞速发展的机会巩固与提升图书馆的地位与作用	WO 战略 （克服劣势，抓住机会） 1. 服务转型，吸引读者利用图书馆的资源与服务 2. 借鉴各馆已有的各种尝试，努力搭建本馆全面转型的框架
挑战 T 1. 信息传播特点对图书馆资源组织、传播及利用方式产生革命性的影响 2. 知识出版与交流系统增加了资源建设的复杂性 3. 泛在信息技术的应用提出更高的要求	ST 战略 （利用优势，回避威胁） 1. 利用专业优势迎接挑战，做好信息资源建设，发挥图书馆功能 2. 加强在知识出版与交流系统中的作用：开放获取资源、大数据等	WT 战略 （减少劣势，回避威胁） 1. 面对资金匮乏，加强联盟与协作 2. 打破传统的机构设置，进行管理机制转型 3. 针对人力与岗位的守旧，开展人力资源转型

二、重新定义泛在信息环境下的图书馆信息管理与服务

（一）国内外有关泛在图书馆的研究

“泛在图书馆”（Ubiquitous Library）是国外图书馆界提出的一个全新的图书馆发展理念。这一概念的提出与美国两位大学图书馆馆长密不可分。一位是美国斯坦福大学图书馆馆长 Michael Keller，他在 1999 年设想未来图书馆时就说：“我要创立泛在图书馆，使得学生和教授在任何时间、任何地点能够获取文本或与文本相关的信息。”① 他用“泛在图书馆”一

① Tia O'Brien, “You Thought Libraries were Dull”, *Stanford Magazine*, 1999 (10—11), pp. 64－67.

词来描述对重要内容的网络检索。另一位是美国马里兰大学图书馆馆长 Charles B. Lowry 博士，他在 2003 年马里兰大学图书馆的五年计划[①]中提出了“泛在图书馆”的理念。2003—2006 年间，Charles B. Lowry 博士用“泛在”一词表达了图书馆以“渗透”的方式通过电脑桌面在校园提供知识利用，总结了泛在图书馆的特征。此外，韩国学者 Lee Eung Bong 在 2003 年的数字图书馆会议上将“泛在图书馆”定义为用户可以随时随地通过学习设备方便获取所需信息的数字图书馆，并通过集成有线或无线宽带网络基础设施及时提供相关信息。[②] 2004 年，马里兰大学工程与物理科学图书馆的图书馆员 Neal K. Kaske 发文 The Ubiquitous Library is Here，提出了泛在图书馆的无时不在、无处不在的特征，主要从开展数字参考咨询服务的具体做法和标准等方面进行探讨。[③] 2005 年，Charles B. Lowry 博士专门撰文探讨“泛在图书馆”的概念，认为泛在图书馆是一个比虚拟图书馆、数字图书馆、电子图书馆更能贴切地定义未来图书馆的专业术语，它具有特殊意义，能够与时俱进地、能更为准确地描述图书馆的现在与未来，作为一个地点的学术图书馆依旧会存在，加上先进的网络和计算机的使用，图书馆将变得无处不在。[④] 2005 年，德国的 Oliver Obst 博士将图书馆的发展归纳为四个阶段：传统图书馆、数字图书馆、移动图书馆、泛在图书馆，认为未来的医学图书馆是隐形的。[⑤] 2006 年 8 月，在第 72 届 IFLA 大会上，“泛在图书馆”成为科学与技术图书馆委员会征文的主题，泛在图书馆理论、泛在技术在图书馆的应用实践成为国际图书馆

---

① Lowry, Charles B, The Ubiquitous Library: University of Maryland Library in the Next Five Years-New Directions & Continuing Legacy, March 13, 2013, http://www.lib.umd.edu/deans/ub-libreport.pdf.

② Kyung-Jae Bae, Yoon-Seok Jeong, Woo-Sub Shim, et al, “The Ubiquitous Library for the Blind and Physically Handicapped”, *IFLA Journal*, 2007 (33), pp. 210—218.

③ Kaske, Neal K, “The Ubiquitous Library is Here”, *Libraries and the Academy*, 2004, 4 (2), pp. 291—297.

④ Lowry, Charles B, “Let's Call It the ‘Ubiquitous Library’ Instead…”, *Libraries and the Academy*, 2005 (3), pp. 293—296.

⑤ Obst O., The Medical Library of the Future: Be Prepared for the Invisible, May 26, 2005, http://www.inforum.cz/pdf/2005/Obst_Oliver.pdf.

学、信息学界研究的热点。[①]

我国有关“泛在图书馆”的研究随着国外的研究热潮兴起，2005 年《泛在知识环境下的图书馆》一文是国内首篇相关的专题研究成果。其后，不断有相关主题的学术成果发表，并在 2012 年逐渐达到研究的高峰。[②]国内研究中，陈清文等认为，泛在图书馆是一种可以随时随地进行信息获取服务的图书馆。[③]

（二）泛在图书馆的概念和特征

国外也有学者称之为 Pervasive Library[④]，无论是 Ubiquitous 还是 Pervasive 或 Diffuse，都共同表达了未来图书馆是普遍存在的含义。当今的信息技术和无线技术正在把传统图书馆变成泛在图书馆，使得一切信息服务都能在用户的敲击中得到利用。韩国学者李恩奉认为，泛在图书馆是用户能应用信息设备随时随地获取所需信息的数字图书馆，并能通过集成的有线或无线宽带网迅速提供相关信息。[⑤]

Charles B. Lowry 博士认为，泛在图书馆这一术语意味着图书馆的资源在大学校园社区仅需要通过指尖即可普遍轻易地获取。其特征与图书馆员在参与教学和科研的过程中传递信息的方式有关，这些特征主要有：

（1）学术信息可在线获取全文。期刊的转向较快，而印本图书将持续一段时间，其转向取决于外设能够模仿印本书的高可用性。

（2）图书馆信息技术的应用，整合了那些原本混乱的网络资源，将图

① IFLA，Call for Papers Science and Technology Libraries. Theme：Workings of the Ubiquitous Library，March 13，2013，http：//archive. ifla. org/IV/ifla72/call-2006-stl-e. htm.

② 张文超、李青丽：《我国泛在图书馆理论研究的主题及主要观点综述》，《图书馆学研究（应用版）》2011 年第 9 期。

③ 陈清文、黄田青：《泛在图书馆初探》，《图书馆工作与研究》2008 年第 8 期。

④ Chad K.，Miller P，Do Libraries Matters，April 22，2013，http：//jclspscwiki. jocolibrary. org/images/4/42/Background _ Reading _ - _ Do _ Libraries _ Matter. pdf. 或 Diffuse Library Lougee W. P.，Diffuse Libraries：Emergent Roles for the Research Libraries in the Digital Age，April 22，2013，http：//www. clir. org/pubs/reports/pub108/pub108. pdf.

⑤ Kyung-Jae Bae，etc，The Ubiquitous Library for the Blind and Physically Handicapped——A Case Study of the LG Sangnam Library，Korea，July 6，2006，http：//www. ifla. org/IV/ifla72/papers/140-Bae-en. pdf.

书馆获得授权的资源以及网上开放存取的资源高度集成而有序地展示出来，用户可以通过“我的图书馆”功能轻易地控制这些资源的展现。

(3) 学科馆员可以在线提供7×24小时全天候的咨询服务。

(4) 图书馆员的作用将继续发生巨大的变化，他们更直接地深入教师的课堂教学和研究合作，特别是信息素养以及强化同步学习、异步学习的能力。

(5) 持续高入馆人次反映出对图书馆物理空间的高需求，用户个人对便捷获取服务的泛在图书馆在物理设施方面提出更高的要求，必须通过翻页技术和图像传输来加快印本文献的文献传递和在线获取。

(6) 陈旧的设施应根据新的需求进行调整：被新设施替代或改变用途。

(7) 研究型的大学仍然需要大量的印本资源，它应加入一些资源共享组织或创建联合体，减少低利用率文献的重复建设，通过区域或国家的印本资源共建协议保障文献品种的持有。

(8) 同样重要的是，图书馆已经投入大量经费和时间参与共建的联合体、共建设施或共享资源，将在未来发挥更大的作用。

(9) 处于起步阶段的数字图书馆计划，将在校园提供独一无二的特藏文献，影响社区图书馆的发展，强化大学图书馆的职能。特藏文献通过在线检索帮助和数字图书项目，将更容易获取。这使得异地研究成为可能。目前在数字化方面所做的努力，在于保护那些在公共领域的文献资源不被商业利益利用。

(10) 图书馆将通过项目、数字仓储、数字档案等来执行其机构领导力，图书馆成为校园新的知识的创造者。

在第72届IFLA大会征文中，美国南乔治亚大学图书馆的Lili Li提出，“泛在图书馆”具有六个方面的特征：

(1) 网络化（Web-based）。泛在图书馆通过网络实现信息资源与服务的传递和传播。

(2) 全天候（24×7）。不受任何时空的限制，用户可获取泛在图书馆

7×24 小时的服务。

（3）开放性（Open Access）。开放存取成为泛在图书馆的主要特征之一。除为特定用户提供授权信息资源、服务和指导外，还应为全球用户提供信息资源，尤其是来自开放存取期刊中的学术性信息资源。

（4）多格式（Multiformats）。泛在图书馆通过网络传递和传播包括文本、PDF、图像、PPT、音频和视频等多种格式的信息。

（5）多语种（Multilanguage）。泛在图书馆应致力于为全球不同文化背景的用户提供多种语言的支持，应成为能够提供多语言支持的知识和信息社会的引擎。

（6）全球化（Global）。泛在图书馆应成为世界知识和信息的网关，为全球用户提供在年龄、性别、肤色、种族、宗教、语言能力、计算机技能和信息素养等方面的无差别服务。

基于上述六个特征，文章还探讨了在数字时代泛在图书馆的主要技术解决办法和基于网络的泛在图书馆信息基础结构。[①]

国内的研究中，张会田提出泛在图书馆的三大特征，分别是以人为中心、高度智能化、无处不在。[②] 初景利、范广兵等指出泛在图书馆应该是基于网络和 24/7 式的，泛在图书馆能更加体现图书馆的本质和功能。[③]

从国内外图书馆界对泛在图书馆的概念和特征的研究来看，其定义和特征尚无统一定论，其基本理念是图书馆在任何时间、任何地点都是可存取的，包含两层含义：一是指这种新型的图书馆信息服务方式可以嵌入到人们的日常生活中；二是指图书馆为用户提供数字化信息服务的系统是一种智能化的信息系统。

如何诠释“泛在图书馆”？

---

① LiLi Li，Building the Ubiquitous Library in the 21st Century，World Library and Information Congress：72nd IFLA General Conference and Council，2006，pp. 1—13，December 7，2006，http：//www. ifla. org/IV/ifla72/papers/140-Li-en. pdf.

② 张会田：《泛在图书馆：如何从概念走向现实？》，《图书情报工作》2009 年第 53 卷第 9 期。

③ 范广兵、初景利：《泛在图书馆与学科化服务》，《图书情报工作》2008 年第 1 期。

从字面意义上讲，“泛在图书馆”是无所不在的图书馆，“泛在”一词强调了未来图书馆存在的重要形态和发展模式。从本质上讲，泛在图书馆体现为图书馆服务的泛在化、无所不在，其显著特征是用户在哪里，图书馆的服务就在哪里，用户无论在何时何地都可以获得图书馆的服务，甚至用户可能还没有意识到却已经在不知不觉中利用了图书馆的资源或者得到了图书馆员的帮助。国内有学者提出了 IOA-8A 的泛在图书馆，定义了在互联网（Internet）和开放存取（Open Access）环境下泛在图书馆的 8 个特点。[①] 在信息资源共享的“5A”理论，即任何用户（Any User）在任何时间（Anytime）、任何地点（Anywhere）、任何图书馆（Any Library）可以获得任何信息资源（Any Information Resource）的基础上，结合国内外学者公认的泛在图书馆 6 大特点，本书进一步明确了泛在图书馆的“8A”定义，即任何服务主体的图书馆（Any Library）可在任何时间（Anytime）、任何地点（Anywhere）向服务客体的任何用户（Any User）提供任何时期（Any Period）、任何类型（Any Type）、任何格式（Any Format）和任何语种（Any Language）的信息资源的图书馆。

在国内、外已有的相关研究的基础上，根据对泛在信息技术、泛在信息社会需求的理解，结合图书馆的现状与发展趋势，本书提出泛在图书馆具有以下几方面特征：

（1）泛在图书馆在信息基础设施方面具有网络化、移动化、智能化的特征。

（2）以用户为中心，泛在图书馆的服务与体验具有全天候、完全开放及良好互动的特征，无处不在，无时不在，随时能够即时沟通。

（3）拥有无所不包的、融入人们日常生活的社会知识资源库，图书馆将成为集知识的产生、组织、开发、利用为一体的“知识社区”。

（4）泛在图书馆将继续以物理空间和虚拟空间的形式同时存在，并在

① 孙韶菊：《IOA-8A 泛在图书馆的泛在服务及特点研究》，《图书馆学刊》2013 年第 10 期。

物理空间上强化其作为“第三空间”的概念，成为一个集学习研究、文化交流、创意展示、社会交往等为一体的休闲空间。

（三）图书馆在泛在信息环境下的定位

随着数字时代的到来，人类的信息行为发生了根本性的变化。数字资源的快速发展及网络化服务的兴起颠覆了图书馆对资源的所有权（Ownership），图书馆对资源的采选、揭示、发布（上架）等职能正逐渐弱化，这从根本上动摇了图书馆在传统的资源服务中的地位。引入新的信息技术，改善图书馆的服务方式，实现全新的服务理念，成为近年来图书馆应对生存危机的一种模式。

如何在泛在信息环境下定位图书馆，首先需要重新思考图书馆自身存在的价值和意义。

1. 从图书馆学五定律的演变思考图书馆是否还需要继续存在

这是一个颇具挑战性的问题。随着网络技术和信息技术的应用与发展，特别是数字图书馆的快速发展，传统图书馆面临着生存的危机；当人们通过Google等搜索引擎能够获取所需的文献资源乃至学术资源时，图书馆的功能更显得微不足道。“无纸世界”“图书馆消亡论”一直争论不断，图书馆是否还需要继续存在？

1931年，世界著名的图书馆学家阮冈纳赞（S. R. Ranganathan）博士在《图书馆学五定律》（The Five Law of Library Science）一书中，用通俗的语言提出了图书馆这一职业最简明的表述，为图书馆工作指出了明确的目标和正确的方向。朴实的语言表达了深刻的道理，它准确地把握了图书馆作为人类文明的产物与发展工具的载体特征，从根本上阐明了图书馆应该为之努力的目标。阮冈纳赞图书馆五定律的主要内容有：

第一定律：书是为了用的（Books are for use）。

第二定律：每个读者有其书（Every reader has his book）。

第三定律：每本书有其读者（Every book has its reader）。

第四定律：节省读者的时间（Save the time of the reader）。

第五定律：图书馆是一个生长着的有机体（Library is a growing organism)。

1995年，美国学者米切尔·戈曼（Michael Gorman）出版新著《未来的图书馆：梦想，狂想与现实》（Future Libraries：Dreams，Madness & Reality）[①] 中，提出了“图书馆新五定律”(Five New Law of Librarianship)。他自称，图书馆新五定律的提出，是站在了我们职业的这位巨人的肩上，以当今图书馆及其未来发展趋势为背景，对阮冈纳赞图书馆学五定律所蕴含真理的重新解释。

第一定律：图书馆服务于人类文化素质（Libraries serve humanity)。强调为个人、团体及整个社会服务是图书馆工作最重要的原则，图书馆的使命最终为提高人类文化修养这一更远大的目标及其更为广泛的需求服务。这是图书馆工作产生、存在与发展的第一推动力。

第二定律：掌握各种知识传播方式（Respect all forms by which knowledge is communicated)。面对电子技术的应用对图书馆产生的冲击，图书馆应该采取正确的态度或做法，重视各种知识传播方式，承认未来的图书馆将使用各种知识和信息载体，根据传播技术革新的历史沿革来考察每一种传播方式的现实性。

第三定律：明智地采取科学技术提高服务质量（Use technology intelligently to enhance service)。科学技术和图书馆功能不是截然对立的两个方面，图书馆工作发展的历史，是一个将新技术与新方法成功地结合到现有活动和服务中的过程。图书馆员可能甚至非常熟悉地接受新技术；要想明智地采用科学技术，必需探索解决问题的方法，而并非寻求有趣的新技术应用；同时，还需要对成本和效益进行权衡，最重要的是，需要重新考虑处于实现自动化过程之中的活动、服务或工作流程。客观地看，电子传播媒体与非电子传播媒体的职责已经明了，每一种媒体都有其发挥特长的领域。纸印本，无论现在还是将来，都是通过持续阅读方式传播的累积型知

① Crawford Walt，Gorman Michael，*Future Libraries：Dreams，Madness & Reality*，Chicago：American Library Association，1995.

识的出色媒体。

第四定律：确保知识的自由存取（Protect free access to knowledge）。对于现有的资料进行保存与维护这一追求目标，应当继续保持下去。同时，图书馆应成为各个时代人类文化成果和纸质资源的共同收藏之所，这一重要职责必须成为图书馆考虑任何技术革新的前提。图书馆在保存所有社会和团体的全部记录的同时，还必须保证这些记录能为所有人所利用。图书馆要努力保持开放，并使所有公民都有机会使用。

第五定律：尊重过去，开创未来（Honor the past and create the future）。未来的图书馆必定是不仅集成了过去的图书馆的优良传统，而且保持了图书馆历史观念和人类知识传播观念的图书馆。无论如何变革，图书馆都应是肩负历史赋予的伟大使命的知识传播机构，人类社会的中心。只要有历史观念，懂得我们所肩负的历史使命的持久价值及其延续性，图书馆就永远不会被破坏、不会消失。明天，将是昨天与今天的延续与发展。有着这种寓未来于过去之中的观念，便能够坦然面对变革的挑战，既保持图书馆自己的特色，又争取更美好的前景与未来。

信息技术渗透的今天，“图书馆学五定律”的内容已经发生了变化，“图书馆新五定律”的出现，体现了随着时代的发展、科技的进步，图书馆工作不断出现新的内容，也体现了人们对图书馆认识的不断深入。

无论是 70 多年以前提出的“图书馆学五定律”，还是 20 年以前提出“图书馆新五定律”，其精神实质仍具有深远和重大的指导意义，同时也明确地回答了图书馆还将继续存在的道理。在泛在信息环境下，“书”的概念已经衍生为“知识”，“用户”的概念也更加广泛，不仅仅局限于到物理图书馆使用服务或在线使用图书馆数字资源的读者，泛在信息环境下任何人都可能成为图书馆的用户，可能在任何时间、任何地点，通过互联网、物联网甚至更为先进的技术，获取来自图书馆或者通过图书馆获取的知识信息。

2. 泛在信息环境要求图书馆重新定位

进入 21 世纪以来，信息技术的不断发展影响到人类生活的方方面面，推动着人类生活模式的转变。物联网紧接着互联网对图书馆发起又一波冲击。物联网是对互联网技术的延伸，能实现对物体的智能化识别、定位、跟踪、监控和管理，在任何时候、任何情况下都可以通过无线通信达到互联的状态，这种状态可以在人与人之间发生，也可以在人与物之间或物与物之间发生。[①] 图书馆学界已普遍认为，移动化、泛在化和智能化是图书馆发展的方向，将要以及正在从根本上改变图书馆的理念与运作模式。泛在信息环境下，人们对图书馆的认识正在发生巨大的改变，由此引发对图书馆的重新定义。

图书馆界应该对图书馆自身存在的价值与意义进行重新思考。无论如何改变，图书馆关联文献、信息和知识的要素都保持着相对的稳定性，图书馆在知识自由获取和文化传承方面的角色与使命显得更为重要。美国图书馆协会认为，在信息和思想的开放与自由获取过程中，图书馆必将发挥核心作用。[②]

外在环境与内在变化的多种因素，使得图书馆的认识更加复杂化，文献的定位已经被信息、知识、文化等的定位取代，“文献”一词已不能涵盖图书馆所包括的全部信息资源，从文献服务到信息服务，再到知识服务，图书馆定位的转型已然发生并将继续。南开大学柯平教授认为，今天的图书馆更多表现为一种复杂的社会有机体，它具有社会存在、复合性和发展性三个重要特征；对图书馆的界定是随着三代图书馆模式的进化而不断发展的，基于文献的图书馆认识升华为基于信息的图书馆认识，“图书馆是什么”成为哲学命题。一方面，对图书馆的文化观讨论和知识观讨论得到进一步加强；另一方面，图书馆从强化组织和中心的概念发展为强化场所与空间的概念，促使图书馆成为一种更为复杂的社会有机体。在柯平教授提出的第四代图书馆的基础上，本书提出泛在图书馆应该是第五代，

① 秦殿启：《泛在信息社会图书馆功能定位及建构策略》，《图书馆学研究》2013 年第 15 期。

② Steve Haber，The Changing Role of Libraries in the Digital Age，May 25，2011，http://www.huffingtonpost.com/Steve-haber/the-changing-role-of-libr_b_803722.html.

它是多维度的[①]，见表5－2。

表5－2　五代图书馆的特征比较

图书馆代	名称	特征
第一代	古代藏书楼	秘藏，数量少，图书整理
第二代	“阅览空间”	图书馆有限开放，藏阅并重，书刊借阅
第三代	“文献中心”	图书馆文献资源，藏阅合一，信息服务
第四代	复合图书馆	物理图书馆＋数字图书馆
第五代	泛在图书馆	泛在网络为基础，信息、技术、服务无所不在

在图书馆的认识发展史上存在着多种视角，包括从文献、信息、知识、文化、社会及其他各种视角，形成了关于图书馆的不同定位。柯平教授将主要的观点归纳为表5－3。

表5－3　关于图书馆定位与特质的主要观点

	有机体/装置	组织机构	中心/系统	场所
文献	图书馆收藏各种类别的、组织起来的图书资料，这些资料用于学习、研究或一般情报	图书馆是组织社会利用出版物的文化教育和科学辅助机关	图书馆作为文献中心	图书馆是按一定顺序将各种文献归类收藏起来的场所；图书馆是搜集、保管大量书籍，供公众阅览的设施
信息	图书馆是为利用而组织起来的信息集合；图书馆是针对特定用户群的信息需求而动态发展的信息资源体系	图书馆是为信息建立检索点并为使用者提供服务的机构	图书馆是文献信息的存贮与传递中心；信息传播与交流中心	图书馆是信息集合场
知识	图书馆是人类知识的公共记忆装置；图书馆的本质是知识集合	图书馆是组织客观知识的社会组织	图书馆是知识贮存库；图书馆是知识供应站	图书馆是一个分享知识的场所；图书馆是保存、传播、利用记录在各种媒体上的知识的场所；图书馆是提供客观知识服务的公共场所

① 柯平：《重新定义图书馆》，《图书馆》2012年第5期。

续表

文化	图书馆是文化有机体	图书馆就是使文化的创造和集成成为可能的社会机关；为一定社会的政治、经济服务的文化教育机构	图书馆是终身教育和文化娱乐中心	图书馆作为文化场所
社会及其他	图书馆是一个生长着的有机体；图书馆是社会上一切人的公共脑子；图书馆是将人类记忆移植于现在人们的意识中去的社会装置	图书馆乃方便社会上一切人使用的机关；图书馆是实现交流的社会机关	图书馆是一个保存和便于利用的文字记载系统	图书馆是客观精神得以传递的场所；图书馆是一个学习的场所，是用户认知发生变化的地方；图书馆是体现人类自由与平等理想的圣地

如果重新定义图书馆，他认为，图书馆是通过对文献和信息的收集、组织、保存、传递等系列活动，促进知识的获取、传播与利用，实现文化、教育、科学、智力、交流等多种职能的社会有机体。①

从某种意义上说，图书馆是这样一种对象，它的形态可能在未来还会有更大的改变，无论是作为组织机构存在，还是作为中心存在，或是作为一种空间存在，或者是这些并存；图书馆无论是物理存在，还是虚拟存在，将永远作为一种社会现象或客观事实而存在着，不变的是其知识性本质，可变的是图书馆的类型、形态、特征等。图书馆的定义将随着对图书馆这一社会现象广度与深度的认识，以及概念外延与内涵的变化而不断改变与完善。

3. 泛在图书馆的构成框架

泛在信息环境下，图书馆呈现出无所不在、无处不在、无时不在的泛在服务特点。根据 2008 年 Datuk Dr. Halim Shafie 在马来西亚数字图书馆研讨会中提出的泛在图书馆的构成框架②，经过研究，本书提出由以下四个主要层次构成泛在图书馆的主要框架：基础设施层、信息架构层、功能

① 柯平：《重新定义图书馆》，《图书馆》2012 年第 5 期。

② 欧阳剑：《马来西亚泛在图书馆的理念与实践及对我国的启示》，《情报资料工作》2012 年第 5 期。

实现层、信息展示与交互层（见图 5—1）。

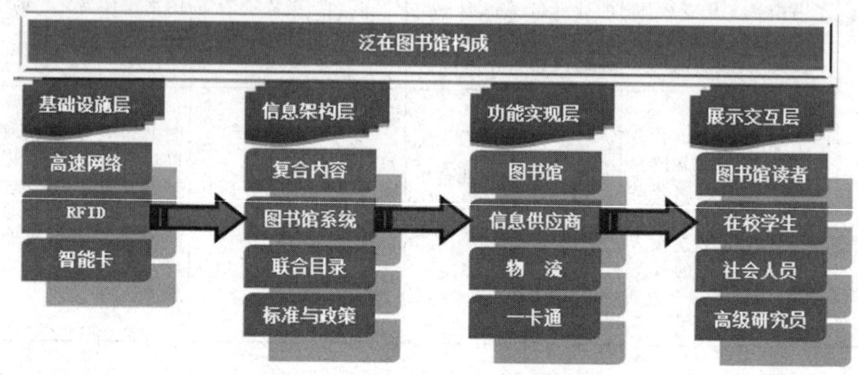

图 5—1 泛在图书馆构成框架

处于最底层的基础设施层是信息的存储层，包括高速网络、RFID、智能卡以及各种存储设备，它们之间通过高速的有线、无线网络连接，构成了一个互通的整体；在此之上是信息架构层，由复合内容、图书馆系统、联合目录以及通信标准与政策构成，主要功能是信息管理，包括对信息的描述与表示等，是泛在图书馆构成中最为重要的部分；再上一层是功能实现层，也是信息资源发现、调度与传递层，主要实现文献传递和信息资源传播的功能，由图书馆、信息供应商、物流以及一卡通等组成；最顶层为面向服务对象的信息展示和交互层，服务对象由图书馆读者、在校学生、社会人员以及高级研究人员组成，泛在图书馆的服务对象已经扩展到不同国别，使用不同语种；资源与服务在此层融为一体，实现人、机、物之间多种复杂关系的信息交流。

由多个层次、多种功能构成的泛在图书馆系统，以信息资源的存储和组织为基础，以为用户提供服务为中心，突破了传统图书馆的信息资源服务模式，实现了按照用户的需求变化提供到身边、到桌面、随时随地、无所不在的服务。

三、泛在信息环境下的图书馆建设需要国家层面统筹规划与引领

除了在业务方面的探究与实施，泛在图书馆的建设，必须要提高到国家层面，从政策和观念上统一规划、统筹协调，健全体制、机制，引领与支持泛在图书馆的建设，为泛在图书馆的发展创造大环境。

（一）把建设泛在图书馆明确定为国家的信息发展战略

泛在图书馆尚无现成的模型，它是一个具有开创性的项目，泛在图书馆的建设需要紧密地结合用户的实际需求和潜在需求，依靠扎实的理论基础支持，需要明确的建设目标，依托强大的网络技术、人工智能技术和移动通信技术等泛在信息技术，不断创新社会信息化理念，构建内容丰富、服务形式多样的 8A 图书馆，为泛在图书馆的实践与建设探索道路。

泛在图书馆的建设应吸取数字图书馆建设的经验教训。我国的数字图书馆研究和建设项目，牵涉到国家发改委、文化部、科技部、教育部等国家机关和一些地方政府部门，党校、科学院、社科院、军队院校系统，甚至一些企业。这些系统分属于中央、国家机关和军队的不同管理部门，与国外相比，我国的数字图书馆建设头绪繁杂，缺少全国“一盘棋”的宏观管理体制；重硬偏软、条块分割、各自为政、重复建设现象严重；资源利用与产权保护问题始终是建设中的重点与难点。

泛在图书馆作为当前和未来知识型社会的一种全新的数字化信息基础设施的重要组成部分，其建设和发展需要全社会的共同参与，需要社会协作共建，共享体制机制建设。这需要国家在战略上进行宏观的部署和规划，明确把建设泛在图书馆定为国家的信息发展战略，引入市场竞争激励机制，协调与泛在图书馆建设运行相关的各方面关系，走合作共享、以服务为主导的建设模式。

以马来西亚泛在图书馆建设为例。马来西亚泛在图书馆项目的构想来自马来西亚通信及多媒体委员会（Malaysian Communication and Multimedia Commission，简称 MCMC）为信息专业人员和信息产业机构所

组织的一系列讲座。通过一系列讲座，泛在图书馆的理念在马来西亚相关机构和人员中得到了广泛的宣传，他们普遍认为泛在图书馆作为一种先进的理念适合马来西亚国家发展的实际需要，泛在图书馆的建设被逐步提到日程安排上来。2008 年在马来西亚通信及多媒体委员会的年度报告中进一步指出，马来西亚泛在图书馆的主要使命是主动提供存储在知识资源库中的数字资源，赋予丰富的本地内容及网络内容，使信息资源与信息服务能及时、准确且不受时间、地理位置和用户限制地被获取。马来西亚泛在图书馆是知识性社会建设的重要组成部分。马来西亚首相署经济策划组（The Economic Planning Unit of the Prime Minister's Department，简称 EPU）认为图书馆在知识访问方面发挥着重要作用，因此，批准把图书馆作为“缩小数字鸿沟计划”（Bridging Digital Divide Programme，简称 BDD）组成的一部分，支持把 7 个图书馆作为网络基础设施和信息基础结构发展的试点，建成无所不在的图书馆，即泛在图书馆。首相署经济策划组在资金上也给予了大力支持，2009 年 7 月 16 日通过了国家信息通信与文化部（KPKK）的信息和通信技术委员会（JPICT）的审批。泛在图书馆示范项目还得到了马来西亚政府布政司的积极支持。①

全球协作和跨学科合作、图书馆发展体制变革、经济与文化产业结构链、知识产权等，在泛在图书馆建设过程中必须重视与加强。②

（二）呼吁建立相应的体制、机制，同时要制定相应的政策、法规

当前，不论是公共图书馆，还是研究图书馆或高校图书馆，与国外图书馆界密切接触交流或密切关注的图书馆，能够窥见图书馆转型的重要性和紧迫性，并且已经在某些方面开始进行规划，甚至采取措施。绝大多数图书馆，还在观望和模仿，或沿着走在前面的图书馆的路缓慢推进，缺少一定的前瞻性，图书馆的发展水平参差不齐。同时，在计算机技术、互联

---

① 欧阳剑：《马来西亚泛在图书馆的理念与实践及对我国的启示》，《情报资料工作》2012 年第 5 期。

② 张会田：《泛在图书馆：如何从概念走向现实?》，《图书情报工作》2009 年第 53 卷第 9 期。

网技术和物联网技术飞速发展的今天，图书馆的发展也要跟上速度。当前，特别需要在国家层面建立相应的体制、机制，制定相应的政策和法规，保证建设的顺利开展与运行。

首先，政府在推动信息产业发展方面要给予政策支持，工信部、文化部、财政部、教育部等有关政府机关要联手制定有关的战略性发展政策，建立相应的体制、机制，在推动信息产业发展的同时，引领文化产业发展，指导图书馆在文化、教育领域的前瞻性发展。其次，需要结合我国数字图书馆发展的实际情况，明确提出泛在图书馆的发展目标、发展思路和应用模式等，调动、统筹、协调社会各方力量，总体规划，科学实施。[①]再次，要出台相应的法规、行业标准和专业技术标准，对行业之间的协作关系的运营模式加以法制化，以此规范泛在图书馆建设的市场化运行；以标准规范约束和统一泛在图书馆的资源组织、系统集成、用户服务等各个环节，规范和调整泛在图书馆建设的形式与内容，并在建设过程中给予引导和指导。同时，用户隐私和网络安全是泛在图书馆建设过程中必须要考虑的一项重要因素，要制定法律或法令保证相关的安全。

（三）转变观念、统一认识，有条不紊地统一规划与协调

国内外图书馆界已经敏锐地捕捉到泛在信息技术将深刻地影响人们的日常生活，给图书馆的信息服务带来巨大的推动力。如同之前数字图书馆的发展一样，业内人士逐渐开始进行泛在信息技术在图书馆资源建设与服务中的应用探索，这种探索与建设应该避免走数字图书馆建设的弯路，统一地规划与协调。

首先，不论是图书馆员还是用户，都要从观念上进行转变，积极主动地从认识上进行转型，使用互联网思维，了解并熟知物联网技术的应用原理，追踪最新的技术进展。对整个社会而言，越早认识到泛在图书馆建设的重要性，越早学习、接受与之相关的各项技术，越早转变观念、勇于创

---

① 张会田：《泛在图书馆：如何从概念走向现实?》，《图书情报工作》2009年第53卷第9期。

新，就能越早建成泛在图书馆，越早受益。

其次，明确国家有关职能部门或机构负责，或为建设泛在图书馆成立全国的指导委员会，在国家层面统一规划与协调，明确目标，制定战略部署，加强联盟与协作，逐步开展建设。泛在图书馆是一个技术含量高且高度集成的复杂的知识传播与服务系统，在未来新型的知识社会中，它是重要的信息基础设施组成之一，它的建设和发展需要全社会的共同努力。各馆单枪匹马地建设，只能重复劳动，耗费全社会更多的资源和精力。

再次，在国家层面通过政策引导，优化信息资源整合结构，调整信息资源数据库出版发行营销策略，刺激专业服务系统研发的技术创新，避免多头重复建设，为泛在图书馆发展创造更加积极高效的协作共建共享机制。①

仍以马来西亚泛在图书馆项目为例，该项目也是 2010 年马来西亚通信及多媒体委员会所提出的“泛在马来西亚和互联网事务”（Ubiquitous Malaysia & the Internet of Things）计划中重要的组成部分，其实施的宗旨是“让图书馆进入每个家庭”，主要目标是创建一个协作的图书馆网络系统，通过互借与虚拟访问促进图书馆之间的合作，为所有用户提供随时随地的图书馆服务，通过知识的创建、共享与知识的交换形成一个联盟，在学习型社会中能充分利用高速的网络服务和 RFID 技术加速信息资源的获取。根据制定的马来西亚泛在图书馆战略文件，2008 年 7 月，成立了泛在图书馆指导委员会（Ubiquitous Library Steering Committee，简称 ULSC）和泛在图书馆技术委员会（Ubiquitous Library Technical Committee，简称 ULTC）。ULTC 由参与的图书馆、传感技术国家中心、POS 芬欧汇川集团、马来西亚邮政有限公司、国家注册处及 Touch'n Go 公司组成，每月设有例会和不定期的研讨会，要求为泛在图书馆系统和泛在图书馆的实行进行分析，角色是通过 ULTC 对实施的泛在图书馆试点项目进行建议、监督、审批，并对有关建议做出决定。ULSC 把 7 个通过

① 余小林：《泛在图书馆与公共文化服务载体建设》，《四川图书馆学报》2013 年第 5 期。

高速网络互相连接的图书馆组成联盟，7 个图书馆包括国家图书馆、Selangor 州立图书馆、Pahang 州立图书馆、吉隆坡图书馆、Negeri Sembilan 州立图书馆、Pustaka Negeri Sarawak 和位于 Bukit Kiara 的 INTAN 图书馆。联盟图书馆都安装了相应的图书馆管理系统，并通过 NISO Z39.50 无缝链接到马来西亚的全国联合目录。2009 年 1 月 30 日，泛在图书馆开始试运行，ULTC 和 ULSC 的协作努力为泛在图书馆实施征求建议书的编写提供了保障，当年第 4 季度顺利完成了原计划安排的任务，从泛在图书馆的实施经验中为下一个马来西亚的第十个大马计划的开展提供了宝贵的经验。① 马来西亚通信与多媒体委员会作为项目主要领导及协调部门之一，从国家硬件与系统软件等基础设施方面进行了统一的规划与协调，使得泛在图书馆项目融入整个国家基础建设层面，为国家的经济与文化水平的提高提供信息服务。

泛在信息环境下的知识链发生了重大变化，如何保持和继续发挥图书馆在知识链中的地位和作用，尽早规划泛在图书馆的发展远景，根据图书馆的行业特征，将泛在信息社会的特定知识应用到图书馆的环境和解决方案中，以更好地支持决策和行动，至关重要。图书馆应全面理解用户在泛在信息环境下的需求，探讨在新的需求形势下的知识组织形式，发现新的需求和新的知识内容，对读者的需求做出预判断，创新服务策略，通过大力应用新技术，尽早形成新的服务能力。本章将从技术转型、资源转型、服务转型、管理转型等几个主要方面着手分节进行研究，提出转型策略，以助力我国的图书馆界向泛在图书馆的建设方向转型，全方位应对在泛在信息环境下的发展，加快图书馆的建设步伐。

第二节　技术转型策略

随着宽带技术、无线技术等通信基础技术的不断发展，以及系统、软

① 欧阳剑：《马来西亚泛在图书馆的理念与实践及对我国的启示》，《情报资料工作》2012 年第 5 期。

件、服务器、网络设备等配套设施的逐步完善，信息社会将逐渐过渡到“泛在信息社会”。在泛在信息环境下，构建一个以“无处不在”为目标的图书馆，即所谓“泛在图书馆”，日益成为图书馆学术界热议和实践的课题。

一、泛在图书馆的信息基础设施构成

泛在信息环境下的图书馆打破了人们对传统物理图书馆的固有认识，泛在图书馆更多地以用户为中心，真正从用户的信息需求出发，满足于用户信息需求的变化，将图书馆的服务嵌入用户的工作、生活。其中，尖端技术和新兴技术包括计算机技术、网络技术、通信技术、人工智能技术、数据库技术等，如超级计算机（Super Computer）、超带宽无线网络（Ultra Band Wireless Network）、数字通信（Digital Communication）、语音识别（Voice Recognition）、语音网络传送（Voice over Internet）、人工智能（Artificial Intelligence，简称 AI）、机器翻译（Machine Translation）、关系型数据库管理系统（Relational Database Management System，简称 ORDBMS）、文件对象模型（Document Object Model，简称 DOM）、IPv6、WiMAX、可扩展标记语言（Extensible Markup Language，简称 XML）等[①]构成的泛在信息环境，为用户提供一种到身边、到桌面、随时随地的服务。而在泛在信息环境下，感知技术（信息产生、感知、收集、识别等）、通信技术（实现信息快速、可靠、安全的转移）、计算技术（信息存储、加工、计算、分析、显示、控制等）是 ICT 技术的三大支柱，是构建泛在信息社会的基础，而这些技术的诞生与进步无不对图书馆的发展产生巨大影响。

如第四章第三节中提到的种种技术，以及服务器、存储、高宽带网络、智能卡、各种存储与相应的应用系统、平台，在泛在信息环境下渐渐共同构成了图书馆泛在化的信息基础设施，如图 5－2 所示。

---

① LiLi Li：《构建 21 世纪的泛在图书馆》，《图书情报工作动态》2007 年第 1 期。

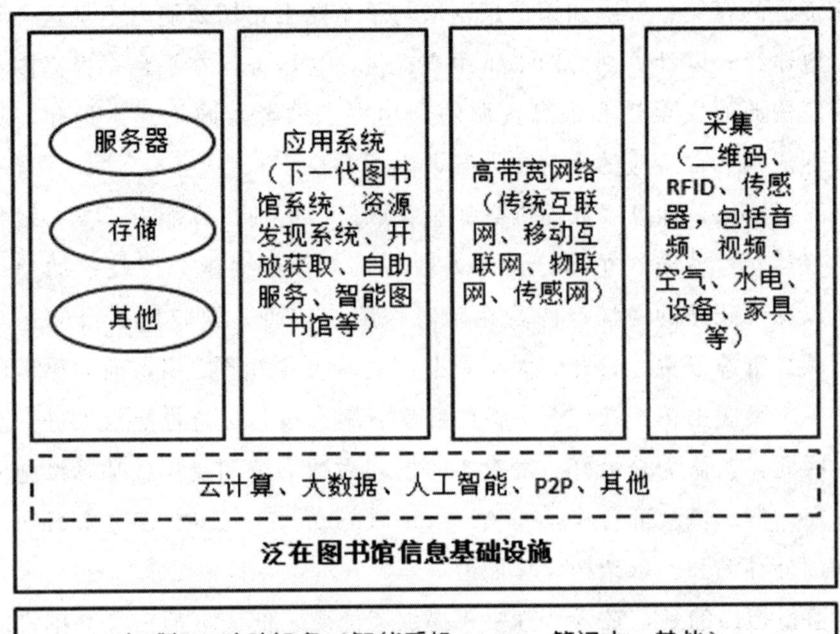

图 5—2 泛在图书馆的信息基础设施构成

二、泛在化硬件设施建设

（一）服务器与存储

如果资金宽裕并有良好技术的支持，图书馆可以在全球范围内购买先进的服务器与存储设备（根据 IT 技术更新换代的频率，本地租用也许更合适），建立分布式的泛在图书馆信息基础设施，可以获得灵活的、随时调用的计算环境。而对于一些小规模的图书馆，如不想创建或维护自有的基础架构，则可以利用互联网公司在云端构建泛在图书馆信息基础设施。

图书馆（特别是高校图书馆）即便搭建了可靠的服务器，也常常会遭遇使用人数太多、服务器濒临崩溃的状况。云计算为泛在信息社会发展提供了一个非常好的基础设施，这个基础设施使得实现无处不在的服务变得更加容易，基于云计算的服务也具有更加稳定的可用性。云计算可以为图书馆提供高效率、低成本、安全高、竞争力强的技术，云存储是解决庞大数字资源的存储、解决知识信息剧增与单个图书馆馆藏能力不足这一矛盾的有效途径；云计算则为图书馆用户提供信息服务泛在平台，提高图书馆的信息资源的安全性和信息资源的利用率，二者共同构建本地化、标准化、低成本、自适应的云解决方案，实现共享。

图书馆从云计算服务提供商那里获取最合适的运算能力，支持数据库的良好运转：倘若在忙时，访问人数非常多，可要求分配较多的运算资源，以保证线路的通畅；倘若在闲时，用户较少，则归还多余的运算能力，减少资源浪费。自此，大型图书馆能够大开方便之门，面向更多的民众；中小型图书馆、社区图书馆的经费方案和设备配置也能得以进一步优化。因此，被认为是最好、最务实的模式为图书馆创建信息基础设施的同时，与云资源供应商合作，如 Amazon、Google、Oracle、IBM 等公司，来获取额外存储和基础架构计算能力。

值得指出的是，在云计算模式提供了优质、低成本的信息基础设施条件下，图书馆也许不再需要专门维护基础系统（如操作系统和数据库管理系统）和管理机器的人，通过云平台，普通人员即可轻松管理大量的应用，图书馆传统的自动化部门将面临转型的挑战。

（二）基础网络

基础网络包括接入网、核心网。接入网涉及各种有线接入、无线接入、卫星等技术，核心网与已有电信网络和互联网络的基础设施在很大限度上重合。根据业务特征，优化图书馆网络特性，推进图书馆网络的宽带化、移动化，并提高与之相关的其他设备的容量与性能，更好地支持物物通信和物人通信。

诚然，信息社会发展的最高目标就是泛在网，它是通信网、互联网、行业物联网的集合体（如图 5－3 所示）。其中，物联网是泛在网的初级和必然发展阶段，可以是独立的物理网，也可以是构架在通信网、互联网、行业网上的逻辑网络。

在图书馆走向泛在化的过程中，物联网将是一个极其重要的技术手段，对于图书馆事业的发展意义重大。物联网技术引入图书馆，将在管理

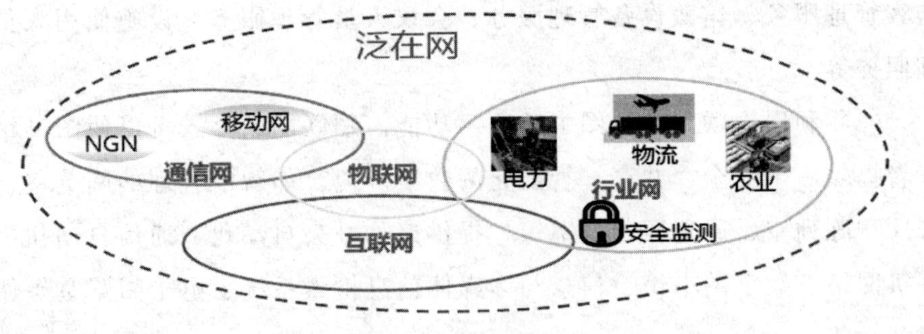

图 5—3 泛在网

图片来源：刘多：《泛在网与信息社会》，2010 年 12 月，见 http://www.chinacloud.cn/download/ppt/UbiquitousNet.pdf。

模式的创新、人力资源的配置、服务层次的提升、工作流程的简化、成本的节约以及更为人性化和智能化的服务等方面，不断提高图书馆的信息获取能力，将使图书馆的存在形态、工作模式、发展侧重点产生重大变化。同时，物联网还将带来图书馆社会性意义的突破，也就是说，在整个物联网中，图书馆物联网将成为节点系统之一，与其他节点系统实现信息共建共享，从而能够使相关产业，如出版、物流等行业的运行更具规划性，同时更有利于用户使用图书馆的相关服务，并使用户真正有可能参与到图书馆的建设和管理中。

在未来图书馆泛在化的过程中，物联网可在以下几个方面提供有力的技术支撑。

（1）利用物联网实现智能化馆藏管理。物联网的引入使得图书馆的每本图书、每个物品都具有数字化、网络化、智能化特性，可以与虚拟数字环境进行无缝整合，可以即时捕捉、分析读者学与用的需求信息，并进行相应调整，为读者提供智能化的数字环境与数字信息资源。

（2）利用物联网支持图书馆数字管理。物联网可用于图书馆的日常考勤管理、图书管理、仪器设备管理、安全管理等各个方面。比如，可以利用物联网的核心技术 RFID 支持图书馆的安全管理，相关的服务领域包括读者出入管理及位置服务、读者保健服务、敏感区域管理服务、入馆参观访客管理服务、馆藏设备管理服务、会议人员管理服务、设施使用人员管理服务等。

（3）利用物联网拓展图书馆数字功能。物联网的介入可以使图书馆为读者提供一个安全、共享、智能化的数字环境，如智能管理的阅览室、报告厅、陈列室、展览厅、教室等，提供诸如办公自动化、通信自动化、计算机网络、数字图书馆、信息与多媒体信息检索系统、电子阅览室等便捷服务功能。

（4）物联网技术助力文献咨询服务。通过物联网，图书馆咨询人员也能够直面用户的问题，更好地参与到用户的研究中，为用户提供更加准确、可靠的信息服务。

另外，无线接入方式是泛在信息环境下最为高效便捷、最有可能实现无处不在的图书馆的技术实现方式之一。因此，移动互联网在网络传输、终端等方面，都有现实的应用优势。当物联网深入人们的工作、生活之后，也给移动互联网应用带来更多的机会。同样，物联网的技术将使得未来的移动互联，不仅是人与人的互联，还包含人与物、物与物、人与环境、物与环境等各种方式的互联、互动。物联网在未来必然是在与移动互联网的互动中完成共同的进化，二者的交互融合将主要体现在以下几个方向：可穿戴设备、“智慧”物体（远程互动的实时化与智能化）、环境感知与适配、自然物体的终端化等。[①]

（三）信息标识与采集

与传统电信网络架构相比，泛在网中出现了感知延伸层，即泛在信息社会概念模型中的“感知互联层”。感知延伸层主要实现信息采集、捕获、物体识别，其关键技术包括传感器、RFID、二维码、自组织网络、短距离无线通信、低功耗路由等。感知延伸层必须解决低功耗、低成本和小型化的问题，并且面向更敏感、更全面的感知能力方向发展。实现泛在信息

① 网易手机：《物联网＋移动互联网：互联网进化的发端》，2014 年 6 月 11 日，见 http://mobile.163.com/14/0611/21/9UG6TL1P0011671M.html。

社会的最核心技术是RFID，因为用于自动跟踪人和物体、东西（对象），需要借助电子标签来实现。RFID技术应用于图书馆，是未来泛在化图书馆的发展趋势，是图书馆服务理念转变、文献管理模式改革以及构建泛在图书馆的重要技术手段。RFID将使图书馆的服务和管理模式产生巨大变化，服务更加多样化、主动化，管理更加高效化和智能化，具体体现在以下几个方面：

（1）RFID应用于图书馆为读者提供的自助服务。RFID技术的应用，提供了一种读者根据自己的阅读兴趣、需求偏好、研究重点，自主地完成过去由图书馆员按照馆员的意志和行为习惯来完成的书目查询、藏书借阅、资料检索、文献复印等活动，从而实现阅读和研究目的的自主服务方式。

（2）基于RFID系统可以整合图书馆现有的各项读者服务。例如，把自助借还书服务、自助复印打印服务、身份验证服务、自助存包柜服务、电子阅览室及休闲书吧的消费服务等整合到一个统一的系统中，形成统一后台管理、面向多种需求的局面。

（3）引进RFID系统可以有效简化图书流通环节及手续。例如，RFID可对多本书籍进行一次性辨识。读者使用RFID借阅卡与带有电子标签的图书进入RFID读写器扫描区域时，电子标签被射频信号激活，并在与阅读器交换数据后，自动完成借、还书工作，整个过程完全自动化，可以大大减少图书馆员的工作量，提高工作效率，缩短了读者等候的时间。

（4）图书馆引进RFID技术及系统，其根本目标在于提供新的技术手段和实现方式，实现馆藏文献管理和服务的智能化，实践图书馆文化服务理念和先进的文献管理模式，实现文献数据流、文献实物流的精确匹配和定位查找的智能化。

总而言之，引入RFID技术，将把图书馆从“柜台”式服务转变为“超市”化服务，进一步凸显公共文化服务的普遍、均等、无障碍特点，真正实现一站式服务，推动图书馆智能化的发展。整个社会对图书馆和图书馆员的形象将会有新的认识。图书馆员不再从事简单的机械重复的劳动，这将会使图书馆员找回工作信心，届时图书馆和图书馆员的社会角色将会发生根本性的转变。

另外，为了能识别、观察和跟踪社会中的任何东西（包括自然环境），全社会需要建设和部署识别网络（感知网络、传感网络、智能网络），这是“U社会”里一种新的社会基础设施，而发达国家目前则正在规划和有步骤地建设这种社会基础设施，以避免国家、地区、部门和单位间的重复建设。

三、泛在化应用系统建设

（一）下一代图书馆系统

之所以称新的图书馆自动化系统为“下一代”（Next Generation）系统，是因为它们的研发不单纯是传统系统的“进化”，而是一种“变革”。下一代的系统与时俱进地采用新技术，采用面向服务的体系框架（Service Oriented Architecture，简称SOA），对原系统进行重新设计，重构并统一了图书馆对各类资源管理的工作流程，以全球知识库代替分散的本地资源库，以SaaS或云计算方式进行系统部署，通过整套API接口整合和扩展多种服务，最后经由前端系统为用户提供简单直观的搜索界面，引导其快速发现所需资源。下一代图书馆自动化系统将更好地适应图书馆的资源发展和服务进程。

目前，国外系统开发商和图书馆界积极合作，已经或正在研发的下一代图书馆自动化系统产品主要有6款，分别是Ex Libris公司的Alma、Innovative Interface公司的Sierra、开源计划Kuali OLE、OCLC的World Share Management Services（简称WMS）、Serials Solutions公司的Intota以及VTLS公司的Open Skies。

（二）资源发现与获取系统

时至今日，国外已经有大量的资源发现与获取系统面世，如Innovative Interfaces公司的Encore（包括Encore Synergy）、Ex Libris公司的Primo（包括Primo Central）、EBSCO公司的EBSCO Discovery Service

(简称 EDS)、Serials Solutions 公司的 Summon、OCLC 的 WorldCat Local(简称 WCL) 以及 Sirsi Dynix 公司的 Enterprise 等。

资源发现与获取系统的分类:

(1) 由数据库生产商推出的系统。这类内容生产商拥有大量的数据资源,都是世界上影响力较大的文摘、索引和全文数据库生产商,甚至自身就是大型的期刊或图书出版商,它们基于检索系统或联邦搜索系统中的技术积累推出了发现系统。这类系统的主要代表有 WCL、EDS 和 Summon 等。

(2) 由图书馆集成系统 (Integrated Library System,简称 ILS) 开发商推出的系统。这类公司没有自己的数据资源,但它们积极采用和推行开放标准,更加强调资源的开放性和包容性,能够保持内容中立原则,在搜索技术方面有着先天优势。它们在建设大型集中索引时,需要与众多大型的数据库供应商签订元数据收割协议。这类系统的主要代表是 Primo 等。

当前,资源发现与获取系统的发展趋势①集中在以下几个方面:

(1) 给予不同格式的资源被公平获取的权利,如音频、视频、照片等多媒体资源②。

(2) 更深层次的内容索引,基于全文的深层次检索受到越来越多的关注。

(3) 在未来的发展中进一步完善移动服务,让用户能通过移动设备使用图书馆的资源和服务,增加用户体验,将是资源发现系统和图书馆的工作重点之一。

(4) 资源发现与获取系统将更多地借鉴书目记录的功能需求 (Functional Requirements of Bibliographic Records,简称 FRBR) 思想,展示作品及其内容表达、载体表现或单件之间的关系,以便减轻用户浏览和搜索的

---

① 陈定权、卢玉红、杨敏:《图书馆资源发现系统的现状与趋势》,《图书情报工作》2012 年第 56 卷第 7 期。

② Marshall B, "The State of the Art in Library Discovery 2010", *Computers in Libraries*, 2010, 30 (1), pp. 31-34.

负担。目前，仅有 Primo 与 WCL 借鉴了 FRBR 思想。

(5) 资源发现系统采用云计算向用户提供服务，不仅可以扩大资源发现的范围，还有助于发现图书馆自身没有购买的资源；图书馆接入云计算平台，可以从软硬件的升级换代和系统管理工作中解脱出来，减少资源的浪费与人力、物力的投入，更加关注用户需求和图书馆管理。目前，WCL、EDS 和 Summon 完全基于云计算来提供服务，而 Primo 则允许用户在馆内搭建 SOA 架构的服务系统，同时也支持以云计算方式向图书馆用户提供服务。

(三) 开放存取

为了实现泛在信息社会用户可以随时随地获取任何资源的理念，避免信息歧视，需要改变传统的出版模式，以解决资源获取障碍，一种新型的出版模式——开放存取（Open Access，简称 OA）资源应运而生，这是一种全文在线获取、免费阅读、不受约束的传播和长期储存的出版模式。其主要目的是让更多的人享受免费的信息资源、促进交流学术信息、推进传播科学信息、充分利用科学研究成果、长期保存研究成果。OA 出版形式主要包括 OA 期刊（Open Access Journal，简称 OAJ）和开放存档（Open Repositories and Archives）。其中，开放存档目前主要体现在机构知识库的建设。

1. OAJ

国内、外在 OAJ 方面的实践如下：

(1) 开放获取期刊目录（Directory of Open Access Journals，简称 DOAJ）由瑞典隆德大学图书馆开发，设立于 2003 年 5 月，期刊量由最初的 350 种到 2013 年达到 9973 种。设立的目的是利用最新网络信息技术，对开放存取期刊进行组织，以提高期刊的利用率，促进全球范围内的学术交流和研究。

(2) BioMed Central（简称 BMC），是全球第一个纯网络版开放获取期刊出版商，定位于营利性出版机构，采用作者付费的模式，致力于通过互联网为科研人员提供经过同行评议的生物医学领域的研究论文的免费访问服务。

（3）台湾大学学术期刊资料库，收录台湾大学学术研究单位出版的中外学术期刊，包括论文篇目与全文，审查过程严谨、内容丰富详实、撰写格式一致，具有相当程度的学术水准，是查询台湾地区一流学府的学术研究发展、辅助教学研究的最佳资料库。

（4）中国科技期刊开放获取平台（China Open Access Journals，简称COAJ），到2014年5月已收录644种期刊（包括过刊和现刊数据），可检索全文的论文有71万余篇，初步创新的期刊数字出版模式、手段和方法，择优支持若干优秀OA期刊，强化科技期刊学术交流功能，不断提升中科院科技期刊学术影响力。

（5）北京大学期刊网（PKU-OAJ）是2013年1月由北京大学启动建设的期刊开放出版与获取平台，于2014年9月正式发布，并将从最初只收录8种文科期刊扩展到收录北京大学负责编辑出版的所有期刊，旨在大力促进学术交流、推动开放获取。

2. 机构知识库

机构知识库（Institutional Repository，简称IR）也称机构仓储、机构典藏库、机构成果库，是大学（机构）集中所有学术研究成果的资产管理系统。对内是研究人员的学术交流平台，能够记录学校研究的传承与发展；对外则能帮助学校（机构）一体化展现科研能力，提高学校（机构）学术成果的能见度与影响力。因此，在泛在信息环境下，图书馆应重视和加强机构知识库的规划和建设，从而以最为迅速和快捷的方式将高校或研究机构的相关学术进展与研究成果提供给用户。

国内外大学有很多已经开展了比较成熟的机构知识库建设，如剑桥大学、麻省理工、匹兹堡大学、昆士兰大学、香港大学、台湾大学、厦门大学、中国科学院等。构建机构知识库的应用软件主要有：DSpace、EPrints、Fedora、Invenio、SobekCM、Greenstone、Digital Commons、Simple DL等。根据开放获取机构资源库（Directory of Open Access Repositories，简称OpenDOAR）的统计，截止到2014年12月9日，DSpace和

EPrints是被采用最多的两款软件（见图5－4）。纵观国内，DSpace开源软件也是图书馆和科研机构使用最为广泛的机构知识库开源软件。然而，随着云计算与大数据技术的发展，未来机构知识库将直接在云端部署，如DuraSpace（http：//www.duraspace.org/）推出的开源云服务DuraCloud（http：//www.duracloud.org/），而像学者ID、替代计量、嵌入科研等增值功能都会变成云端的一项服务，而且是松耦合、可插拔的，随时可用。

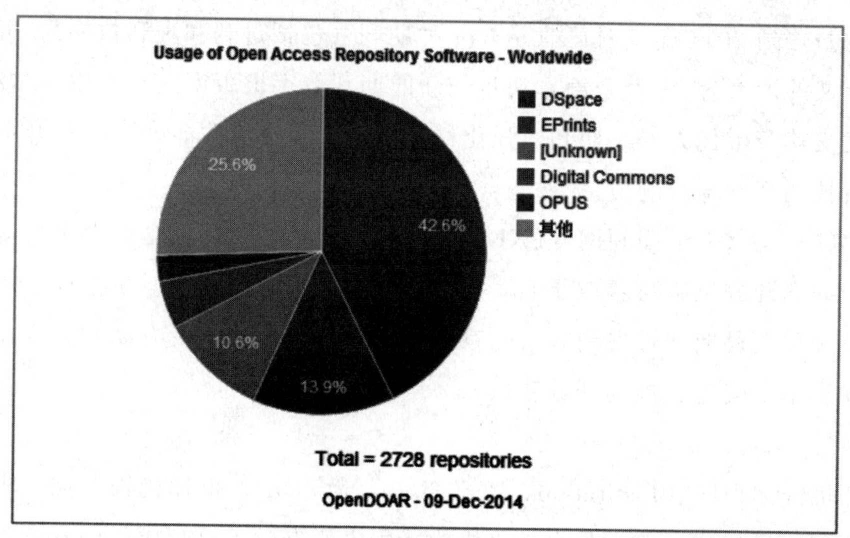

图5－4　OpenDOAR统计机构知识库所应用的软件情况

（四）移动图书馆

关于移动图书馆的提法近些年出现了多样化的现象，包括无线图书馆、手机图书馆、掌上图书馆、流动图书馆等。这种服务模式强调在用户随时随地需要帮助时提供服务，既能满足用户需求，又能提高馆藏资源利用率，有利于重塑图书馆在用户和馆员心中的形象。有研究者将移动图书馆服务模式研究归纳为三个方面①：

① 姚毅：《我国手机图书馆理论研究及实践述评》，《知识管理论坛》2013年第2期。

1. 短信息服务

短信息服务（Short Message Service，简称SMS）是率先被普遍应用的移动图书馆服务模式，特点是速度快、效率高、费用低以及操作简便。主要有两种服务形式：①信息推送服务，如新书推介、讲座通知、欠费提醒、逾期催还等；②短信咨询服务，如资料预约、图书续借、借阅查询、参考咨询等。目前SMS研究相对成熟，国内外学者从不同角度对其展开讨论，主要包括SMS推介、参考咨询、教学支持、服务营销、行政沟通、用户采纳、系统设计、应用效果等。

2. 移动网站服务

继SMS之后逐渐兴起和推广，移动网站服务模式是对SMS的一种拓展和补充，尤其在信息查询和交互功能上优势更加明显，这在很大程度上弥补了短信服务的不足。关于图书馆移动网站的研究文献很多，内容主要涉及移动网站的模式推介、设计建设、绩效评价、应用现状以及移动OPAC等。

3. 移动应用服务

移动应用（Application，简称APP）是一种移动增值服务模式，具有功能丰富、可定制、趣味性强等特点，目前在国外图书馆事业中逐渐普及，而国内图书馆引进较晚，只有少数尝试了利用APP新技术提供服务，而且其中大多服务是传统服务的延伸，内容、形式比较单一。目前，移动图书馆APP服务逐渐整合二维码简易信息聚合（Really Simple Syndication，简称RSS）、基于位置服务、增强实境（Augmented Reality，简称AR）等移动应用技术，为用户创造全新的信息服务体验。

在推出以上服务的同时，图书馆移动应用服务还应该转变服务理念，在提供传统服务的基础上，深化和优化服务，吸引用户。比如，在移动图书馆服务中提供深层情报产品的手机报服务；支持用户声音搜索；提供丰富的社交网络和社交行为的支持；借助于RFID和二维码技术为用户提供更精准的资源定位服务等。而这些服务持续发展，需要定期和不定期地持续进行用户调查，掌握用户设备和行为变化趋势，不断调整相关服务内容。

（五）智能化的信息服务平台

智能化的信息服务平台，对图书馆提出了新的要求。图书馆应注重对知识信息的充分挖掘，关注知识的应用环境和应用群体，充分运用知识组织、数据挖掘、知识发现、数据融合、智能搜索等多种技术和工具，形成面向需求、适应变化、快速反应、灵活深入的知识服务机制。[①] 这一切绝不是空想，在国外许多图书馆已经变成现实，如韩国 LG 釜山盲人图书馆已经可以通过泛在技术提供给盲人借还图书和上网服务。该图书馆利用近场通信（Near Field Communication，简称 NFC）技术和蓝牙技术，使盲人和肢体残疾人可以方便地获取和使用图书馆。[②]

（六）赛博物理融合系统与智能图书馆

赛博物理融合系统（Cyber Physical Systems，简称 CPS）的概念最早是由美国国家科学基金会在 2006 年提出的，并有望掀起继计算机、互联网之后世界信息技术的第三次浪潮。[③] 随着 CPS 的快速发展，以及相关技术的不断成熟，将会对现代图书馆的发展产生深远影响。

CPS 是一个综合计算、网络和物理环境的多维复杂系统，通过 3C 技术，即计算（Computation）、通信（Communication）和控制（Control）的有机融合与深度协作，实现了系统的实时感知、动态控制和信息服务，通过计算、通信与物理系统的一体化设计，使得系统更加可靠和高效。

智能图书馆是把智能技术运用于图书馆建设之中形成的一种现代化建筑，是智能建筑与高度自动化管理的数字图书馆的有机结合和创新[④]，是在二者共同发展的基础上产生的，它应同时具备二者的设计思想、基本要求、特征和功能，以一种更智能的方法，通过利用新一代信息技术来改变用户和图书馆系统信息资源交互的方式，以提高交互的明确性、灵活性和

---

① 吴燕、张志强：《泛在智能与图书馆的未来发展》，《情报科学》2007 年第 1 期。

② Keun-Hae Youk，Ubiquitous Library，May 3，2007，http：//www.dinf.ne.jp/doc/english/access/index.

③ 殷开成、仲超生：《智能图书馆 CPS 及面临的挑战》，《图书馆学研究》2011 年第 8 期。

④ 王世伟：《未来图书馆的新模式——智慧图书馆》，《图书馆建设》2011 年第 12 期。

响应速度，从而实现智能化服务和管理的图书馆模式。

智能图书馆具有智能化沟通、智能化建筑、智能化管理以及智能化服务等特征，能够实现实时透彻的感知、监控和分析，深入的信息集成、共享和协同，全面的实体控制、全局优化和智能化。

CPS技术的发展还处于初期阶段，设备比较昂贵，对国内大多数图书馆来说较难以承受，如果分阶段进行实施，又无法确保系统的兼容性。CPS全面应用于智能图书馆，需要解决其经济问题，人与物、物与物相连，即使是局部的CPS，图书馆都需较大投入。

考虑隐私安全问题，每个读者使用的RFID借书卡信息在馆内都能够被读卡器读取，也就意味着读者在馆内的行为和个人信息对于馆员来说是透明的，必须采取措施或者制度来保护读者的隐私。

值得指出的是，在使用的过程中需要馆员重新定位，运用CPS技术组建起来的智能图书馆必将改变图书馆某些岗位的职责，如流通工作。

四、构建P2P模式图书馆

P2P技术的出现，打破了信息资源集中存储的格局，使得各个计算节点之间共享、传播信息变得更加容易和高效，用户不再关心内容的位置，而只需通过P2P网络发现它，即可满足越来越旺盛的网络信息需求。

P2P技术使得共享变得容易，传统的馆际互借模式，如果在版权问题得到较好解决的条件下，也许会演变成“人际”互借模式，而P2P网络将构成一个庞大的海量的信息共享的数字图书馆。随着网络化学习和个性化服务的不断发展与深入，个人数字图书馆逐渐得到人们的关注，P2P技术因具有分布式特性而恰好能够满足个人数字图书馆分散性的需求，为个人数字图书馆的发展提供有力的技术支持。[①]

基于P2P技术的数字图书馆虚拟联盟是指通过点对点发现机制，将不

① 张红伟、陈玲、田原：《P2P技术下的基于社会信誉度的个人数字图书馆激励机制》，《中华医学图书情报杂志》2014年第1期。

同地域、不同结构的数字图书馆联合起来，形成一个没有中心节点和管理机构的松散联盟，目的是以用户为中心，实现联盟信息资源和服务资源的共享和动态组合。[①] 在这个高度协作的联盟中，每个资源库中的每一本书、每一份文献都不再是“孤岛”，它们的内容不再相互隔离，“每一本书中的每一个词都被互相耦合、串接、引用、摘录、排序、分析、注释、混合、重组，并且被融会到比以往更深的文化中”。[②] 然后，不论是读者来自哪里，只要能够联网，都能随时随地获取自己想要的资源，实现图书馆的泛在化服务。

五、图书馆的未来发展方向与泛在化技术措施

图书馆的数字化、网络化、信息化、知识化、智能化，直至泛在化，是一个漫长而艰巨的过程。未来图书馆发展的终极目标无非就是服务的泛在化，不管是业务管理还是读者服务。大家可以尽情发挥想象：未来的图书馆就好比电脑硬盘里的一个文件夹，亦或是无数个文件夹的堆叠或综合，当然，它是看不见的，仅仅是一种虚拟的存在（云计算＋大数据），当人们想要查阅某方面的资料或者需要某方面的咨询时，人脑思维感应器（传感器＋传感网络）就会捕获当前的想法与意图，调用类似于 Google 眼镜这样的可穿戴设备，将结果呈现在人们的眼前或是脑海中（RFID＋物联网），提供“真人图书馆”服务（全息投影＋虚拟现实），更有甚者，当“人的延伸”达到一定的程度时，也许在不远的将来人和图书馆就不需要区分开来（生化智能）。

诚然，就时下而言，图书馆服务的泛在化进程需要强有力的技术支持，也就是说，图书馆需要运用便捷、高速的泛在技术为读者提供服务，而实际上这样的技术已经在慢慢地渗透到图书馆的各个角落。

泛在信息环境下，图书馆的技术策略应从以下几个方面着手：

① 郭少友：《基于 P2P 的数字图书馆虚拟联盟研究》，《计算机与数字工程》2008 年第 6 期。

② 吴燕、张志强：《泛在智能与图书馆的未来发展》，《情报科学》2007 年第 1 期。

(一) 图书馆需要大量的采用RFID和传感设备

图书馆的资源要解决标识和信息自动处理的问题，RFID系统与传感网络必不可缺。RFID与传感网络技术的应用，将图书馆的所有物体进行连接，实现全自动、智能化采集、传输与信息处理，形成随时随地和科学管理的物联网。物联网之于图书馆，是一个实践性极强的课题，需要与厂商乃至研究者直接沟通服务需求及研发对策，与相关机构精诚合作，优势互补，共商合作发展、互惠共赢。物联网技术会给图书馆的整个服务体系带来革命性的变化，拓展出更多“智慧型”的模式、解决方案和应用系统。

(二) 图书馆软硬件基础设施纳入云计算是一种必然

云计算简化了IT架构的实施，给人们提供了一种理想的方式，即IT应用可以像水、电、煤气等公用设施一样，实时定制，随时取用，按需付费。

为了更好地适应大信息大数据社会，传统图书馆的信息服务工作需要整合优势，提升管理与服务的水平，从基础设施层面解决许多长期困扰图书馆网络信息管理和服务的问题。云计算中的“云存储”有效地解决了庞大数字资源的存储和知识信息剧增与单个图书馆馆藏能力不足的矛盾，云计算通过更灵活可扩展的动态“云”为用户提供更广泛的利用率更高的信息服务，从而为图书馆提供了高效率、低成本、安全性高、竞争力强、共享性更好的服务平台。

由于“云”采用了数据多副本容错、计算节点同构可互换等措施，因此它为用户提供了更加安全、可靠、经济方便的数据存储中心来保障服务的高可靠性。在日常生活中，为了保护个人数据不会丢失或损坏，备份文件就和买保险一样重要。云计算的出现彻底改变了这一格局。通过云计算服务提供商提供的云存储技术，只需要一个账户和密码，以远远低于移动硬盘的价格就可以在任何有互联网的地方使用比移动硬盘更快捷方便的服务。用户不用再担心数据丢失、病毒入侵等麻烦，因为在“云”的另一端，有全世界最专业的团队来帮用户管理信息，有全世界最先进的数据中心来帮用户保存数据。同时，严格的权限管理策略可以帮助用户放心地与用户指定的人共享数据。即使万一某一个服务器出现问题，其他服务器能够通过快速复制来继续工作。因此，用户可以最低的成本享受到最好、最安全的服务，使用云计算比使用本地计算机更可靠。

（三）高速持续畅通的网络是图书馆实现泛在化的基础

针对访问方式，图书馆需要保证网络的质量，如馆内有线访问、馆内无线访问、馆外 VPN 访问和馆外移动访问。固然，网络对图书馆泛在化来说也是一种制约。对网络依赖性极大的云计算环境下的图书馆来说，一旦网络出现问题，正常的运行将会面临着巨大的困难和挑战。要从根本上解决网络接入的问题，必须依靠政府和相关企业投入更多的资源来提高接入的带宽和质量。

第三节 资源转型策略

泛在信息社会国家战略概念模型中的感知互联层是一个原生数据感知和数据互联的层次，它通过感知和各种标识技术、传感器网络建设、泛在网络建设，实现资源的存储和管理。随着图书馆进入第五代——泛在图书馆，无所不在、无处不在、无时不在的泛在服务成为图书馆的本质①，泛在图书馆的服务对象将扩展到不同国别，使用不同语种。信息存取的泛在化、服务的泛在化，并不意味着图书馆可以无视信息资源建设。因为泛在信息环境中，作为互联网节点的图书馆，是通过对文献和信息的收集、组织、保存、传递等系列活动，促进知识的获取、传播与利用，实现文化、教育、科学、智力、交流等多种智能的社会有机体。② 这个社会有机体的服务仍然要以对资源的收集和整合作为基础，没有资源的收集和整合的服务是无效的服务，将被淹没在网海之中。所以，“资源为王”永远是图书

① 初景利、吴冬曼：《论图书馆服务的泛在化——以用户为中心重构图书馆服务模式》，《图书馆建设》2008 年第 4 期。

② 柯平：《重新定义图书馆》，《图书馆》2012 年第 5 期。

馆的“不二”定律，是图书馆得以存在的前提和基础，也是建立泛在信息社会国家战略模型中感知互联层的基础保障。

由第一节图5—1泛在图书馆的构成框架可以看出，泛在图书馆是一个建立在多个层次、由多种功能构成的复杂系统，它以信息资源的采集、整理、加工与提供服务等组织工作为主线，与其构成框架相对应。信息资源的组织可以划分为四个层次：信息存储层，信息描述与表示层，信息资源发现、调度与传递层，信息展示与交互层（见图5—5）。①

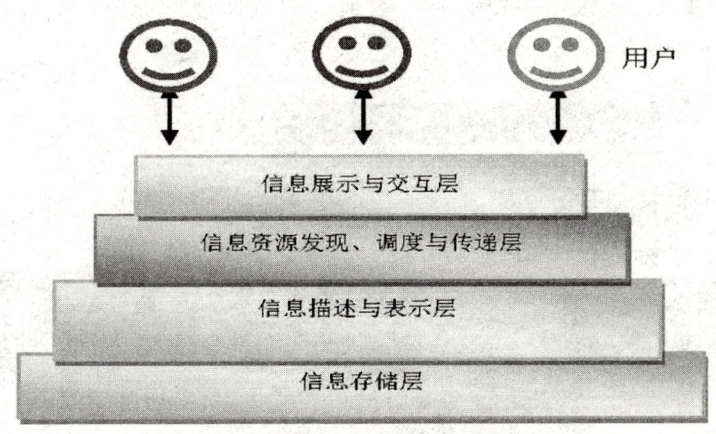

图5—5 信息资源组织层次

从图5—5中可以看出，图书馆信息资源组织具有明显的层次结构，其层次结构为建立符合用户需求的泛在图书馆信息资源建设保障体系及为用户开展泛在化服务提供了可能。与泛在信息环境的发展相适应，做好图书馆信息资源建设，实现资源转型，应从以下几个方面进行：

一、重构图书馆信息资源建设保障体系

泛在信息环境下，基础设施及环境的变化引起了社会全方位的转型变

① 欧阳剑：《泛在信息环境下图书馆信息资源组织探讨》，《图书情报工作》2011年第19期。

革，信息资源迎来了全媒体出版时代，资源的多种载体交叉并存，类型越来越多，导致用户的阅读体验趋于多元化。同时，移动互联网的发展、信息传播特点及学术交流体系的变化，互联网上使用数字资源的用户越来越多。面对这些变化，图书馆必须对资源的载体和结构比例进行相应的调整，以满足泛在信息环境下用户的各种需求。此外，大数据时代来临，对资源管理工作提出更高的要求，如何进行资源组织，解决异构数据集成、开放数据服务①，让用户按照他们自身的习惯检索以及研制用户精准的检索方式等问题，要求图书馆必须有效地全方位地进行资源组织，重构信息资源建设保障体系（见图5－6）。

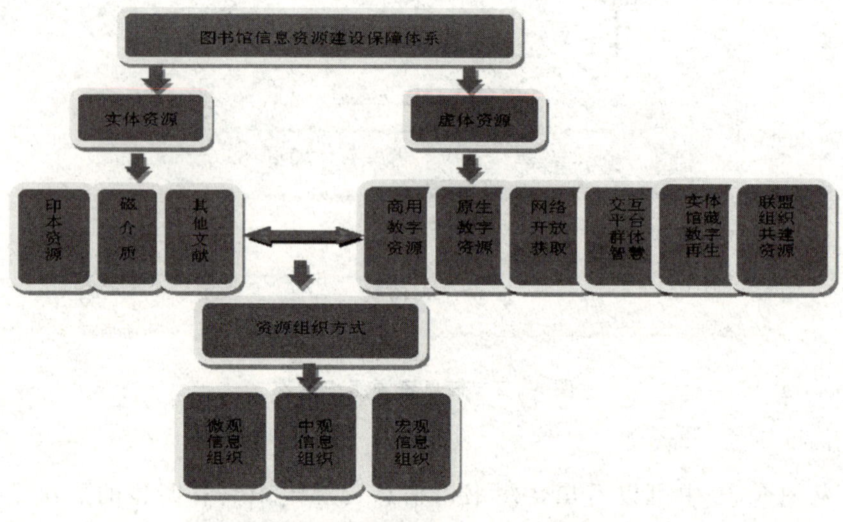

图5－6　信息资源建设保障体系

图书馆信息资源建设保障体系是从用户对信息资源的需求出发，通过单馆自建、多馆联合共建、网络免费开放获取等方式收集而建立的立体化、多载体的综合信息资源体系。它包括实体资源，如印本资源、磁介质及其他实体资源，虚体资源，如商用数字资源、原生数字资源、网络OA

---

①　江云、李风兰：《大数据在我国图书馆的应用及推进研究》，《图书馆工作与研究》2014年第6期。

资源、交互平台群体智慧、实体馆藏数字再生以及联盟组织共建资源等，通过微观标准化、规范化组织，中观语义抽取、知识重组及宏观整合检索所构建，方便用户使用。

二、基于信息存储层——加强多载体信息资源建设

信息存储层与泛在图书馆的基础设施层对应，信息资源的存储依托基础设施平台而建立，主要由文献、各种数据库、数字图书馆、各种人类知识的集成与聚合、动态的网络信息资源及服务组成。[①] 它突破了传统的集中式存储模式，P2P、网络技术、云计算等技术与理念的相继出现，实现了分布式网络存储、云存储的广泛应用，为用户调度和提取信息提供便利。基于信息的存储层，要加强多载体信息资源的建设，具体策略如下：

（一）有选择地加强实体资源建设

实体资源，即具有实体形态的资源，包括印本书刊、磁介质（音像制品和缩微胶片）、光盘及其他实体资源（碑石、拓片、字画及手稿等）。

泛在信息环境下，图书馆用户除查阅资料外，需要协同讨论与创新，客观上要求图书馆把过去的藏书空间改为信息共享空间或知识交流空间，印本书刊收藏数量已呈现逐年减少的趋势。然而，受文化出版事业的繁荣发展以及用户对传统出版需求的长尾效应的影响，实体资源中的印刷出版物的品种不会随泛在网络的发展以及用户对资源使用习惯的改变而在短时间内减少或消失，其出版的品种绝对数仍会呈增长趋势[②]，但单种出版物的印数将明显减少，这与近年来印刷出版发行现状正相吻合。因此，印本书刊的艺术欣赏和收藏功能将在泛在信息环境下更加明显，印本书刊尤其是印本图书依然保持一定的收藏量，并且随着同一内容的不同载体出版形式的同步发行，图书馆会依据其收藏特色及用户需求有选择地加强相关实体资源的收藏。

---

① 欧阳剑：《泛在信息环境下图书馆信息资源组织探讨》，《图书情报工作》2011 年第 19 期。

② 吴建中：《2040 年中国图书馆展望》，《国家图书馆学刊》2009 年第 3 期。

按需印刷（Printing on Demand，简称 POD）的出版形式为图书馆实现有选择地加强实体资源建设提供了可能。泛在网络环境下，许多印刷型出版物的印数将大大减少，并将以按需印刷的形式出版。按需印刷，即按照用户的要求，依指定的地点和时间予以提供，直接将所需资料的文件数据进行数码印刷、装订。[①] 它的出现，可以使图书馆集中有限的经费，围绕所预设的重点有选择地进行建设。当用户需要的资源本馆缺藏或超出本馆资源建设的选择范围时，可以采用按需印刷或馆际互借等其他方式予以满足。

泛在信息环境下，为实现有选择地加强实体资源建设目标，应在一定的范围或区域联盟组织内部进行整体布局、分工协作。因为网络环境使处于不同地理位置的图书馆能够对资源进行有效发现，实现资源互补与共享，单馆实体资源的建设重点应以特色资源的系统建设为主。为保证信息资源的全面、充足和系统，减少冗余和浪费，客观上要求单馆资源建设要富有特色，避免雷同，根据学科知识内容来构建特色实体资源馆藏体系，以增强文献资源的互补性。同时，应通过对开放数据服务、物联网等泛在服务与技术的应用，实现移动查询、馆际互借、网际互借、人际互借、文献传递等，完成实体资源的保障任务。

例如，中国高校人文社会科学文献中心（China Academic Humanities and Social Sciences Library，简称 CASHL），组织若干所具有学科优势、文献资源优势和服务优势的高等学校图书馆，通过整体布局，有计划、有系统地引进国外人文社会科学期刊、图书，借助现代化的服务手段，为全国高校的人文社会科学的教学和科研提供高水平的文献保障，[②] 在泛在信息环境下将发挥更大的作用。

（二）重点加强虚体资源建设

虚体资源，即数字资源，包括商用数字资源，自建特色数字资源（原

---

① 《按需印刷》，2014 年 11 月 16 日，见 http：//baike. baidu. com/view/363810. htm？ fr＝aladdin。

② 《CASHL 项目概况》，2014 年 11 月 9 日，见 https：//vpn. pku. edu. cn/portal/html/，DanaInfo＝www. cashl. edu. cn＋article19. html。

生数字资源、机构知识库和特色数据库等)，网络免费 OA 资源，各种交互平台的群体智慧、实体馆藏资源的数字再生，联盟组织的数字资源共建等。

随着网络的互联互通、移动设备的增多，数字资源将成为泛在信息环境下用户使用的最主要的资源和首选资源，数字出版也将成为未来泛在社会最主要的资源出版形式。数字出版是网络环境下催生的一种新的出版形式，与传统出版方式完全不同，是“以互联网为流通渠道，以数字内容为流通介质，以网上支付为主要交易手段的出版和发行方式”[①]。通过采用二进制技术手段对出版的整个环节进行操作，其中包括原创作品的数字化、编辑加工的数字化、印刷复制的数字化、发行销售的数字化和阅读消费的数字化等。随着云计算技术的应用，云出版将开启数字出版的新时代。云出版是基于云计算的数字出版服务平台，将各出版机构分散的出版资源建立在统一的服务平台系统中，实现内容提供者自主出版、多种终端发布，为用户提供方便快捷的服务。当云出版真正实现后，即能实现整个出版传媒产业的“三无”目标，即无库存、无退货、无欠款。[②] 用户可以像用水、电那样随时获取、按需购买和使用存储在云端的各种数字资源。

泛在信息环境下，数字资源的建设应成为图书馆信息资源建设的重点。在数据库日益增多的形势下，由于商用数字资源大多以数据库形式打包销售且花费经费多，图书馆应采用联盟组织共建和多馆联合采购的数字资源建设主流趋向，便于资源共享。单个图书馆则应以原生数字资源、机构知识库和特色数字资源建设为重点，广泛搜集网络 OA 资源以及大量汇集在社会群体交互过程中的隐性资源。

在数字资源联合共建方面，国内外图书馆已经充分认识到它的重要性，出现了许多联盟组织或机构。由中国部分高等学校图书馆共同发起成立的高校图书馆数字资源采购联盟（Digital Resource Acquisition Alliance of

---

① 余敏：《共建中国数字出版平台——在首届数字出版博览会新闻发布会上的讲话》，《传媒》2005 年第 5 期。

② 郝振省：《2011—2012 中国出版业发展报告》，中国书籍出版社 2012 年版，第 7—27 页。

Chinese Academic Libraries，简称DRAA）在此方面是一个卓有成效的组织机构。该联盟的宗旨：团结合作开展引进数字资源的采购工作，规范引进资源集团采购行为，通过联盟的努力为成员馆引进数字学术资源，谋求最优价格和最佳服务。[①] 美国最为著名的图书馆联盟组织之一俄亥俄图书馆与信息网络（OhioLINK）联盟下设8个委员会，在数字资源的建设方面设有信息资源合作管理委员会，负责调查联盟应当采购的数据库和签约出版商，提出采购建议，重点关注共享资源的管理问题并提出政策方法，创建数字共享平台，使数字馆藏在建设和共享中更为便捷。[②]

（三）突出特色资源建设

特色资源是指图书馆所收藏的独具特色和风格的信息资源，它以机构用户需求为依据，根据图书馆的学科特色、专业特色或地方特色，通过确定资源定位所进行的基础收藏，并在用户使用中以持续不断增值的特定方式对基础资源进行整理和揭示，通过资源精品化突出亮点，构建具有本馆鲜明特色的资源建设体系。特色资源可以按载体、学科、主题、人物、地域等区分为各种类型。它是提高图书馆社会影响力和信息服务竞争力的核心资源，能够展示图书馆的个性，形成人无我有、人有我优的特色，吸引用户。特色资源是泛在信息环境下衡量图书馆价值的重要标准，是有效开展馆际互借、实现资源共享的重要支撑资源之一。

为了提高资源质量，避免重复建设，提高资源利用率，各馆应本着用户需求、持续建设、突出优势、资源互补的建设原则[③]，开展特色资源建设，并通过泛在网络为用户提供方便快捷的检索、利用途径，如CALIS专题特色数据库是中国高等教育文献保障系统建设的重点内容之一，自1998年以来，全面挖掘、整理和发布国内各高校成员馆的一些未开发、散在各处、难以被利用的独有或稀缺资源、网络原生数字资源等，逐步形

① 《DRAA高校图书馆数字资源采购联盟》，2014年11月8日，见http：//www.libconsortia.edu.cn/index.action。

② Digital Resources Management Committee，November 23，2014，https：//www.ohiolink.edu/search/node/The%20Digital%20Resources%20Management%20Committee.

③ 郭瑞芳：《共享环境下高校图书馆的特色馆藏建设》，《图书馆学刊》2011年第1期。

成具有学科特色、地方特色或民族特色鲜明的专题特色文献数据库服务群。已建成集中式的特色资源元数据仓储和服务平台，截止到2014年11月，其服务平台共有89个特色数据库面向全国用户提供多层次和个性化的特色资源服务。[①] 这些特色资源库将在泛在图书馆发展阶段显示出其独一无二、与众不同的重要作用。

(四) 加强开放获取资源建设

为了避免信息歧视，实现泛在信息环境下用户随时随地获取任何资源的目标，需要改变传统的出版模式，突破原有的学术交流体系的局限，开放获取应运而生，就是实现这一目标的有效解决方案。开放获取（OA）是基于“自由、开放、共享”的理念，依托于网络通信和信息技术发展而形成的全文在线获取、免费阅读、不受约束的传播和长期储存出版模式。它使信息能够在全球范围内实现无障碍、无间断的传播，[②] 其主要目的是让更多的人享受到免费的信息资源，促进学术信息交流，推进科学信息传播，充分利用科学研究成果，长期保存研究成果。

OA资源目前主要有以下几种类型：一是开放获取期刊（OAJ）。二是开放存档（Open Repositories and Archives），如机构知识库，包括未曾发表过的或已经在传统期刊发表过的论文作为开放式的电子档案储存、原生数字资源，如科研实验数据、会议记录、经验总结等灰色文献。这些资源具有非常重要的科研价值，能够实现科研成果的免费共享，对推动科学的进步具有重要意义。三是网络免费信息资源。四是个人WEB站点、网络电子图书、邮件列表、服务论坛、博客、维基、RSS、P2P的文档共享网络以及微博、微信等社交媒体网站存在的大量信息。

网络环境下，数字资源呈现出高度的同质化趋向，机构知识库则更能表现所在机构图书馆的馆藏特色。因此，在上述几种类型中，机构知识库OA资源应成为图书馆OA资源建设的重要内容。图书馆应重视和加强机

---

① 《CALIS特色资源中心服务系统》，2014年11月9日，见 https://vpn.pku.edu.cn/tsk-portal/pages/tsk/，DanaInfo=scs.calis.edu.cn+tskitem.html? tsktypeid=4。

② 曾湘琼：《开放获取理论与实践》，湘潭大学出版社2011年版，第172页。

构知识库的规划和建设，尽快建立本机构的OA资源库，收集机构的学术信息，建立机构OA仓储，鼓励本机构的教师和科研人员尝试OA学术交流模式，将学术成果实现开放存取，促进教育和科研的发展，为广大师生提供真正的学术交流渠道和共享服务[①]，以最快捷的方式将高校或研究机构的相关学术进展与研究成果提供给用户。

目前国内外很多大学图书馆已经开发建设了许多较为成熟的机构知识库，如英国剑桥大学机构知识库、美国加利福尼亚大学机构收藏库、澳大利亚阿德雷德大学仓储库、香港科技大学机构库、厦门大学学术典藏库等。

此外，在进行OA资源建设时，图书馆应充分挖掘和利用互联网上的免费全文期刊资源，为用户提供OA期刊资源引导和检索导航系统。[②]同时，充分利用网络技术将OA资源与本馆的数字资源进行整合，以便进行OA资源与正常采购资源的协调建设，实现跨库检索及分库检索。在进行OA资源建设时，除了为一些用户提供基于密码保护的特殊信息资源的服务以外，图书馆应该为全球用户提供富有特色的OA资源[③]的检索使用途径。信息资源的开放与否，直接影响用户能否方便获取各种信息，没有OA的信息资源，再智能化的硬件设备也是徒劳无用的。

三、基于信息描述与表示层——重视图书馆数字资源整合

信息资源描述与表示层建立在信息资源存储层的基础之上，与泛在图书馆的信息架构层相对应。本层对所管理与组织的信息资源提供基于语义的元数据描述与表达，各元数据在元数据登记中心统一注册，为用户构建

① 孙波：《泛在知识环境下我国图书馆信息资源建设策略研究》，东北师范大学出版社2009年版，第29页。

② 何章红：《泛在知识环境下图书馆信息资源建设与服务》，《江西图书馆学刊》2011年第3期。

③ 陈清文、黄田青：《泛在图书馆初探》，《图书馆工作与研究》2008年第8期。

基于语义层面上的一体化空间元数据管理与服务的框架。[①] 为用户构建一个单一语义映像和多层语义互联，将不同类型的语义空间转换和整合到同一的语义空间，实现跨专业、跨系统的语义互联和语义互操作。[②]

泛在信息环境下，信息资源具有微观有序化和宏观无序化的特点。每一个信息资源个体都是有序的，其所包含信息的内容是有组织和可访问的，而作为一个整体，网络信息资源又具有高度的系统复杂性，难以从整体上加以充分利用。[③] 为了将资源进行有效的整合，方便泛在信息环境下用户的使用，图书馆在获取相应的信息资源之后，对其组织的对象已不仅仅是人类创造的个体知识资源本身的内容，信息资源之间的关联关系更是泛在信息环境下资源组织的重要内容。将分散异构、个体有序的资源整合成有组织的整体，使用户不需要分别进入各个数据库、导航库等就可以快速检索到所需的信息内容，通过一个知识点就能够按图索骥获取相关的知识地图，将这些有序的个体资源集中整合到图书馆的公共平台上，构建开放、融入用户过程的知识管理与应用平台，提供面向用户需求、适应变化和灵活深入的知识发现机制，是泛在信息环境下图书馆信息资源组织体系建设的目标。

实现这一目标的重要策略就是要进行信息资源描述与表示层的资源整合，即将搜集到的复合多元的各载体、各类型文献信息资源按照标准的元数据定义格式进行加工处理，形成元数据应用系统。整合的方式有 OPAC 检索系统、导航系统、链接系统、跨库检索系统等。图书馆应采取链接系统和跨库检索系统相结合的整合方式，积极推进智能、方便、快捷的下一代图书馆资源整合系统的开发和应用。

由以色列 Ex Libris 公司开发的 MetaLib、SFX 等系统是目前应用较好

① 欧阳剑：《泛在信息环境下图书馆信息资源组织构建研究》，《图书情报工作》2011 年第 5 期。

② 吴燕：《泛在知识环境下的数字图书馆发展研究》，中国科学院研究生院（文献情报中心），2007 年。

③ 张成昱、来强、王平、赵仪、孔黎：《分布式网络信息资源重构模式及系统实现》，《清华大学学报（哲学社会科学版）》2003 年第 2 期。

的数字资源整合平台。MetaLib是一个图书馆资源信息门户系统，整合管理各种类型的资源，包括免费资源、授权使用资源、本地资源和远程资源。读者可以利用不同类型的资源，实现交叉检索和定制个性化服务。SFX技术建立在开放式的资源定位器之上，能够实现相关内容的参考链接服务，为图书馆链接到各类电子资源提供了一种基于标准的方法。同时，可以实现来自不同通信协议的资源的完全整合[①]，使不同类型、不同格式的数字资源实现无缝链接，实现在异构的分布式信息系统之间无阻碍导航。

四、基于信息资源发现、调度与传递层——建立智能化的信息服务平台

信息资源发现、调度与传递层就是为用户提供透明且无缝的使用图书馆的信息资源，该层与泛在图书馆的功能实现层相对应。信息资源的发现、调度机制为上层用户应用提供了透明的全局资源视图，它由多个针对不同的访问方式所提供的各种接口组成，如使用无线网络的API接口、使用智能卡的API接口等。[②]

智能化的信息服务平台将利用Web3.0的理念建立。Web3.0是将整个网络作为一个数据库，每个网站服务器都是Web3.0整体数据库存储单元的一部分，网站内的信息可以直接和其他网站的信息进行交互、分类聚合。[③] 所以，Web3.0使跨平台的信息聚合成为可能，同时结合元数据整合、Open URL以及资源发现、调度与传递层的各种接口，将图书馆的所有资源聚合到一个平台上，形成更加智能化、人性化的统一搜索平台。[④]

---

① 郝晓玫：《数字信息泛在环境下的图书馆资源构建》，《图书馆学刊》2012年第8期。

② 欧阳剑：《泛在信息环境下图书馆信息资源组织探讨》，《图书情报工作》2011年第19期。

③ 韩葆青：《基于Web3.0理念的高校图书馆采访工作的升级探讨》，《甘肃科技》2013年第9期。

④ 郭瑞芳：《泛在知识环境下高校图书馆信息资源的构建》，《情报资料工作》2010年第4期。

随着泛在网络技术的不断更新应用，智能化的信息服务平台也在不断地发展，信息资源的发现、调度和传递层向可视化方向发展。可视化是将抽象的信息、数据和知识通过映射或转化，成为一种具体的、易观察的图解形式，它丰富了信息数据的表达方式，增强了人们对信息的洞察力和理解能力。可视化的智能信息服务平台，更加注重信息的生命周期的全过程，能够直观地识别某一领域的信息演进路径和相关信息，发现该领域的核心人物及之间的学术亲缘关系[①]，同时能够呈现给用户一个有关检索过程和检索结果的全景信息可视图。

发现服务系统是近年来崭露头角的信息服务平台，是以可视化方式呈现用户的检索过程和检索结果的有力工具。在资源发现服务系统的开发应用方面，目前投入应用较好的有：联机计算机图书馆中心（OCLC）于2007年4月推出的WCL。其特点是拥有OCLC庞大的全球化书目资源，具有社群功能和个性化服务功能，使用WCL的图书馆可免费加入WorldCat.org，图书馆可以通过WCL和国内外的图书馆进行馆际互借、资源共享，并无限量地使用WorldCat作为参考服务。ProQuest公司于2009年7月推出的Summon。其特点是坚持强调内容中立，包含丰富的资源，提供可用的API，易集成，完全依靠集中索引来实现资源发现。Ex Libris于2007年5月推出的Primo。其特点是内置管道收集所有的图书馆资源，适用于不同的图书馆集成系统及元搜索许可配置环境，内嵌SFX服务，允许用户分别配置其外部链接和全文获取方式，等等。[②] 这些发现系统通过开放接口和标准协议，实现对纸本和电子资源的统一检索。

智能化的信息服务平台对图书馆提出了新的要求。图书馆应注重对知识信息的充分挖掘，关注知识的应用环境和应用群体，充分运用知识组织、数据挖掘、知识发现、数据融合、智能搜索等多种技术和工具，形成

① 解金兰：《可视化科研信息发现平台的架构与功能》，《图书馆学研究》2014年第15期。

② 陈定权、卢玉红、杨敏：《图书馆资源发现系统的现状与趋势》，《图书情报工作》2012年第4期。

面向需求、适应变化、快速反应、灵活深入的知识服务机制。①

五、信息资源的建设方式变革

泛在信息环境下，图书馆的资源建设必须由传统意义的采访编目向信息集成和管理服务逐步转型。这一转型要求资源的建设方式进行与之相适应的变革。

（一）建立资源评估机制

泛在信息环境下，信息载体不断增多，信息数量出现了爆发式的增长，图书馆资源选择的难度越来越大，如何将最有价值的资源纳入馆藏，建立合理的资源评估机制十分必要。

资源评估是指依据馆藏发展目标，按照一定的标准，采用一定的方法，对馆藏资源的各个属性，包括资源的数量、质量、结构及使用效果等相应的指标体系，进行的综合分析和总体评价。② 资源评估源自对传统馆藏的评价，更多地是在资源采购之后进行。近年来，数字资源在馆藏资源体系中占有越来越重要的地位，但其价格昂贵，检索系统、存储方式、服务平台以及销售方式各不相同。为避免人为决策失误，图书馆在进行数字资源采访初始就将资源评估纳入采购环节。所以，泛在图书馆的资源评估既包括对传统实体资源的评估，也包括对数字资源的评估，既关注事后评估，更关注事前评估。资源评估已经成为图书馆采访决策中必不可少的重要组成部分，自始至终贯穿在资源建设全过程中。

资源评估有四大基本要素：评估的主体，即谁来评估；评估的客体，即评估的具体资源；评估的指标体系，即评估的具体依据或标准；评估的模型与方法，即评估的实施过程采用的办法。

本书对建立资源评估机制提出以下对策：

第一，应建立图书馆、区域乃至更大范围内统一规范的评估指标体系，使资源评估制度化和规范化。

---

① 吴燕、张志强：《泛在智能与图书馆的未来发展》，《情报科学》2007年第1期。

② 戴龙基：《文献资源发展政策研究》，北京大学出版社2007年版，第237—260页。

第二，应建立评估的技术管理平台，嵌入到图书馆的管理系统之中，将即将纳入或已经纳入图书馆馆藏体系的资源列入其中，将资源的管理、利用和评估融为一体，如目前出现的电子资源管理系统（Electronic Resource Management System，简称 ERM 系统）就是将电子资源的管理、利用和评估融为一体的系统平台。

第三，开展泛在化的评估。泛在图书馆资源评估的主体已经扩展到与资源相关的所有人员，包括资源建设者、学科馆员、用户、出版商、集成商、馆配商等。要充分应用泛在网络的交互功能，实现主体对客体评估的广泛参与。建立与用户的交互机制，实现用户对资源的推荐，包括对资源目录评论投票，对数字资源的使用评价，对信息资源的可视化检索途径的使用评价等。

第四，资源评估涉及的主体较多，协同工作非常重要，在资源评估过程中，图书馆资源建设者应在资源评估中起到领导者与管理者的作用。

第五，要根据资源的载体和类型选取最为合适的方法进行评估，并使资源评估成为资源建设的一项常态化的工作任务纳入岗位职责之中，将评估结果作为资源采购决策不可或缺的重要依据，使纳税人的每一分钱的投入都能获得更多的回报。

（二）建立采访交互机制

泛在信息环境下，图书馆信息资源的采访将由过去资源建设部承担转为由资源建设部进行规划、组织、管理和实施，多个部门或跨部门小组、图书馆联盟组织以及用户广泛参与其中的工作。图书馆应在资源建设部的主导下，与资源建设有关人员，如用户、出版商、集成商、馆配商、信息生产者及图书馆联盟组织或同行，通过泛在网络建立 Web3.0 模式下的采访交互机制。

采访交互机制中互动主体对象是与资源建设有关的各类人员，他们通过 QQ 群、FAQ、BBS、E-mail、实时问答、微博、微信以及 WiKi、社会网络服务（Social Networking Service，简称 SNS）等途径建立互动交流，实施资源采访计划。[①] 泛在信息环境下的采访交互机制通过四个层次建立，即用户与资源的直接交互、用户与用户的交互、用户与平台的交互、基于特色模块的深度交互。[②]

通过建立采访交互机制，形成以用户为中心，资源采访人员与出版商、集成商、作者、用户紧密联系的即时交互系统，对用户所进行的收藏、打分、评论、推荐等数据进行深度挖掘分析，获得用户行为个性化需求预测，快速了解出版信息、发现资源，进行泛在化的采访、展示与通知，建立精确化的推荐服务和个性化的定制服务，开展“信息找人”“适时推送”等双向或多向交流活动。采访交互机制的建立将实现以用户为中心的开放和互动，使图书馆实施的采访计划更加贴近用户的需求，保证采访质量。为实现这一目标，提高用户粘合度，应注意保护用户隐私，加强网络信息安全。

（三）建立协作共建机制

泛在信息环境下，全媒体出版使同一内容的出版载体各不相同，不同载体的内容交叉重复，用户需求多元化，而图书馆有限的经费远无法应对资源载体总量的增长，单馆经费无法完成资源需求的总体保障任务。与此同时，互联互通的泛在网络将全球图书馆连为一体，用户不再关注具体是哪一个图书馆或网站提供的信息，而只关注所需信息是否能够即刻得到。面对如此海量的信息，图书馆必须树立大数据时代的大资源观，将分工协作、共建共享理念付诸实践，由传统的“大而全”或“小而全”的分散建设，向以共建共享为特征的整体建设实践转化，走联盟合作之路，尽快加入联盟或合作组织之中，通过区域乃至更大范围的同行联盟或跨行竞合，实现“图书馆合作的延伸”。[③]

建立分工协作、共建共享的协作共建机制，即借助于泛在网络的互联

---

① 苏杰：《Web2.0 环境下图书馆图书采访互动机制研究》，《图书馆研究》2014 年第 3 期。

② 张素芳：《基于 SNS 图书馆资源与用户交互研究》，《图书馆学研究》2013 年第 24 期。

③ 贺宜：《从 OCLC 的发展历程与未来战略看中国数字图书馆的发展取向》，《山东图书馆季刊》2002 年第 3 期。

互通，形成图书馆全方位的联盟协作，包括馆内协作，馆内各部门协作；馆际协作，总分馆协作、地区或区域乃至全球范围内的馆际协作；跨机构协作，图书馆与所在机构内其他单位的合作或机构以外其他与资源建设相关单位的协作。

在协作共建的过程中，联盟组织要进行整体布局，合理规划，分工协作。单个图书馆应以建立特色资源为主，实体资源应基于单个图书馆特色馆藏进行分工协作、资源互补；重点加强特藏数字资源、原生数字资源、机构知识库的自建和传播工作。联盟组织应以数据库的协作共建、联合采购和基于云架构的资源聚集、整合和检索为主，通过联合共建、开放数据、优势互补、网络传输和物流配送完成联机组织、公共检索、馆际互借和文献传递，以实现移动互联网环境下资源的共建共享，提高资源的总体保障能力。

（四）推行读者驱动采访

读者驱动采访（Patron-Driven Acquisition，简称 PDA），也称按需购买（Purchase-on-Demand，简称 POD）或需求驱动采购（Demand Driven Acquisitions，简称 DDA），是赋予用户充分行使决策权的一种资源采访模式。[①] 它源于利用馆际互借服务，补充纸本馆藏建设。电子图书出现后，它特指图书馆基于读者的实际浏览与阅读情况，以是否达到一定的标准或参数，触发对某一文献购买指令的资源采访新模式。[②] 其基本流程是书商和图书馆根据馆藏发展的需要确定好选书的标准、参数等预设文档，然后由书商将符合预设文档要求的目录格式导入相应的自动化管理系统，读者可以在该系统中对符合需求的图书进行点击，以获取短期免费阅读，当读者阅读量达到预设参数时即触发自动购买，如果读者需要该书的印刷版，书商还可以将该书按需印刷装订加工后邮寄给读者。

PDA 采访模式既体现了以读者为中心的理念，又提高了图书利用率，

---

① 张秀兰、周丽媛：《我国读者决策采购研究综述》，《图书馆学刊》2014 年第 7 期。

② 刘华：《“读者决策采购”在美国大学图书馆的实践及其对我国的启示》，《大学图书馆学报》2012 年第 1 期。

合理有效地使用图书馆有限的购书经费，近年来在国外图书馆得到了迅速的应用和推广，尤其在美国推广最为迅速。据调查，2012年，美国就有65%的图书馆已经在尝试这种采访模式。[①]

根据目前采购的文献类型，PDA可分为印刷型文献的读者驱动采购、电子文献的读者驱动采购和期刊的读者驱动采购三种类型。将PDA分别通过馆际互借、通过馆藏目录或者联合目录、通过电子图书的点击与浏览、通过网上书店等途径，对出版发行的资源进行泛在展示，读者根据自身需求推荐购买、免费阅览、短期借阅或触发购买。读者驱动采访使图书馆由过去采访馆员“单兵作战”转为采访馆员与所服务的用户“协同作战”，共同完成构建信息资源保障体系的任务。

（五）探索按量付费采访

按量付费（Pay-Per-View，简称PPV）采访，原本是指以电子期刊作为图书馆用户驱动采购的辅助性期刊订购方式，近几年迅速应用于美国大学图书馆。它之所以能够兴起，是因为以捆绑销售、打包销售和单种期刊的销售方式引发了期刊采访危机，期刊价格每年平均增长约8%，而预算通常并没有上涨，导致图书馆无法维持原有期刊的采购。为了应对这种危机，图书馆不得不对一些使用量不大的期刊开始尝试采用按量付费方式进行采访。

PPV采访的具体做法是图书馆与出版商或数据库商预先约定其全部或部分期刊放在图书馆主页上，图书馆按年向数据库商购买适量代币，一个代币购买一篇文章，读者下载文章时就完成期刊文章的采购，因此期刊的采购不再是传统意义上的按种采购，而是按期刊所刊载的单篇文章进行采购。在预先约定的时间内读者触发购买的单篇文章属于图书馆资源，触发购买时使用代币进行支付，如购买文章价格超出单种期刊价格，该刊则自动成为图书馆的订购期刊。

目前，美国大学图书馆中使用的PPV采访有无中介形式和有中介形

---

① 张秀兰、周丽媛：《我国读者决策采购研究综述》，《图书馆学刊》2014年第7期。

式两种。无中介形式是指凡图书馆用户都可购买文章，用户在下载文章时并不知道是付费阅读，图书馆不能掌控代币的使用。有中介形式是指以图书馆工作人员作为中介，用户需要阅读文章时先告知图书馆工作人员，如果请求文章在本馆已有收藏，则直接提供给读者或是告知读者下载使用；如果本馆没有收藏，可使用预先购买的代币进行采购，用电子邮件发给用户，这种形式图书馆能够掌控代币的使用。①

数字出版和按需印刷的出现，使文献的单元发生变化，PPV 采访有从期刊向图书采访发展的趋向。比如，用户若只需要某种图书中的某个章节，采访馆员不必再像过去那样整本购买。② 所以，未来图书的采访模式也可能由按种购买逐渐让位给按篇（章节、页）购买，馆藏布局也将发生根本性的变化。目前，电子图书中已经出现这种迹象的端倪，如 Springer 电子图书包，其使用计量单位 2014 年已经由原来的按种计量改为按章计量，中国图书进出口总公司的易阅通电子图书使用平台则采取按页计量方式统计使用量。使用计量方式的改变，意味着未来对资源使用评估时，其成本计算方法也要相应地由按种计算改为按篇（章节、页）计算。相信在不远的将来，PPV 采访方式将逐渐地拓展到所有的资源种类。

采用 PPV 采访，要求图书馆必须对使用这种方式采访的单种资源进行准确的评估。出版商虽然有按篇付费的商业模式，但并不希望图书馆采用，因而单篇文章的定价很高，且限制下载资源的使用时限。一是某种资源单篇论文（章节、页）下载量较大，图书馆就会非常不划算；二是实施过程中管理难度较大，由于读者并不知道下载资源是按篇（章节、页）付费，经常不加限制地下载，或者虽然知道付费下载，但也因各种原因大量下载，这些都会造成图书馆购买的代币快速用尽，造成相应经费开支的失控。③

① 吴雪芝、孙书霞、钟文娟：《美国大学图书馆按量付费期刊采购案例分析及思考》，《大学图书馆学报》2013 年第 4 期。

② 夜雨：《图书馆资源建设要顺势而为，与时代同步》，《中国出版传媒商报》，2014 年 9 月 23 日。

③ 张少宏：《国外电子期刊资源大宗交易兴衰历程分析》，《图书馆论坛》2014 年第 7 期。

PPV采访将会改变图书馆资源建设工作流程。图书馆员的传统职责之一是文献资源建设，即挑选文献，使用PPV采访，读者自己挑选所需的文献资源，图书馆员无权过问。国家图书馆副馆长陈力认为，未来将会有越来越多的用户跳过图书馆，直接从数据提供商那里寻求服务。[①] 这对图书馆来说将是巨大的挑战。同时，采用这种方式需要多部门配合，如文献检索教育所在部门、参考咨询部门、馆际互借部门和技术支持部门等。因此，PPV采访因工作流程的改变将带来部门之间新的协作内容及岗位职责的重新设置，将资源建设从内部工作向服务前沿推进，对图书馆人力资源管理产生一定影响。

（六）创新资源组织形式

泛在信息环境下，人类迎来了大数据时代。大数据（Big Data），也称巨量资料，研究机构Gartner认为，大数据是需要新处理模式才能具有更强的决策力、洞察发现力和流程优化能力的海量、高增长率和多样化的信息资产。换言之，大数据是不可能用常规软件和分析工具进行分析的巨大数据集。它具有4V特点：Volume（大量）、Velocity（高速）、Variety（多样）、Value（价值）。[②] 大数据的战略意义不在于掌握多少数据，而在于对这些有意义的数据进行专业化处理，因此价值将成为图书馆所关注的核心。大数据从面对传统的有序、单一、少量的结构化数据，如数据库数据，向无序、多元、海量的非结构化数据、半结构化数据转移，其数据涵盖了文本、数字、图像、视频等多种类型，并可跨越多个数据平台，如社交媒体网络、网络日志文件、传感器、智能手机的定位数据、数字化文档及归档的照片和视频等。[③] 面对海量、异构的信息资源，必须对原有的资源组织形式进行创新。

---

① 夜雨：《图书馆资源建设要顺势而为，与时代同步》，《中国出版传媒商报》，2014年9月23日。

② 《大数据》，2014年7月19日，见http://baike.baidu.com/subview/6954399/13647476.htm?fr=aladdin。

③ 张峥嵘：《大数据时代的图书馆开放数据服务探析》，《图书与情报》2014年第2期。

1. 采用全方位多样化组织形式

泛在信息环境下，人们对信息的使用以数字资源为主，而图书馆的资源保障体系则是印本及数字资源等多介质、多载体文献交织存在。为了使图书馆所拥有的各种资源能够通过互联网络呈现给用户，图书馆应对所获取和拥有的各种资源进行有效的组织，其组织形式见图5—7。

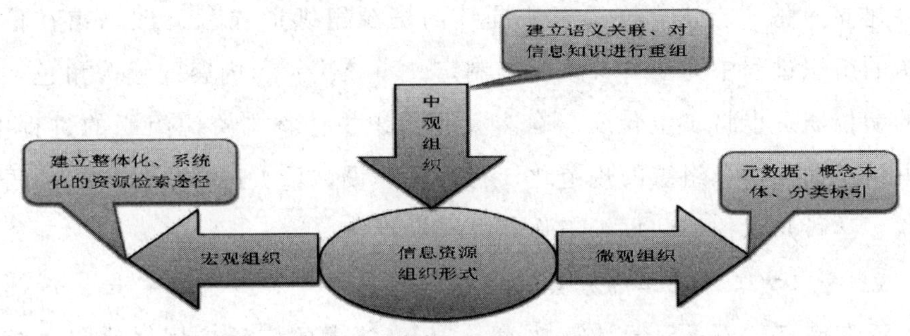

图5—7 信息资源组织形式

微观信息组织，如通过元数据对单一信息资源的对象、概念及各种关联进行描述、分类、标引，建立相关的本体和概念，形成有序的信息流。微观信息组织必须标准化和规范化。2014年1月，资源描述与检索（Resource Description and Access，简称RDA）注册元素集得到RDA开发联合指导委员会（JSC）批准发布，标志着RDA正式成为一种元数据标准。RDA由内容标准走向元数据标准，预示着编目的未来将更加适应图书馆变化了的环境。[①] 中观信息组织，如针对特定用户、某一学科或专题的需求，对微观信息组织的内容运用技术挖掘，以实现对信息知识进行重组，按照一定学科、主题进行聚合，并建立相同知识的有效关联，形成具有针对性和个性化的学科知识体系。宏观信息组织，如汇集相关信息资源并进行整序和索引，为用户提供整体性、系统性的资源检索服务，如OPAC系统、导航系统、链接系统、跨库检索系统等。

① 胡小菁：《从内容标准到元数据标准》，《图书馆论坛》2014年第7期。

2. 拓展多元化组织主体参与形式

泛在信息环境下，单靠图书馆的力量难以完成海量信息资源组织，必须一改过去由单个图书馆编目人员进行组织为与技术人员、学科馆员、图书馆联盟以及社会力量、用户、出版发行商、馆藏商等广泛参与的协作组织，如通过与泛在网络协作，实现图书馆与用户、用户与用户之间的互动，建立一种“自由、交叉、协同性的资源组织形式”①。图书馆在信息资源的组织过程中充当着参与标准制定、审核决策、内容配置等角色，人员的岗位职责也将发生转变。在多元化组织主体参与资源组织的过程中，图书馆应加强信息组织的规范化、标准化建设，重点进行信息组织的语义关联、学科知识挖掘和重组工作。

3. 寻求加工外包工作社会化形式

泛在信息环境下，云计算技术、RFID技术的广泛应用，使图书馆编目工作的社会化成为必然。图书馆应注重运用第三方力量汇集相关信息资源并进行整序与索引，建立多语言、多途径、可视化、多媒体、移动的语义知识网，并通过资源的整合实现资源与服务的一体化，为用户提供一个多载体的立体知识展示图。②

泛在信息环境下的云服务模式，促使图书馆的资源整合朝着社会化方向发展。云服务模式在资源整合方面的应用主要指云服务商与内容提供商签约后获取元数据，并对元数据进行整理、编目、规范，建成集中的知识库，图书馆的编目人员直接定制知识库数据，云服务商根据图书馆定制内容提供资源导航、资源发现以及管理服务。这将极大地提高图书馆资源整合服务的能力，使传统的编目人员从繁杂的重复劳动中解放出来，促使图书馆现有编目人员的岗位职责发生变化，编目人员将由业务型人才走向业务型与管理服务型融合的双料人才。

---

① 毕荣、范华：《泛在环境下图书馆信息资源组织特征趋势研究》，《四川图书馆学报》2013年第4期。

② 欧阳剑：《泛在信息环境下图书馆信息资源组织探讨》，《图书情报工作》2011年第19期。

传统意义上的资源的物理加工工作也将全面向社会化方向发展。泛在信息环境下，实体资源物理加工部分工作已经前置到了出版发行阶段，RFID技术广泛应用，使得资源一经出版就获得了身份标签。其他的个性化的物理加工工作随着各种外包公司的涌现，社会分工协作日益精细化，图书馆在进行资源采购和组织的同时，外包公司就可按照图书馆的指令完成其物理加工工作。因此，泛在信息环境下，图书馆将能够跨越新购资源的加工周期，资源采购到馆后即可直接上架提供服务，为图书馆节省了大量的人力。

泛在信息环境下，信息资源建设的环境巨变，为图书馆提供了创造性的信息共享空间、无缝的互动平台和学习环境。同时，信息的海量剧增，促使图书馆的信息资源建设外延不断扩展到全球的宽广领域，有效地进行信息资源建设，实现泛在信息环境下图书馆的资源建设转型，摆脱“信息淹溺、知识饥荒”[①] 的困境，不仅需要有全新的发展策略，而且要改变以往的建设方式，为用户提供利用知识、创造知识的便利环境。以信息资源的组织为基石，开展泛在图书馆的信息资源建设，构建满足泛在环境下用户需求的信息资源保障建设体系，既是顺应技术发展的要求，也是图书馆信息资源建设所面临的时代课题。

第四节 服务转型策略

与面向泛在信息社会国家战略概念模型中数据语义化和智能化的“识别控制层”相对应，在泛在信息环境下，图书馆的服务建立在信息基础设施之上，对存储的数据信息进行感知与高度智能化处理，使得原生数据变成有一定意义的信息，信息之间通过复杂的计算进行交互和控制，形成具有一定“智慧”的有机整体，并在信息展示与交互层直接面对用户，将资

① Chatham. MA, Knowledge Lost in Information, September 9, 2004, http://www.xciteulike.org/group/890/article/634742.

源与服务融为一体，为用户展示信息，用户通过应用接口与信息系统或其他用户进行交互。[①]

泛在信息环境中的智能技术、网络技术等为用户构成了“无处不在的网络”，实现了人与人、人与计算机、计算机与计算机、人与物、物与物之间信息交流的泛在网络基础架构。[②] 在拓展多种技术方式、组织多元信息资源的同时，泛在信息环境也促使多样化服务形式的开发。在这个过程中，“以人为本”或“以用户为中心”的价值取向或服务理念将得到更好的体现，它将借助更为广泛的人机交互贯穿图书馆服务的整个过程。在建设泛在图书馆的过程中，应从用户需求出发，支持自助服务，增强用户体验，融入用户学习环境、工作环境和日常生活。

在泛在信息环境下，为用户提供所需的知识是图书馆的重要使命之一，图书馆的服务迫切需要转型。本书提出，图书馆要建立起一套智慧化的服务系统（见图 5－8）。该系统包括与用户息息相关的个人信息素养、学习、研究、生活、空间等全方位的服务转型，共同构成一个智慧服务体系。本节将探讨如何通过服务转型构建图书馆的智慧服务体系。

一、智慧人策略

在泛在信息环境下，人将基于高度智能化的信息自由、自觉、自在地去认知和建构更为丰富的社会生产活动，其中包括培养和提高人的自身信息素养。

联合国教科文组织（UNESCO）认为，信息素养是一种能力，它能够确定、查找、评估、组织和有效地生产、使用和交流信息，并解决面临的问题。它是一种终身学习或自主学习的态度、方法和能力。[③] 信息素养是一个综合性概念，含义非常广泛，针对信息社会用户对信息的需求，以用

① 吴燕、张志强：《泛在智能与图书馆的未来发展》，《情报科学》2007 年第 1 期。

② 杨庆广：《泛在网络应用高于技术》，2007 年 12 月 24 日，见 http：//www.cena.com.cn/a/2007-12-24/11984609524589.shtml。

③ 钟志贤：《面向终身学习：信息素养的内涵、演进与标准》，《图书馆学研究》2014 年第 20 期。

图 5－8 泛在信息环境下图书馆智慧化的服务体系

户获取、评估、利用信息为教育特点，将传统与现代文化素养相结合的一种科学文化素养。也可以说它是一个思想意识、文化积淀和心智能力、信息技术有机结合的能力系统。信息素养是人类在信息时代的立命之本，也是进行科技创新、开拓的基础，人类需要终生接受信息素养教育。

（一）人的信息素养自我认知和建构策略

信息素养是传统文化素养的延伸和拓展。在人才培养模式中，信息素养越来越为世界各国所重视，并被纳入基础教育、高等教育或终身教育体系的目标与评价体系之中，成为评价人才综合素质表现的一项重要指标。比如，我国基础教育新课程改革指出，信息素养是信息时代公民必备的素养，要通过合作解决实际问题，让学生在信息的获取、加工、管理、表达与交流的过程中，掌握信息技术、感受信息文化、增加信息意识、内化信息道德，使学生发展成为适应信息时代要求的具有良好信息素养的公民。

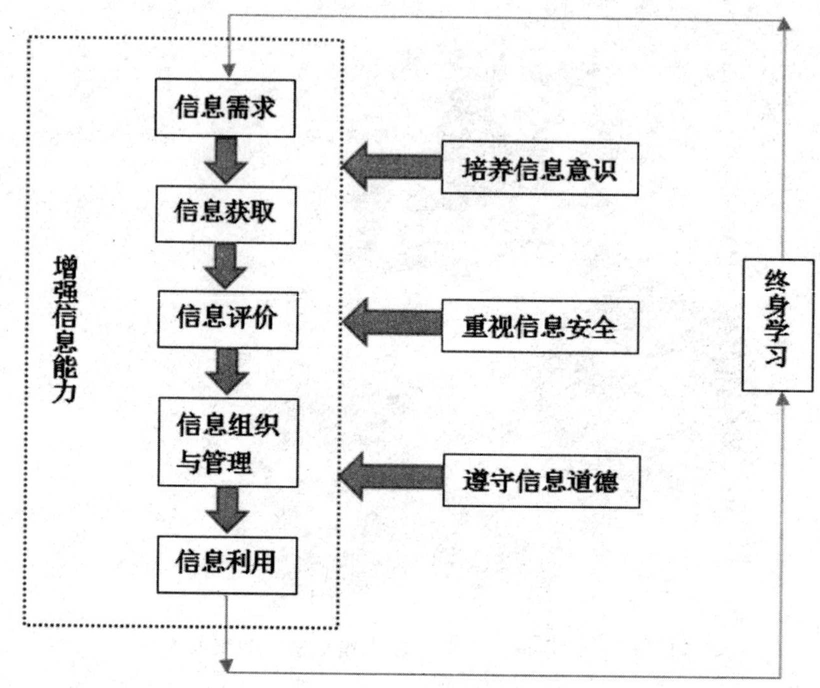

图 5—9　泛在信息环境下人的信息素养自我认知和建构策略

资料来源：杨晓茹等：《科研用户信息素养教育模式的构建与实现》，《图书馆学研究》2014 年第 20 期。

信息素养的结构模型由信息意识、信息能力、信息道德、信息安全四大要素组成，见图 5—9。信息素养结构是一个整体，信息意识是先导，信息能力是核心，信息道德和信息安全是保证。人的信息素养自我认知和建构策略具体如下：

培养信息意识。信息意识是指对信息的认识、兴趣、动机、需求和理念等，要包括认识信息与个人、社会发展的密切关系，明确自身对信息的独特需求，对信息的价值有敏感性和洞察力等。

增强信息能力。信息能力是信息素养中的核心能力。需要增强包括信息应用能力和信息创造能力两方面的信息能力。其中，信息应用能力主要指传统的文化素养（如读、写、算的能力）方面的基本思维能力、信息知识、现代信息技术知识、跨文化素养等，是顺利进行信息活动的基本知识和技能。信息创造能力指人们利用信息工具识别获取、评价判断、加工处理以及生成创造新信息的能力，包括硬能力和软能力，前者是指使用工具的能力，后者是指独立学习、协作学习、终身学习的能力，以及思维能力，特别是批判性思维能力。

遵守信息道德。信息道德是信息活动中的人文操守，即能自觉地运用信息解决个人、社会所关心的问题，使信息产生合理的价值，自觉地遵循信息的伦理、道德和法规等。

重视信息安全。包括人在信息活动中对信息来源的甄别、对信息传递介质的选择、对信息传递是否安全的判断等。

信息素养是数字化时代学习的动力引擎，学会学习、提高学习能力的支柱内容之一。在终身学习和学习型社会中，信息素养是个性化学习、独立学习、终身学习或自主学习的态度、方法和能力。

（二）泛在信息环境下信息素养教育策略

1. 构建"政府—行业协会组织—图书馆"自上而下的组织框架

信息素养需要形成自政府发起，到行业协会组织推进，最后由图书馆具体实施的三级保障体系。政府政策的推动对信息素养的发展起着关键作用。欧美的信息素养几乎都是在政府政策的推动下开展的，如美国商务部通信与信息管理局（NTIA）及美国联邦通信委员会（FCC）积极部署了宽带基础设施的建设，欧盟委员会启动了"欧洲数字化议程"项目，为信息素养的发展提供了基础保障和政策保障。公共政策的支持使得信息素养具有稳定的资金投入，保证了信息素养的可持续发展，如美国发起的"宽带技术机遇项目"（Broadband Technology Opportunities Program，简称BTOP）资助了不少图书馆及参与到本计划其他子项目中的图书馆开展信息素养教育。

为响应政府政策的号召，图书馆行业协会组织大力加强图书馆在信息素养教育中的作用，如美国联邦博物馆与图书馆服务局（Institute of Museum and Library Services，简称 IMLS）、美国图书馆协会（American

Library Association，简称 ALA）及英国联合信息系统委员会（Joint Information Systems Committee，简称 JISC）、英国高校与国家图书馆学会（Society of College，National and University Libraries，简称 SCONUL）等组织，资助各图书馆开展信息素养教育，协调并联合本国大学图书馆及公共图书馆共同开展信息素养教育。在政府及行业协会组织的带动下，各图书馆具体实施信息素养教育与培训。三级保障体系使欧美国家自上而下、齐心协力、分工协调地开展信息素养教育。

在教育环境中，信息素养能力通常是由图书馆员、教师和教授在课程教学的过程中共同制定指南和标准加以培养的。而在社区环境中，公共图书馆可能与政府的通信、人力资源、教育或电子政务等部门共同应对社区的信息素养教育。这些互利共赢的合作伙伴关系对于信息素养项目的发展和持续运作起着至关重要的作用。①

2. 建立“基础认知—专业知识学习—创新提高”的三阶段教育体系

我国古代教育家孔子最早提出了“因材施教”的教育原则。将区分人群层次理论用于信息素养教育体现了“因材施教”的教育思想，并已成为国内外学者的共识。美、英、澳等国信息素养教育的层次性明显，如美国针对中小学学生制定的“学生学习信息素养标准”，针对大学生的“高等教育信息素养能力标准”，针对高等院校科学技术领域各学科专业的“科技信息素养标准”，客观反映了美国的信息素养教育从基础教育到高等教育阶段、专业教育阶段分层次培养的特点。瑞典 Chalmers 大学 Fiallbrant 博士提出了信息教育的“三阶段模式”，即面向大学新生的“导向阶段”，面向大学三、四年级学生的“入门阶段”，以及面向研究生和未受过信息知识培训的教师的“高级阶段”。“三阶段模式”的成功经验，成为分层次信息素养教育的典范。②

在泛在信息环境下，信息素养教育可以遵循“基础认知—专业学习—

① 叶兰：《欧美数字素养实践进展与启示》，《图书馆建设》2014 年第 7 期。

② 杨晓茹等：《科研用户信息素养教育模式的构建与实现》，《图书馆学研究》2014 年第 20 期。

创新提高”三个阶段、动态螺旋上升的教育体系。

基础认知阶段培养科研用户信息素养的基本能力，包括信息意识、信息道德、信息安全、基本的信息能力的培养，目标是使用户具有良好的信息获取意识、习惯和信息伦理道德，能够明确信息需求，明确所需的信息范围，具备最基本的信息获取技能。

专业学习阶段突出信息素质与用户专业或学科的有效结合，使其能够掌握专业学科信息获取的正确观念、技巧，能够全面、及时地了解本专业发展趋势，并能够有效地对学科信息进行鉴别、组织和管理。

创新提高阶段重在信息的重组、创造、评价能力的培养，使用户具备信息挖掘、分析、融合的能力，如能够通过分析，找准项目当前热点和新的生长点；能够综合不同观点，形成适用于自身专业领域的新观点等，见图 5—10。

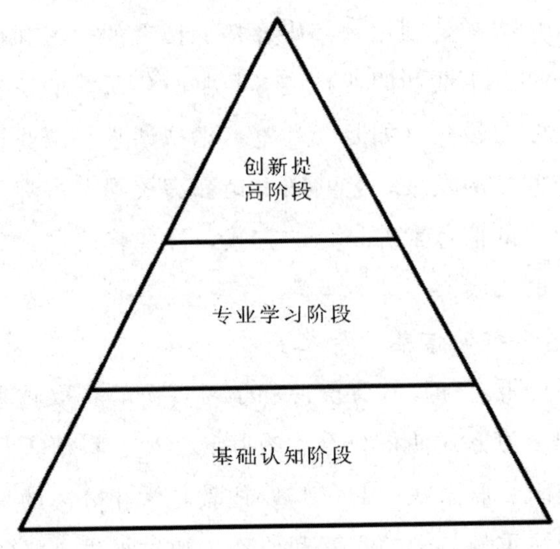

图 5—10 泛在信息环境下信息素养教育三阶段模型

3. 构建基于信息素养的图书馆资源与服务体系

图书馆是开展信息素养培训的重要前沿阵地。由于服务的对象不同，公共图书馆和高校图书馆在开展信息素养方面有不同的侧重点。公共图书馆在缩小数字鸿沟上肩负着重大责任，可以为社区提供互联网接入及最新技术支持与信息服务，同时还成为公众获得就业培训、教育资源与服务以及接触电子政务的场所。

而高校图书馆在资源建设上应创建与信息素养培训相关的数字媒体资源和数字内容，包括建设信息素养在线课程、信息素养在线门户等。此外，还应为师生提供各学科学习参考类的资源、教学课件制作相关的素材、技术支持等。

随着社交媒介和互动式在线平台日益成为日常生活必不可少的一部分，图书馆可为读者营造一个能充分接触学术环境中数字资源和社群的交互式媒介空间。该空间可整合使用方便的互联网络、功能完善的计算机软硬件设施以及内容丰富的知识库资源（包括印刷型、数字化和多媒体等各种形式），并配备掌握与图书馆或者数字媒介相关专业知识的馆员以培养读者对数字媒介的兴趣，利用数字媒介培养读者的学习和创新能力、信息与媒介等技术技能、生活和职业技能等数字时代所需的信息素养技能。另外，随着非传统学习模式（如复合教室、虚拟课堂、游戏设计、基于项目的学习、创客空间）的发展，公共图书馆和高校图书馆都将探索开展涉及这些新型学习模式的信息素养培训的方式，寻找将信息素养技能嵌入课程和研究活动之中的机会。

4. 开展形式多样的信息素养教学

泛在信息环境下，各种教育资源和学习资源的获取越来越容易，而基于资源的教育和学习方式使得公众、教师、学生、科研人员、图书馆员等不同的人相互交织、联系在一起。与以往教与学相分离的情况不同，信息素养教育将更加注重教与学的交互和协作，通过提供良好的环境和技术支持，用户即可实现主动学习和协作学习。此外，建立讨论组、研究社群、学习社区等方式也便于加强用户沟通和交流，共同提高信息素养。

信息素养教育的形式可以多种多样，设置独立的课程进行教学教育、课外时间提供教育机会、提供少量信息素养课中教学和嵌入专业课程进行教学。[①]

（1）设置独立的课程进行教学教育。专门开设的信息素养专业课，属于学校教学计划的一部分，可以必修也可选修，课程内容由图书馆员或图书馆内专设的教研组或培训部人员组织和安排，国外高校信息素养大都通过网上自学，并配有网上测试，如通过 Web 进行信息素养教学的一个杰出的范例——美国在线信息素质教育指南 TILT，网上教授学生信息检索和利用的基本概念和操作技能，其设计形式和内容的创新性和互动性已得到了普遍认可；华盛顿州立大学的网上在线教育课程 Speak Easy Studio and Café（简称 SSC）打破传统图书馆用户教育的模式，学生通过技术的应用学会有关研究的程序，通过在线交互学会信息检索工具的使用。

（2）课外时间提供教育机会。课外教学也称通用课，旨在提高在校师生信息素养的基本技能，课程内容和时间由图书馆员组织和安排，所有在校师生均可自愿参加。因其在学校课程表以外或非教学时间进行授课或培训而命名为“课外教学”，如麻省理工大学图书馆开设的文献管理软件 Endnote、Refworks 和 Zotero 的在线学习，所有在校师生均可使用，部分资源校外用户亦可使用；牛津大学图书馆安排电子资源检索与利用 Refworks 讲座等课程，这些课程均为 1—2 小时的讲座或视频并以上机操作为主。由此可知，课外教学大多是 1—2 小时的独立讲座（包括电脑操作讲授或检索或相关视频），持续时间短，图书馆员所需要花费的时间、精力少，学生也乐于接受，可操作性强。

（3）提供少量信息素养课中教学。信息素养课中教育，也称与专业课相关的信息素养教学，国外大多命名为 Course Related Lectures，旨在帮助学生完成某一门专业课作业或专业研究项目而组织和安排的一、两次讲座或上机操作课，课程内容通常是在与授课教师沟通后由图书馆员组织和安排，授课时间在该门专业课的计划课时内（课堂或辅导时间）进行。由于

① 万晓娟：《国外高校信息素养教育剖析与启示》，《图书馆学研究》2011 年第 4 期。

专业任课教师多数情况下并不熟悉图书馆文献资源和互联网虚拟资源的现状及使用方法，且很多数据库检索十分复杂，这样一来图书馆员参与教学，针对实际问题给学生提供信息检索思路和方法，学生易于理解接受，效果明显，如奥克兰大学工程学院一年级的一门专业课，要求学生通过海报将世界历史上某一重大的工程失误或教训（如挑战者号的失败、阿斯旺大坝对生态环境的破坏等）描述清楚，并介绍事故的来龙去脉。为帮助学生查找和筛选信息源，该授课教师请图书馆员走进教室，给学生讲授相关信息源，查询有效信息的方法及如何客观评估所获取的信息。图书馆员参与具体科目的教学，将所讲授的文献检索内容与课程融为一体，学生易于接受。课中教学将信息素养授课的内容与专业课有机结合，学生带着问题将所学的信息知识运用到课程作业的查询和评估中，让他们看到了信息素养的有用之处，进而激发了学习积极性和钻研欲望。另外，注册该门课的学生都要参与，普及性较好。

（4）嵌入专业课程各个环节。信息素养课内教育，也称为信息素养与专业课渗透教育，是信息素养教育中比较理想的一种形式。课内教育可渗透到授课、作业、实习、考试等各个教学环节，是为辅助专业课的学习由专业课教师和图书馆员共同组织和安排课程内容和授课时间，通常在该门专业课的计划课时内（课堂或辅导时间）进行授课，如美国依阿华大学图书馆的 Teaching with Innovative Style and Technology（运用创新性教学风格和技术手段实施教学，简称 TWIST）项目——支持和培训院系教师将依阿华大学图书馆的信息资源整合到各自课程中，以教师作为内容专家、图书馆馆员作为信息专家、教育技术人员作为技术专家共同合作完成。该项目受到了师生的热烈欢迎，TWIST 的工作人员已帮助教学人员开发了数百个基于学科的在线指南或课程，满足了大量学生研究和学习的需要。课内教育将信息素养有效地结合到专业课教学中，教师和图书馆员共同设计课程内容，学生将信息素养视为专业课程的一部分，在认知、表征、分析和解决问题的过程中逐步提高信息素养。这就是信息素养渗透到专业课内教育的独到之处。

二、智慧学习策略

根据美国教育部教育技术办公室2011年发布的研究报告，绝大多数国家都颁布了教育信息化发展规划，移动学习技术正逐渐成为很多国家优先发展的领域，奥地利、丹麦、日本、韩国等国已经积极采用云计算等泛在技术，以节省经费、增强网络安全、推送最新软件和资源。面对教育信息化发展的浪潮，我国政府制定的《教育信息化十年发展规划（2011—2020年）》确立了“到2020年，教育信息化整体上接近国际先进水平，对教育改革和发展的支撑与引领作用充分显现”的目标。①

教育信息化发展将改变学生被动的学习方式，扭转教师低效的教学效果，转变课堂单一的教学形态，其发展目标：在创新学习方式方面，智能机器人将成为学生未来的学习伙伴；3D打印技术将颠覆学生的动手实践，体感技术将带给学生互动学习的新体验，教育游戏将改变学生的学习观念，社会性虚拟社区将支撑学生大规模的合作学习；可穿戴技术能够使用声音信号、手势或其他指令信息，为学生通过文本、电邮和社会网络自动发送信息，帮助学生和教师进行交流，跟踪内容的更新，更好地组织公告信息。在创新教学形式方面，开源硬件正在夯实信息技术“做中学”的教学模式，学习分析技术将支持规模化教学形式的变革。在创新课堂形态方面，云计算环境可以促进学习与教学的协同，Second Life等创建的虚拟世界已经涌现了“真实课堂”，移动卫星车助力经济欠发达地区构建信息化的课堂。②

（一）利用泛在技术开展移动阅读

在泛在信息环境下，越来越多的读者使用数字设备进行阅读，这在一定程度上改变着读者原来传统的阅读方式和阅读习惯。适应和引导读者采用新的方式进行阅读是图书馆有待进一步开发的一项服务。

---

① 《教育信息化十年发展规划（2011—2020年）》，《中国教育信息化》2012年第8期。

② 《国际教育信息化发展的十大趋势》，2014年9月9日，见 http://www.teachercn.com/EduNews/News_Sp/2014-6/17/2014061709165672962.htm。

数字化时代图书馆的借阅方式变得方便快捷、灵活多样，读者既可以利用整块的时间坐在书桌前认真研读，也可以利用计算机、手机、手持移动设备等进行在线访问。移动终端阅读设备具有轻巧、便携、存储内容多等特性，并且阅读时不受时空限制。移动阅读具有方便、及时和灵活的特点，改变了传统图书馆的服务方式，改变了馆员与读者之间的关系，在服务过程中更多地体现了知识管理和知识服务的重要性，在应用中赋予了“以用户为中心”的服务理念，迎合了新时代读者阅读的需求，提高了读者对图书馆服务的满意度，促进了图书馆人性化、个性化服务的开展，在一定程度上延伸了图书馆服务的内涵，拓宽了服务的时空范围。

例如，上海图书馆推出“爱悦读”数字阅读自助机借阅服务，已有2万余种热门电子图书供下载，读者下载“市民数字阅读”客户端登录后即可通过扫描二维码等方式实现在移动终端上阅读整本图书的功能。又如，方正阿帕比公司推出的“阅知移动终端解决方案”，旨在实现有屏幕的地方就有图书馆，真正做到使图书馆的服务随屏幕无处不在。图书馆可以在微信公众账号上开通在线微数字图书馆功能，读者无需下载任何阅读软件即可在线阅读海量数字图书全文。读者还可以直接扫描触摸屏上的二维码，将数字资源下载到手机上进行移动阅读。在完成个人阅读的同时，阅知移动终端解决方案还支持读者将所看到的全部内容通过微信、邮件、电子文档等多种形式分享给自己的好友或群组。有学者认为，移动阅读方案有助于实现全民阅读，对高校图书馆来说，它的意义在于方便地帮助学生实现图书检索功能，如中国哲学史这一科目，通过这套系统可以方便地把所有的文献、论文学术资料全部推送给师生，帮助教师更全面、更方便地备课，及时展示最新研究成果，学生则可以根据个人不同的兴趣特点选择阅读方式。①

（二）建设慕课

慕课，即大规模网络开放课程（Massive Open Online Courses，简称

① 《图书馆进入移动阅读时代》，2014年9月9日，见 http：//jlwb. njnews. cn/html/2014-05/22/content _ 1629433. htm。

MOOC、MOOCs），在高等教育界已行之有年，主要由常春藤联盟大学教授在Coursera、Udacity、edX等平台上提供线上课程。此外，也有许多新兴的线上课程出现，如Khan Academy、Gale Cengage′s Learn4Life、Lynda. com等。

2013年被认为是中国的MOOC之年，北京大学、清华大学、复旦大学、上海交通大学高调加入国外的MOOC平台。9月23日，北大MOOC网站（mooc. pku. edu. cn）上线，目标是在五年里建设100门网络开放课程。10月10日，清华大学正式推出“学堂在线”MOOC平台（xuetangx. com）。国内第一轮MOOC行动如火如荼地展开。上海高校课程共享中心、中国东西部高校课程共享联盟等创立的中式MOOC平台加快发展，打破校际和区域壁垒，以承认学分的方式为国内学生提供更丰富的优质课程。如德斯蒙德所言：“如果人们可以在手机屏幕上读小说，他们肯定能通过智能手机读大学学位的课程。”这种技术变革带来人们习惯的改变，让在线学习向移动学习转变。① 中国知名大学开办的几十所网络学院和新成立的国家及部分省市开放大学都在积极开发移动学习。

从国际上看，日本政府高度重视移动学习，要把日本发展成一个“泛在学习”社会，使人们广泛使用移动设备来提高福利和进行终身学习。南非的移动学习也非常盛行。

关于MOOC的发展前景，有学者对未来的教育形态进行了大胆的设想：大部分老师成为教学辅助人员，部分老师转而投身科研；制作课程的专营公司会出现；大部分学校倾向提供非常精深、非常实践化的教育内容；判断学校好坏，要看其在网络上有多少选课学生；出现网络学习的第三方考核机构，对于学习效果有官方的认可；雇主可能更认同MOOC证书，而不单看学生毕业于哪所高校；中小学不再盯着升学率，更重视素质

① 《今天的移动学习》，2014年9月9日，见http://www.jyb.cn/world/gjsx/201311/t20131105_558326_3. html。

教育，更多学生在中学里思考“我将来干什么”[①]。

那么在这种浪潮中，图书馆能扮演何种角色呢？

（1）教材内容版权认证。图书馆员根据著作权的规范，协助教师确认课程教材、延伸阅读资料的著作权状况。

（2）提倡开放获取观念。图书馆向教师倡导OA资源的概念，让学生能够免费取得教师的相关著述。

（3）支持课程教材制作。图书馆提供相关的工具和训练，协助教师录制与编辑MOOC教材。

（4）提供给学生补充教材。图书馆提供延伸阅读的教材、资源链接网址、研究指引等，协助MOOC学生延伸学习触角。

（5）数据保存分析。图书馆能够协助保存MOOC课程运作等数据，对成功的MOOC课程进行评估与分析。

（6）课程内容数据典藏。MOOC平台技术更新的可能性不小，需要善加保存，保证在平台上开设的课程数据不会消失无踪，图书馆可以担起典藏的职能，妥善留存MOOC课程教材和学生作品。

（7）信息素养教材制作。英国国家图书馆、英国国家博物馆和21所英国知名大学等机构，与英国开放大学合作建立MOOC平台Future Learn，其中开设信息素养相关课程。

（8）提供给馆员进修机会。MOOC平台也提供给图书馆员进修的机会，如美国有圣荷西州立大学开设The Hyperlinked Library[②]。MOOC平台上也有其他主题课程可供选择，不仅图书馆员能够借此扩展知识的广度和深度，也能让有志成为图书馆员的人能够借此渠道学习专业知识。

（三）面向教学资源服务建设自助学习平台

在泛在信息环境下，需要考虑的是如何将无可估量的馆藏资源应用于师生每天的学习生活中？教师和学生应如何使用如此丰沛的精神食粮？图

---

① 《关于“慕课”的七个追问》，2014年9月9日，见http://dy.163.com/article/T1380165278983/9HEEUJ7500964KMJ.html。

② The Hyperlinked Library，September 9，2014，http：//mooc.hyperlib.sjsu.edu/.

书馆应如何应用互联网技术、数字化手段管理馆藏资源，并切实帮助校内师生使用资源？以课程为导航，将图书馆的数字资源重新组织，这就是面向教学资源服务的自助学习平台将给出的答案。不同于 MOOC，这种自助资源服务平台面向日常教学活动，将图书馆的教材、教参、论文、期刊、视频等种类繁多的数字资源以学习者个性化的课程为主线进行重新组织，智能地推送给学习者，为师生的教学服务提供直接的帮助。

例如，方正阿帕比公司 2014 年发布的"学知课堂解决方案"，以学习者的个性化课程为主线，以备课资源为拓展，将图书馆现有的大量数据库资源同时融入课堂教学，打开了将图书馆资源推向教学服务的通道。学知课堂支持每个学生拥有自己的个性化课程平台——专业课程教材、教参教辅资料、考证留学就业指导咨询、授课教师专题研讨、师生实时互动交流。上课、考试、论文、科研、留学、就业，在校园学习中任何需要帮助的时候，学知课堂都能够及时有效地帮助学生寻求问题的答案。与此同时，学生更可以通过添加个性化时间等设置安排和规划时间，提高自我学习及自我管理能力。

学知课堂解决方案属于定制化解决方案，可以结合学校的院系、专业和课程设置，提供个性化课程服务，任课教师可将每门课的重点、信息、推荐资料（教材）等分享给学生，实现教师与教师、教师与学生、学生与学生间基于课程的良性互动；同时学知课堂以课程为主体组织备课资源，将不同厂商的数据库资源打散，以课程的知识脉络重新组织，智能分析教学大纲，从知识树中推送内容，帮助教师高效备课；智能分析学生学习结果，推荐知识，帮助学生提升成绩。[①]

三、智慧研究策略

（一）开展知识增值服务

知识增值服务是以知识增值和创新为中心的服务，可以满足不同用户

---

① 李健：《方正阿帕比致力教学，发布学知课堂》，2014 年 5 月 22 日，见 http://news.jxgdw.com/cj/2481058.html。

的多样化需求和同一用户在不同时期对信息和知识的特殊需求，其核心是通过知识管理实现知识创新，从而实现知识的增值。

泛在信息环境下的知识增值服务将有很大的发展潜力。开展知识增值服务目前主要是为了满足文献定题检索及课题查新的需求，满足知识扩展、深度文献挖掘、二次文献查重、期刊查引等用户需求。从用户角度来考虑，用户的信息素养、获取知识的习惯和行为方式各不相同且不断变化，只有个性化的服务，才能满足用户不同层次、多样化的信息和知识需求。

图书馆可以通过设立专业能力较强的学科馆员，专门为某学科读者提供深层次知识增值服务工作；可以提供院系层面的科研竞争力评估，通过关键词、摘要等内容的分析进行某学科各研究方向的发展态势分析，以及对某研究领域构建关键词、机构或人员的可视化的关系图表；可以发展多源数据的综合分析技术，通过数据挖掘不断地提供超出教师预期的服务，利用数据库建立个性化用户接口、用户分析、知识需求分析、知识检索、知识组织与维护、知识库、应用处理等各个模块，利用数据挖掘技术实现Web日志记录挖掘、用户行为挖掘，利用数字推送技术实现用户在描述自己的需求和兴趣以后能自动定期接收到最新的相关信息和知识；可使用智能代理技术将用户所需要的个性化服务信息从大量信息中过滤出来，跟踪用户行为，学习并记忆用户兴趣，从而生成用户模型，构建个性化的模型；可以根据学校教学科研需求以及本馆信息资源、人力、经费等现实条件，优化馆藏建设，建立特色资源库，或根据重点学科和文献资源特色等优势，与院系合作开发，建立专题数据库，为科研提供深层次、多维度的支持，以深化知识增值服务。

（二）开展数据监管服务

很多科学研究所产生或者使用的数据都呈爆炸性增长的趋势。最早提出“大数据”时代到来的全球知名咨询公司麦肯锡称：“数据，已经渗透到当今每一个行业和业务职能领域，成为重要的生产因素。人们对于海量数据的挖掘和运用，预示着新一波生产率增长和消费者盈余浪潮的到来。”①

大数据在物理学、生物学、环境生态学等领域以及军事、金融、通信等行业存在已有时日，却因为近年来互联网和信息行业的发展而引起人们关注。大数据是云计算、物联网之后又一大颠覆性的技术革命。云计算主要为数据资产提供了保管、访问的场所和渠道，而数据才是真正有价值的资产。机构内部的交互信息，互联网世界中的物流信息，互联网世界中的人与人交互信息、位置信息等，其数量将远远超越现有 IT 架构和基础设施的承载能力，实时性要求也将大大超越现有的计算能力。

对于这些科研数据，只有通过有效的管理和使用，才能使之产生最大价值。近些年，国外对科研数据的管理和使用非常重视，美国在这方面的发展尤其迅速。美国一些提供研究基金的机构，如美国国家科学基金会要求研究人员提供研究数据，并共享这些数据。普渡大学图书馆和伊利诺伊大学图书馆、信息科学研究生院共同主持了 Data Curation Profiles（数据监管项目）的研究，以探讨科研数据的具体监管内容和方式。② 康奈尔大学开展的 DataStaR（数据仓库项目）旨在为科研工作提供协作，支持数据共享，并于 2010 年成立了研究数据管理与服务组，图书馆作为研究数据管理与服务组的成员之一，提供各种数据管理服务，服务内容包括存储备份、数据分析、元数据加工、数据发布等。③

我国对于一些超大型研究项目也是非常注重数据监管的。中国科学院在国内率先提出了建设科学数据库的设想，旨在将分散的专业数据库通过不断发展的计算机技术、数据库技术和网络建设实现数据的集成和共建、共享。到“十一五”期间，中国科学院数据应用环境中的科学数据资源超

① 麦肯锡公司：《大数据：下一个创新、竞争和生产力的前沿》，载《赛迪译丛》，2012(25)：3。

② Purdue Libaries，Data Curation Profiles，October 9，2014，http：//guides. lib. purdue. edu/content. php? pid=214801&sid=1794628.

③ Anna Gold，Data Curation and Libraries：Short-Term Developments，Long-Term Prospects，April 4，2010，http：//works. bepress. com/agold01/9/.

过了150TB，提供在线服务的科学数据资源超过100TB。中国气象科学研究院承担完成的气象科研数据共享系统集中了气象科学考察、外场科学试验和大气环境观测的数据，为科技创新、政府决策、经济建设、国防安全和社会公众提供全面的多层次的气象数据服务。

而面对用户的具体科学研究过程，除了以论文形式发表的数据，在研究过程中还会产生很多其他数据。有些研究数据可能由于论文篇幅等原因而没有被发表，也许从此就被锁在研究人员的档案柜中。然而这些数据对其他研究者来说，可能有很大价值，并且目前的学科发展趋势是向跨学科、跨单位，甚至跨地域发展，因此，这就需要一个开放的、共享的数据平台。

综合上述问题，在泛在信息环境下越来越多的学科相互合作将产生大量的科研数据，那么这些数据由谁来保管？一方面，图书馆可以发挥自身的信息组织、信息分类特长，对这些数据进行修改、合并、标引、分析与索引，即提供数据监管服务，使数据集合之后获取最大效益。同时，图书馆在数据监管服务中提供研究数据的服务咨询，并帮助研究人员依据基金申请的需求和数据的特点来规划研究数据的管理，了解研究人员对研究数据的信息管理需求，参与数据保存标准的制定和数字仓储的建设，注重数据监管的发展。另一方面，图书馆可以利用自身的优势提供数据平台，对数字研究内容进行收集和组织管理，为研究人员提供专业的服务。而图书馆员通过这一平台，可以更好地掌握用户的研究动态，为他们制定个性化服务策略，提高用户对图书馆的满意度。

美国约翰·霍普金斯大学数字图书馆副馆长Choudhury曾这样说："图书馆员就是数据学家，数据中心就是一种新形式的书库。因此，必须深刻认识高校图书馆在数据监管中所担当的重要角色。通过对科研数据的监管，图书馆员能更深入地了解研究人员的需求，以提供更专业的服务。”①

（三）加强科研竞争力评估服务

随着我国科研的发展，科研资源的配置越来越受到关注，各种科研竞争力评估也应运而生。对于高校而言，其管理部门也经常需要在院系之间配置资源，因而迫切需要全面了解各院系的科研发展情况，识别出较有潜力的领域和科研团队。在这种情况下，针对高校的科研竞争力分析报告，将有助于管理部门准确把握各专业、各院系目前在国内外所处的位置，科学判断所面临的竞争态势，合理分配科研资源。

科研的评价角度非常多，如学术论文产出情况、著作产出情况、获奖情况、科研项目情况、科技会议参与情况、经费的获取与投入产出比情况等。无论从何种角度出发，都要在同行评议的同时，提供一个基于客观数据的量化评估体系作为基准和参考，才能实现公平客观、科学合理的科研评估。文献计量学分析将提供有关学术活动的一般特征信息，还是一个保持同行评议过程诚信的工具。因此，图书馆可以从文献计量学的角度，探讨如何依据事实数据客观评估机构，尤其是子机构（院系）在学术论文方面的科研竞争实力。

科研竞争力评估可以从机构科研决策的需要出发，帮助管理者发现机构的优势、劣势和突破口。在机构整体科研竞争力方面，可以分析机构论文被 Web of Science（简称 WOS）等著名数据库收录和引用的情况，并将其与国内外知名高校进行对比，客观衡量当前的科研实力水平；可以考察特定时间段内机构论文的收录及被引数量变化，分析机构科研竞争力的发展趋势。考虑到科研人员在领域内著名期刊或影响因子较高的期刊上发表成果通常被视为科研绩效的一种指标，评估中可以增加机构通信作者、JCR 核心期刊、Nature、Science 等的发文量统计等。

在学科科研竞争力方面，可以分析不同学科论文发表的活跃程度；分

① 沈婷婷、卢志国：《数据监管在我国高校图书馆的应用展望》，《图书情报工作》2012 年第 7 期。

析在全球有一定影响力的学科的论文发表及被引情况，并与国内外相关机构进行比较。

在院系的科研竞争力方面，可以考察各院系论文的收录及被引情况，并分析特定时间段内院系论文被收录及被引用的数量发展趋势；进行JCR核心期刊、Nature、Science、ESI的论文统计，识别出院系科研影响力较高的论文及其作者；还可以对多院系合作的论文进行单独分析，考察多院系合作论文的影响力和优秀率，以及学科交融情况。

在泛在信息环境下，科研竞争力评估将是图书馆开展高端咨询服务的重要形式。图书馆充分发挥熟悉相关数据库与文献计量学方法的自身特长，以客观、严谨的量化分析为学校的科研管理与决策提供更加知识化、专业化的服务。①

四、智慧生活策略

（一）用新媒体、微技术加强社交服务

社交媒体的不断推陈出新，为图书馆传统的文献信息知识服务工作提供了新的机遇和方式。馆员以社交媒体为手段，进行文献信息交互推广服务，通过人人网、微博、微信等社交媒体发展交互式用户群，以采集、转载、共享、发布、链接等多种方式为读者提供更为广泛、快速的学科信息和知识，使受众用户从点到线到面、交互访问、分享和学习，从而实现知识信息资源的高效利用。②

国外图书馆对社交媒体的应用始于2006年，哈佛大学图书馆最先将图书馆搬进Second Life等虚拟社交空间进行信息知识服务。近年来，国外图书馆对社交媒体的利用越来越普遍。以Facebook为例，ALA的调查结果显示，到2011年为止美国较大的公共图书馆中已有11%在Facebook上

① 艾春艳等：《基于机构决策的科研竞争力评估方法初探》，《大学图书馆学报》2013年第5期。

② 都平平、郭琪、李雨珂、孟勇、穆亚凤：《基于社交媒体的网络学科信息交互推广服务》，《图书情报工作》2014年第2期。

开设站点。加拿大从温莎大学Leddy图书馆开始，到2010年已有21家高校图书馆在Facebook上建立主页。英国也有很大一部分图书馆利用Facebook、Twitter、YouTube、Flickr等社交媒体开展服务，Voice for the Library（图书馆之声）微博平台成为英国图书馆员之间、馆员与读者之间的联系交流平台，有力地推动了图书馆事业的发展，颇具国际影响。澳大利亚国家图书馆不仅广泛应用社交媒体开展信息知识服务，还制定了Social Media Policy（社交媒体政策），鼓励和支持馆员使用社交媒体创新服务，并为馆员提供了使用社交媒体的规范、要求和依据。

我国多家图书馆也利用社交媒体开展各种形式的服务。人人网是起步较早的社交网络平台，支持用户信息展示、联系与共享功能。人人网拥有庞大的用户群，且具有用户信息真实、用户定位清晰、网络关系化、用户黏度高、互动性强、传播形式多样化以及高开放性等特点。这些特点使得网站的信息传递以朋友之间或者兴趣群组等社会化关系方式的传递为主，传播更加有效，因而不少图书馆利用人人网构建互动平台，为读者提供基于SNS的信息服务，宣传图书馆，满足当代大学生的网络信息服务需求。

微博、微信作为最新的信息服务方式，在短短几年时间里赢得了巨大的用户群，多个图书馆均已开通官方微博、微信。国家图书馆的微博除了通知预告、服务导航、国图新闻等，开设了每日经典诵读等特色专栏，引导公众温故经典、颐养身心。上海图书馆的微博“上海图书馆信使”设置“广场”“微群”“地图”等版块，服务内容涵盖了人们生活的方方面面。清华大学图书馆建立了图书馆俱乐部、微博、学科博客、智能聊天机器人“小图”，可以提供实时参考咨询、图书搜索、自我学习等各种虚拟参考咨询服务。同时，该馆把馆藏嵌入豆瓣网、当当网等，让读者感受到无所不在的图书馆的服务。上海师范大学在开心网创建“涂书寮”开心图书馆，把图书信息知识服务融入到读者的学习和生活中。中国科技大学图书馆的Library Interactive System for Education and Research（图书馆交互式教学科研网络平台系统，简称LISER），把文献信息知识服务融进校园和图书馆的信息导航及共同爱好者之间交流、互助和分享的校园网络社区平台，为广大师生读者的个性化学习和科研工作提供定制服务。[①] 首都图书馆在2011年世界读书日期间利用微博开展了“图书交换大集”活动的宣传。从发布活动预告到即时发布现场活动情况，再到参与者“晒”换书成果，首都图书馆以最快的速度将整个活动的情况真实、完整地记录下来，活动消息和跟进报道在微博上发出后，首都图书馆官方微博的“粉丝”数量迅速飙升，而且活动当天到现场参加的人数也超过千人，收到了良好的宣传效果。上海交大图书馆官方微信从2013年12月正式对外服务以来，经过各网站的宣传和图书馆服务的推广，截至2014年2月已有1500余个用户关注。以2013年12月微信平台的互动交流数据分析，用户与上海交大图书馆官方微信的互动次数平均约为115次/日，最大峰值达到588次。约19%的信息交互来源于学术资源查询，约9%的信息交互来源于个性化信息查询，约63%的信息交互来源于用户的问题咨询，其中90%以上是向百科问答机器人提问，可以看出此类快捷的交流模式更符合用户的使用习惯。为了给用户提供较好的交流体验，上海交大图书馆制定了咨询馆员定期巡检机制，当百科问答机器人无法正确回答用户问题的时候，咨询馆员人为干预，主动回答用户提出的各类咨询问题，得到了良好反馈。[②]

（二）开展情景感知服务

传统图书馆提供给用户的服务内容都是语义化的内容，无论是检索查询服务和参考咨询服务，还是定题服务与学科馆员服务，都是根据检索词的语义形式查找信息和知识来提供服务内容。在为用户提供语义化服务内容的基础上，将情境化融入服务中，可为用户提供客观化语义和主观化情境相结合的服务内容。

图书馆情景感知服务的开展依赖于情景感知技术，情景感知技术涉及情景要素的界定、情景信息的获取、情景过滤与推理、情景建模、情景管

① 上海图书馆：《阅读放飞梦想 服务助推创新》，2014年6月5日，见 http://www.library.sh.cn/node2/n225/u16ai92.html。

② 孙翌、李鲍、高春玲：《微信在图书馆移动服务中的应用研究与实践》，《图书情报工作》2014年第5期。

理与利用等多个方面，这些问题的有效解决是实现情景感知服务的关键。在针对图书馆个性化服务的应用中，需要关注的情景要素包括用户情景、资源情景和服务情景。

用户情景包括用户的身份、偏好、需求历史、当前的任务与活动、周围的环境状态等信息。资源情景包括图书馆资源的类型、用途与所属学科、被用户利用的情景以及用户使用之后的反馈和评价等信息。服务情景包括服务的特性、功能、质量、服务状态等信息。情景信息可以通过感知器捕获、从已有的信息中抽取、由用户直接设定等多种方式获得。

在情景感知服务的应用领域，其主要获取方式包括显式获取、隐式获取和推理获取。通过各种方式获取的情景信息一般是一些原始、模糊、不精确、不稳定，甚至是冲突、不一致的数据，因此需要进行清洗、过滤、推断、解释和融合，以得到各种应用所需的高层情景。例如，在泛在信息环境下用户向图书馆员提交了“图书馆服务”的查询申请，图书馆员通过邮件或电话的方式了解该用户的查询目的，询问是一般性的了解还是进行学术研究，再查阅用户的职业、学历和兴趣等，将以上各个因素输入图书馆参考咨询栏中，经过图书馆智能服务器的处理后输出查询结果，再经过图书馆员的核对分析后提供给用户。[①]

（三）开展百科化服务

在泛在信息环境下，图书馆服务无所不在的特性促使其必须拓宽服务内容，使其服务内容不但包括学术研究方面，还应包括生活常识、饮食健康、教育保健和休闲娱乐等方面。泛在信息环境下人类所有的信息和知识都存储在内存巨大的服务器中，方便人们随用随取，从而使其成为一个数字化的“百科全书”。在泛在信息环境下，图书馆的百科化服务对民众而言将提供如下功能。

首先是信息功能。相对于“图书之馆”的概念，近十余年来，图书馆已经基本完成了从编目、检索到借还的全部电脑化、网络化；图书馆内所

---

① 袁静：《情景感知自适应：图书馆个性化服务新方向》，《图书情报工作》2012年第7期。

藏的不仅有图书，更大范围的信息来源还包括数据库；大部头的百科全书和各种参考书将越来越少，电子设备越来越多。除了学术类资源外，图书馆也会有通俗、实用、畅销的文献资源。比如实用型书籍有电脑教材、心理学、人际关系学、法律常识、语言教材、家居的美化和装修、各国食谱、健康与保健、世界各地旅游手册，甚至电话簿、全国各州各城市的地图册、汽车价格大全等。在泛在信息环境下，居民有任何信息方面的需求，都可随时随地获取。每一个图书馆员必须熟知查询各种信息的各种渠道，帮助找到人们提出的任何问题的答案。

其次是教育功能。图书馆与学校联合起来，学校的老师们会特地把学生撤到图书馆，学习如何利用图书馆的资源做某项“研究”；图书馆里也有专门辅导青少年阅读的馆员，相当于学生们的校外老师。还可以利用暑假、寒假等假期，由学校出具阅读书目，图书馆帮助找书、买书，让孩子们阅读传世作家的经典著作，还可以设计各类“读书有奖活动”、提供场地、筹办奖品等。

图书馆还可以贴出本周/本月的畅销书榜，供读者在借阅时参考。很多读者是冲着自己喜欢作家的名字、不管内容追着阅读的。图书馆员的工作之一，就是按照各种畅销榜、根据读者的脉搏，不断地给读者提供这些资源。在满足大众通过阅读而娱乐的意义上，图书馆和电视台、电影院无异，除了书刊外，图书馆还提供大量的 DVD 影碟和音乐 CD 等娱乐产品。喜欢看外国电影的人们，守着图书馆也会有更多的机会，如图书馆里可以举办“外国电影节”——连续几个月，每星期放映一部在国际上获奖的外国优秀影片。[①]

（四）三网融合环境下的数字电视服务

“三网融合”就是将广播电视网、电信网与互联网融合一体，由广播电视网负责提供相同服务和内容，由电信网和互联网作为载体，实现三网互联互通、融合发展、资源共享，为用户提供话音、数据、广播电视、数

① 《美国公共图书馆面面观，不止是“图书之馆”》，《当代图书馆》2012 年第 2 期。

字图书馆等多种服务。在三网融合的机遇下，只要对目前的有线电视网络作适当的改造，使其具有正反向传输功能之后，就能用它实现高品质的计算机联网、信息终端和交互式电视等功能，并作为数字图书馆的传输环境。[①] 例如，中国国家图书馆推出的电视图书馆，打开电视选择国家图书馆数字频道，可以通过电视看到那些还在版权保护期内的电子图书、听讲座、看视频等。又如，常州电视图书馆对泛在服务模式进行了有益探索，在技术方面形成了以数字电视网和多媒体视频为主的表现形式；在内容方面，充分挖掘图书馆资源，结合地域、文化、馆藏等特点制作精彩电视节目，并有针对性地提供服务，在一定程度上实现了图书馆的泛在服务。

五、智慧空间策略

泛在信息环境下，图书馆“没有围墙”“足不出户”“无所不在”。在被社会重新认识的过程中，图书馆被认为是信息空间的延伸和拓展。信息空间既包括有形的物理空间，如图书馆建筑，又包括无形的抽象空间。本书提出，在泛在信息环境下，图书馆应该全力打造“智慧空间”。

（一）图书馆作为空间的角色在发生转变

有人认为，信息时代图书馆将转变为学习和信息中心，也有人坚持认为除了作为信息技术存储资源的场所，图书馆仍然是编目和图书借阅的物理场所。[②]

《2010年学术性图书馆十大趋势调研报告》指出，图书馆正在扩展其虚拟空间，减少用于藏书的图书馆空间，并重新规划以利于学生使用。“图书馆作为场所”（Library as Place）的概念，对于学生、科研人员和许多教工来说仍然重要。有些图书馆还增设了写作、辅导和媒体中心，以提

① 张轲、陈能华：《三网融合环境下数字图书馆的发展和服务模式探讨》，《高校图书馆工作》2011年第2期。

② Steve Harbor：《数字时代图书馆角色的转变》，魏剑编译，《图书情报工作动态》2011年第2期。

供多种学术支持服务。[①]

1. 空间调整与重新布局已被普遍列为图书馆的战略规划方向之一

ALA发布的《大学图书馆的未来：2012年冬季报告》中把“重构图书馆空间”列为其中重要的一项，举例包括澳洲新南威尔士大学的6个专业图书馆合并至一个统一的图书馆大楼，并认为这一重构使得一个“胜任目标”的图书馆成为可能，各专业部门能够更好地开展合作，共同回应学校不断变化的学术交流环境；也有图书馆认为空间与IT部门空间融合可能带来益处；图书馆的空间提供了大量的协作机遇，未来研究型图书馆将会通过协作与合作加以界定；评价大学图书馆的一种独特方式是评价图书馆空间在图书馆支持本校使命实现方面是否发挥作用。[②]

美国学者认为，为了应对研究生教育系统所面临的挑战，研究型图书馆应从对学院的挑战入手，开始致力于重新规划研究生服务与空间。[③]

从高校图书馆的实际行动看，加州大学洛杉矶分校图书馆在其2012—2017年战略规划中，明确将重新定义图书馆作为空间场所的概念列为战略规划之一。[④] Santa Cruz（圣克鲁兹分校）图书馆在2013年也把“提供物理空间和资源，以增强学生的经验和支持教学、学习与研究”作为其重要的战略方向之一。为了应对经费短缺、人力削减、需求转变的严峻形势，伯克利分校图书馆从2007年9月起开始酝酿与规划图书馆的转型——重新构想图书馆[⑤]。这一重要的战略规划从2011年12月开始实施，其中图书馆空间布局的调整是转型的重要组成部分。Davis（戴维斯分校）

---

① ACRL Research Planning and Review Committee, “2010 Top Ten Trends in Academic Libraries: A Review of the Current Literature”, *College & Research Libraries News*, 2010 (6), pp. 286—292, June 1, 2010, http://crln. acrl. org/content/71/6/286. full. pdf _ html.

② 美国图书馆协会：《大学图书馆的未来：2012年冬季报告》，宋菲编译，《图书情报工作动态》2013年第2期。

③ Lucinda Covert-Vail、Scott Collard：《新时代的新角色：面向研究生的研究型图书馆服务》（节选），宋菲编译，《图书情报工作动态》2013年第2期。

④ UCLA Library Strategic Plan 2012—2017, February 20, 2014, http://www. library. ucla. edu/pdf/UCLA-LibraryStrategicPlan2012-19. pdf.

⑤ Re-Envisioning the UC Berkeley Library, February 6, 2014, http://www. lib. berkeley. edu/AboutLibrary/re _ envision. html.

图书馆2013—2016年的战略规划中的基础设施方面就包括“把图书馆空间重新规划为一个不断增长的学生社区空间和一个不断变化的研究环境”这一重要方面。[①] 进行馆舍扩建的Santa Babara（圣芭芭拉分校）图书馆在其宣传资料中的口号是“图书馆是校园的集结点，一个合作的场所，游戏规则的改变者，图书馆的改造是一次复兴”[②]。加拿大多伦多大学图书馆在2013—2018年战略规划中，把物理和数字空间的建设列为战略优先领域之一，创新探索的首要任务是为安静的学习提供启发灵感的空间，为有效合作和碰撞新观念提供灵活的、可配置的空间，进一步建设虚拟空间，以积极展示教师、研究人员和学生的研究的方式，把图书馆建设成为领导本校和更大范围社区的知识中心。[③]

公共图书馆同样重视空间转型。美国波士顿公共图书馆在2011年开始执行的战略规划中，明确地提出了有关空间发展的内容：为了服务并维持延伸探索、阅读、思索、交流、教学与学习一系列行为，提供整个城市可获取、可持续、受人欢迎的物理设施，图书馆要努力建设社区环境，提供吸引人、令人兴奋、舒适、洁净和安全的图书馆空间，并积极地将自身营造为波士顿市文化与娱乐中心的角色，提供旅游景点、展览空间、建筑旅游点和表演场馆的功能。[④] 我国国家图书馆在“十二五”规划纲要中，也列入了有关改善图书馆物理空间的内容：结合总馆南区的改造，进一步改善图书馆的物理空间与环境，营造更有品质的阅读空间、更具吸引力的公共文化空间，丰富公众的文化体验与知识体验。[⑤]

---

① UC Davis Library Strategic Plan，February 20，2014，http：//www. lib. ucdavis. edu/dept/admin/plan/.

② Message from the University Librarian，April 20，2014，http：//www. library. ucsb. edu/library-addition-renovation/message-university-librarian.

③ University of Toronto Libraries，Charting our Future：A Strategic Plan for the University of Toronto Libraries 2013—2018，August 23，2016，http：//onesearch. library. utoronto. ca/sites/default/files/strategic _ planning/UTL-Strategic-Plan-2013-18. pdf.

④ Boston Public Library，Strategic Planning，August 23，2014，http：//www. bpl. org/compass/strategic-plan/.

⑤ 国家图书馆：《国家图书馆“十二五”规划纲要》，2014年8月23日，见http：//www. nlc. gov. cn/dsb _ footer/gygt/ghgy/＃9。

2. 图书馆被打造为“第三空间”

1989年，美国社会学家雷·奥登伯格（Ray Oldenburg）在 The Great Good Place 一书中提出 Third Place（第三空间）的概念，他从社会学的角度把社会空间分为居住第一空间、职场第二空间，其他不受功利关系限制的，如城市闹市区、酒吧、图书馆、城市公园等列为第三空间，具有公共交流、自由宽松便利、积聚资源和人气等特征。2009年，IFLA 提出图书馆可以作为第三空间的命题很快被广泛接受。例如，加拿大蒙特利尔图书馆馆长贝迢姆将图书馆比作公民家和工作单位之外的第三个重要去处之一，耗资1.42亿元的蒙特利尔图书馆于2005年开业，拥有20万册的电子书，会员在5年里增长了17%，至2011年约有28.6万名会员，会员年访问量达300万人次，是加拿大最繁忙的法语图书馆。[①] 我国的杭州图书馆也打造了一个集学习空间、交流空间、创意空间、展示空间、娱乐空间于一体的“第三文化空间”。

（二）泛在图书馆空间重构的发展趋势

1. 藏书改为密集排架或转移到远程书库，腾出更多的空间供读者使用

调整空间的“藏”“用”比例，从以“藏”为主转向以“用”为主。以美国加州大学为例，洛杉矶分校的研究图书馆将一层以及地下一层进行了大规模的改造，2011年秋季重新开放。他们把采访和编目部门迁出到馆外其他地方，把藏书转移到远程书库，除保留少量的行政工作空间外，把整个一层大部分面积打造成为新型的读者学习空间和服务空间。地下一层改造为特藏阅览服务、研究与教学支持及共享空间。改造后的这两层，集中了读者最常用的服务与设施。该馆超过50%的馆藏存放在加州南部远程存储设施中。该馆在战略规划中把图书馆视作实验室，灵活多样的实体与虚拟空间为教学提供场所，为师生提供多样化的学术环境，支持个人研究与学习、协作性工作以及活动展览等文化生活知识交流，创造开放的

---

① 张海云：《加拿大图书馆使用率10年缘何攀升45%》，《中国文化报》，2012年1月18日。

学习与研究环境，使学术研究和学术过程可视化，构建安全的新型环境，把图书馆建设成为校内的一个跨学科协作生态系统。

伯克利分校不仅向远程书库转移了大量的馆藏，他们还在本科生图书馆和研究图书馆之间的草坪下建成了深入地面以下四层的书库。书库收藏了研究图书馆全部400多万册馆藏中的260万册印本书刊，腾出大部分空间用于读者阅览和服务。主书库中设有独立的阅览座位和小组研讨空间，共有400个座位。另有20%的馆藏收藏在加州北部远程存储设施中。

在可能的条件下，对图书馆建筑进行扩建。圣芭芭拉分校的Davidson图书馆在其原建筑的东侧进行扩建，扩建部分将增加大约5574㎡的面积，同时对原建筑大约8547㎡的面积进行装修改造。

2. 共享空间及其设施的建设成为潮流

图书馆提供更多更舒适便利的空间及家具、设施和电子设备供读者使用，以便开展个人或协同的学习或研究，这是普遍的空间变革趋势。空间服务主要是利用馆舍，创建各种相对独立的空间，提供社交、研讨、个体专用、协作、演示等功能，满足用户个性化或其他特殊需要。

洛杉矶分校图书馆在新建的灵活多样的研究共享空间中，配备了完善的设备和技术支持，包括大屏幕液晶显示、笔记本、无线网络等，帮助使用空间的师生利用图书馆的资源与服务，开展研究与合作。使用开放式学习空间进行讨论时，讨论小组成员可以与其他读者开展互动，以获得更多的思路。伯克利分校本科生图书馆的一层部分区域首先被改造为信息门户，并已投入使用。这里为读者提供了舒适的沙发、电脑和上网功能，并配置了到馆新书和教学参考书，满足本科生基本学习的需求。

在建设共享空间的过程中，不同类型、不同规模的图书馆根据自身的特点和读者需求，打造了类型多样、名称各异的服务空间，但究其服务内容与特点，共享空间可大致归纳为以下几种类型：

(1) 信息共享空间/学习共享空间。

1999年，Donald Beagle首先明确信息共享空间（Information Commons，简称IC）的概念，“为整合的数字环境而设计的专门组织空间与服务传递模式”，其核心理念是一种综合性服务设施和协作学习环境，既是一种专门的网络在线环境，又是一种新型的物理实体空间。[①] 此类空间具备综合服务的功能，主要面向经常到馆的读者提供查阅资料、上网和学习的功能。空间中提供各种学习资源以及支持学习和信息利用的各种相关设施，包括一站式的检索、咨询服务，培训与技术支持服务，网络打印/复印、自助借还、检索设备，满足读者日常生活需要的社区化服务，如ATM机、视听欣赏、咖啡茶点等。美国马里兰大学的Mc Keldin图书馆创建了一个学习共享空间（Terrapin Learning Commons），目的是为学生提供诱人的环境，以促进学术工作和帮助营造社区，力图与学生并肩作战、共同合作，以提高他们的学术研究质量，充实他们的大学生活体验。在空间里，布局着若干群组区域和研究室，提供小组需要的可移动的书写板和家具布置，100多台装有软件和图书馆资源的智能终端机。[②]

（2）知识共享空间。

把知识服务（Knowledge Service）和IC的概念结合，有学者提出知识共享空间（Knowledge Commons，简称KC）的概念。[③] KC是基于知识整合，以知识为共享对象、以人为中心、以泛在知识服务为特征，以知识管理为目的的交互式网络虚拟空间。它为泛在图书馆搭建了泛在知识服务的平台，是泛在知识环境下知识转化的载体。它是基于知识元的知识整合，资源形态和共享对象是“知识”，既包括显性知识，也包括IC没有涉及的隐性知识；它不再以内容和存储为中心，而是以人为中心建立知识流动机制，从“资源网络”转变为“知识网络”，关注知识的产生、传递、转化、创新和应用整个知识生命周期；真正依托交互式互联网络、移动通信技术将知识服务泛在化。

（3）研究共享空间。

① Donald Beagle，“Conceptualizing an Information Commons”，*Journal of Academic Librarianship*，1999，25（2），pp. 82－89.

② 颜玉怀：《马里兰大学图书馆印象》，《农业图书情报学刊》2013年第12期。

③ 吴云珊：《泛在图书馆知识共享空间（IC）研究》，《图书馆情报知识》2013年第1期。

研究共享空间（Research Commons）主要面向研究型的读者，通过提供场地和设施，满足其协同学习、研讨、交流以及社交的需求。空间内提供网络环境下支持研究的各种设施，包括投影仪、平板电视、笔记本电脑、音响设备等，也可以提供支持研讨的共享桌面或软件、电子白板或平板电脑等。此类空间适用于研究型图书馆以及公共图书馆中支持研究的服务部门。

在此还可以学习专门技术，包括从引用管理软件到海报打印技术等各种各样的研习培训班（Workshops），针对大学生的写作辅导（Tutoring）。这个空间也可由合作伙伴用来举办活动和研讨，如研究生院举办的针对大学生的税负辅助程序培训、针对外语学习组和写作工作组的写作训练、针对博士论文写作的多样性训练，以及大学职业介绍中心通过职业规划师所提供的个人简历书写和制作等方面的帮助。

（4）媒体共享空间。

媒体共享空间（Media Commons），也称作数字媒体实验空间。支持数字媒体创作和演示的数字媒体实验空间在国外已经非常普遍。媒体共享空间主要面向艺术、媒体等专业的读者，提供多媒体作品创作、虚拟演播、小型演唱会或表演等。空间内通常配置采集和创作设备、编辑制作设备、输出合成设备等，空间内提供技术支持及相关培训。专门的数字媒体实验空间可提供制作、讨论、表演、创作等功能及其设施。

不少公共图书馆为儿童青少年空间也配置了实验区和合作区。美国芝加哥公共图书馆的 YOU Media 儿童青少年空间最具代表性。在其试验区内提供了多种电子媒体设备，如音频控制台、装有多种音视频等制作软件的个人计算机等，促进青少年创作，在其合作区为青少年提供了团体讨论和学习的空间，配置会议桌和讨论板等设施设备，并远离嘈杂的玩乐区。[①]

---

① 罗惠敏：《促进知识服务的图书馆空间资源利用——21 世纪初美国图书馆空间设计趋势与设计思想》，《高校图书馆工作》2013 年第 2 期。

①数字媒体实验空间非常普遍，数据实验室或创客空间起步并将快速发展。

随着电子数据的增长，国外一些图书馆还成立了数据实验室（Data Lab）[①]，为用户提供不断增长的电子数据文档馆藏和 MS Excel、SAS、SPSS、Stata、Mat Lab 等分析软件服务。图书馆员可以帮助用户定位、检索和使用数字、数据。也有研究图书馆设有“数字文化遗产实验室”（Laboratory for Digital Cultural Heritage），可供教师演示、授课，或提供研究人员开展实验或讨论。这种由图书馆提供空间搭建的教学或实验环境，重在支持创新研究或教学改革。

Makerspace，又称作 Hackerspace、Fablab、Hacklab 等，在国内被称作“创客空间”。它是一个具有加工车间、工作室功能的开放实验室，创客们可以在这个空间里共享资源和知识，实现他们的创作想法。[②] 有学者称 Makerspace 是开放的社区实验室，供有共同兴趣爱好的人们分享资源、知识和工作经历，强调在科学、技术、工程和数学（STEM：Science，Technology，Engineering，Math）方面进行发明创造，同时也为写作、烹饪、摄影、艺术和其他领域的创作提供动手机会。[③] 通俗地讲，创客就是努力把各种创意转变为现实的人。创客空间是为创客们提供材料、工具和技术，让他们聚集在一起设计并完成某个项目的空间，是一个人们共同建造事物和共享的工作区域。[④] 2014 年 6 月，在美国华盛顿白宫举行首届“创客嘉年华”，这种发明创造庆祝活动突出了设计、制作的重要性，制作者在白宫演示着用先进技术和工具制作的东西，并分享了鼓舞他们创新制作的故事。美国总统奥巴马参观完展会后宣布政府以及政府外的主要合作伙伴将努力帮助来自不同背景的美国人创业，尤其是擅长科学技术、工程

① Library Data Lab，February 20，2014，http：//www. lib. berkeley. edu/wikis/datalab/.

② WIKI，Hakerspace，August 8，2014，http：//en. wikipedia. org/wiki/Hackerspace.

③ Abram Stephen，“Makerspaces in Libraries，Education and Beyond”，*Internet @ Schools*，2013，20（2），pp. 18－20.

④ 李红培、鄢小燕：《美国图书馆 Makerspaces 实践案例及启示》，《图书馆学研究》2013 年第 15 期。

和数学，并致力于美国制造业复兴的这些人。[①]

业界认为，图书馆要进化为一个灵活、协作的空间，以促进有趣的设计和创作，从人们交换思想的场所，介入了动手能力和想象力培养的新领域。在创客空间，图书馆提供工具、材料等资源和技术，培养读者通过动手实践进行探索的能力，增加获取信息的机会，提倡创造文化、培养发现知识的兴趣和能力，是对图书馆功能的一个新的扩展方向。公共图书馆建设创客空间，有助于打造和谐社区；学校图书馆建设创客空间，能够满足教育、教学的多种需求。

美国多所图书馆已经开展了创客空间的建设实践。Fayetteville Free Library 创建了奇趣实验室（Fabulous Laboratory）和创作实验室（Creation Lab），为读者提供知识、工具、教练和专家的学习环境。前者强调制作有形的物体，如制作相册、小玩具等；后者注重数字化创作，提供 3D 打印机、计算机、摄像机、播客设备等新科技产品。Westport Public Library 的创客空间可供读者进行机器人研发，举行发明人的知识产权问题等研讨会，以及艺术品的制作等，希望通过图书馆提供鼓励发明创造的地方，培养企业家的创新精神。[②]

Cleveland Public Library 成立的 Tech Central（科技中心）实际就是创客空间，不仅包括 3D 打印机等一系列科技服务，还提供很多培训课程和活动，并且有一个家庭和合作工作区域。该空间的主要特征：①计算机培训和计算机室，读者可以参加免费的电脑和相关技术的公共课程，没有培训时计算机室留给个人或团体使用；②3D 打印，可以让读者把创作想法变成现实事物，可以打造很多读者自己设计的市场上没有的东西；③My Cloud 个性化计算机经验库，读者把每次访问图书馆的制造经验写下来，可以在图书馆的任何地方登录 My Cloud 设备和自己的个性化界面；④科技“玩具盒”，读者可以在此体验最新的科技产品，如 iPad3、Kindle

---

① 北京青年报：《奥巴马观看白宫创客展 欲复兴美国制造》，2014 年 6 月 20 日，见 http：//news. ifeng. com/a/20140620/40813327 _ 0. shtml。

② Makerspace，February 21，2014，http：//westportlibrary. org/services/maker-space.

Touch、NOOK Color、Samsung Galaxy Tablet 等，并可以借走一周进行了解使用；⑤灵活的学习空间，配有交互式的 SMART 板，有许多不同和创新的方式进行学习，可以参加"即兴班"、一对一的协助培训或小团体的协同工作。[①]

此外，为适应新技术的发展，还可以建设新技术培训空间。该空间服务对象是对新技术和软件有特定需求的读者，支持交互式培训功能、研讨、学习、就业、业余爱好等需求。空间配备电脑、视频会议系统、互动展示设备以及相关的专业软件和其他设备，支持图书馆组织的培训或会议，也支持企业、社团、机构使用，推广最新技术或产品，培训员工提高业务水平等。

②空间的布局更加细致和人性化。

随着资源形式和读者需求的转变，图书馆应提供更多的空间支持读者开展个人或协同学习或研究，提供更加细致和人性化的空间服务，满足读者多样化的需求。例如，加州大学洛杉矶分校研究图书馆一层布局了研究共享空间和学习空间，既支持研究讨论，也具有传统阅览室安静的特点，并配备必要的参考工具书。在空间上动静相对区分，既为学术研究的协同讨论创造了条件，同时也保证了对读者传统阅读环境需求的满足。

泛在图书馆的面积将大量被规划为信息共享与服务空间，并且根据读者流量和服务特点对楼层进行布局。例如，加州大学伯克利分校改建本科生图书馆[②]，图书馆建筑被重新规划，从一层到五层依次为教室与内部工作空间、计算与媒体共享空间、交互区域、可供讨论的合作共享空间、安静的学习空间。该馆的改造口号：灵活可变的学习空间、更多的电子设备支持、更长的开放时间、提供友好的食物和饮料服务、可持续发展设计。

③与空间配套的完备的信息基础设施及其服务。

---

① Tech Central Maker Space, February 21, 2014, http: //www. cpl. org/TheLibrary/TechCentral/TechCentralMakerSpace. aspx.

② Moffitt Library: A Bear Essential, February 21, 2014, http: //moffitt. berkeley. edu/lookinside. html.

在图书馆主页上提供多种空间及配套设施的预约和在线服务支持功能。比较有代表性的是加州大学洛杉矶分校的大学图书馆教学计算共享项目（The College Library Instructional Computing Commons，简称 CLICC）[①]，项目是由该校数字人文中心、学术技术服务、社会科学计算、教学发展办公室与图书馆等几家单位合作开展的一项服务。CLICC 项目通过网络平台实时更新各项空间、设施、设备的数量变化。能够提供的服务内容或项目：笔记本电脑外借；使用计算机、扫描仪和打印机；外借投影机、可擦写记号笔、网线、适配器和耳麦；通过计算机或快捷方式获取软件；在配备各种装备的 CLICC 教室上课；预约使用小组研究室或共享空间；从培训专家处获取专业软件的帮助；其他相关的任何需求。项目具体的管理与运作由图书馆计算机服务部门负责，大量学生志愿者参与服务。配备的专业领域人员涵盖调度、实验室、网络、咨询、编程及培训，全方位为用户提供帮助。

④图书馆功能更加注重以人为本，不断拓展。

在空间的重构或转型过程中，图书馆从读者需求的角度出发，开发更多的功能空间，努力为读者利用图书馆的资源和创新学习提供方便。

例如，中国台湾地区清华大学的新馆在服务方面，除了为读者提供图书除菌机、预约书查询机外，在服务空间方面专辟了自助取书区、带有独立门禁和自动派位系统的夜读区、小舞台、简报练习室、团体讨论室、互动墙、发呆区等。

韩国 LG 数字有声书图书馆专门为盲人和残疾人开展了泛在图书馆项目，并对使用图书馆的盲人进行调查和深入访谈，了解泛在图书馆对盲人的真实效果和可用性，发现残疾人士访问信息的障碍，深入研究残障人士的信息使用行为，理解他们的信息需求，争取有效建设为盲人服务的图

① UCLA Library，CLICC：the College Library Instructional Computing Commons，February 20，2014，http：//www. library. ucla. edu/clicc/overview-use.

书馆。①

美国公共图书馆为特殊人群提供了更多方便的空间与设施。美国残疾人法案规定公共场所不得歧视残障人士，因此美国图书馆中“特殊人群空间”的设计已经成为一种趋势。“特殊人群空间”是一项复杂而昂贵的工程，有时甚至使普通空间面积缩减，但这是让尽可能多的人平等地使用图书馆功能的保证。美国国会图书馆和许多公共图书馆、高校图书馆都提供特殊人群服务。馆舍在进行改建、扩建和修缮时也充分考虑到特殊人群的需求，如加建具有残障人士通道的入口，加建电梯和残障人士卫生间。

图书馆除了针对具有生理缺陷的人群，对有特殊空间要求的普通读者也尽量满足。加州 Walnut Creek 图书馆专门开辟了延长服务区域，方便晚间归还视听资料的读者；华盛顿 Anacostia Neighborhood 图书馆在门前设计了一个小型灯塔，为夜间经过图书馆的行人提供方便。②

（三）泛在图书馆空间建设策略

泛在图书馆空间建设将充分考虑读者的需求，整合信息获取和信息技术支持，形成信息服务连续体，营造支持教学、研讨、交流与学习的协同服务环境，建设成为囊括服务空间、学习空间、教育空间、社会空间等综合服务内容的立体空间，见图 5－11。

在此基础上，还要结合泛在图书馆文献资源体系的发展思路及服务方向调整图书馆空间布局，合理规划、妥善利用现有空间，充分考虑未来空间设置的多样化，服务个性化、精细化，建设智能、环保、安全的图书馆空间。

1. 结合泛在图书馆文献资源体系的发展思路及服务方向调整或布局空间

以大学图书馆为例。能在空间上做文章的条件下，首先要考虑图书馆文献信息资源体系的发展思路：为更好地支持学校的教学与科研，应采用

① Seung-Jin Kwak, Kyung-Jae Bae, “Ubiquitous Library Usability Test for the Improvement of Information Access for the Blind”, *The Electronic Library* , 2009, 27 (4), pp. 623－629.

② 罗惠敏：《促进知识服务的图书馆空间资源利用——21 世纪初美国图书馆空间设计趋势与设计思想》，《高校图书馆工作》2013 年第 2 期。

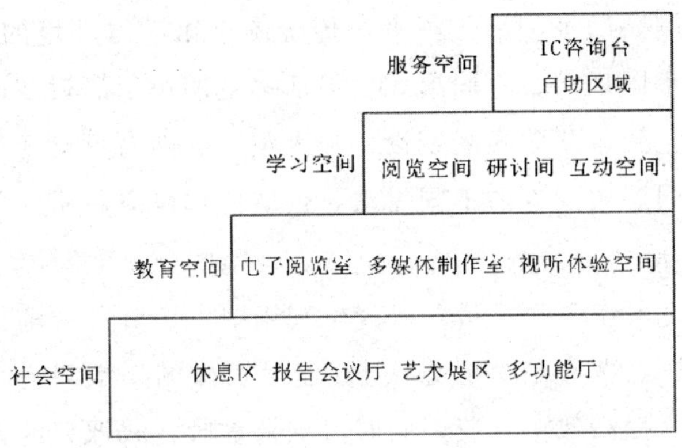

图 5—11 泛在图书馆空间建设规划

总馆为主、分馆为辅的模式，还是多个分馆共建的模式？是建设一个大而全的图书馆，融合本科生、研究生、教师的服务为一炉，还是相对区分建设本科生馆、研究图书馆？伯克利分校和洛杉矶分校的图书馆，都强调其模式是非集中式的图书馆系统，他们没有明确到底哪个馆是总馆。这种模式的优势在于，分工明确，工作易于精细化，更有针对性。本科生图书馆主要面向本科生服务，研究图书馆面向教师和研究生服务，学科分馆或院系分馆则面向某些专业或学科提供更为专深的服务。

2. 要考虑未来空间设置的多样化、个性化、精细化

未来的图书馆将是居民经常活动的“第三空间”，逐渐进入“海量信息的科技体验和美妙空间的艺术体验融为一体”的新阶段。图书馆将是一个模块化结构体，空间内要配备可灵活组合的、富有创意的移动式家具，提供性能优越、极具设计感的数字设备，迷你研究空间集群，可以伸缩的大、中、小型研讨室，充满艺术氛围的展览与文化装饰。① 所以，未来的空间设置要多样化、个性化和精细化。

保留一定面积的传统阅览空间。此空间要保持原有特色，营造浓厚的

① 朱强：《北京大学图书馆的历史、现状与展望》，《大学图书馆学报》2012 年第 6 期。

学习和阅读氛围，满足一部分读者对传统图书馆学习环境的偏爱。[①] 更多空间用于设立不同规模、不同形式、灵活多变的小组研讨空间或个人学习空间。固定小空间、开放式固定设备与大空间、随时可灵活组合空间相结合，以满足不同层次读者的不同需求，创造协作研究与协同创新的机遇与条件。

成立研究生写作中心，帮助研究生利用图书馆资源，辅导研究生学术规范相关知识以及撰写论文的方法。[②] 建设媒体创作空间，鼓励师生处理音、视频资料，提高数字素养，同时可支持教师在线课程的建设。为笔记本等移动设备的外借预留空间。

3. 合理规划、妥善利用现有空间

在图书馆物理建筑没有改扩建的情况下，要合理规划现有空间。可采取如下措施：转换馆藏建设的战略实践，增加电子资源的采购，减少印本书刊的购入，控制书库使用空间的增长速度；利用区域联盟共享印本资源的渠道，实现本馆书架空间的最大化；利用自动化系统管理印本馆藏，高校图书馆可最大限度地利用本校所有可用的设施；减少馆藏冗余，适时适当地剔除类型重复的图书馆资源，并探索其他策略。[③]

4. 充分考虑空间的智能、环保和安全性

利用计算机集成系统管理图书馆空间及其设备，通过智能技术的应用实现图书科学化的管理。通过采用节能环保的材料、设施等，提高能源的效率，提高环境质量，如采用书库分区控电、自动声控开关等，读者区、办公区的智能门禁系统；利用阅览桌向上照明的光源对白色天花板反射提高阅览室的照明度；所有的光源不直射眼睛，为读者创造更为舒适、人性化的照明；更为先进和方便的信息基础设施，提供可支持更多设备、移动设备所需要的电力负荷，更多的无线网接入，以及更快的网速等。空间内

---

① 美国图书馆协会：《大学图书馆的未来：2012 年冬季报告》，宋菲编译，《图书情报工作动态》2013 年第 2 期。

② UCLA Graduate Writing Center，February 21，2014，http：//gsrc. ucla. edu/gwc/.

③ UC Davis Library Strategic Plan，February 20，2014，http：//www. lib. ucdavis. edu/dept/admin/plan/.

要强化安全设施与措施：设置明显的、随处可见的楼层结构图与安全指示牌、急救包、紧急情况处理指南等。

建设“生态友好”空间是美国图书馆建筑的重要趋势之一。与自然融合、运用新科技及节约成本是其三个要素，以达到追求智慧再创造与休闲娱乐的自然空间的理想定位。在充分利用自然光的基础上，运用新型的制热、通风与空调控制，保证馆内空间适宜的温度和空气循环。华盛顿 Tenley-Friend-Ship Neighborhood 图书馆内的感应器能根据照射入馆的阳光强度来调节室内灯光的强度，从而节省能源。①

美国圣路易斯公共图书馆完成的改造工程中新增公共空间面积 3.8 万平方英尺，改造的目的之一是使该馆成为一座适应 21 世纪要求的图书馆，大厅和 4 个公共阅览区都配备了新的数控机械、电气和防火系统。② 建设智能化管理的图书馆是新的发展趋势。

5. 建立机制对改造后的空间使用情况进行持续性的评估

对未来图书馆空间的规划，在一定程度上是根据技术发展和读者需求进行预测后的部署与安排，在实际使用中不能保证完全符合读者的需要，因此必须提前做出一些考虑，如预留一些根据用户需求可灵活安排的空间，同时对空间的使用情况进行统计与持续评估是非常必要的，根据统计与评估的情况随时调整空间的功能或布局，以利空间的最有效利用。③

美国杜克大学 Pekins 图书馆在信息共享空间的策划阶段，信息共享项目指导委员会为该项目的试点方案做了一个内部的测评。在实验阶段，他们要求客户记录所使用过的软件和硬件，并提出相应的改进希望。随着不断地向新领域拓展，他们发现自身不断发展的必要性。在改进的下一个阶段中，需要增设一个教学中心，并在外部设置一个可移动的技术服务站。新的教学中心需要有教室、集体讨论室、服务台，并且与学术课堂保持紧

① 罗惠敏：《促进知识服务的图书馆空间资源利用——21 世纪初美国图书馆空间设计趋势与设计思想》，《高校图书馆工作》2013 年第 2 期。

② 《美国圣路易斯公共图书馆改造工程竣工》，《城市建筑》2013 年第 6 期。

③ Lucinda Covert-Vail、Scott Collard：《新时代的新角色：面向研究生的研究型图书馆服务》（节选），宋菲编译，《图书情报工作动态》2013 年第 2 期。

密的联系。

对信息/学习共享计划进行评估十分重要且有意义，它既是难点也是重点，关系到信息共享体系的良好运行和可持续性发展。杜克大学的做法是“可以随着项目的发展需要调整额外的资金预算”。它认为“标准的评估工具会指出共享计划的受欢迎程度，这种工具有 Lib Qual 和门票数据等”。另外，“目标群访谈，观测调查，用户反馈收集与统计（网络调查和现场问卷以及其他信息共享伙伴的相关数据）”也不失为有效的手段与方法。然而，不可否认的是“那种能够获得用户反馈的机制会更有用”。

信息共享空间的评估与规划是相辅相成的，只有当规划符合读者需求和图书馆发展战略，能够服务于学校的总体目标、学科建设与教学、科研的需求时，空间的布局、设施配置和资金预算才能达到最优化。①

第五节 管理转型策略

泛在信息环境下，作为知识信息处理和传播的关键枢纽之一，图书馆是“认知与建构层”的重要角色，要在“感知互联层”和“识别控制层”的基础上更加自由、自觉、自在地去认知并构建新的知识信息活动。除了第四节提出的图书馆用户要提高信息素养水平以外，图书馆的管理水平、图书馆从业人员的信息素养水平在很大程度上决定着对知识信息认知与建构的水平，因而图书馆的泛在化转型要求图书馆必须进行管理转型，既要优化管理机制，又要推进组织机构的调整与变革，同时对人力资源建设进行转型。

---

① 沈红、盛兴军：《DUKE 大学图书馆构建信息共享空间之若干经验》，《上海高校图书情报工作研究》2009 年第 2 期。

一、运行机制优化

(一)协作机制：建立战略联盟，协同开展工作

建立协作机制是推进图书馆泛在化进程的重要战略。泛在图书馆服务主、客体的泛在性特征，要求作为服务主体的馆与馆之间形成普遍而深入的联系，即意味整个图书馆行业需从宏观上建立起与泛在信息环境相适应的管理运行机制，形成遍及全球各地的图书馆网络服务系统，以及适宜互联网服务和开放存取的合作共享机制。

1. 馆际协作

在图书馆自动化、数字化的建设进程中，图书馆馆际协作模式已从馆际互借服务跨越到区域性图书馆联盟、全球性图书馆联盟乃至超级图书馆联盟等更广泛而深入的协作模式。在泛在图书馆的建设进程中，必须进一步扩大与深化图书馆联盟的协作机制，在共同认可的协议和合同的制约下，合作开展数字基础设施建设以及泛在资源与服务共享。

2. 跨机构协作

泛在信息环境下开放存取的资源与服务模式以及用户对信息处理深度，要求图书馆同时具有出版、学术研究、服务等多种功能。在人力与物力有限的情况下，图书馆必须与相关领域机构开展深度合作，以便泛在化进程的推进。以高校图书馆为例，高校图书馆可与校内各方展开协作，建立学校层面的泛在信息服务战略联盟。在基础设施建设方面与计算机中心合作，共同建设有利于图书馆提供泛在服务，并能支持研究、教学、学术交流不断扩展的模式和可持续性的数字基础设施；在资源获取以及学术研究方面可把诸如科研处、出版社、院系、研究生院或者教务处等部门作为合作伙伴。建立跨机构的合作伙伴关系不仅可以共建基础设施，强化建设泛在图书馆的技术与设备支撑，而且可以共享资源，扩大图书馆泛在信息资源的获取，还可以联合开展创新研究，提升知识整合水平，提高泛在服务的广度和深度。

3. 馆内协作

要实现泛在化转型，图书馆内部必须形成一个有机协作的整体，通过

协同工作对来自全球的海量资源进行灵活存取，也对来自全球的用户提供个性化的知识服务。馆内协同开展工作有利于人力、物力资源的有效管理和高效运用，在节约资源的同时，达到工作效率的最大化。在泛在信息环境下，馆内协作将从根本上改变图书馆的工作方式。

（二）交互机制：营造开放环境，建设大规模人际交互与人机协同的信息知识生态系统

1. 馆员—用户的人际交互

馆员内部的协作是在信息知识链头部的一种小范围协作模式，仅有这样的协作还远远不够。泛在信息时代是一个互动的时代，随时可处于在线互联状态的用户不再处于信息知识链条的尾端，作为信息服务的对象，而是随时对图书馆业务作出反应，并在任何环节参与图书馆业务。换言之，泛在信息环境下图书馆业务主体的边界与范围大大延展了，传统的馆员与用户的界限将被彻底打破，可共同作为图书馆业务主体为泛在信息服务创造价值。因此，要实现图书馆泛在化转型，必须重视用户对图书馆的价值，将用户纳入业务管理范围，营造开放的环境，建立起大规模的馆员—用户交互机制，发挥集体智慧。这一点在资源建设与读者服务方面多有体现，见第三节和第四节。

2. 人机协同

泛在信息环境下，伴随着移动化、大数据、云计算、人工智能等多种技术的应用，各种各样的计算机、感知识别设备以及高度智能化的机器人将成为人类感官及智能的延伸，人将会与越来越多的机器一起工作。图书馆必须建立和谐的人机交互机制，合理开展人与计算机的分工与合作，在人与计算机之间建立最佳的协同状态，建立人与机器共同感知、共同决策、相互验证、相互补充的工作机制，发挥人与机器可互补的优势。

二、组织方式变革

着眼于泛在信息环境下技术和网络的发展、出版的巨变、随时随地泛在服务的需求以及用户对知识服务深度和广度的个性化差异等，所有这些对图书馆业务的组织与工作的开展来说都是革命性的挑战，尤其是那些具有多年馆藏建设和组织历史的图书馆。从传统图书馆到数字化图书馆的转型中，传统组织模式已经被改变，泛在信息环境带来的变革将毫不逊色于以前有过的变革，它要求组织持续、灵活、高效地运作，并以多种方式对突发状况快速响应。因此，图书馆要实现泛在化转型，必须进行组织模式的变革。

（一）工作模式转型：移动化、虚拟化与蜂巢模式

1. 移动/远程办公

泛在服务“随时”（Anytime）的需求对图书馆业务人员的工作时间和地点提出了新的挑战。传统的固定时间、固定地点的图书馆办公方式将无法满足泛在服务的需要，图书馆将对移动化产生巨大需求，通过借助智能手机、笔记本电脑、平板电脑等移动化技术方式，满足员工随时随地随心展开工作的要求，并产生与传统办公方式一样甚至更高的效能。对于业务人员而言，工作方式的移动化一方面赋予其决定工作时间和地点的灵活性，使其获得更大的自由；另一方面也意味着无论馆员走到哪里，工作都如影随形，工作变成了日常生活不可或缺的一部分。

移动化办公也将带来图书馆管理的巨大变革。泛在图书馆的管理关系将不再是建立在指挥和控制的基础上的对员工的统一时空管理，而是以透明、协作、创新和灵活性为基础，以建立起一定信任度以及保持可测量的生产率水平为前提，建立起成熟和有效的工作关系。在对员工的工作时空管控放松的同时，基于个人信息设备的移动化办公模式也给图书馆管理提出了新的技术难题，如如何有效保证移动设备上的信息安全、如何对馆员工作进行评估等。

2. 虚拟社区组织

泛在图书馆的服务基于互联网，这意味着虚拟的网络社区将成为泛在服务的主要平台之一。通过个人移动信息设备，图书馆员可以高效地、随时随地地接入高速网络，并一直保持在线状态，随时可与虚拟网络空间的其他业务人员合作，从而为泛在服务提供可能。工作着的图书馆员群体就

形成了一个虚拟社区组织，它改变了传统图书馆员工组织的界定。

在远程/移动办公与虚拟社区组织办公模式下，许多来自个人的、创造性的、天才的想法将在虚拟网络空间中得以自由表达，而一些性格内向的天才也更容易在虚拟网络空间中畅所欲言。因此，这种基于虚拟网络的工作模式将提高工作效率和质量，真正发挥性格内向和外向员工的集体智慧的力量。

3．“蜂巢模式”

在向泛在化转型的进程中，图书馆的工作模式可以向蜜蜂学习。同一蜂巢的蜜蜂具有共同而固定的物理空间，同时又具有一定的独立性；不同的蜜蜂有不同的分工，并能实现有效沟通，即使是飞离蜂巢工作的时间，蜜蜂之间也可以通过特定的方式进行交流。这样的运行模式很适合泛在信息环境下的图书馆。

蜜蜂合作的基本原则是尊重个体想法、尊重多样化、分享知识和技能。首先，蜜蜂们都是有权利的，每只蜜蜂都可以根据自己的线索或者信息来做出决定。其次，蜜蜂会相互学习，并且为了降低做出决策失误的风险，它们共享一个广泛的通信系统。通过这个系统，任何信息都会被共享，每只蜜蜂都会得到这些信息。另外，蜜蜂还很珍视种群的多样性。① 在泛在信息环境下，图书馆工作就可以像蜜蜂一样，在既自由又有序的组织模式下，通过应用互联网或者其他在线工具把个人的能力与智慧集成，变为可行的集体思维力量，即形成“蜂巢式意识”。

（二）业务组织方式重构：单一链条/条块式向多元网格化转变（平面线形结构向多维立体网格状结构转变）

在泛在信息环境下，资源组织将具有网络化、群体化、特色化、整合化及面向用户的特征，并具有云模式化、资源与服务一体化的发展趋

① ［美］Allison Cerra、Kevin Easterwood、Jerry Powe：《商业模式重构：大数据、移动化和全球化》，朱莹莹、廖晓红、陈晓佳译，人民邮电出版社 2014 年版，第 53 页。

势。[①] 信息资源的传播也将不再是传统的单一链条模式，每个人都可能成为出版者、在线知识供应商、图书馆或一个信息系统[②]，泛在服务将发生在信息资源生命周期的任何一个阶段。因此，图书馆业务组织必须转变为以信息资源运动轨迹与出版、研究、服务等分支交互构成的多元网格化结构，传统的单一链条/条块式业务组织模式将无法满足泛在化转型的需要。

在图书馆整体组织架构层面，各图书馆要立足本馆的历史与现状，在重新审视泛在信息环境下信息资源生命周期的基础上，重新梳理图书馆业务流程，逐步推进业务组织模式的重构。以北京大学图书馆为例，该馆在泛在化建设的探索中提出了虚实结合的业务组织模式，即在条块式实体业务机构的基础上增设跨部门的虚体业务工作小组，通过小组的工作完成图书馆的任务目标，由此虚实结合，实现了多元网格化组织模式的初步搭建。

具体到单个业务环节，也需要在纵深方向构建多元网格化集成组织模式。以纽约大学图书馆服务为例，鉴于越来越多的师生将往返于不同地点进行学习、教学和研究，纽约大学图书馆推行"全球服务整合"战略，通过整合基础设施以及各交流地点所有员工的技能和专业化知识，致力于建设一个集成、协作、高效的服务组织，能够在所有交流地点有效运作，提供一系列协调的在线联网服务，即形成一个集成的全球员工体系。[③]

（三）机构调整：建立灵活高效的图书馆组织架构

由于传统的业务组织模式与工作模式都将发生彻底转变，图书馆必须对组织机构进行重新审视与调整，构建合适的内部组织架构，满足泛在图书馆建设的需要。以传统单链式业务流程中的工作环节为基础的机构设置方式应被打破，要从泛在服务的内在要求及泛在图书馆建设的需求出发搭

---

① 毕荣、范华：《泛在环境下图书馆信息资源组织特征趋势研究》，《四川图书馆学报》2013年第4期。

② 裴微微：《泛在信息社会的图书馆信息资源发展策略》，《图书馆学研究》2013年第11期。

③ 纽约大学图书馆：《纽约大学图书馆2013—2017年战略规划》，宋菲编译，《图书情报工作动态》2012年第9期。

建组织架构，并且注意兼顾本馆的功能与特色。

目前，国外许多图书馆都已经敏锐地意识到了这一点，进行了组织机构的调整。美国国会图书馆 2013 年 9 月公布的组织机构图中主要包括国会公共政策研究服务（Congressional Research Service）、美国版权办公室（U. S. Copyright Office）、馆员办公室（Office of the Librarian）、法律图书馆（Law Library）、图书馆服务（Library Services）、战略规划办公室（Office of Strategic Initiatives）与业务支撑办公室（Office of Support Operations）几个部门。[①] 普林斯顿大学 2014 年 8 月公布的组织架构中主要包括馆藏发展部（Collection Development）、研究与指导性服务（Research & Instruction Service）、古籍善本与特藏（Rare Books & Special Collections）、技术服务（Technical Services）几大部门。[②] 美国加州大学伯克利分校 2014 年 7 月公布的组织架构主要包馆藏（Collections）、数字研发与共享服务（Digital Initiatives & Collaborative Services）、教育创新与用户服务（Educational Initiatives & User Services）、财务、事务与图书馆运营（Finance Business & Library Operations）、图书馆人力资源（Library Human Resources）、图书馆发展（Library Development）以及东亚图书馆（East Asia Library）与班克罗夫特图书馆（The Bancroft Library）两个分馆。虽然在机构设置上各有不同，但上述例子都呈现了共同的特征，即以图书馆服务与管理的内在需求来划分机构。

国内图书馆在组织架构的改革上则略显滞后，许多图书馆仍以采访、编目、阅览等单线业务流程来划分业务部门。要实现图书馆的泛在化转型，必须尽早进行机构调整与重组。以北京大学图书馆为例，2009 年北京大学图书馆根据数字环境下业务发展趋势对机构进行了一次重组，将原采访部与编目部合并成立资源建设部；原信息咨询部与期刊阅览部合并成

① Organization Chart, Library of Congress, September 30, 2013, http://lcweb2.loc.gov/master/libn/about/documents/lcorgchart.pdf.

② Princeton University Library, Organization Chart, October 22, 2014, http://library.princeton.edu/about/orgchart.

立新的信息咨询部。面向泛在信息环境，该馆2015年对内设机构进一步改革重组，设立了资源建设中心、特色资源中心、学习支持中心、研究支持中心、信息化与数据中心、古籍图书馆、综合管理与协作中心七大主要部门。资源建设中心（Resource Development Center）包括全媒体资源的建设以及开放存取资源建设工作，加大数字资源建设的比例，实现学科化资源采访。直接提供服务的学习支持中心（Learning Support Services）与研究支持中心（Research Support Services）是将原流通阅览部、信息咨询部、多媒体资源部调整重组后的产物。前者主要支持本科生学习，包括书刊阅览外借、终端外借、电子教参、MOOC、创意工作坊、写作工作坊、音视频点播欣赏、信息素养教育、馆际互借文献传递服务等；而后者主要开展支持科研的课题咨询、查新查收查引、专利服务、知识产权服务、竞争情报服务、科研态势分析、科研工具应用、决策支持等。信息化与数据中心（Information Technology and Data Center）负责信息基础设施（网络/服务器/无线网/交换机/台式机/笔记本电脑等硬件）、系统平台、应用平台、数据管理、长期保存、开放获取、新技术研究与应用等。此外，还在重构实体部门的基础上创建若干跨部门工作小组，包括用户服务宣传与推广组、社交媒体运维组、信息素养教育组、学科馆员服务组、新技术研究与应用组、电子资源协调组等。这样的组织方式将有利于在泛在信息环境下根据用户需求更有针对性地开展不同类型的服务。随着泛在化进程的推进，机构改革将不断进行下去。

此外，泛在化建设中的图书馆还要在组织架构合理化的基础上实施管理体制优化，使各部门可以灵活、高效地开展工作，以实现组织利益的最大化。在业务之外的领域，还要做好对资金预算、人力资源与物力资源等方面的优化管理，为业务发展提供强有力的支撑和保障。

三、人力资源转型

（一）重新审视岗位设置

泛在信息环境下，图书馆行政重组、运营调整以及战略规划被认为是推动岗位职责变化的三个首要力量。泛在信息环境下的人力资源工作，首先要重新审视岗位设置。

1．重新定义传统岗位

为实现业务的泛在化转型，需要对许多传统岗位进行重新定义。在岗位描述上要更加具体化、精确化，岗位名称也要使用描述性语言重新改写，如对于以往宽泛的公共服务或技术服务等岗位名称，要用数字内容、馆藏、学习、指导和用户服务等具体业务职责加以准确描述。岗位名称变化的同时，也意味着职责范围和侧重点的变化。

2．设计并创建新岗位

推进泛在图书馆建设，要根据泛在图书馆的内在需求设立新的岗位，如与电子网络出版、版权或知识产权、数字馆藏开放获取、大数据资源维护与管理、泛在信息环境建设、泛在化关键技术研发、泛在服务研究、交流拓展、战略计划、发展评估等职责相关的岗位。

3．合理匹配岗位与人员

传统岗位的细化以及新岗位的创建很有可能使岗位的数量远远超过人员的数量，这时就需要核岗定编，把岗位与人员进行合理匹配。实行一人多岗的主副岗制度以及岗位轮换的AB岗制度，都是解决岗位与人员匹配问题的有效对策。这样的机制不仅有利于评估与管理，对馆员综合能力建设大有裨益，还可在人员变动频繁的情况下保证组织正常高效的运营。

（二）推动角色转型：馆长、高级管理人员、业务馆员与人力资源工作者

泛在化进程中新技术的引进和图书馆业务模式将转变传统组织角色，馆长、管理人员、馆员与人力资源工作者的角色将发生重要演变。而实现这一华丽转身的人员队伍，将能够帮助图书馆在竞争最激烈的市场中产生可持续的竞争优势。

1．馆长

泛在信息环境下，图书馆最具战略价值的角色之一是组织的战略管家，对图书馆实行企业家式的领导。因此，馆长需要从烦琐的图书馆日常

管理工作中解放出来，专注于图书馆发展战略，以前瞻性的眼光确定组织的战略方向，明确其愿景，更明确地领导图书馆向前发展。

2. 高级管理人员

在馆长角色发生转变的同时，原本由馆长负责的图书馆的管理与领导工作可以更完全地由高级管理团队成员担任。[①] 高级行政管理人员需要将图书馆运作视为整体，开展团队工作，并确保内部生产力、运营效率以及必要的调整以实现图书馆的战略目标和目的。这些都是复杂的高要求职责。高级管理人员必须具备足够的领导力与管理能力，才能够担任以往只有馆长才能处理的工作，如良好的沟通能力和人际交往能力、灵活性与适应性、合作及领导的技能、理解新兴技术等。

3. 业务馆员

泛在信息环境下，图书馆员作为泛在图书馆的实际建设者，将成为对图书馆传统角色提出新功能需求的重要驱动力，也是图书馆核心竞争力所在。除了高水平的信息素养外，在基于虚拟空间的移动化工作条件下，馆员的任务将多元化，成为技术型多面手，在相对灵活的工作模式下开展高效率的工作，并在组织中大力发挥创造性。

4. 人力资源工作者

泛在化转型对图书馆人力资源工作者的角色提出了多元化的要求。作为主要的招聘部门，人力资源要在新、老两代馆员之间维系平衡，一方面要确保吸收到优质人才，使图书馆能够健康发展、保持竞争力；另一方面又要关注平衡老一代馆员的利益。泛在化建设要求各个业务团队用更少的资源完成更多的工作，这可能会影响馆员和组织的关系，因此人力资源要兼顾双重意图，在馆员需求与组织需求间维持平衡，既要贯彻执行那些保护组织利益的政策和程序，又要确保劳动者受到政策和劳动法的保护。而作为组织文化变革管家与变革使者，人力资源部门还要努力创建泛在信息

① 张丽华：图书馆高级管理人员的角色转型（执行摘要），《图书情报工作动态》2013 年第 3 期。

环境下的新型组织文化，以吸引新人才并让现有员工满意，还要负责维持一个健康高效的工作环境，为员工的工作与生活做好保障。

（三）组织文化变革：培养泛在信息环境下的新型组织文化

1. 学习型组织

在泛在化建设进程中，整个图书馆体系将不断变化，不断地进行自我调试与改革，以应对各种挑战。为此，图书馆要培育学习型组织文化，在吸引具有专业技能和学术技能的高端人才的同时，组织还需要为他们的成长提供继续学习的机会，不仅将持续性学习整合到岗位描述与年度考评中，还要将继续学习纳入终身职业规划，持续地接受培训及职业学习，并能够成功地应对专业领域发生的各种变化，在不断变化的环境中通过学习不断成长，取得职业发展。这对于馆员、管理者以及领导者的个体成长都至关重要。

2. 开放型组织

尽管图书馆对图书馆员的能力要求越来越综合化、全面化，作为人本身来讲还是会有性格和能力的偏向，所以泛在信息环境下的图书馆必须以开放性的思维吸纳各种类型的人才，包括外向的社交合作型人才、前行在虚拟走廊上的孤独的技术天才以及沉迷于技术和智能终端驱动的社交网络的数字原生代。在吸引各色有才华的年轻一代应聘者的同时，要兼顾对老一代传统图书馆员的重视与培养，使不同类型的人才各司所长、协同工作。

3. 高效能组织

泛在信息环境下的图书馆工作将更加追求效率，因此要培育高效能的组织文化。泛在技术和服务对图书馆员在信息感受及洞察力、信息检索能力、知识信息组织及创新能力、外语能力和现代信息交流工具的使用能力[①]等专业技能方面提出了更高的要求，并且要求较全面的综合素质。有

---

① 魏力更：《图书馆泛在化进程中的馆员能力建设》，《内蒙古科技与经济》2012 年第 20 期。

研究者用“胜任力”这一概念对泛在信息环境下馆员的综合素质要求做出了详细的说明（见图 5－12）。因此，要利用并提升现有员工的能力，培养员工对数字变化的快速反应能力，提高员工个体的工作效率。

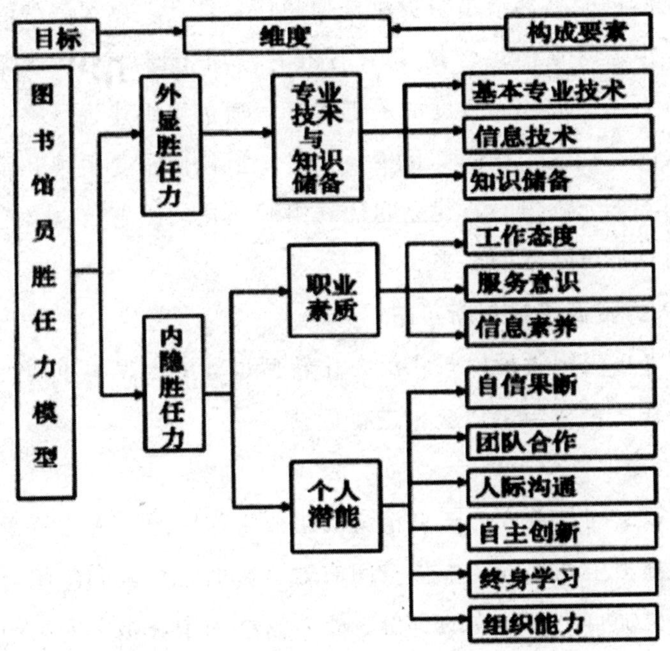

图 5－12 泛在信息环境下图书馆员胜任力模型

图片来源：赵立红《泛在信息环境下图书馆员胜任力模型构建》，《图书馆学刊》2012（8），第 17 页。

此外，还要加强内部领导力和管理技能的提升，使团队在内部合作机制上更加灵活，重新配置人力资源，提高团队效能，应对不断变化的需求，营造可持续的管理系统，以进行效率可持续的管理实践。

4. 创新型组织

创造力在泛在图书馆的建设中至关重要。要培育创新型组织，提高团队效能，在团队互动中得到更多成果，就要在组织内开展有效的“头脑风暴”。“头脑风暴”是奥斯本（Alex Osborne）在 20 世纪中提出的理念，“开动大脑来创造性地解决问题——就像突击队员一样，每个人攻打的都是同一个目标"。奥斯本的"头脑风暴"中最基本的一项原则是数量大于质量，在一次头脑风暴中成员不要批判任何一个想出来的点子。批评是这种创造性过程的克星。如果头脑风暴小组中的人担心被他们的同事指责刁难，那么他们可能不会给小组提供任何想法，会让头脑风暴停滞不前。①

组织文化是泛在信息环境下图书馆的一项无形资产，是吸引优质人才、提升员工忠诚度和满意度的关键要素。通过组织建设最终可以建立强大的文化认同，在这个认同文化中，馆员知道他们是受重视和肯定的，并且对组织的未来充满信心。建立起优秀组织文化的图书馆也必定在泛在信息环境下拥有不可估量的未来。

（四）人力资源管理创新策略

由于图书馆组织管理模式在泛在化转型过程中会发生重要变革，人力资源建设工作也需要与之适应、进行创新。

1. 人力资源虚拟管理

随着虚拟空间日益成为图书馆员的主要工作阵地，人力资源管理工作也要随之在虚拟空间展开。虚拟空间有效突破时空局限和组织界限，使得馆员获得了更加自由、独立的身份。要对这样一个虚拟空间组织的人员实施管理，可以采用参与式管理与经常性领导的模式。参与式管理要求管理者首先要借助一些工具介入组织中，如网络视频、音频会议、群聊等方式。这样的工具让管理者可以方便地参与到员工组织中，和员工用新的方式沟通，等级与对立都将弱化，从而促进不同职位、岗位的人有效沟通。经常性领导要求管理者放松对员工的管控，将重点放在培育协作环境、建立成熟和有效的工作关系上，只提供工作框架和清晰的目标，进行需求审核并给予定期指导与反馈。

2. 人力资源管理的大数据时代

泛在信息环境下，人机协同、移动办公以及工作空间虚拟化使得对馆

① ［美］Allison Cerra、Kevin Easterwood、Jerry Powe：《商业模式重构：大数据、移动化和全球化》，朱莹莹、廖晓红、陈晓佳译，人民邮电出版社2014年版，第45页。

员工作的考核与评估的数据越来越多，体系也越来越复杂。这意味着人力资源管理也要随之进入大数据时代，人力资源管理将基于大量数据，并且最终用数据说话和决策。这就要求人力资源工作必须随时随地收集人与组织之间、人与人之间以及人与机器之间互联互通累积、集聚的巨大数据，通过科学的大数据分析来进行程序化决策与非程序化决策，如绩效考核、选人决策、晋升决策、制定薪酬策略、人才与岗位匹配评估、寻求职位系统与能力系统的最佳效能匹配关系等。在这样的大数据时代，人力资源部门必须要有专门的计量专家乃至数学家，在把握馆员情感诉求的基础上制定合理的大数据分析模型和解决方案，进而通过大数据分析来开展人力资源管理工作。

结语

当今时代，信息与网络已成为人类日常生活的必需品，人们对各种智能化移动网络通信设备的依赖，引发新的信息服务和社会生活需求，信息社会将成为网络、信息装备、应用平台、内容和解决方案的融合体，泛在信息社会即将到来。目前，各国已积极投入泛在信息社会建设的研究中，在战略和技术上进行了有效探索和实践。中国作为这一全球性浪潮的推动者之一，在泛在信息社会的建设过程中面临着不断涌现的机遇，同时也正经历着严峻的考验。

泛在信息社会是利用各种新型网络技术与智能化、移动化工具，实现人与物、物与物之间的无缝互联和识别，使任何人都可以随时随地地获取无所不在的信息及服务的开放的、智慧化的信息社会形态。泛在信息社会以人、智能互联环境、信息服务、大数据、信息技术等为基本要素。以人为本是社会发展持久不变的基本宗旨，一切服务与目标都以人类的需求为出发点。网络互联是泛在化信息社会的基础，大数据信息在网络中汇集存储，各种信息技术不断创新和升级，为人类提供不同的信息服务，在智能网络环境下信息服务将跟随人们移动的脚步遍及生活与世界的每个角落。

本书旨在研究人们对泛在信息社会和泛在图书馆的认知，总结国外泛在信息社会的发展现状，分析我国泛在信息社会的发展前景，探讨构建符合我国国情的泛在信息社会的国家战略的基本框架，为我国泛在信息管理与服务的推进提供参考和借鉴。与此同时，思考图书馆在泛在信息社会新环境中的定位和作用，以图书馆的应用研究为牵引，全面研究图书馆的发展变革，提出面向泛在信息管理与服务战略模型的泛在图书馆转型对策，力求将信息服务延伸到任何有用户的地方，改变人类知识和信息的组织和利用方式。本研究的成果概括起来主要有以下四点：

一、调研人们对泛在信息社会和泛在图书馆的认知

本书围绕用户信息行为、对泛在信息社会和泛在图书馆的认知、对泛在信息社会和泛在图书馆服务的期待展开用户调查，以了解人们对泛在信息社会与泛在图书馆的不同理解以及信息社会泛在化发展的现状。

调查发现，虽然人们对于泛在信息社会真正来临时间的预测各不相同，但无论是十年还是二十年，泛在化已经成为当前信息社会发展的必然趋势。科技与互联网信息技术的不断创新、智能化的不断成熟、信息数据的快速增长与多元化、人们复杂多样的信息需求、国家政策与制度的支持等因素，都是影响泛在化信息社会发展的主要动力。我们在迎接泛在化信息社会的同时，也还面临不少的问题。

（一）泛在信息社会需要全民的理解和参与

调查显示，当前的数字化信息时代，数字难民越来越少，绝大多数人都能认识到自己在信息化社会中的双重身份，既是信息使用者，又是信息生产者。而另一半人将自己定位于单一的角色：41.51％的人认为自己只是“信息使用者”，还有1.57％的人认为自己偏向于“信息生产者”。泛在信息社会的智能性与时效性越来越强，设施与服务日趋多元，网络资源更加丰富多彩，使人们的信息身份具有双重性。任何人都能以信息使用者的身份随时随地获取并使用信息资源；同时，信息社会日益趋于开放性和交互性，用户可以随时随地分享资源、交换信息，成为一名信息生产者。

泛在信息社会是一个以人为核心的社会，一切基础设施建设与服务都是以满足人类需求为目标，利用广泛的信息与服务来改善人们的生活。泛在信息社会不是政府或研究者们的独角戏，全民参与其中，社会才能真正活跃与互动起来。只有参与其中，人们才能对泛在信息社会有更清楚、更深刻的理解；只有对泛在信息社会加深理解，人们才能产生泛在意识和泛在社会主人翁的觉悟。

（二）信息社会泛在化条件还不够充分

人们对泛在信息社会的认知程度，反映了泛在信息社会的发展程度与

水平。从调查的整体结果来看，当前的信息社会环境虽已基本达到“所需即所得”，但网络覆盖还不完全，移动服务还不完善，智能化水平还有待提高，与真正的“所见即所得、所得即所需”还有一定差距，要迎接泛在化信息社会的到来，人们还需要做出不小的努力。

调查数据显示，超过 50%的人认为互联将是泛在信息社会最核心的概念，80%以上的人不同程度地使用移动互联网进行网络活动。人们迫切需要一个“宽带高速、广泛普及、安全可靠、可信可管、绿色健康”的泛在化网络互联环境。物联网技术发展以来，以用户体验为核心，通过互联网技术与传感技术等使不同的网络物理设施可以相互识别，实现更通畅、更高速、更可靠的人和物的连通。但是，网络泛在化并不只是简单的网络间的互联，它带来的将是一场大数据和各种网络技术大融合的技术变革。因此，网络互联建设过程中还需要做好各种风险应急准备。

调查数据显示，40%以上的人平均每天使用移动互联网的时间达到 4 小时以上，其他人使用的时间在 2—4 小时之间，每天平均低于 2 小时的仅占 14%左右。差不多 99%的人都已经开始使用智能手机进行浏览、聊天、学习、购物等相关的移动网络服务。各种信息与通信技术的不断发展与融合，让越来越多的智能化和移动化设备相继出现并连接到泛在网络中，一个无所不在的移动信息服务平台呼之欲出，移动服务的泛在化成为社会发展的大趋势。

98%以上的被调查人员基本上都可以独立使用智能终端进行学习和娱乐活动，多数人愿意接受新型的智能化移动设备和学习课程平台，人们的生活学习习惯正被新的时代潮流潜移默化地影响而悄然发生变化。在信息资源极其丰富与网络普及的社会环境下，科学技术不断发展，各种各样的互联网与信息技术应用到人们的生活中，物联网、移动互联网、人工智能技术、云计算技术、传感器网络技术、二维码技术、RFID 等，无一不起到重要的作用，对信息社会的发展产生巨大的影响，为人们带来了高效、便捷、优质的生活和信息服务。未来人们的服务需求，更多地需要将网络互联、移动服务与智能服务有机结合起来。

智能化是互联网与移动互联网发展过程中提出的新要求。社会发展需要营造一个泛在的智能化的信息环境。局部的智能必将走向全面。目前各种新型智能化产品不断问世，如星星之火，虽有燎原之势，却又缺乏整体的行业主线。智能化服务无论在技术上还是在服务范围上，都需要继续深入，有条不紊地深入人们生活的各个领域。

（三）信息质量与服务质量有待提高

从调查数据可以看出，用户对于目前所能获取的信息资源的各方面，如信息量、涉及学科范围、格式及学习终端等，满意度较高。依然有15％左右的人对所获信息资源表示不满，因此信息组织与整合处理工作还需进一步加强，信息资源的可靠性与可用性仍需进一步提高。提高信息资源质量是未来发展的根本。互联网环境中信息资源丰富，分布广泛，用户获取、筛选有用可靠的信息具有较大难度，因而对所得信息的全面性、准确性、有效性等要求较高，尤其是学术研究性资源，人们更是希望其更加新颖，以保持研究具有前沿性。同时，信息的可靠性与真实性、数据安全、网络秩序和知识产权等炙手可热的焦点问题也随之而来，在技术与理念的不断进步与发展过程中，需要重点解决这些网络与信息之间存在的矛盾。如果这些问题不能被很好地解决，未来的泛在信息社会必然是混乱而不可靠的。

然而未来社会并不仅仅是互联网、移动互联网、智能化的天下，人依然发挥着核心作用。尽管现在移动互联网与智能化发展迅猛，赢得各界人心，但它并不能解决一切问题。泛在信息环境下的各种资源与服务，都需要加大力度提高资源质量与服务水平。

（四）图书馆实现泛在化需要创新与转型

调查数据中，84.70％的读者会通过学校图书馆订购的网络资源获取电子期刊全文，89.78％的人愿意选择亲身走进图书馆享受各项服务，体现了图书馆在用户获取信息资源活动中具有重要的地位，仍然具有较强的竞争优势。泛在信息环境下，图书馆必须迎接新的挑战，不断挖掘潜力，弥补不足，创新改革，实现质的突破。图书馆需要在技术、资源、服务、管理、空间及人才等方面实现突破与转型，才能在网络与移动设备如此发达的信息社会更好地发挥职能，谋求更大的发展，争取政府及各界对泛在图书馆建设的大力支持，在教学科研和社会发展中发挥更大价值。

互联网兴起以来，网络信息增长迅速，用户需求多元化，图书馆用户需求外溢，致使读者主动寻求其他服务提供者。同时，各种网络信息与电子图书可轻松便捷地从网络中获取，给图书馆的服务带来冲击，人们不必前往图书馆也可以享受图书馆服务，越来越多的人成为图书馆的过客。图书馆作为信息资源的汇聚之地，承担支撑教育与科研的重任，更应该使信息管理与服务与时俱进，努力跟上信息变化的步伐，以使学科发展走上前沿水平。泛在图书馆服务环境中，信息无处不在，用户无处不在，服务无处不在，知识无处不在。读者用户可以不再受到时间、地点的限制，通过不同的网络终端设备方便灵活地与图书馆进行智能化交互，查询和获取图书馆资源与服务。

二、归纳分析国外泛在信息社会的发展现状

各国政府积极支持和推动泛在信息化建设，依据其国内环境及信息化发展程度，提出了各自的信息化发展战略和目标，并取得了不同的成就。从这些国家实施的计划和实践中可以看出，政府在信息化发展过程中起到了宏观引导与协调控制的作用，重视信息基础设施的建设和电子政府的建设，关注智能服务和数字安全，强调技术创新，推动多方合作。纵观各国的发展计划及发展现状与特点，对我国泛在信息社会建设与发展具有很大的借鉴意义。

（一）政府大力支持，各方通力合作

各国泛在信息社会的发展和成就离不开政府的支持和推动，其建设需要国家在战略上进行宏观指导，首先体现在政策引导上。“欧洲数字议程”战略的实施，已成为目前欧洲经济、社会快速发展不可或缺的重要方面；日本泛在信息社会的建设突出了政府主导的地位，通过详细的政策、法规引导，举国上下全力推进，成效显著；韩国执行 U-Korea 计划过程中，政

府在推动信息产业的发展和引导自由市场竞争方面，一直以来都不遗余力地给予企业政策支持。有了政府的宏观引导和大力支持，各领域与行业也便形成了行动纲领与框架，有了整体方向和发展目标。泛在信息环境下，信息社会的资源、行业与服务等更加发散和多元，政府政策的引导使各方多元化但并非任意发散，各领域纵向发展、自成特色，又横向融合、兼容并进。社会呈现了极大的开放性与包容性，各方通力合作，形成了不同的交叉领域、相关行业与联合服务，使泛在环境多元但不孤立，缩小行业发展差距，实现各行业共同发展。

（二）运用先进技术，推进智能服务

科技的运用最终是为了提高人们的生活水平。泛在信息社会所带来的信息技术与信息服务的发展不仅要满足于产业和经济的增长，而且将给人们日常生活带来革命性的进步。

在提出建设泛在网络的初期，许多国家关于未来信息社会的规划更加侧重于技术的开发和网络基础设施的普及。德国政府两次“信息社会行动计划”都明确提出要发展更先进的信息技术，并推进基础设施的普及；新加坡政府推行的国家 IT 计划，经过几次升级，极大地提高了新加坡信息通信技术的覆盖水平；美国“智慧地球”运用智能的系统让民众更好更快地获得生活所需服务，生活质量有了显著提高；韩国 U-Korea 让民众可以随时随地享受科技带来的各项智能服务。

除以此发掘更大的经济效益外，更重要的是发挥技术的社会效益，加强公共服务。英国的“数字英国”计划提出要为数字人才的培养创造最佳环境，建立与 21 世纪数字经济相结合的教育技能体系；芬兰政府提出要充分使用信息和通信技术开发新型学习环境，加强青年人的信息社会基本技能和意识；马来西亚提出要将多媒体应用于医疗和医学研究领域，其“电子信息城”内建有智能学校、遥控医院和医疗中心等。

（三）构造物联网社会，发展全民网络

物联网作为新兴技术走进人们的视野，并成为引领新技术革命的重要引擎。许多国家都制定并实施了针对本国经济与科技发展的物联网社会发展战略。随着物联网的构建以及下一代移动宽带网络、下一代互联网、云计算等新一轮信息技术的迅速发展和深入应用，构造全民网络渐行渐近。现在，许多发达国家与地区在产业转型和社会发展中，都纷纷以实现全民网络为未来泛在信息社会发展的首要支撑条件之一。美国国家宽带计划的愿景是“让每一个美国人皆能通过宽带连接上网”；英国政府在“数字英国”白皮书中明确陈述其愿景为“让英国成为全球数字知识经济之领先国家”，并将“如何借助数字科技的创新应用，进一步提升英国的数字经济产业，带领英国民众全面进入数字化社会”作为核心议题。

（四）重视电子政务发展，鼓励民间机构参与

电子政务的目的是为所有民众和企业提供一个低成本服务、高效率以及可参与、透明化的政府。其建设需要宏观的政策支持以及电子化的技术保障。许多国家都以 U 计划为平台，为本国的电子化政府建设保驾护航。英国的“数字英国”计划中特别阐述了利用云计算实现电子政务的建设；德国提出要利用信息技术解决社会问题，实现公民友好型治理，并发布了联邦政府部门中 ICT、电子司法、电子保健等 5 个方面的目标和实施方案；新加坡在最新的计划中要整合政府内外部系统、流程和服务，创建一个可供政府、企业和大众共同使用的交互式环境；南非通过设立公用信息终端和社区信息中心，实现了政府为公众提供昼夜服务。

为了加快信息社会的建设，要充分调动民间机构的积极性。在整体的 IT-Korea 预期建设过程中，韩国政府吸引不同的资金投入，充分调动了民间资本。日本当局为了确保泛在网络在商业和公共服务中的建设，引进企业部门参与管理和运作，并且日本政府尝试建立一种强调私人企业设计和服务的机制。《数字英国》报告中指出，在数字英国计划过程中应对私人企业的发展给予激励和协助。

（五）关注个人隐私，确保信息安全

泛在信息社会环境下，因为移动互联网技术、遥感技术等的广泛应用，个人隐私更容易被泄露。随着网络在人们日常生活中的渗透越来越深入，保护用户在网络中的权利和信息安全就成为一个非常重要的话题。各国的计划中也体现了对这一问题的关注。德国针对互联网安全，数据保护，网络消费者保护以及企业、政府部门和公民之间电子信息安全交流手段，数字知识产权保护等方面，制定了相关策略。芬兰也在其国家计划中提出保护信息安全是信息社会的基本要求。“欧洲数字议程”中关于个人隐私信息的保护以及数据安全的思想、策略，目前也都在积极落实中。U-Korea 在热火朝天的推进过程中也认为，确保民众的个人隐私权与安全性是韩国成功推动“U”化政策的重要因素之一。

三、探索我国面向泛在信息管理与服务的国家战略

我国建设泛在信息社会的战略较少，没有系统性的规划与框架，单纯依靠其他国家的实践经验无法满足我国发展现状的需求。通过深入了解我国社会发展的真正需求，正确解读我国信息行业发展的规划方向，发现我国当前信息产业与泛在信息社会的差距，本书大胆提出了我国泛在信息管理与服务的国家战略概念模型。本书将泛在信息管理与服务概念模型分为三层，分别是感知互联层、识别控制层、认知建构层。概念模型中的“感知互联层”是由一系列传感器、射频标签、机器终端（如手机、个人电脑、个人数字终端、家电、监控摄像头等)、相关信息识别器及有线和无线网络所形成的感知网络。在感知网络中，传感器或信息识别器摄取相关信息生成原生数据，原生数据存储在本地或通过有线或无线网络存储在互联网的数据仓储中。“感知互联层”在泛在信息社会概念模型中是一个原生数据感知和数据互联的层次。概念模型中的“识别控制层”通过对感知网络节点生成的原生数据进行高度智能化处理，使得原生数据变成有一定意义的信息，信息与信息通过复杂的计算进行交互和控制，形成具有一定“智慧”的有机整体。高度智能化的“识别控制层”不是泛在信息社会的终点，而是起点。在泛在信息社会中，人不是被高度智能化的信息所淹没、异化，而是在此基础上更加自由、自觉、自在地去认知和建构更为丰富的社会生产活动。概念模型中的“认知建构层”是各领域的人在“感知互联层”和“识别控制层”的基础上认知和构建新的社会生产活动。在这

个模型的支撑下，泛在信息包罗万象、无所不有，并且深入到各行各业，延伸到世界的每一个地方，无缝融入人们的生活，并且将泛在信息以全新的、统一的、智能的形象服务于“事事皆信息、物物全对象、时时都联通”的泛在信息社会。

其中，泛在信息管理和服务在泛在信息社会中的战略地位凸显。这种凸显的趋势，结合我国信息社会发展基础中的战略规划，主要包括《2006—2020年国家信息化发展战略》和在此战略下的“十二五规划”、《国家中长期科学与技术发展规划（2006—2020年）》和“新一代宽带移动无线通信网”传感网重大专项等，以及国家层面支持或正在开展的“宽带中国”“无线城市”“智慧城市”“感知中国”和“国民信息素养能力培训行动计划”等。本书提出，应尽早将面向泛在信息社会的“泛在信息管理与服务”明确作为国家战略，并成立一个相应的战略小组，前瞻性地做好泛在信息社会基础设施建设，分步推进实施。面向泛在信息社会的“泛在信息管理与服务”国家战略大致需要做好如下基础性工作：

（一）以泛在技术作为战略支撑

在泛在信息社会概念模型的“感知互联层”，所有物体均附着传感器，形成一个庞大的传感器网络，网络中的传感器通过有线或无线将感知的数据通过由网关、路由器、卫星等形成的泛在网络传递到存储设备。整个传感器网络和泛在网络中所使用的技术，如传感技术、识别技术、互联网技术，统称“泛在技术”。泛在技术是泛在信息社会的支撑和基础，泛在信息社会的发展离不开泛在技术。现有泛在技术的创新应用以及新技术的出现，将促使对泛在技术的持续关注。我国泛在信息社会建构的必备条件和其他所有国家所必备的条件基本一致，即泛在信息社会基础系统（包括传感数据互联系统）和传感终端的广泛应用，主要包括：①加大对感知和标识技术的研发和标准建设。传感器和识别器在泛在信息社会的基础建构中处于非常关键的位置，它们主要负责采集物理世界中发生的物理事件和数据，实现物体属性信息的感知和识别。②构建传感器网络。“传感器网”是包含互联的传感器节点的网络，这些节点通过有线或无线通信交换传感数据。其中，所谓“传感器节点”，指的是由传感器—识别器组成的能捕捉物理属性值的设备。传感器网络的建设包括传感器—识别器的布局、接入与组网、数据存储与获取。③加快泛在网络建设。“泛在网络”就是按照约定的协议，个人和设备无论何时、何地、何种方式都能以最少的技术限制接入服务和通信的能力。泛在网络的建设，包括有线网络、无线网络的建设。我国信息产业所进行的诸多建设与布局主要在这一方面，如2010年启动的“三网合一”、2010年启动的“宽带中国”战略等。

（二）以泛在大数据作为战略基础

根据物联网技术水平、用户需求和系统成熟度等方面的特点，我国泛在信息社会“国家基础传感数据网络”建设方面的演进路线大致可分为三个阶段：信息汇聚阶段、协同感知阶段和泛在聚合阶段。其中，每个阶段都有一些壁垒或短板需要解决。一是信息汇聚的传输技术方面。“国家基础传感数据网络”中的传输技术，还有相当大的进步空间。二是协同感知的传感技术方面。现在普遍使用的传感器远不能满足社会各领域的需要，在传感芯片等方面的研究还有很大的进步空间。三是传感数据泛在聚合方面。“国家基础传感数据网络”中分布在不同领域的传感器或感应器基本上都是异构的数据模型，不同的物与物之间、物与接入网之间的数据互操作是一个很大的问题，但是如果都遵循开放的标准，那么数据之间的互操作性将大大加速数据的应用。四是大数据的存储和管理。传感网络中会产生大量的原生数据，如何对海量的结构化和非结构化数据进行存储和管理，使之能够被快速索引、获取和利用变得极为复杂，需要进行深入的研究。

（三）以泛在服务作为战略转型目标

泛在信息社会建设的初衷就是要服务于人类和社会，为人们提供舒适健康的生产生活环境。目前来看，泛在信息社会的实践非常丰富，已经涉及社会生活的多个方面。在泛在信息社会概念模型的“识别控制层”，由“感知互联层”传递的原生数据经过数据分析、计算和关联，变成有一定意义的信息，这些信息能被人类识别或机器语义识别，起到管理和控制作用。

“识别控制”主要是对获取的原生数据进行分析、计算，变成有识别和控制功能的智能信息。一是数据计算。海量感知数据的计算与处理技术是泛在信息社会构建过程中要面临的重大挑战之一。“海量数据计算”主要是对海量感知数据的数据融合、语义集成、并行处理、知识发现和数据挖掘。二是应用和服务。感知数据应以应用和服务为导向，这是毋庸置疑的。但是，在“泛在信息社会”的情境下，几乎所有“应用”和“服务”的内涵都得到了“革命性”的扩展，而所有这些革命性的扩展是传统技术路线所未曾经历的。三是智慧化的社会。从适应未来应用环境变化和服务模式变化的角度出发，面向泛在信息社会中典型行业或领域的应用需求，去提炼这个行业普遍存在或要求的核心共性支撑技术，研究针对不同应用需求的规范化、通用化服务体系结构以及应用支撑环境、面向服务的计算技术等，让这些典型行业或领域变得更加智慧是可行的。

（四）以泛在人作为教育终极目标

在泛在信息社会，信息成为与人类日常生产生活息息相关的必需品，能决定所需信息的性质与范围，有效地获取所需信息，正确评价信息及其相关资源，将所选信息融合到个人的知识体系中，有效运用信息达到特定目的，了解信息所涉及的经济、法律和社会问题，并能合理合法地获得和利用信息，这些能力成为人类的生存之道。“信息素养教育”就是培养人掌握上面这些能力。

在泛在信息社会，个人的认知过程、认知风格、认知策略等在“识别控制层”智慧服务的基础上将进入一个新阶段。在认知与建构层次中，非常重要的是培养有信息素养的人。新技术是把双刃剑，可提高或限制人们对信息的获取能力，不断扩大的数字环境下人的信息素养变得尤为重要。所谓人的信息素养培养，实际上是泛在信息社会中“泛在人”的培养。

（五）以泛在法规作为制度保障

泛在信息社会在推动社会进步、促进各个领域发展、给人们生产生活带来极大便利和好处的同时，也会带来许多问题，主要集中在数据安全、用户安全和用户隐私方面。人们在探讨如何从技术层面解决这些社会问题的同时，也需要从整个社会体制、法律等角度对解决这些问题做出有益探讨。泛在信息管理和服务中，需要政府在法律和制度上予以保障。

四、提出面向泛在信息管理与服务战略模型的泛在图书馆转型对策

泛在信息环境下的知识链发生了重大变化，图书馆在新的环境下，其角色不应该被弱化或被替代，而是应该继续保持和加强。本书利用SWOT（Strengths Weakness Opportunity Threats）分析法，全面理解图书馆在泛在信息环境下的自身优势（Strength）、竞争劣势（Weakness）、机会（Opportunity）和威胁（Threat），力求将图书馆的战略与图书馆的内部资源、外部环境有机地结合起来，提出面向泛在信息管理与服务国家战略的图书馆转型对策。在利用优势、抓住机会时，图书馆要凭借专业身份主动出击，利用网络、信息、通信技术飞速发展的机遇巩固与提升图书馆的地位与作用，迎接泛在信息环境的挑战，加强图书馆在知识出版与交流体系中的作用。在克服和减少劣势、回避威胁方面，图书馆要加强联盟与协作，借鉴同行的经验努力搭建本馆的建设框架，大力应用新技术，调整资源建设策略，创新服务，重塑图书馆的形象，彰显图书馆的活力和魅力。

面向泛在信息管理与服务国家战略的图书馆转型对策，归结为一点，就是要建设泛在图书馆。泛在图书馆的显著特征是图书馆服务无所不在，用户在哪里，图书馆的服务就在哪里。国内有学者提出了IOA-8A的泛在图书馆，定义了在互联网（Internet）和开放存取（Open Access）环境下泛在图书馆的8个特点。借鉴IOA-8A的有关论点，并将信息资源共享的“5A”理论与国内外学者公认的泛在图书馆六大特点结合，本书进一步明确了泛在图书馆发展的“8A”特点，即：任何服务主体的图书馆（Any Library）可在任何时间（Anytime）、任何地点（Anywhere）向服务客体的任何用户（Any User）提供任何时期（Any Period）、任何类型（Any Type）、任何格式（Any Format）和任何语种（Any Language）的信

息资源。

本书在泛在信息管理与服务概念模型的基础上，结合图书馆文献流与业务流的特点，提出了泛在图书馆的架构，包括基础设施层、信息架构层、功能实现层、信息展示与交互层。处于最底层的基础设施层是信息的存储层，包括高速网络、RFID、智能卡以及各种存储设备，它们之间通过高速的有线、无线网络连接，构成了一个互通的整体；在此之上是信息架构层，由复合内容、泛在图书馆系统、联合目录以及通信标准与政策构成，主要功能是信息管理，包括对信息的描述与表示等，是泛在图书馆构成中最重要的部分；再上一层是功能实现层，也是信息资源发现、调度与传递层，主要实现文献传递和信息资源传播的功能，由图书馆、信息供应商、物流以及一卡通等组成；最顶层为面向服务对象的信息展示和交互层，服务对象由图书馆读者、在校学生、社会人员以及高级研究人员组成，泛在图书馆的服务对象扩展到不同国别、不同语种的读者；资源与服务在此层融为一体，实现人、机、物之间多种复杂关系的信息交流。由多个层次、多种功能构成的泛在图书馆系统，以信息资源的存储和组织为基础，以为用户提供服务为中心，突破了传统图书馆的信息资源服务模式，实现了以用户为中心，按照用户的需求变化提供到身边、到桌面、随时随地、无所不在的服务。

本书从技术转型、资源转型、服务转型、管理转型等几个主要方面着手研究，提出了具体的图书馆转型策略。概括而言，图书馆要借助完善的技术保障，加强信息基础设施的建设，通过不断地实现技术创新，助力资源建设的转型和开放获取资源、特色资源的建设，把服务渗透到人们的日常生活中，随时随地取用。同时，图书馆要优化管理机制，进行组织机构重组和组织文化变革，对人力资源建设进行转型，培养创新型人才。

（一）技术转型

泛在信息环境下的图书馆打破了人们对传统物理图书馆的固有认识。泛在图书馆更多地以用户为中心，真正从用户的信息需求出发，满足用户信息需求的变化，将图书馆的服务嵌入用户的工作、生活，通过尖端技术和新兴技术，包括计算机技术、网络技术、通信技术、人工智能技术、数据库技术等，构成泛在信息环境。其中，感知技术（信息产生、感知、收集、识别等）、通信技术（实现信息快速、可靠、安全的转移）、计算技术（信息存储、加工、计算、分析、显示、控制等）是 ICT 技术的三大支柱，是构建泛在信息社会的基础。而这些技术的诞生与进步，无一不对图书馆的发展产生巨大影响。泛在信息环境下，图书馆的技术策略应从以下方面着手：①图书馆需要大量采用 RFID 和传感设备。图书馆的资源要解决标识和信息自动处理的问题，RFID 系统与传感网络必不可缺。RFID 与传感网络技术的应用，将图书馆的所有物体进行连接，实现全自动、智能化采集、传输与信息处理，形成随时随地和科学管理的物联网。物联网之于图书馆，是一个实践性极强的课题，需要与厂商乃至研究者直接沟通服务需求及研发对策，相关机构精诚合作，优势互补，共商合作发展、互惠共赢之路。物联网技术会给图书馆的整个服务体系带来革命性的变化，拓展出更多“智慧型”的模式、解决方案和应用系统。②图书馆软、硬件基础设施应用云计算是一种必然。云计算简化了 IT 架构的实施，给人们提供了一种理想的方式，即 IT 应用可以像水、电、煤气等公用设施一样，实时定制，随时取用，按需付费。云计算中的“云存储”有效地解决了庞大数字资源的存储和知识信息剧增与单个图书馆馆藏能力不足的矛盾，云计算通过更灵活可扩展的动态“云”为用户提供更广泛的、利用率更高的信息服务，从而为图书馆提供了高效率、低成本、安全性高、竞争力强、共享性更好的服务平台。③高速持续畅通的网络是图书馆实现泛在化的基础。针对访问方式，图书馆需要保证网络的质量，如馆内有线访问、馆内无线访问、馆外 VPN 访问和馆外移动访问。固然，网络对于图书馆泛在化来说也是一种制约。对网络依赖性极大的云计算环境下的图书馆来说，一旦网络出现问题，正常的运行将会面临着巨大的困难和挑战。要从根本上解决网络接入的问题，必须依靠政府和相关企业投入更多的资源来提高接入的带宽质量。

（二）资源转型

泛在图书馆是一个由多个层次、多种功能构成的复杂系统，以信息资源的采集、整理、加工与提供服务等工作为主线。泛在图书馆的资源转型的措施如下：

（1）重构图书馆信息资源建设保障体系。泛在信息环境下，基础设施及环境的变化引起了社会全方位的转型变革，信息资源迎来了全媒体出版时代，资源的多种载体交叉并存，类型越来越多。此外，大数据时代来临，资源组织、异构数据集成、开放数据服务等问题，要求图书馆必须有效地全方位地进行资源组织，重构信息资源建设保障体系。该体系要从用户对信息资源的需求出发，通过单馆自建、多馆联合共建、网络免费开放获取等方式建立立体化、多载体的综合信息资源体系。它包括实体资源（如印本资源、磁介质及其他实体资源）和虚体资源（如商用数字资源、原生数字资源、网络OA资源、交互平台群体智慧、实体馆藏数字再生以及联盟组织共建资源等），通过微观标准化、规范化组织，中观语义抽取、知识重组及宏观整合检索构建，方便用户使用。

（2）基于信息存储层，加强多载体信息资源建设。信息存储层与泛在图书馆的基础设施层对应，基于信息的存储层，要加强多载体信息资源的建设，包括有选择地加强实体资源建设、重点加强虚体资源建设、突出特色资源建设和加强开放获取资源建设。这样的建设方式突破了传统的集中式存储模式，实现了分布式网络存储、云存储的广泛应用，为用户调度和提取信息提供便利。

（3）基于信息描述与表示层，重视图书馆数字资源整合。信息资源描述与表示层建立在信息资源存储层的基础之上，与泛在图书馆的信息架构层相对应。为了将资源进行有效的整合，方便泛在信息环境下用户的使用，图书馆在获取相应的信息资源之后，对其组织的对象已不仅仅是人类创造的个体知识资源本身的内容，信息资源之间的关联关系更是泛在信息环境下资源组织的重要内容。将分散异构、个体有序的资源整合成有组织的整体，使用户不需要分别进入不同的数据库、导航库等就可以快速检索到所需的信息内容，通过一个知识点就能够按图索骥获取相关的知识地图，将这些有序的个体资源集中整合到图书馆的公共平台上，构建开放、融入用户过程的知识管理与应用平台，提供面向用户需求、适应变化和灵活深入的知识发现机制，是泛在信息环境下图书馆信息资源组织体系建设的目标。

(4) 基于信息资源发现、调度与传递层，建立智能化的信息服务平台。信息资源发现、调度与传递层的目的就是使用户能够透明且无缝地使用图书馆的信息资源。该层与泛在图书馆的功能实现层相对应。随着泛在网络技术的不断更新应用，智能化的信息服务平台也在不断地发展，对图书馆提出了新的要求。图书馆应注重对知识信息的充分挖掘，运用知识组织和发现、数据挖掘和融合、智能搜索和获取等多种技术和工具，形成面向需求、灵活多变的智能化信息服务平台。

(5) 信息资源的建设方式变革。泛在信息环境下，图书馆的资源建设必须由传统意义的采访编目向信息集成和管理服务逐步转型。这一转型要求资源的建设方式进行与之相适应的变革，包括建立资源评估机制、建立采访交互机制、建立协作共建机制、推行读者驱动采访、探索按量付费采访和创新资源组织形式等。

(三) 服务转型

与面向泛在信息社会概念模型中数据语义化和智能化的“识别控制层”相对应，在泛在信息环境下，图书馆的服务建立在信息基础设施之上。泛在信息社会里，在拓展多种技术方式、组织多元信息资源的同时，泛在信息环境也促使多样化服务形式的开发。在这个过程中，“以人为本”或“以用户为中心”的价值取向或服务理念将得到更好的体现，它将借助更为广泛的人机交互贯穿图书馆服务的整个过程。在建设泛在图书馆的过程中，应从用户需求出发，支持自助服务，增强用户体验，融入用户学习环境、工作环境和日常生活。

在泛在信息环境下，为用户提供所需的知识是图书馆的重要使命之一，图书馆的服务迫切需要转型。本书提出，图书馆要建立起一套智慧化的服务系统，实现与用户息息相关的个人信息素养、学习、研究、生活、空间等全方位的服务转型，共同构成一个智慧服务体系，包括智慧人策略、智慧学习策略、智慧研究策略、智慧生活策略和智慧空间策略。

(1) 智慧人策略。在泛在信息环境下，人将基于高度智能化的信息自由、自觉、自在地去认知和建构更为丰富的社会生产活动，其中包括培养和提高人的自身信息素养。信息素养的结构模型由信息意识、信息能力、信息道德、信息安全四大要素组成。信息素养结构是一个整体，信息意识是先导，信息能力是核心，信息道德和信息安全是保证。人的信息素养自我认知和建构策略包括培养信息意识、明确人们对信息的独特需求、对信息的价值有敏感性和洞察力等；增强信息能力，包括信息应用能力和信息创造能力；遵守信息道德，即能自觉地运用信息解决个人、社会所关心的问题，使信息产生合理的价值，自觉地遵循信息的伦理、道德和法规等；重视信息安全，包括人在信息活动中对信息来源的甄别、对信息传递介质的选择、对信息传递是否安全的判断等。

(2) 智慧学习策略。在教育信息化发展过程中，将改变学生被动的学习方式、扭转教师低效的教学形式、转变课堂单一的教学形态，制定如下发展目标：在创新学习方式方面，智能机器人将成为学生未来的学习伙伴；3D打印技术将颠覆学生的动手实践，体感技术将引发学生互动学习的新体验，教育游戏将改变学生的学习观念，社会性虚拟社区将支撑学生大规模的合作学习；可穿戴技术能够使用声音信号、手势或其他指令信息，为学生通过文本、电邮和社会网络自动发送信息，帮助学生和教师进行交流，跟踪内容的更新，更好地组织公告信息。在创新教学形式方面，开源硬件正在夯实信息技术“做中学”的教学模式，学习分析技术将支持规模化教学形式的变革。在创新课堂形态方面，利用泛在技术开展移动阅读、建设慕课、面向教学资源服务建设自助学习平台。

(3) 智慧研究策略。智慧研究策略包括知识增值服务、数据监管服务和科研竞争力评估服务。泛在信息环境下的知识增值服务将有很大的发展潜力。图书馆可以通过专业能力较强的学科馆员，提供院系层面的科研竞争力评估，分析某学科各研究方向的发展态势，提供某研究领域可视化的关系图表，自动定期推送最新的相关信息和知识，跟踪用户行为等，为科研提供深层次、多维度的支持，以深化知识增值服务。目前，很多科学研究所产生或者使用的数据都呈爆炸性增长的趋势。对于这些科研数据，只有通过有效的管理和使用，才能使之产生最大价值。一方面，图书馆可以发挥自身的信息组织、信息分类特长，对这些数据进行修改、合并、标引、分析与索引，即提供数据监管服务，使数据集合之后产生更大效益。另一方面，图书馆可以利用自身的优势，提供数据平台，对数字研究内容进行收集和组织管理，为研究人员提供专业的服务。泛在信息环境下，科研资源的配置越来越受到关注，各种科研竞争力评估也应运而生。科研的评价角度非常多，图书馆可以从文献计量的角度，探讨如何依据事实数据，客观评估机构、尤其是其子机构（如高校的各院系）在学术论文方面的科研竞争实力，帮助管理者发现机构的优势、劣势和突破口。

（4）智慧生活策略。社交媒体的不断推陈出新，为图书馆传统的文献信息知识服务工作提供了新的机遇和方式。图书馆可以社交媒体为手段，构建互动平台，进行文献信息交互推广服务。服务内容主要有：通知预告、服务导航、图书馆新闻、经典诵读、图书馆信使、读者俱乐部、实时参考咨询、图书搜索、自我学习、图书交换等。在情景感知服务的应用领域，其主要获取方式包括显式获取、隐式获取和推理获取。通过各种方式获取的情景信息一般是一些原始、模糊、不精确、不稳定，甚至是冲突、不一致的数据，因此需要进行清洗、过滤、推断、解释和融合，以得到各种应用所需的高层情景。在针对图书馆个性化服务的应用中，需要关注的情景要素包括用户情景、资源情景和服务情景。在泛在信息环境下，图书馆服务无所不在的特性促使其必须拓宽服务内容，图书馆的百科化服务兼有信息功能和教育功能，其服务内容不但包括学术研究方面，还应包括生活常识、饮食健康、教育保健和休闲娱乐等方面。

（5）智慧空间策略。泛在信息环境下，图书馆“没有围墙”“无所不在”，在被社会重新认识的过程中，图书馆被认为是信息空间的延伸和拓展。在泛在信息环境下，图书馆应充分考虑读者的需求，整合信息获取和信息技术支持，形成信息服务连续体，创造支持教学、研讨、交流与学习的协同服务环境，全力打造“智慧空间”。该空间将是一个集学习、研究、交流、创意、展示等于一体的“第三文化空间”。泛在图书馆空间建设策略主要有：①结合泛在图书馆文献资源体系的发展思路及服务方向调整或布局空间；②要考虑未来空间设置的多样化、个性化、精细化；③合理规划、妥善利用现有空间；④充分考虑空间的智能、环保和安全性；⑤建立机制，对改造后的空间使用情况进行持续性的评估。

（四）管理转型

泛在信息环境下，作为知识信息处理和传播的关键枢纽之一，图书馆是“认知建构层”的重要角色，要在“感知互联层”和“识别控制层”的基础上更加自由、自觉、自在地去认知并构建出新的知识信息活动。图书馆的管理水平和从业人员的信息素养水平在很大程度上决定着对知识信息认知与建构的水平，因此图书馆的泛在化转型要求图书馆必须进行管理转型，既要优化管理机制，又要推进组织机构的调整与变革，同时对人力资源建设进行转型。

在运行机制优化方面，整个图书馆行业需从宏观上建立起与泛在信息环境相适应的管理运行机制，形成遍及全球各地的图书馆网络服务系统，以及适宜互联网服务和开放存取信息的合作共享机制。与此同时，传统的馆员与用户的界限将被彻底打破，可以建立起大规模的馆员—用户交互机制，两者共同作为图书馆业务主体为泛在信息服务创造价值。

在组织改革方面，泛在信息环境下技术和网络的发展、出版的巨变、随时随地泛在服务的需求以及用户对知识服务深度和广度的个性化差异等，对图书馆业务的组织与工作的开展来说都是革命性的挑战。图书馆要实现泛在化转型，必须进行组织变革。在工作模式方面，开展移动/远程办公，建立虚拟社区组织，通过引入蜂巢模式达到尊重个人想法、尊重多样化、分享知识和技能的目的。在业务模式方面，必须转变为以信息资源运动轨迹与出版、研究、服务等分支交互构成的多元网格化结构，满足泛在图书馆建设的需要。在文化改革方面，要培养泛在信息环境下的新型组织文化，把图书馆建设成学习型组织、开放型组织、高效能组织和创新型组织。

在人力资源改革方面，泛在信息环境下，图书馆行政与业务重组、运营调整以及战略规划被认为是推动职位职责变化的三种首要力量。

附录

关于泛在信息社会认知的调查问卷

泛在信息社会是一个“无所不在”的全新信息化社会，即任何人或任何物都可以在任何时候、任何情况下通过无线通信达到互联的状态，以获取个性化的信息服务。泛在图书馆便是基于这种理念形成的“无所不在”的图书馆，其本质是图书馆服务的泛在化，即用户在任何时间、任何地点都可获得图书馆的服务。

为了能够深入了解您对泛在信息社会与泛在图书馆的理解和认识，发现您对信息服务的需求，以便在泛在环境中做好相应的资源与服务工作，我们诚邀您接受本调查。恳请您抽出宝贵时间，认真填写调查问卷。我们会妥善保存好您的答案，所填写的内容只用于本次问卷调查的统计分析。

感谢您的支持!

基本信息：

您的性别：　　○男　　○女

您目前的年龄段：○小于 20 岁　○20—29 岁　○30—39 岁　○40—60 岁　○60 岁以上

您的身份：○学生　○教师　○图书馆员

您的专业类别：○文科　○理科　○工科　○医科　○农科

个人信息：

您的姓名：

您所在的单位：

您的 E-mail：

手机号：

一、泛在信息社会部分

1. 您认为泛在信息社会最核心的概念是什么？

A. 智能

B. 移动

C. 互联

D. 其他（请填写）

2. 在当前的信息社会中，您认为自己的身份是：

A. 信息使用者

B. 信息生产者

C. 两者皆是

3. 您最常使用何种载体检索或获取信息和服务？（可多选）

A. 台式机

B. 笔记本电脑

C. 手机

D. 其他移动终端，如 PAD、PSP、电纸书等

E. 新闻媒体

F. 其他（请填写）

4. 您更喜欢现有的哪种信息服务？（可多选）

A. 信息门户

B. 自动化系统

C. 云笔记

D. 我的图书馆

E. 自助服务

F. 云存储

G. 其他（请填写）

5. 您在选择某项信息化服务时，会考虑：

A. 是否满足需要

B. 是否容易使用

C. 服务效率

D. 服务态度

E. 品牌

F. 价格

G. 安全性

H. 技术实力

I. 其他（请填写）

6. 移动改变生活，对此您认为：

A. 不赞同。移动服务让人没有安全感，不靠谱

B. 勉强接受。让人烦恼，但不排斥使用它

C. 赞同。愿意接受并去适应这种移动化趋势

D. 双手赞同。移动服务让生活更加便捷和精彩

7. 您平均每天使用移动互联网上网的时间

A. 2 小时以下

B. 2—4 小时

C. 4 小时以上

8. 您使用移动设备上网通常做什么？（多选）

A. 玩微博、上社交网站、逛论坛及朋友圈

B. 聊天，如 QQ、飞信、微信

C. 玩网络游戏、观看视频、听音乐等娱乐活动

D. 网上购物（淘宝、订票等），网上银行（转账、支付、炒股等）

E. 搜索信息、浏览新闻

F. 网络学习、阅读文学作品，如小说等

G. 使用导航地图等

H. 其他（请填写）

9. 您什么时候开始使用智能手机？

A. 小学

B. 初中

C. 高中

D. 大学

E. 一直没有使用

10. 您是否愿意选择使用可穿戴设备，如智能手表

A. 没前景，没兴趣

B. 体验不佳，想放弃

C. 智能化新潮流，愿意尝试

D. 给我提供很多方便，很喜欢

11. 您认为目前城市信息化建设中最主要的问题是什么？

A. 网络覆盖不够理想

B. 社会服务不够智能

C. 技术创新程度不够

D. 其他（请填写）

12. 您认为您现在能够随时随地利用学习终端（智能手机、PDA、IPAD、PC、平板电脑、学习机等）进行学习吗？

A. 完全可以

B. 大部分时间可以

C. 少部分时间可以

D. 完全不可以

13. 您对目前所获取的信息资源的各方面（如信息量、涉及学科范围、格式及学习终端等）的满意度：

A. 非常满意

B. 比较满意

C. 比较不满意

D. 非常不满意

14. 您是否愿意选择 MOOC（大型开放式网络课程）平台完成某些课程的学习？

A. 担心课程质量，不愿意

B. 以学校课程为主，MOOC 为辅

C. 个性化的学习方式，很愿意

15. 您认为以下哪些网络技术可以支持泛在信息社会的发展？（可多选）

A. 传感器网络技术

B. 射频识别技术

C. 物联网、移动互联网

D. 二维码技术

E. 云计算技术

F. 人工智能技术

G. 其他（请填写）

16. 您心中的泛在信息社会是什么样子？（可多选）

A. 资源、网络、服务无所不在

B. 可随时随地获取信息

C. 人与人、人与物、物与物可充分交互

D. 其他（请填写）

17. 您认为泛在信息社会可以为您带来：

A. 自动化办公

B. 远程医疗

C. 智慧交通

D. 智能家居

E. 个性化学习

F. 其他（请填写）

18. 您认为人类进入泛在信息社会最大的挑战是什么？

A. 信息的可靠性与真实性

B. 数据安全

C. 知识产权

D. 网络秩序

E. 其他（请填写）

19. 请您预测一下人类将何时进入泛在信息社会？

A. 2020 年以后

B. 2030 年以后

C. 2050 年以后

D. 其他（请填写）

20. 您认为哪些原因促使泛在化信息社会的发展？（开放式问题）

二、泛在图书馆部分

1. 泛在图书馆服务场所与空间将无限扩大，“用户在哪里，图书馆的服务就在哪里”。您希望得到这样的服务吗？

A. 我喜欢创新和挑战，欢迎这样的服务

B. 无法想象，现在的够用了

C. 无所谓

2. 您使用图书馆服务的主要地点包括：（可多选）

A. 图书馆

B. 学校机房

C. 实验室或办公室

D. 宿舍或家中

E. 其他（请填写）

3. 您查找到电子期刊全文时，是否清楚它来源于：

A. 学校图书馆订购的网络资源

B. 网上开放获取的学术资源

C. Google 等搜索引擎

D. 其他（请填写）

4. 泛在图书馆环境下，图书馆员提供的服务地点将不再拘泥于图书馆，您想要图书馆提供的服务方式包括：(可多选)

A. 用户到图书馆寻求服务

B. 图书馆员到用户身边提供面对面的服务

C. 图书馆员嵌入到用户的虚拟社区提供服务

D. 用户通过网络渠道享受图书馆员提供的服务

E. 其他（请填写）

5. 泛在信息环境下图书馆服务内容和功能将不断增加，您希望得到哪些方面的服务？(可多选)

A. 随时随地无障碍地访问及获取图书馆乃至全球的资源

B. 随时随地查询个人借阅信息，获取图书馆提醒并可进行应急处理（到期、续借、预约、催还等）操作

C. 提供多种格式的资源

D. 提供多种阅读方式，如支持移动阅读

E. 支持在线学习，如 MOOC（慕课）

F. 移动咨询，实时向馆员咨询相关的问题

G. 嵌入式学科服务（如教学科研支持、院系资源配置分析等）

H. 科研数据辅助分析和监护

I. 竞争力情报分析

J. 信息素养教育，提高获取与把握信息的能力（如检索与工具培训、图书馆宣传推广等）

K. 信息服务网络（如二维码使用、定制短信推送服务、书目推荐等）

L. 图书馆虚拟展示及空间导航

M. 其他（请填写）

6. 要实现泛在图书馆的功能，图书馆必须转型，您认为以下哪些方面需要转型：

A. 图书馆资源转型（订购更多的电子文献，支持用户参与选书）

B. 图书馆服务转型（压缩传统服务，努力开展深入用户需求的个性化服务）

C. 图书馆技术转型（加强移动化服务，快速应用新技术，提高图书馆智能化水平）

D. 图书馆空间转型（压缩实体馆藏空间，为读者提供更多阅览和协同创新的空间）

E. 图书馆管理转型（从以部门为基础的机构设置转向以业务流为核心的机构设置）

F. 其他（请填写）

7. 您认为政府对泛在信息社会建设的作用是否应该加强？

A. 应该加强

B. 不应该加强

C. 无所谓

D. 不清楚

8. 您对泛在图书馆的服务有什么建议或意见？（开放式问题）

再次感谢您耐心完成本次问卷，您的宝贵意见将为我们的研究提供极大的帮助！

参考文献

1. 艾春艳等：《基于机构决策的科研竞争力评估方法初探》，《大学图书馆学报》2013 年第 5 期。

2. 唐川：《澳大利亚 Government 2.0 建设举措与启示》，《信息化研究与应用快报》2011 年第 14 期。

3. 毕荣、范华：《泛在环境下图书馆信息资源组织特征趋势研究》，《四川图书馆学报》2013 年第 4 期。

4. 陈彩虹：《基于用户需求的泛在知识环境下数字图书馆价值实现研究》，《图书馆学研究（理论版）》2010 年第 1 期。

5. 陈超、曾原、施雯：《从 e 到 u——构建 21 世纪和谐社会的“技术路线图”》，《世界科学》2005 年第 6 期。

6. 陈定权、卢玉红、杨敏：《图书馆资源发现系统的现状与趋势》，《图书情报工作》2012 年第 4 期。

7. 陈柳钦：《智慧城市：全球城市发展新热点》，《青岛科技大学学报（社会科学版）》2011 年第 1 期。

8. 陈清文、黄田青：《泛在图书馆初探》，《图书馆工作与研究》2008 年第 8 期。

9. 池建新等：《日本信息通信政策分析及对中国的启示》，科学出版社 2010 年版。

10. 初景利、吴冬曼：《论图书馆服务的泛在化——以用户为中心重构图书馆服务模式》，《图书馆建设》2008 年第 4 期。

11. 楚存坤、朱瑞峰：《图书馆危机和泛在图书馆》，《现代情报》2008年第9期。

12. 财团法人资讯工业策进会：《智慧台湾》，行政院科技顾问组，2009年。

13. 戴龙基：《文献资源发展政策研究》，北京大学出版社2007年版。

14. 邓李君、杨文建：《移动服务助推下的图书馆服务转型研究》，《情报理论与实践》2014年第3期。

15. 都平平、郭琪、李雨珂等：《基于社交媒体的网络学科信息交互推广服务》，《图书情报工作》2014年第2期。

16. 范广兵、初景利：《泛在图书馆与学科化服务》，《图书情报工作》2008年第1期。

17. 方爱乡：《论日本信息社会的建设与发展》，东北财经大学出版社2009年版。

18. 傅湘玲等：《信息化管理教程》，清华大学出版社2010年版。

19. 高瞻：《德国信息社会现状及总体发展规划》，《国际资料信息》2005年第10期。

20. 郭瑞芳：《泛在知识环境下高校图书馆信息资源的构建》，《情报资料工作》2010年第4期。

21. 郭瑞芳：《共享环境下高校图书馆的特色馆藏建设》，《图书馆学刊》2011年第1期。

22. 郭少友：《基于P2P的数字图书馆虚拟联盟研究》，《计算机与数字工程》2008年第6期。

23. 郭树涵：《新产业革命：智慧地球产业链》，《封面报道》2011年第6期。

24. 国家信息中心、中国信息协会：《中国信息年鉴（2011）》，中国信息年鉴期刊社2011年版。

25. 工业和信息化部信息化推进司：《转型与调整——中国信息化发展报告2010》，电子工业出版社2010年版。

26. 韩凌等：《三网融合下的边界消融》，北京邮电大学出版社2011年版。

27. 韩葆青：《基于Web3.0理念的高校图书馆采访工作的升级探讨》，《甘肃科技》2013年第9期。

28. 郝晓玫：《数字信息泛在环境下的图书馆资源构建》，《图书馆学刊》2012年第8期。

29. 郝振省：《2011—2012中国出版业发展报告》，中国书籍出版社2012年版。

30. 何章红：《泛在知识环境下图书馆信息资源建设与服务》，《江西图书馆学刊》2011年第3期。

31. 贺宜：《从OCLC的发展历程与未来战略看中国数字图书馆的发展取向》，《山东图书馆季刊》2002年第3期。

32. 贺正娟：《泛在网络研究综述》，《电脑知识与技术》2010年第6卷第32期。

33. 胡小菁：《从内容标准到元数据标准》，《图书馆论坛》2014年第7期。

34. 黄丽霞、陈新昕：《泛在信息环境下数字出版经营模式发展研究》，《出版发行研究》2013年第1期。

35.《教育信息化十年发展规划（2011—2020年）》，《中国教育信息化》2012年第8期。

36. 金江军：《韩国城市进入U-CITY时代》，2009年第10期。

37. 金缜：《IT839：韩国信息业的“五年计划”如何运作?》，《通信世界》2006年第4期。

38. 景海燕编译：《图书馆学新五律》，《图书馆理论与实践》1998年第3期。

39. 江云、李风兰：《大数据在我国图书馆的应用及推进研究》，《图书馆工作与研究》2014年第6期。

40. 蒋烨、宋海航：《现代信息技术与图书馆事业的发展》，《常州工学院学报》2006年第4期。

41. 柯平:《重新定义图书馆》,《图书馆》2012年第5期。

42. 雷震洲:《解读"智慧地球"》,《电信网技术》2010年第1期。

43. 李蔚田:《物联网基础与应用》,北京大学出版社2011年版。

44. 李爱国、李战宝:《"智慧地球"的战略影响与安全问题》,《计算机安全》2010年第11期。

45. 李红培、鄢小燕:《美国图书馆 Makerspaces 实践案例及启示》,《图书馆学研究》2013年第15期。

46. 李卢一、郑燕林:《泛在学习环境的概念模型》,《中国电化教育》2006年第12期。

47. 李在文:《美国信息技术的发展及其对政府的影响》,《测绘通报》1999年第2期。

48. 林平:《德国21世纪信息社会行动计划》,《全球科技经济瞭望》2001年第8期。

49. 刘华:《"读者决策采购"在美国大学图书馆的实践及其对我国的启示》,《大学图书馆学报》2012年第1期。

50. 刘小景:《泛在图书馆理念下的图书馆移动信息服务研究》,《图书与情报》2011年第4期。

51. 刘喜喜:《IT韩国未来战略》,《中国计算机报》,2009年11月30日。

52. 娄长春、杨慧、马丽娟等:《基于泛在信息社会/环境的数字参考咨询服务》,《现代情报》2010年第30卷第5期。

53. 陆军:《欧洲2020战略:解读与启示》,《欧洲研究》2011年第1期。

54. 罗凡:《"无所不在"网络的演进路线浅探》(华商B版)。

55. 罗惠敏:《促进知识服务的图书馆空间资源利用——21世纪初美国图书馆空间设计趋势与设计思想》,《高校图书馆工作》2013年第2期。

56.《美国公共图书馆面面观,不止是"图书之馆"》,《当代图书馆》

2012 年第 2 期。

57.《美国圣路易斯公共图书馆改造工程竣工》,《城市建筑》2013 年第 6 期。

58. 美国图书馆协会:《大学图书馆的未来:2012 年冬季报告》,宋菲编译,《图书情报工作动态》2013 年第 2 期。

59. 美国研究图书馆协会著:《图书馆高级管理人员的角色转型》,张丽华编译,《图书情报工作动态》2013 年第 3 期。

60. 纽约大学图书馆:《纽约大学图书馆 2013—2017 年战略规划》,宋菲编译,《图书情报工作动态》2012 年第 9 期。

61. 欧阳剑:《泛在信息环境下图书馆信息资源组织构建研究》,《图书情报工作》2011 年第 5 期。

62. 欧阳剑:《泛在信息环境下图书馆信息资源组织探讨》,《图书情报工作》2011 年第 19 期。

63. 欧阳剑:《马来西亚泛在图书馆的理念与实践及对我国的启示》,《情报资料工作》2012 年第 5 期。

64. 裴微微:《泛在信息社会的图书馆信息资源发展策略》,《图书馆学研究》2013 年第 11 期。

65. 钱小聪:《当泛在网真正泛在》,《中国电信业》2010 年第 8 期。

66. 秦殿启:《泛在信息社会研究综述》,《现代情报》2012 年第 32 卷第 6 期。

67. 秦殿启:《泛在信息社会图书馆功能定位及建构策略》,《图书馆学研究》2013 年第 15 期。

68. 任宁宁:《泛在图书馆与社科院图书馆的服务创新》,《情报资料工作》2012 年第 4 期。

69. 赛迪研究院:《欧盟数字化竞争力报告》,载《赛迪译丛》,2010 年,第(2)册。

70. 苏杰:《Web2.0 环境下图书馆图书采访互动机制研究》,《图书馆研究》2014 年第 3 期。

71. 孙波：《泛在知识环境下我国图书馆信息资源建设策略研究》，东北师范大学出版社2009年版。

72. 孙韶菊：《IOA－8A泛在图书馆的泛在服务及特点研究》，《图书馆学刊》2013年第10期。

73. 孙翌、李鲍、高春玲：《微信在图书馆移动服务中的应用研究与实践》，《图书情报工作》2014年第5期。

74. 单美贤：《泛在信息社会的概念溯源及基本特征》，《贵州社会科学》2013年第2期。

75. 上海社会科学院信息研究所：《智慧城市辞典》，上海辞书出版社2011年版。

76. 申力杨：《日本物联网基础技术取得划时代进步》，《高科技与产业化》2012年第2期。

77. 沈红、盛兴军：《DUKE大学图书馆构建信息共享空间之若干经验》，《上海高校图书情报工作研究》2009年第2期。

78. 沈婷婷、卢志国：《数据监管在我国高校图书馆的应用展望》，《图书情报工作》2012年第7期。

79. 台湾地区“行政院科技顾问组”：《国家资通信发展方案（2007—2011）修订核定版》，2009年。

80. 万晓娟：《国外高校信息素养教育剖析与启示》，《图书馆学研究》2011年第4期。

81. 王润珏：《日本的三网融合之路及其对中国的启示》，《新闻界》2011年第6期。

82. 王世伟：《未来图书馆的新模式——智慧图书馆》，《图书馆建设》2011年第12期。

83. 王玮：《建立21世纪无所不在的网络社会——浅谈日本U-Japan及韩国U-Korea战略》，《信息网络》2005年第7期。

84. 王喜文：《日本大地震后汽车业更加重视汽车物联网》，《物联网技术》2011年第6期。

85. 王喜文：《亚太各国的IT战略比较》，《国际动态》2011年第12期。

86. 王郁琦等：《优质网络社会（UNS）相关法制环境之检讨与整备委托研究计划案期末报告》，台湾地区“行政院经济建设委员会”，2007年。

87. 王志乐主编：《2009跨国公司中国报告》，中国经济出版社2009年版。

88. 维维安·雷丁：《因特网的未来与欧洲数字议程》，《中国信息界》2010年第10期。

89. 魏力更：《图书馆泛在化进程中的馆员能力建设》，《内蒙古科技与经济》2012年第20期。

90. 吴功宜：《智慧的物联网——感知中国和世界的技术》，机械工业出版社2010年版。

91. 吴建中：《2040年中国图书馆展望》，《国家图书馆学刊》2009年第3期。

92. 吴庆珍：《试论图书馆服务泛在化的实现路径》，《图书馆界》2011年第4期。

93. 吴雪芝、孙书霞、钟文娟：《美国大学图书馆按量付费期刊采购案例分析及思考》，《大学图书馆学报》2013年第4期。

94. 吴燕：《泛在知识环境下的数字图书馆发展研究》，中国科学院研究生院（文献情报中心），2007年。

95. 吴燕、张志强：《泛在智能与图书馆的未来发展》，《情报科学》2007年第1期。

96. 吴云珊：《泛在图书馆知识共享空间（IC）研究》，《图书馆情报知识》2013年第1期。

97. 武岳山：《“智慧地球”概念的内涵浅析二》，《物联网技术》2011年第7期。

98. 武岳山：《“智慧地球”概念的内涵浅析四》，《物联网技术》2011

年第9期。

99. 夏竞辉：《网络融合：揭幕U时代》，《中国电信业》2007年第9期。

100. 夏亚云：《面向视障读者的泛在图书馆——LG Sangnam图书馆研究》，《图书馆理论与实践》2011年第10期。

101. 《新加坡启动新的五年电子政务总体规划eGov2015》，《信息化研究与应用快报》2011年第14期。

102. 解金兰：《可视化科研信息发现平台的架构与功能》，《图书馆学研究》2014年第15期。

103. 颜玉怀：《马里兰大学图书馆印象》，《农业图书情报学刊》2013年第12期。

104. 杨晓茹等：《科研用户信息素养教育模式的构建与实现》，《图书馆学研究》2014年第20期。

105. 杨衍：《泛在化移动信息服务平台的构建》，《图书馆学研究》2012年第13期。

106. 姚毅：《我国手机图书馆理论研究及实践述评》，《知识管理论坛》2013年第2期。

107. 叶兰：《欧美数字素养实践进展与启示》，《图书馆建设》2014年第7期。

108. 夜雨：《图书馆资源建设要顺势而为，与时代同步》，《中国出版传媒商报》，2014年9月23日。

109. 佚名：《日立提出“泛在信息社会”新理念》，《电信科学》2006年第22卷第11期。

110. 殷开成、仲超生：《智能图书馆CPS及面临的挑战》，《图书馆学研究（理论版）》2011年第8期。

111. 余敏：《共建中国数字出版平台——在首届数字出版博览会新闻发布会上的讲话》，《传媒》2005年第5期。

112. 余胜泉、杨现民、程罡：《泛在学习环境中的学习资源设计与共享——“学习元”的理念与结构》，《开放教育研究》2009 年第 1 期。

113. 余小林：《泛在图书馆与公共文化服务载体建设》，《四川图书馆学报》2013 年第 5 期。

114. 袁静：《情景感知自适应：图书馆个性化服务新方向》，《图书情报工作》2012 年第 7 期。

115. [英] 詹姆斯·汤普森：《图书馆的未来》，乔欢、乔人立译，书目文献出版社 1988 年版。

116. 张成昱、来强、王平等：《分布式网络信息资源重构模式及系统实现》，《清华大学学报（哲学社会科学版）》2003 年第 2 期。

117. 张海云：《加拿大图书馆使用率 10 年缘何攀升 45%》，《中国文化报》，2012 年 1 月 18 日。

118. 张红伟、陈玲、田原：《P2P 技术下的基于社会信誉度的个人数字图书馆激励机制》，《中华医学图书情报杂志》2014 年第 1 期。

119. 张会田：《泛在图书馆：如何从概念走向现实?》，《图书情报工作》2009 年第 53 卷第 9 期。

120. 张婕、张晓林：《泛在智能 AmI 综述》，《图书情报工作动态》2007 年第 1 期。

121. 张靖：《日本物联网国家战略及研究现状》，《物联网技术》2011 年第 7 期。

122. 张轲、陈能华：《三网融合环境下数字图书馆的发展和服务模式探讨》，《高校图书馆工作》2011 年第 2 期。

123. 张少宏：《国外电子期刊资源大宗交易兴衰历程分析》，《图书馆论坛》2014 年第 7 期。

124. 张素芳：《基于 SNS 图书馆资源与用户交互研究》，《图书馆学研究》2013 年第 24 期。

125. 张文超、李青丽：《我国泛在图书馆理论研究的主题及主要观点综述》，《图书馆学研究（应用版）》2011 年第 9 期。

126. 张新红：《芬兰：信息社会的灰姑娘童话》，《计算机世界》2006

年第7期。

127. 张新生：《日本信息化建设及启示（二）》，《通信世界》2002年第20期。

128. 张秀兰、周丽媛：《我国读者决策采购研究综述》，《图书馆学刊》2014年第7期。

129. 张峥嵘：《大数据时代的图书馆开放数据服务探析》，《图书与情报》2014年第2期。

130. 中国文化大学科技发展与人物编委会：《科技发展与人物》，中国文化大学华冈出版部2000年版。

131. 钟志贤：《面向终身学习：信息素养的内涵、演进与标准》，《图书馆学研究》2014年第20期。

132. 周晓英：《全球信息社会建设动向及我们的应对》，《图书情报工作》2008年第3期。

133. 周晓英：《全球信息社会建设及图书情报界的贡献》，载北京市社会科学界联合会、北京师范大学：《和谐社会：社会建设与改革创新——2007学术前沿论丛（上卷）》，2007年。

134. 郑济仁、韩海生：《走进无处不在的网络时代——专访韩国电子通信研究院院长任周焕》，《财经界》2006年第10期。

135. 郑文晖：《学术交流体系的变化及其对图书馆工作的影响》，《图书馆》2008年第4期。

136. 朱强：《北京大学图书馆的历史、现状与展望》，《大学图书馆学报》2012年第6期。

137. 曾湘琼：《开放获取理论与实践》，湘潭大学出版社2011年版。

138. 曾云：《美国信息产业的发展状况及其对经济增长的贡献》，《通信世界》2000年。

139. ［美］Allison Cerra、Kevin Easterwood、Jerry Powe：《商业模式重构：大数据、移动化和全球化》，朱莹莹、廖晓红、陈晓佳译，人民邮电出版社2014年版。

140. Lucinda Covert-Vail、Scott Collard：《新时代的新角色：面向研究生的研究型图书馆服务（节选）》，宋菲编译，《图书情报工作动态》2013年第2期。

141. Steve Harbor：《数字时代图书馆角色的转变》，魏剑编译，《图书情报工作动态》2011年第2期。

142. *A Digital Agenda for Europe*, Brussels, 2010.

143. Abram Stephen, " Makerspaces in Libraries, Education, and Beyond", *Internet@Schools*, 2013, 20 (2).

144. Crawford Walt, Gorman Michael, *Future Libraries: Dreams, Madness & Reality*, Chicago: American Library Association, 1995.

145. Donald Beagle, " Conceptualizing an Information Commons ", *Journal of Academic Librarianship*, 1999, 25 (2).

146. *Europe* 2020——*A Strategy for Smart*, Sustainable and Inclusive Growth.

147. Funabashi M, Homma K, Sasaki T, "Goal and Research Architecture of the Yaoyorozu Project Designing Ubiquitous Information Society in 2010", *SICE Annual Conference in Sapporo*, August4-6, 2004.

148. Giovanni Cagalaban, Seoksoo Kim, "Towards a Service-Oriented Architecture for Interactive Ubiquitous Entertainment Systems ", *Entertainment Computing* - *ICEC* 2010, 2010.

149. iGov2010 Project Steering Committee, "From Integrating Services to Integrating Government Report by the iGov2010 Project Steering Committee" , *Ministry of Finance*, 2006.

150. Jill Palzkill Woelfer, David G. Hendry, "Designing Ubiquitous Information Systems for a Community of Homeless Young People: Precaution and a Way Forward", *Pers Ubiquit Computer*, 2011.

151. Kaske, Neal K, "The Ubiquitous Library is Here", *Libraries and the Academy* , 2004, 4 (2).

152. Kyung-Jae Bae, Yoon-Seok Jeong, Woo-Sub Shim, et al, "The Ubiquitous Library for the Blind and Physically Handicapped", *IFLA Journal*, 2007 (33).

153. LiLi Li, "Building the Ubiquitous Library in the 21st Century", *World Library and Information Congress*: *72nd IFLA General Conference and Council*, 2006.

154. Lowry, Charles B, "Let's Call It the 'Ubiquitous Library' Instead …?", *Libraries and the Academy*, 2005 (3).

155. Mark Weiser, "The Computer for 21st Century", *Scientific American*, 1991 (9).

156. Marshall B, "The State of the Art in Library Discovery 2010", *Computers in Libraries*, 2010, 30 (1).

157. Masayuki Murata, "Towards Establishing Network Environment", *IEICE TRANS. COMMUN*, 2009 (4).

158. Mitsutaka Matsumoto, Junko Hamano, Tetsuya Tamura, et al, "Impacts of Ubiquitous Technology Advances on Energy Consumption in Japan", *Electrical Engineering in Japan*, 2007, 161 (3).

159. Pilar Manzanares-Lopez, JuanPedroMun? oz-Gea, JosemariaMalgosa-Sanahuja, et al, "An Efficient Distributed Discovery Service for EPC Global Network in Nested Package Scenarios", *Journal of Network and Computer Applications*, 2011, 34.

160. Seung-Jin Kwak, Kyung-Jae Bae, "Ubiquitous Library Usability Test for the Improvement of Information Access for the Blind", *The Electronic Library*, 2009, 27 (4).